A cultura como sistema aberto, como acto e drama que se expressa na palavra e na imagem para análise e interpretação do quotidiano.

As Relações Internacionais desde 1945

Título original:
Les Relations Internationales depuis 1945

Tradução:
Caps. 1 a 5: Rosa Carreira
Caps. 6 e 7: Sérgio Coelho
Cap. 8: Pedro Elói Duarte

Revisão da tradução: Sérgio Coelho e Pedro Bernardo

Capa: FBA

Depósito Legal nº 231994/05

Biblioteca Nacional de Portugal – Catalogação na Publicação

VAÏSSE, Maurice

As relações internacionais desde 1945. – Reimp.
– (Biblioteca 70 ; 2)

ISBN 978-972-44-1717-2

CDU 327

ISBN: 978-972-44-1717-2
ISBN da 3ª edição: 978-972-44-1603-8
ISBN da 2ª edição: 972-44-1224-5
ISBN da 1ª edição: 972-44-1137-0

Impressão e acabamento:
DPS - Digital Printing Services, Lda
para
EDIÇÕES 70, LDA.
Fevereiro, 2017

EDIÇÕES 70, Lda.
Avenida Engenheiro Arantes e Oliveira, n.º 11 – 3.º C – 1900-221 Lisboa
Telefs.: 213190240 – Fax: 213190249
e-mail: geral@edicoes70.ptpt

www.edicoes70.pt

Maurice Vaïsse

As Relações Internacionais desde 1945

EDIÇÃO REVISTA E ACTUALIZADA

70

Introdução

As relações internacionais constituem um tema vastíssimo. Seria um erro restringi-las às relações entre Estados, na medida em que abrangem toda a espécie de actividades humanas: os fluxos migratórios, entre eles o turismo, as relações culturais e as actividades económicas. Também devem ser tidas em conta as correntes transnacionais, nomeadamente as religiosas.

As relações internacionais sofreram grandes alterações a seguir a 1945, devido à globalização das trocas e das comunicações. Hoje em dia, viajamos com muito mais facilidade e também muito mais rapidamente. Num minuto, sabemos o que se passa do outro lado do mundo. Em suma, vivemos na era da «aldeia global».

Não é possível abordar na globalidade um tema tão vasto como este. Temos que fazer opções. A nossa foi a de dar prioridade aos aspectos políticos — os actores desta história são os Estados e as organizações governamentais.

Mas mesmo depois de pormos de lado todos os outros aspectos, o tema continua a ser demasiado vasto e, por isso, ordenámos cronologicamente os acontecimentos, esperando tornar o texto mais claro: 1945-1955, 1955-1962, 1962-1973, 1973-1985, 1985-1992, 1992--2001, depois de 2001. A cada um destes períodos corresponde um tema principal: nascimento e confronto de um mundo bipolar; coexistência pacífica; desanuviamento; nova guerra fria; novo desanuviamento. Ao longo do trabalho, explicamos e justificamos as datas e os temas escolhidos. Mas diga-se desde já que as datas não devem ser encaradas como definitivas. São meras referências, porque, quando se abordam acontecimentos tão recentes como estes, torna-se extremamente difícil distinguir o que é provisório do que é definitivo. Um bom exemplo do que acabamos de dizer é a discussão, que continua ainda hoje, acerca do fim da «Guerra Fria»: 1953, com a morte de Estaline? 1955, com a coexistência pacífica? 1962, com a crise de Cuba? Ou 1989, o ano de todos os milagres no Leste? Um outro bom exemplo é a política de desanuviamento que, como é sabido, não acabou em 1973, muito pelo contrário, atingindo o auge em 1975, com a Conferência de Helsínquia. No entanto, desde 1973 que o mundo já não vive num clima de desanuviamento... Uma última observação acerca dos marcos cronológicos: eles não são válidos para o mundo inteiro. E isto é algo que não podemos esquecer. Com a entrada dos mundos extra-europeus nas relações internacionais, até então domínio exclusivo das nações europeias, a «lógica» dos ciclos altera-se.

Mas é a heterogeneidade deste período que o torna tão característico e tão específico na história da humanidade. Desde o século XVI que a Europa dominava o mundo e o «descobria», impondo-lhe as suas línguas, as suas religiões e os seus costumes. Este fenómeno culminou no vasto movimento de colonização do século XIX. Em 1939, o Ocidente ainda detinha o poder sobre o mundo, embora o declínio deste poder se pudesse vislumbrar desde o fim da Grande Guerra. A partir de 1945, o poder já não reside na Europa, antes fora dela.

Os grandes problemas do planeta deixam de se confundir com os da Europa. E mesmo que não queiramos atribuir um peso determinante ao critério demográfico, há alguns números que nos obrigam a reflectir: entre 1950 e 2003, a população mundial duplicou, passando de 2,5 mil milhões de seres humanos para mais de 6,3 mil milhões. A população da Europa passou de 1/5 para 12% da população mundial. Isto significa que o peso da Europa na população mundial diminuiu drasticamente. Actualmente, a Ásia tem à volta de 3,8 mil milhões de habitantes, tendo a China mais de 1,3 mil milhões, a Índia cerca mil milhões, o Paquistão e o Bangladesh 150 milhões e o Japão 128 milhões. As relações internacionais são cada vez menos influenciadas pelo mundo europeu, passando a sê-lo cada vez mais por mundos extra-europeus.

1

Nascimento e confronto de um mundo bipolar (1945-1955)

O mundo que emerge da Segunda Guerra Mundial é profundamente diferente do que existia antes da guerra. Em particular no domínio das relações internacionais, este período marca uma viragem capital na história da humanidade e, mais ainda, na história das relações internacionais. É o começo da era das superpotências.

O poder desloca-se do Velho Mundo para os mundos extra-europeus. A mudança começou a delinear-se com a Grande Guerra. A Segunda Guerra «Mundial» começou por ser uma guerra europeia. Arruinada, devastada, a Europa não tem condições para continuar a desempenhar o papel que até então desempenhava. Os Estados que disputavam a primazia na Europa e no mundo – o Reino Unido, a França, a Alemanha e a Itália – não mais voltarão a ser potências, independentemente de ganharem ou de perderem a guerra. Os novos Grandes, os verdadeiros vencedores, são os Estados Unidos da América do Norte e a Rússia soviética. Em 1945, a sua supremacia está bem patente nas forças que têm espalhadas pelo globo. Os Americanos estão por todo o lado, tanto na Europa como na Ásia; os Russos, na Europa de Leste e no Médio Oriente. Para um grande número de habitantes do planeta, Americanos e Russos tornam-se o modelo a seguir.

A alteração dos pólos da vida internacional, quando comparados com os existente antes da guerra, provocou, como é óbvio, grandes mudanças; sobretudo, alterou a própria natureza das relações de força. As grandes potências europeias eram Estados médios, tanto em população como em superfície ou recursos. As novas potências são Estados gigantes.

Além do mais, é preciso lembrar que a expansão colonial tinha permitido a vários países europeus serem não só potências mundiais, mas também Estados mais ricos e mais populosos. Com a guerra, a Europa perdeu o seu prestígio junto dos povos coloniais, o que favoreceu a implantação dos movimentos de emancipação que começavam a aparecer.

À preponderância europeia sucede-se um directório dos «Três Grandes», Americanos, Ingleses e Russos, que consolidam o seu entendimento a partir de 1943 e vão decidir o destino do mundo do pós-guerra nas conferências de Ialta e Potsdam. Mas mal acaba a guerra, as alianças dão lugar à desconfiança e a uma confrontação brutal. O fim da guerra não dá origem a um mundo unido, mas sim a um mundo bipolar.

A paz falhada (1945-1947)

Depois de seis anos de guerra, os Aliados querem perpetuar a solidariedade entre as «Nações Unidas», regularizar as questões decorrentes do conflito e garantir a paz no mundo, através da criação de um organismo internacional. Mas o nascimento de uma nova hierarquia mundial não significa por si só o regresso à paz, porque, se é verdade que a aliança americano-soviética permite algumas decisões comuns, não é menos verdade que, dentro em breve, será a desconfiança a imperar.

Uma nova organização mundial

Procurou-se criar um organismo que aproveitasse a experiência da Sociedade das Nações (SDN) que, entre as guerras, havia falhado na sua missão. Na Carta do Atlântico (14 de Agosto de 1941), o presidente americano, F.D. Roosevelt, tinha esboçado os princípios fundamentais de uma nova ordem internacional. A 1 de Janeiro de 1942, uma vintena de dirigentes, entre eles Churchill e Roosevelt, assinaram em Washington uma declaração nos termos da qual as «Nações Unidas» se comprometem a criar, mal termine a guerra contra o Eixo, um sistema de paz e de segurança. Na conferência de Moscovo (19-30 de Outubro de 1943), os representantes da Grã-Bretanha, dos Estados Unidos, da China e da URSS proclamam a necessidade de criar logo que possível «uma organização geral baseada no princípio de uma igual soberania de todos os Estados pacíficos.» Na conferência de Teerão (8 de Novembro-2 de Dezembro de 1943) os Três Grandes – Churchill, Roosevelt e Estaline – chegam a acordo sobre a necessidade da criação deste organismo, o que acontecerá na conferência de Dumbarton Oaks (Setembro-Outubro de 1944).

Quatro meses mais tarde, na conferência de Ialta (4-11 de Fevereiro de 1945), Churchill, Roosevelt e Estaline resolvem algumas questões delicadas, entre elas a da representação da URSS. Esta, recorrendo ao exemplo do Império Britânico, que, com as suas esferas de influência (Canadá, Austrália, etc.), constitui uma entidade única em que cada Estado é parte integrante, reivindica para si tantos lugares na nova organização quantas as Repúblicas que a constituem: um total de quinze lugares. Efectivamente, acabará com três: um para a Federação, outro para a Ucrânia e outro para a Bielorússia (ou Rússia Branca). Os Três Grandes decidem ainda realizar uma conferência constitutiva da Organização das Nações Unidas, a ter lugar em Abril-Junho de 1945, em São Francisco.

• *A criação da ONU*

A ONU é definitivamente criada pela carta de S. Francisco, ratificada a 26 de Junho de 1945 por cinquenta Estados. Nesta carta está expresso o objectivo dos seus criadores: criar uma organização eficaz, realmente representativa e dotada de largas competências.

Em Ialta, os Três Grandes introduziram no projecto as alterações que consideraram necessárias para garantir a continuação do seu poder. A Sociedade das Nações estava paralisada pelo princípio da unanimidade. A nova organização deverá ser dirigida por um directório de grandes potências, membros permanentes do Conselho de Segurança que disponham de direito de veto. Este directório é constituído pelos Estados Unidos, pela URSS, pelo Reino Unido, pela China e pela França. A Assembleia Geral personifica a democracia à escala mundial, limitada pelo exercício do poder dos membros permanentes, sob a condição destes se demonstrarem solidários entre si ou chegarem a acordo.

A organização interna da ONU

O Conselho de Segurança

Para além dos cinco membros permanentes, possui membros não permanentes, eleitos por dois anos: em 1946, o Conselho era constituído por 11 membros permanentes e a partir de 1966 passa a contar com 15. Tem como principal objectivo manter a paz e a segurança. Tem poderes para decretar resoluções que imponham obrigações aos Estados. Pode também tomar medidas mais ou menos coercivas, designadas por «decisões», desde que aprovadas por maioria.

A Assembleia Geral

Composta por delegados de todos os Estados-membros (em Janeiro de 1946, a ONU conta com 51 membros), elege os membros não permanentes do Conselho de Segurança e admite os novos membros. Encontra-se dotada de largas competências mas só pode agir através de «recomendações», que têm de ser aprovadas por dois terços dos membros presentes e com direito de voto. Sob proposta do Conselho de Segurança, nomeia o secretário-geral (o Secretariado é o órgão administrativo das Nações Unidas), que desempenha um papel de coordenação, podendo, nalguns casos, adquirir um papel político determinante. Com o acordo de Americanos e Soviéticos, o norueguês Trygve Lie foi o primeiro secretário-geral eleito.

Há outros organismos das Nações Unidas com competências definidas, como sejam: o Conselho da Tutela, para a administração dos territórios coloniais; o Conselho Económico e Social; e o Tribunal Internacional de Justiça, com sede em Haia.

Ligadas à ONU existem ainda várias instituições especializadas, como sejam o Fundo Monetário Internacional, o Banco Internacional para a Reconstrução e para o Desenvolvimento, a Organização para a Alimentação e a Agricultura (FAO), a Organização das Nações Unidas para a Educação, a Ciência e a Cultura (UNESCO).

Os secretários-gerais da ONU

2 de Fevereiro de 1946 – 10 de Novembro de 1952: Trygve LIE (norueguês).

31 de Março de 1953 – 18 de Setembro de 1961: Dag HAMMARSKJOLD (sueco).

3 de Novembro de 1961 – 31 de Dezembro de 1971: Sithu U THANT (birmanês).

1 de Janeiro de 1972 – 31 de Dezembro de 1981: Kurt WALDHEIM (austríaco).

1 de Janeiro de 1982 – 31 de Dezembro de 1991: Javier PEREZ DE CUELLAR (peruano).

1 de Janeiro de 1992 – 31 de Dezembro de 1996: Butros BUTTROS-GHALI (egípcio).

Desde 1 de Janeiro de 1997: Kofi ANNAN (ganês).

• *Paralisia da ONU*

Contudo, a frente dos vencedores desfaz-se rapidamente, paralisando o funcionamento da ONU. A 29 de Janeiro de 1946, a Grã-Bretanha e os Estados Unidos apoiam uma queixa apresentada ao Conselho de Segurança pelo governo iraniano, contra a Rússia que, contrariando todos os compromissos assumidos, continua a ocupar o Azerbaijão iraniano.

Na Comissão da Energia Atómica da ONU, criada a 14 de Janeiro de 1946, os Estados Unidos apresentam o plano Baruch, que propõe delegar a um organismo internacional autoridade sobre o desenvolvimento atómico, a propriedade de minas de urânio e levar a efeito um controlo eficaz, que anteceda a proibição efectiva do fabrico de bombas. Os Soviéticos rejeitam o projecto e defendem a interdição do uso da energia atómica para fins militares e a destruição das bombas existentes. Esta atmosfera pesada é agravada pela espionagem, que cria um clima de grande desconfiança mútua.

• *A conferência de Ialta (4-11 de Fevereiro de 1945)*

Churchill, Roosevelt e Estaline reúnem-se nesta conferência e, mesmo sem a guerra ter ainda acabado, solucionam os problemas da ocupação da Alemanha e do governo da Polónia.

A Alemanha seria ocupada pelos exércitos das três grandes potências, que dividiriam entre si uma zona de ocupação, delimitada segundo o que calcularam vir a ser o avanço das tropas aliadas em território alemão. Os Soviéticos receberiam o Mecklemburgo, a Pomerânia, o Brandenburgo, o Sax-Anhalt, a Turíngia e os territórios situados mais a leste. Os Britânicos ocupariam o Nordeste da Alemanha, incluindo o Rur; os Americanos ocupariam o Sul. Berlim seria um uma ilha à parte, um enclave na zona de ocupação soviética. Estaline aceitou que a França fosse considerada potência ocupante e que fizesse parte da Comissão de Controlo Interaliada, usufruindo dos mesmos direitos que os outros, mas sob condição da zona de ocupação francesa ser subtraída às zonas inglesa e americana.

A EUROPA EM 1947

Fonte: *L'Histoire Contemporaine Depuis 1945*. R. Aron, Larousse.

A Polónia seria administrada por um governo de unidade nacional, saído do Comité de Lublin, pró-soviético, alargado a alguns membros do Comité de Londres, pró-ocidental. Foi também criada uma comissão de indemnizações de guerra para estabelecer o montante que os Alemães deveriam pagar às suas vítimas. E adoptou-se uma «Declaração sobre a Europa Libertada», onde se previa, em todos os países europeus libertados, a organização de eleições abertas a todos os partidos democráticos, que seriam supervisionadas por representantes das três grandes potências.

Em Ialta ainda se vive num clima de calma, mas os sinais de desagregação irão multiplicar-se nos meses seguintes.

Primeiramente, os Soviéticos tomam o controlo da Roménia, colocando no poder um governo integralmente comunista (27 de

A POLÓNIA DE 1939 A 1945

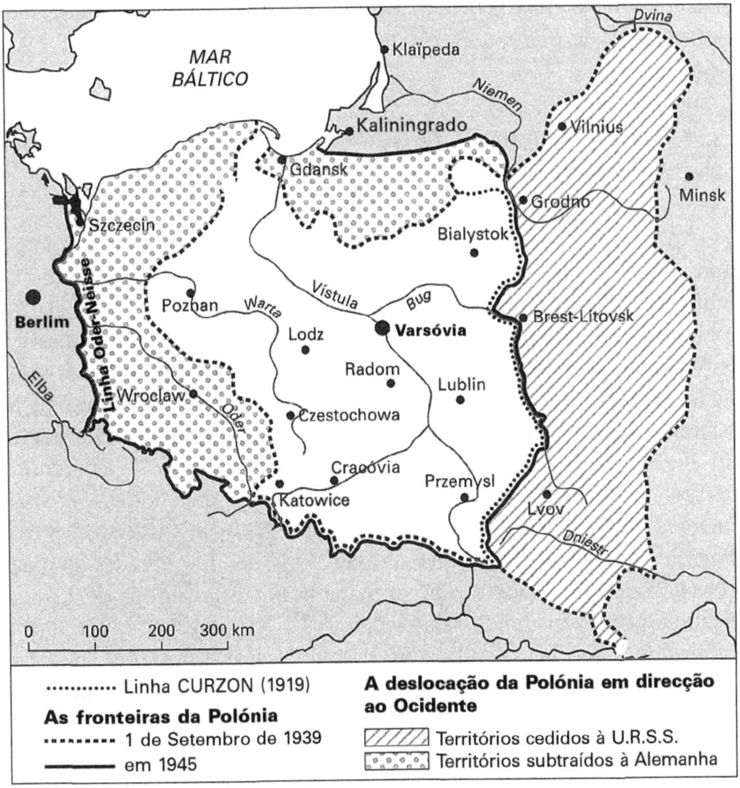

Fonte: *Le Monde*

Fevereiro de 1945); seguidamente, surge a relutância das chefias militares aliadas, por ocasião dos ataques contra os redutos da resistência nazi. Atravessado o Reno, a 23 de março, as tropas americanas sentem-se tentadas a avançar sobre Berlim, para serem as primeiras a chegar.

No entanto, o comando americano deixa que os Soviéticos se apossem da capital do *Reich* e libertem a Checoslováquia. Mas são os Americanos a aceitar a rendição das tropas alemãs do ocidente e a da Itália, comandadas pelo general Kesselring (Abril de 1945) e, mais importante, a rendição geral, a 7 de Maio de 1945, assinada em Reims pelo marechal Keitel, no posto de comando do general Eisenhower, na presença de um general soviético. Apesar disso, Estaline exige que o marechal Keitel assine novamente a rendição incondicional da Alemanha, em nome do novo chefe de Estado alemão, o almirante Dönitz, em Berlim, a 19 de Maio, no posto de comando do marechal Jukov.

• *A conferência de Potsdam (17 de Julho-2 de Agosto de 1945)*

Apenas seis meses depois da conferência de Ialta, os três vencedores reúnem-se em Potsdam, numa cimeira. Mas, entretanto, o mundo mudou muito. Roosevelt morreu a 12 de Abril e, com ele, a ideia da manutenção de uma grande aliança. O seu sucessor, H. Truman, será muito mais desconfiado em relação à União Soviética. A rendição da Alemanha e o êxito da primeira bomba atómica alteram os dados da situação. Truman já não sente tanta necessidade do auxílio de Estaline para combater o Japão. Quanto a Churchill, presente na abertura da cimeira, é substituído – depois das eleições inglesas ganhas pelos trabalhistas – por Clement Attlee, o novo primeiro-ministro. Antes que a assinatura de um tratado de paz consagre definitivamente o novo mapa político da Europa de Leste, Estaline propõe profundas alterações. A URSS consegue que o território alemão na Prússia lhe seja retirado: a parte norte, à volta da cidade de Konigsberg – rebaptizada de Kaliningrado –, é anexada pela URSS, e a parte leste é restituída à Polónia.

O território da Polónia foi o que sofreu mais alterações. Como fronteira oriental, a URSS impõe a «Linha Curzon» (que deriva do nome de Lorde Curzon, secretário do *Foreign Office* que, em 1919, havia negociado as fronteiras da «nova Polónia»), que coloca na órbita de Moscovo todos os territórios ucranianos e bielorussos. A ocidente, a URSS consegue que a Polónia fique a administrar todos os territórios alemães situados a leste do rio Neisse ocidental, ou seja, a Pomerânia e a Silésia. Os aliados ocidentais, que haviam proposto um traçado mais «ocidental» da fronteira, aceitam provisoriamente – até à conclusão do tratado de paz – a linha Oder-Neisse. Mas os soviéticos fazem tudo para que esta situação se torne definitiva. A 17 de Agosto, assinam com a Polónia um acordo sobre a delimitação das fronteiras. Num ápice, a superfície da Polónia passa de 388 000 km^2 para 310 000 km^2. Mais de dois milhões de Alemães são expulsos dos territórios anexados. Dois milhões de Polacos são expulsos dos territórios cedidos à URSS.

Para a elaboração dos tratados de paz, os Três Grandes criam um organismo chamado Conselho dos Ministros dos Negócios Estrangeiros, composto por representantes das cinco grandes potências com direito de veto na ONU. O Conselho reúne-se várias vezes: em Abril de 1946, em Paris; em Novembro-Dezembro de 1946, em Nova Iorque; em Março-Abril de 1947, em Moscovo; por fim, em Dezembro de 1947, em Londres. Mas não chega a nenhuma conclusão definitiva.

• *Os tratados de paz*

A conferência de Paris permite aos vencedores assinar tratados de paz com os cinco satélites da Alemanha (Itália, Roménia, Bulgária, Hungria e Finlândia).

Relativamente à Itália, colocam-se duas questões particularmente delicadas: que fazer com as colónias italianas (Líbia, Eritreia, Somália)? A União Soviética reivindica a tutela da Tripolitânia. O Reino Unido propõe que lhe seja concedida a independência. Por fim, decidem adiar a decisão. Trieste, disputada pelos Jugoslavos, apoiados pelos Soviéticos, e pelos Italianos, apoiados pelos Anglo-Saxões, foi objecto de um longo debate diplomático. O tratado de Paris cria o território livre de Trieste, sob tutela da ONU. Mas esta solução revela-se inviável. Em Março de 1948, Franceses, Ingleses e Americanos propõem que o território livre de Trieste volte a pertencer à Itália. Soviéticos e Jugoslavos recusam. O *statu quo* mantém-se.

A Roménia perde a Bessarábia e o Norte da Bucóvia para a URSS, recupera a Transilvânia à Hungria e fica a dispor unicamente de uma estreita faixa marítima para o Mar Negro. A Bulgária é reconduzida às suas antigas fronteiras. Para a Hungria, as cláusulas são muito mais duras: regressa às fronteiras de 1920. Perde a Transilvânia para a Roménia, a União Soviética anexa a Ruténia subcarpática e a Checoslováquia fica com o Sul da Eslováquia, expulsando os habitantes húngaros. A Finlândia tem de ceder 43 700 km^2 aos Soviéticos, que lhe exigem pesadas indemnizações. Os tratados de paz com a Alemanha, a Áustria e o Japão parecem bem mais difíceis de conseguir.

A Alemanha é objecto de um debate contínuo e contraditório. A tutela da Alemanha, tal como foi concebida em Junho de 1945, é partilhada pelas quatro potências, implicando a existência de uma autoridade suprema: o Conselho de Controlo, formado por quatro comandantes-em-chefe. A sua cidade-sede, Berlim, encontra-se dividida em quatro sectores. Mas a administração da cidade é assegurada por uma autoridade interaliada de governo, *a Kommandantura,* subordinada ao Conselho de Controlo. A tutela comum pressupõe, como é óbvio, que haja entendimento quanto à política a seguir. Mas, se isto é possível em relação ao objectivo final – erradicar o nacional-socialismo e assegurar a vitória da democracia na Alemanha –, o desacordo predomina face a quase tudo o resto.

Comecemos pela questão do território que os Aliados tencionam não só ocupar mas também dividir e desmembrar. A 9 de Maio de 1945, Estaline abandona o projecto de desmembramento da Alemanha, obrigando os anglo-americanos a segui-lo nessa atitude. Enquanto os Britânicos e os Americanos pretendem reinserir a Alemanha no concerto das nações, promovendo a unificação económica das respectivas zonas – a entrada em vigor das duas zonas data de 1947 –, os Franceses, seguindo a política definida pelo general De Gaulle, recusam toda e qualquer ideia de unificação, enquanto não virem satisfeitas as suas exigências. Exigem o controlo do Sarre e a internacionalização do Rur. Decide-se que a desmontagem de fábricas substituirá parte das reparações de guerra, cujo princípio havia sido estabelecido na conferência de Ialta. A França exige a aplicação estrita das indemnizações, especialmente no que respeita ao carvão do Rur. Por seu lado, os Soviéticos introduzem amplas modificações na sua zona de ocupação. Como resposta ao regime de tipo marxista que os Soviéticos aí implementam (nacionalizações, laicização do regime escolar e reforma agrária radical), nas zonas por si controladas, as três potências ocidentais incentivam a criação de instituições políticas e económicas liberais. A impotência instala-se na organização quadripartida, quer a nível do Conselho de Controlo, como no que diz respeito à *Kommandantura.* De 20 de Novembro de 1945 a 1 de Outubro de 1946, o tribunal interaliado de Nuremberga, criado para julgar os criminosos de guerra nazis, pronuncia as suas sentenças (doze condenações à morte, sete penas de prisão). Mas este é o último acto conjunto dos Aliados em relação à Alemanha, que se transforma num joguete nas relações internacionais do pós-guerra.

• *As primeiras fricções*

Em pouco tempo, a confiança entre os Aliados desaparece. O desejo que Estaline tem de construir uma barreira protectora à volta da URSS é por demais evidente. Quem paga a factura é a Polónia, onde a influência soviética se sobrepõe sistematicamente à influência ocidental. Esta questão está na origem das primeiras fricções graves entre Moscovo, por um lado, e Washington e Londres, por outro. São tempos de endurecimento para ambos os lados. Quando, a 5 de Março de 1946, Winston Churchill, que já não é primeiro-ministro, menciona no seu discurso de Fulton (Missouri) «a cortina de ferro que, de Stettin, no Báltico, a Trieste, no Adriático, caiu sobre o nosso continente», está claramente a referir-se ao perigo que ameaça o mundo: a tirania soviética. Acrescentando ainda estar convicto de que a Rússia não deseja a guerra, mas sim os frutos desta e uma expansão ilimitada do seu poder e da sua doutrina, apela à vigilância e ao fortalecimento das nações ocidentais. Por sua vez, o embaixador americano em Moscovo, George Kennan, refere num relatório que a primeira prioridade da diplomacia americana em relação à União Soviética deverá ser a de «conter, com muita paciência, firmeza e vigilância as suas tendências expansionistas.»

Será preferível fazer concessões aos Soviéticos ou, pelo contrário, impedi-los de irem mais longe? Acabou por vencer a última hipótese. O espírito de Riga, capital da Letónia – a tendência de diplomatas americanos, como Charles Bohlen e George Kennan que aprenderam russo nos países bálticos e são partidários do isolamento –, sobrepõe-se ao espírito de Ialta, que era de conciliação.

A demissão do secretário de Estado James Byrnes, favorável à continuação das negociações com os Soviéticos, simboliza esta mudança de atitude. Sucede-lhe o general Marshall, antigo comandante-em-chefe das tropas americanas na China, nomeado a 9 de Janeiro de 1947. Assim, apenas alguns meses depois do fim da guerra, os vencedores encontram-se desunidos e falharam rotundamente na concretização do objectivo que se tinham proposto: construir um mundo novo. E a Europa não é o único terreno de confronto.

O Regresso da Paz ao Médio e ao Extremo Oriente

• *Médio Oriente*

O regresso da paz contribui para o eclodir do pan-arabismo – personalizado pela Liga Árabe, criada no Cairo em Março de 1945 – e para o início da descolonização dos territórios sob mandato francês ou britânico, num contexto de grandes rivalidades. O pós-guerra acaba com as esperanças alimentadas por Franceses e Ingleses de perpetuarem a sua influência no Médio Oriente. Do lado francês, o general De Gaulle pretende simultaneamente conceder a independência à Síria e ao Líbano – territórios do antigo Império Otomano, que tinham sido confiados à França pela Sociedade das Nações, em 1919 – e obter garantias para os interesses económicos, culturais e estratégicos da França na região. Os incidentes ocorridos em Maio de 1945 conduzem à intervenção dos Britânicos, que intimam os Franceses ao cessar-fogo. O episódio agrava a tensão entre os dois aliados, com a França a suspeitar de que a Grã-Bretanha se pretende aproveitar do seu enfraquecimento para a expulsar do Médio Oriente. Por fim, as tropas francesas e britânicas retiram-se no Verão de 1946.

O Egipto, por sua vez, espera obter da Inglaterra a revisão do tratado de 1936 (que lhe tinha concedido independência total, excepto a nível de política externa), a retirada das tropas britânicas da zona do Canal do Suez e a integração do Sudão anglo-egípcio no Estado egípcio. As negociações, que começam em 1946, acabam num impasse. Situação semelhante ocorre entre a Inglaterra e o Iraque, cujo governo decide renunciar ao tratado assinado em Janeiro de 1948, que concedia vantagens estratégicas à Grã-Bretanha. Decididamente, o único aliado com que a Grã-Bretanha pode contar é o emir Abdallah da Transjordânia que, no tratado de aliança válido por vinte e cinco anos, assinado em Março de 1946, aceita a permanência das tropas britânicas.

No Irão, ocupado durante a guerra por Britânicos e Soviéticos, a evacuação das tropas estrangeiras origina grandes dificuldades, na base das quais se encontram interesses petrolíferos. As tropas inglesas e americanas são evacuadas, mas os Soviéticos mantêm as suas e encorajam os movimentos autonomistas do Azerbaijão e do Curdistão. Vive-se um clima de grande tensão, mas o governo iraniano, que conta com o apoio dos Ingleses e dos Americanos, consegue dominar os movimentos centrífugos e desembaraçar-se dos Soviéticos.

A Turquia, que declarou *in extremis* guerra à Alemanha, é fortemente pressionada pelos Soviéticos, que pretendem rectificar fronteiras na Anatólia e rever os acordos de Montreux (1936), relativos à navegação no Mar Negro e à defesa dos estreitos. Pretendem também que a Turquia dê uma «orientação mais amigável» à sua política. Às exigências de Estaline, tornadas públicas a 7 de Agosto de 1946, Truman responde rapidamente, enviando para a região poderosas forças navais.

Na Grécia, que está sob controlo militar inglês, as rivalidades nascidas da guerra e da ocupação degeneram numa autêntica guerra civil na Macedónia, onde Jugoslavos e Búlgaros encorajam os movimentos separatistas. Os Britânicos também se vêem obrigados a recorrer à força para restaurar a monarquia no país, embora os poderes do rei sejam temporariamente diminuídos. A chegada do Exército Vermelho aos Estados vizinhos, a implantação de regimes comunistas nas fronteiras norte da Grécia e o agravamento da «guerra fria» criam todas as condições para uma implacável guerra civil. Os Britânicos sentem-se pressionados a abdicar da sua preponderância no Mediterrâneo e no Médio Oriente, onde a sua influência e autoridade são contestadas. Este é um dos primeiros sinais do declínio da influência europeia no mundo.

• *Extremo Oriente*

A 15 de Agosto de 1945, o imperador Hirohito anuncia a capitulação do Japão, oficializando assim a derrota do país. Esta rendição faz tremer todo o Sudeste Asiático. O próprio Japão fica submetido aos Estados Unidos. Na China, os comunistas, dirigidos por Mao Tsé-Tung, recomeçam com novo alento a guerra civil contra o governo de Chang Kai-Chek.

No *Japão,* o general MacArthur – comandante supremo das forças aliadas – implementa reformas radicais com vista à democratização do país, ao aniquilamento dos grandes *trusts* familiares – as *zaibatsu* –, ao pagamento das reparações de guerra, ao assegurar da ocupação e ao desmantelamento do seu potencial militar. O imperador Hirohito não é tratado como criminoso de guerra pela justiça aliada; pelo contrário, aparece na nova constituição como símbolo de uma nação democrática. A política ditatorial de MacArthur conduz ao afastamento das outras potências do processo de restabelecimento da paz no Japão. No cumprimento das decisões das conferências do Cairo (1943) e de Ialta, o Japão perde numerosos territórios: a Manchúria e a ilha de Taiwan [Formosa] são recuperadas pela China; a Coreia torna-se independente, mas fica dividida e é alvo de disputas; a parte sul da ilha Sacalina, a base de Porto Artur e as ilhas Curilas são cedidas à URSS; uma parte das ilhas Ryu, as ilhas Carolinas e as ilhas Marianas, passam a estar sob controlo dos Estados Unidos.

A China não encontra o caminho da paz, devido à acção soviética na Manchúria e ao recomeço da guerra civil. Os acordos sino-soviéticos de Agosto de 1945 unem a China à URSS numa aliança contra o Japão e concedem aos Soviéticos facilidades na utilização do caminho-de-ferro da Manchúria e das bases navais de Porto Artur e de Dairen. Depois da declaração de guerra ao Japão, os Soviéticos ocupam a Manchúria, que estava em poder dos Japoneses, e aí permanecem, favorecendo a tomada do poder pelos comunistas chineses. Entretanto, a guerra civil alastra um pouco por toda a China. Chang Kai-Chek insiste em dizimar os guerrilheiros de Mao, apesar da arbitragem do embaixador americano, o general Marshall. Devido às indecisões da política americana, os dirigentes do partido nacionalista Kuomintang, corruptos e impopulares, acabam por ser derrotados pelos comunistas, em 1949.

• *A desunião dos aliados*

Como se constata, muitos dos problemas não estão ainda resolvidos. Entre os Aliados, especialmente entre os Estados Unidos e a Rússia, a aliança dá lugar à desunião. A tensão agudiza-se, levando ao nascimento de dois blocos que, em todos os domínios, se irão revelar completamente antagónicos. Este confronto entre dois blocos, um liderado pelos Estados Unidos, outro pela União Soviética, parece estar sempre na eminência de se transformar num conflito aberto e generalizado. Mas a terceira guerra mundial não eclodirá. Em vez disso, assiste-se ao aparecimento da «guerra fria».

De quem é a culpa? Há quem a atribua à divisão do mundo feita em Ialta. De facto, o mapa da guerra traçado em Fevereiro de 1945 dita claramente as opções do pós-guerra, deixando os Soviéticos com grandes trunfos para jogar. Por outro lado, a declaração sobre a Europa libertada aponta para uma evolução democrática, o que não será confirmado pelos acontecimentos. Deste modo, é sobretudo ao incumprimento dos acordos que se devem atribuir culpas, e não aos acordos em si.

Alguns historiadores atribuem à URSS a responsabilidade da ruptura. Os Soviéticos não cumpriram todos os compromissos assumidos em Ialta, nomeadamente a declaração da Europa libertada, e empreenderam uma política expansionista a que os Americanos se viram obrigados a responder. Outros há que, pelo contrário, atribuem as culpas aos Americanos. Explicam o expansionismo soviético pela necessidade de conter a política hegemónica que os Estados Unidos teriam iniciado logo em 1945.

A guerra fria (1947-1955)

Dois anos depois do fim da guerra, a Europa encontra-se dividida em dois blocos políticos e ideológicos, embora persistam alguns Estados neutros, no centro e no Norte. Em 1947, a URSS desencadeia uma brutal sovietização na Europa de Leste. As democracias populares são colocadas na ordem do dia. Mas a Jugoslávia, a Finlândia e a Grécia travam o avanço de Estaline. Os Estados da Europa Ocidental, que optaram por se aliar aos Estados Unidos, reequilibram as suas economias graças ao plano Marshall e, aos poucos, entram na via da cooperação europeia.

O nascimento dos dois blocos

• *A cartada americana*

O ano 1947 representa uma cisão. Multiplicam-se os problemas na Ásia e na Europa. Na China, a guerra civil parece dar vantagem ao comunista Mao Tsé-Tung, em detrimento do nacionalista Chang Kai-Chek. Na Indochina, regista-se uma guerra colonial desde finais de

1946 e o destino da Coreia ainda não está decidido. A situação na Europa e nos países vizinhos não está melhor. A Turquia vê-se envolvida em vários problemas, sendo directamente ameaçada pelas ambições da Rússia sobre os estreitos do Mar Negro e sobre as regiões fronteiriças de Cars e de Ardahan. Na Grécia, desde 1946 que os guerrilheiros comunistas se opõem ao governo realista de Atenas, apoiado pelos Britânicos, que aí mantêm 40 000 homens. No final de 1946, a situação é crítica, porque a guerrilha comunista conduzida pelo general Markos obtém muito facilmente ajuda dos três Estados que, a norte, fazem fronteira com a Grécia: a Bulgária, a Jugoslávia e a Albânia. A Grã-Bretanha, que fornecia ajuda militar e financeira aos governos da Grécia e da Turquia, constata não possuir capacidade para se continuar a manter no Mediterrâneo Oriental. Continua, no entanto, a ocupar o Egipto, o Chipre, o Iraque, a Transjordânia e a Palestina. A 24 de Fevereiro de 1947, o embaixador britânico em Washington informa o Departamento de Estado que as tropas britânicas seriam brevemente evacuadas da Grécia. Na Palestina, que continua sob a alçada dos Britânicos, grassa a hostilidade entre os judeus, que pretendem um país, e os árabes palestinianos, apoiados pelos Estados árabes vizinhos. Irão a Grécia, a Turquia e o mundo árabe cair também sob a alçada comunista? E o que irá acontecer na Europa de Leste, cuja economia tem de ser totalmente reconstruída?

Para a Grã-Bretanha, arruinada pela guerra e ansiosa por compatibilizar os compromissos com as suas possibilidades financeiras, chega a hora da retirada. Pretendendo reduzir encargos, vê-se obrigada a moderar as suas pretensões a nível mundial, a proceder à descolonização e a conformar-se a uma posição de apêndice dos Estados Unidos, situação disfarçada sob a designação *«special relationship»*. Os Estados Unidos, que tinham como tradição não intervir fora da América, e muito menos na Europa, saem da guerra como a nação mais poderosa do mundo, não resistindo à tentação de aproveitar a oportunidade. Chegou a sua hora de assumir responsabilidades internacionais.

É nestas condições, que a 12 de Março de 1947, o Presidente Truman declara ao Congresso que os Estados Unidos estão dispostos a tomar o lugar dos Britânicos na Grécia e na Turquia, pedindo para o efeito o apoio dos congressistas; «Chegou o momento dos Estados Unidos entrarem em campo, liderando o mundo livre.» Foi assim que Truman deu o passo que faria com que os Estados Unidos abandonassem o seu isolamento tradicional e se aproximassem do mundo ocidental. Os princípios da nova política externa americana são simples: a manutenção da paz, a expansão da prosperidade e a progressiva implantação do modelo americano.

Por ocasião do Conselho de Ministros dos Negócios Estrangeiros, que teve lugar em Moscovo em Março-Abril de 1947, não se chegou a acordo quanto ao futuro estatuto político da Alemanha. Ao desacordo, sucede rapidamente a desconfiança.

Em vários países da Europa Ocidental (França, Bélgica, Itália), apesar da participação dos comunistas no governo, a agitação social aumenta e vive-se num clima de grave crise económica .

Na verdade, o problema não é apenas político e militar, mas também económico. No fim da guerra, apenas os Estados Unidos conservam intacta a sua capacidade económica. Todos os outros países estão na penúria e sentem uma dupla necessidade: assegurar a sobrevivência dos habitantes, o que implica a importação de grandes quantidades de alimentos e de fertilizantes para melhorar a produção agrícola; reconstruir a indústria e, para o efeito, adquirir maquinaria. Ora, os Estados Unidos são o único país onde podem fazer estas aquisições. Mas, para isso, os países europeus precisam de uma enorme quantidade de dólares, que não possuem: dá-se o *dollar gap.* Os responsáveis americanos apercebem-se que seria de todo o interesse para eles resolver este problema, na medida em que isso lhes permitiria assegurar o pleno emprego no seu próprio território. Durante a guerra, o problema tinha sido resolvido através do empréstimo a prazo (que deveria ser reembolsado ou restituído no fim da guerra), suspenso em Agosto de 1945; tornava-se portanto necessário encontrar outra solução que não passasse pela liquidação dos excedentes americanos, vendidos a preços mais baixos, ou pelos empréstimos autorizados pelo *Export-Import Bank,* que se revelavam ajudas irregulares e incertas.

O sistema monetário internacional, posto em prática no fim da guerra, revelou-se insuficiente. A conferência monetária realizada em 1947 em Bretton Woods, no New Hampshire (Estados Unidos), optou pelo regresso ao *Gold Exchange Standard,* que transforma o dólar na moeda padrão do sistema monetário internacional, na medida em que os Estados Unidos, então possuidores de 80% do ouro mundial, são o único país com capacidade para assegurar a conversão da sua moeda em ouro. Os países signatários podem utilizar ouro ou divisas convertíveis em ouro – ou seja, dólares – para garantir o valor da sua moeda e regularizar os seus pagamentos externos. Cada Estado compromete-se a manter a moeda numa taxa estável, apenas lhe sendo permitido alterá-la em caso de desequilíbrio. Este regresso a um sistema de paridades fixas tem como objectivo favorecer as trocas internacionais, mas também impõe restrições. Os Bancos Centrais não podem permitir que o valor da moeda se afaste mais de 1% da paridade oficial.

O Fundo Monetário Internacional (FMI), que funciona como uma «caixa de ajuda mútua», é criado para consolidar o sistema. Antes da guerra, um Estado que tivesse uma balança deficitária via-se obrigado a recorrer às suas reservas de ouro, confrontando-se com um periclitante dilema: deflação ou desvalorização. Financiado pelo conjunto dos seus membros, subscrevendo cada um deles uma quota proporcional ao seu peso económico (1/4 em ouro, 3/4 em moeda nacional), o FMI concede aos países com um défice temporário na balança de pagamentos créditos sob a forma de direitos de emissão. Os países devedores têm um prazo de três a cinco anos para proceder ao reembolso. Deste modo, podem continuar a participar nas trocas internacionais sem que isso prejudique demasiadamente os seus cidadãos. No que respeita ao Banco Internacional para a Reconstrução e Desenvolvimento (BIRD), destina-se a financiar os investimentos a médio e a longo prazo. Os acordos de Bretton Woods, que criam uma nova ordem monetária, instauram a supremacia do dólar, mas não conseguem resolver a escassez em divisas fortes (*dollar gap*). E trata-se efectivamente de um problema urgente: a Europa tem fome e frio.

• *O Plano Marshall*

A 5 de Junho de 1947, numa palestra feita em Harvard, o general Marshall, secretário do Departamento de Estado, propõe aos europeus uma ajuda colectiva com a duração de quatro anos, cabendo a cada país a responsabilidade da distribuição dos montantes. O plano tem como objectivo apoiar a recuperação económica da Europa, favorecendo uma unificação de esforços, o que fortaleceria também a resistência ao comunismo, permitindo igualmente à economia americana manter-se na prosperidade. Inicialmente, a proposta destinar-se-ia também à Europa de Leste, União Soviética incluída. Mas, face à recusa de Moscovo, também as democracias populares resolvem não aderir e apenas dezasseis países – quase todos da Europa Ocidental –, que se reúnem em Paris em Junho de 1947, aceitam a oferta americana.

A União Soviética vê no Plano Marshall uma manobra do imperialismo americano para impor o seu domínio político e económico sobre a Europa.

Além do mais, como inicialmente os auxílios demoram a chegar, a situação torna-se crítica na França e na Itália, países onde os partidos comunistas são muito poderosos e participam nos governos surgidos com o pós-guerra. Em França, a 4 de Maio de 1947, os ministros comunistas são afastados do governo Ramadier. O mesmo acontece em Itália, a 31 de Maio de 1947. As convulsões aumentam no Outono, com grandes greves um pouco por toda a parte. Assumindo contornos de insurreição espontânea, estas greves fazem vacilar a central sindical francesa CGT, que vê sair os seus membros da ala reformista. Por toda a Europa, os comunistas fazem campanha contra o plano Marshall. Com o objectivo de solucionar problemas de abastecimento, nomeadamente de carvão, os Estados Unidos decretam uma «ajuda provisória».

Em Abril de 1948, o Congresso dos Estados Unidos vota o European Recovery Program, lei que visa permitir o auxílio americano, sendo 10% concedido sob a forma de empréstimos e 90% em ofertas em bens – produtos americanos, portanto –, que serão entregues aos governos que, por sua vez, os venderão aos industriais. Por exemplo, o valor destas mercadorias, traduzido em francos e pago ao governo francês, intitula-se «contra-valor». Graças a este contra--valor, o governo francês pode conceder empréstimos públicos à indústria ou à agricultura. Trata-se de um sistema muito eficaz e muito coerente, que permite a recuperação económica dos países europeus.

A cooperação dos países europeus. A 16 de Abril de 1948, ao criarem a Organização Europeia para a Cooperação Económica (OECE), encarregue de distribuir a ajuda americana, os europeus entram na via da cooperação. De 1948 a 1952, a ajuda concedida à Europa no âmbito do plano Marshall atingir quase os 13 mil milhões de dólares, dos quais 3,2 para o Reino Unido e 2,7 para a França.

Distribuição da ajuda entre os principais países europeus (em milhões de dólares e em percentagem)

	Total	%	ofertas	%
Todos os países	12992,5	100	9290	100
França	2629	20,3	2212,1	23,8
Itália	1434,6	11,0	1174,4	12,6
Países Baixos	1078,7	8,	3796,4	8,6
RFA	1317,3	10,1	1078,7	11,6
Reino Unido	3165,8	24,4	1956,9	21

Outro grande mérito da OECE foi o de liberalizar as trocas intra-europeias, que se caracterizavam pela sua organização arcaica, impondo numerosas restrições às trocas (proibições, restrições alfandegárias). A partir de 1950 (criação da União Europeia dos Pagamentos), a política de liberalização da OECE não pára de se expandir. A 1 de Janeiro de 1948, é assinado um tratado multilateral entre mais de 80 estados, que asseguram mais de 4/5 do comércio mundial, consistindo num acordo geral sobre as tarifas alfandegárias e o comércio, designado pela sigla inglesa GATT *(General Agreement on Tariffs and Trade)*. Possui o objectivo de liberalizar o comércio e de criar bases sólidas para o desenvolvimento, acabando com toda e qualquer discriminação e suprimindo as barreiras alfandegárias. A distribuição da ajuda concedida pelos Estados Unidos no quadro do Plano Marshall e as diferentes instituições criadas no pós-guerra são o ponto de partida para uma solidariedade económica entre os países ocidentais, no meio de uma guerra fria que divide a Europa em duas.

A Europa dividida em dois blocos antagónicos

Desde 1947 que a ruptura está consumada e a Europa cinde-se em dois blocos antagónicos: de um lado, a Europa Ocidental, ligada aos Americanos; do outro, a Europa de Leste, sob a esfera de influência soviética.

A política externa da URSS baseia-se toda ela na obsessão da segurança, atitude decorrente da sua vulnerabilidade face a um eventual ataque atómico americano e à sua arreigada crença na hostilidade do mundo capitalista. Comporta-se como uma cidadela cercada, desejando ardentemente estender a sua zona de influência a toda a Europa de Leste, o que consegue na Alemanha de Leste, na Polónia, na Checoslováquia, na Hungria, na Jugoslávia, na Albânia, na Bulgária e na Roménia. Estes Estados assinam com a União Soviética, e entre eles, tratados contra a Alemanha Ocidental, onde também estão previstos mecanismos de assistência. Estas alianças políticas são fortalecidas por medidas militares, como seja a nomeação do marechal soviético Rokossovski para o cargo de ministro da Defesa Nacional da Polónia (7 de Novembro de 1949) e, sobretudo, pela implementação de regimes comunistas: as designadas «democracias populares».

A extinção dos partidos não-marxistas sucede rapidamente na Roménia, Bulgária, Polónia e Hungria. Em Szklarska-Poreba (Polónia), em Setembro de 1947, os representantes dos partidos comunistas de nove países europeus (URSS, Polónia, Jugoslávia, Bulgária, Roménia, Hungria, Checoslováquia, Itália, França) criam um *bureau* de informação para servir de órgão de ligação entre os partidos comunistas: o *Kominform*. Aos olhos dos ocidentais, este organismo surge como uma reconstituição do *Komintern* (dissolvido no Verão de 1943) e, consequentemente, como uma confirmação do endurecimento da URSS. Na realidade, trata-se de um instrumento da política soviética. É preciso cerrar fileiras em torno da URSS. O representante soviético Idanov, num seu relatório, explica que o mundo se encontra dividido em dois blocos: um bloco imperialista e capitalista, dirigido pelos Estados Unidos; e um bloco anti-imperialista e anticapitalista, liderado pela URSS. E convida as democracias populares a imitar o modelo soviético.

No entanto, a Jugoslávia, o mais fiel dos aliados, recusa o alinhamento com a União Soviética. O marechal Tito, que se havia destacado como chefe da Resistência e como o mais fervoroso dos «discípulos» de Estaline, não aceita contudo submeter-se às suas ordens. A crise rebenta na Primavera de 1948: o *Kominform* condena publicamente Tito, classificando-o a ele e à sua política como divisionistas. As democracias populares cortam relações diplomáticas e renunciam aos tratados de assistência com a Jugoslávia. Isolada no bloco de Leste, a Jugoslávia aproxima-se do Ocidente, sem no entanto abandonar a sua orientação marxista. Mas a incapacidade de controlar a Jugoslávia constitui uma derrota para a política soviética e a primeira cisão no bloco comunista.

Se, na Turquia, a determinação americana afasta a ameaça soviética, já na Grécia prossegue uma cruel e devastadora guerra civil, que se irá prolongar até Outubro de 1949, altura em que as tropas governamentais comandadas pelo general Papagos, auxiliadas pela missão militar americana, forçam os guerrilheiros comunistas a refugiar-se na Bulgária e na Albânia.

A Finlândia consegue escapar ao domínio da URSS; defendendo a sua neutralidade, não é governada por um partido comunista, conseguindo manter a sua posição, apesar dos vários desafios que teve de ultrapassar.

A Checoslováquia é um caso particular. Em primeiro lugar, é o único Estado da Europa Central que viveu em democracia no período entre-guerras. Desde as eleições livres de 1946, ganhas pelo partido comunista, a Checoslováquia tem um governo de coligação que deseja manter-se equidistante face aos dois blocos. Mas o governo está dividido quanto à oferta do Plano Marshall. Os socialistas são a favor, mas os comunistas são contra e, com a ajuda das milícias operárias, fazem pressão para que o auxílio americano seja recusado e para que o governo apoie a sua causa. O braço de ferro, procurado intencionalmente pelo partido comunista checoslovaco, terminou a 25 de Fevereiro de 1948, com os comunistas a tomarem o controlo do poder. Ao fim de cinco dias de crise, o presidente Bénès aceitou o novo governo, dirigido pelo comunista Gottwald. Todos os ministros do novo governo são comunistas, à excepção do ministro dos Negócios Estrangeiros, Jan Masaryk, que se suicida a 10 de Março. Os comités de acção encarregam-se dos saneamentos nas administrações. A fronteira ocidental é fechada. O «golpe de Praga» foi conseguido. Eis um momento forte da guerra fria.

O Pacto de Bruxelas. O golpe de Praga impressionou profundamente os europeus do Ocidente que, de repente, vêem a guerra à porta. Tomaram consciência de que, se ficassem desunidos, não conseguiriam defender-se. No fim da guerra, nenhum tratado liga a França e a Grã-Bretanha, separadas por interesses antagónicos, sobretudo no Médio Oriente e na Alemanha. Apenas a 4 de Março de 1947, e depois de muitos desentendimentos, G. Bidault e E. Bevin assinam em Dunquerque – cidade escolhida simbolicamente numa homenagem à batalha aí ocorrida em Maio-Junho de 1940 – um tratado de aliança e de assistência mútua. Estas disposições são sobretudo inspiradas pelo receio do ressurgimento da ameaça alemã. Mas a crescente tensão internacional leva Franceses e Ingleses, juntamente com Belgas, Holandeses e Luxemburgueses, a assinarem um tratado de aliança, dito da União Ocidental. O Pacto de Bruxelas é a primeira das alianças contra qualquer agressor e não unicamente contra a Alemanha. Contempla um compromisso de assistência automática contra toda e qualquer agressão, organizando uma rede de relações em diversos domínios. Mais importante, mesmo em tempo de paz, são instituídas instâncias militares da Aliança, simbolizadas pela instalação de um estado-maior interaliado, em Fontainebleau.

Assim, em Março de 1948, o medo da guerra volta a aparecer na Europa, fazendo com que os enfraquecidos europeus se voltem para os Americanos, no sentido destes os protegerem do perigo soviético.

Efectivamente, esta ameaça ganha traços concretos com o bloqueio de Berlim; o «pequeno bloqueio» começa em Março e acaba em Junho, seguindo-se o «grande», que dura um ano, de 23 de Junho de 1948 a 12 de Maio de 1949. Entre 1948 e 1953, o problema alemão permanece uma questão fulcral da guerra fria.

O problema alemão, questão fulcral da Guerra Fria

Quando Ingleses e Americanos unificam as sua zonas, a 17 de Dezembro de 1947, os Soviéticos protestam e exigem a sua parte das reparações. A França obtém a aprovação dos anglo-saxões para que o Sarre seja afastado politicamente da Alemanha, ficando economicamente ligado à França.

O encontro ocorrido em Moscovo em Março-Abril de 1947, entre os ministros dos Negócios Estrangeiros da França (Bidault), da Grã-Bretanha (Bevin), dos Estados Unidos (Marshall) e da URSS (Molotov), acaba num impasse total, tanto no que respeita à «desnazificação», como às fronteiras orientais da Alemanha e às indemnizações.

Quanto ao futuro governo da Alemanha, a divergência de pontos de vista entre os antigos aliados ainda é maior. A França pretende uma Alemanha muito pouco centralizada, de estrutura federal, agrupando uma dúzia de *länder*. Pelo contrário, a União Soviética reclama um Estado fortemente centralizado e um controlo internacional sobre o Rur, onde ela teria a sua parte. Ingleses e Americanos são a favor de um governo federal forte, que controle os Negócios Estrangeiros, a Economia e as Finanças.

A ALEMANHA DE 1938 A 1945

Fonte: *Allemagne* (Histoire), M. Eude, *Encyclopaedia Universalis.*

Também se torna impossível chegar a acordo no que respeita ao tratado de paz com a Áustria, com os Soviéticos a pretenderem para si o controlo sobre grande parte da economia, o que os ocidentais recusam.

Na conferência de Londres (25 de Novembro-18 de Dezembro de 1947) não se regista qualquer progresso. Molotov imputa as dificuldades à má-fé dos ocidentais e recusa liminarmente todas as propostas por eles apresentadas. Exige a organização imediata de um governo central alemão. Decididamente, o problema alemão tornou-se no pomo da discórdia entre os antigos aliados e a questão do estatuto de Berlim é efectivamente a que implica maiores susceptibilidades.

• *O problema do estatuto de Berlim e o bloqueio*

Os Soviéticos nunca aceitaram bem o estatuto de Berlim, com quatro zonas de ocupação. Em seu entender, Berlim devia fazer parte da Alemanha de Leste. Em Março de 1948, o marechal soviético Sokolovski decide abandonar os debates do Conselho de Controlo interaliado e, alguns dias mais tarde, os Soviéticos anunciam confiar aos Alemães de Leste o controlo do acesso a Berlim Ocidental. Perante a recusa dos ocidentais, todas as vias de acesso terrestre a Berlim são bloqueadas: é o pequeno bloqueio de Berlim. Mas avizinha-se uma crise bem mais grave.

Na Conferência de Londres, realizada em Junho de 1948, Franceses, Ingleses e Americanos chegam a acordo e decidem unificar as suas três zonas de ocupação e organizar eleições para uma assembleia constituinte. Os Franceses, muito reticentes quanto à unificação das zonas, apenas assinam mediante a garantia da criação de uma autoridade internacional do Rur, que deveria controlar não apenas essa região, como toda a economia alemã. De qualquer modo, está aberto o caminho para a constituição de um Estado da Alemanha Ocidental. Para mostrar a sua vontade de unificação, as três potências Ocidentais decidem criar uma moeda comum, o *Deutsche Mark* (DM). Esta reforma monetária desagrada aos Soviéticos que, como represália, providenciam um bloqueio terrestre total a Berlim. É a medição de forças.

A reacção dos Estados Unidos é imediata. Decidem não aceitar a situação criada pelos Soviéticos e criam uma ponte aérea para abastecer Berlim Ocidental. Assegurada em 95% pelos Americanos, esta operação garante o abastecimento à cidade durante um ano e obriga os Soviéticos a ceder. Em Junho de 1949, levantam o bloqueio a Berlim e aceitam abrir de novo as auto-estradas e linhas de caminho--de-ferro, permitindo assim o abastecimento de Berlim Ocidental, desde que feito sob controlo soviético. O Conselho de Ministros dos Negócios Estrangeiros, reunido em Paris em Maio-Junho de 1949, condena este equilíbrio precário. Berlim transforma-se num símbolo do combate pela liberdade.

BERLIM após 1945

1945 – 2 de Maio: Capitulação de Berlim, conquistada pelo Exército Vermelho.
– 5 de Junho: Declaração dos Quatro (Estados Unidos, URSS, Grã--Bretanha, França), assinada em Berlim. Assumem a administração da cidade, entretanto dotada de um estatuto especial e dividida em quatro sectores.
– 22 de Novembro: Delimitação de corredores aéreos entre Berlim Oriental e as zonas ocidentais.

1948 – 23 de Junho: Os Soviéticos dão início ao bloqueio de Berlim; toda a circulação rodoviária e ferroviária para Berlim Ocidental é interrompida.
– 26 de Junho: Início da ponte aérea.

1949 – 12 de Maio: Fim do bloqueio de Berlim.

1953 – 17 de Junho: Sublevação em Berlim Oriental e em várias outras cidades da RDA.

1957 – 6 de Outubro: W. Brandt é eleito burgomestre de Berlim Ocidental.

1958 – 9-27 de Novembro: N. Krutchev quer pôr termo ao estatuto de Berlim, que se tornaria uma cidade livre.

1959 – 11 de Maio-20 de Junho: Fracasso da Conferência dos Ministros dos Negócios Estrangeiros, em Genebra.

1960 – 16 de Maio: Cimeira abortada, em Paris.
– 5 de Agosto: Os Três Grandes ocidentais reafirmam a sua vontade de, por todos os meios, manter a liberdade de acesso a Berlim.

1961 – 13 de Agosto: Construção do muro de Berlim.

1962 – Fevereiro: Incidentes nos corredores aéreos de Berlim.

1963 – 26 de Junho: Visita do Presidente Kennedy ao muro: *«Ich bin ein berliner.»*

1969 – 16 de Dezembro: os Três Grandes sugerem ao Kremlin que dê início a uma discussão sobre Berlim, para tentar melhorar a situação e, sobretudo, para que seja garantido o livre acesso a Berlim. Os Soviéticos aceitam.

1970 – 26 de Março: Primeiro encontro em Berlim, desde 1959, entre os três embaixadores ocidentais e o embaixador da URSS.

1971 – 3 de Setembro: Acordo quadripartido sobre Berlim.

1972 – 3 de Junho: Entrada em vigor do novo estatuto interaliado de Berlim.

1987 – 30 de Abril: Em Berlim Ocidental, Honecker recusa-se a assistir às cerimónias do 750º aniversário da cidade.
– 12 de Junho: Visita de Ronald Reagan a Berlim Ocidental: «Deite este muro abaixo, Sr. Gorbatchev!».

1989 – 9 de Novembro: As autoridades da RDA decidem abrir as fronteiras e derrubar o muro. Noite de alegria em Berlim: milhares de berlinenses orientais passam o muro.
– 21 de Dezembro: O chanceler Helmut Kohl (RFA) e o primeiro-ministro H. Modrow (RDA) encontram-se na Porta de Brandenburgo, que é reaberta.

1990 – 31 de Agosto: Em Berlim Oriental, RFA e RDA assinam o tratado de reunificação.

1991 – 20 de Junho: Os deputados alemães votam a favor da mudança da sede do Governo e do *Bundestag* de Bona para Berlim.

1999 – Verão: O governo alemão instala-se em Berlim.

• *A constituição dos dois Estados*

A comissão encarregue de elaborar a Constituição da Alemanha Ocidental reuniu-se no Verão de 1948, tal como ficara estipulado nos acordos de Londres. Esta comissão, composta por elementos eleitos dos onze *länder,* apresenta na Primavera de 1949 um projecto de constituição, que é rejeitado pelos comandantes-em-chefe. Um novo projecto será aceite em Maio de 1949. Entretanto, os ocidentais negociaram entre si e, em Abril de 1949, assinaram os acordos de Washington. O objectivo é o de conferir à Alemanha toda a autonomia possível, desde que esta seja compatível com a ocupação aliada. Estabelece-se claramente a fronteira entre os amplos poderes que ficam nas mãos das autoridades de ocupação (desarmamento, desmilitarização, controlo do Rur, indemnizações, descartelização) e as responsabilidade que serão transferidas para o futuro governo da Alemanha Ocidental. A Defesa e os Negócios Estrangeiros são da exclusiva competência dos Aliados. A Alemanha apenas pode assinar tratados com o acordo dos Aliados e compromete-se a permanecer totalmente desarmada. O governo militar da Alemanha é substituído por uma Alta Comissão Aliada, composta por John MacCloy (Estados Unidos), por André François-Poncet (França) e pelo general Robertson (Reino Unido).

Na sequência dos acordos de Washington, a Constituição Alemã, de natureza federal, «a lei fundamental», é aceite pelos Aliados. Realizam-se eleições gerais em Agosto de 1949. O texto da Constituição é um compromisso entre as teses federalistas e as teses centralistas. A República Federal Alemã é uma federação de onze *länder*, tendo cada *land* a sua própria constituição. O *Bundestag* designa um Presidente da República, sem grande poder, e um Chanceler, que é o verdadeiro chefe do poder executivo. As eleições são ganhas por Konrad Adenauer, líder do Partido Democrata Cristão (CDU) e antigo Presidente da Câmara de Colónia. Nasce assim a Alemanha Ocidental

A 7 de Outubro de 1949, é a vez da URSS transformar a sua zona numa República Democrática Alemã (RDA ou, em alemão, DDR), dotada de uma constituição centralizadora.

A partir deste momento, a divisão da Alemanha institucionaliza-se e a questão alemã torna-se ainda mais complexa, devido ao problema da reunificação das duas Alemanhas. O chanceler Adenauer

(RFA) e o Presidente Grotewohl (RDA) lançam alternadamente iniciativas espectaculares para realizar eleições livres em toda a Alemanha. Não se verifica nenhum progresso, tanto mais que a RDA reconhece a linha Oder-Neisse como fronteira oriental, enquanto a Alemanha Ocidental se recusa terminantemente a aceitá-la. Os dois Estados alemães desenvolvem-se em paralelo e cada um deles copia os métodos e os objectivos do bloco em que se encontra inserido: o capitalismo a Ocidente, o comunismo a Leste. Em Berlim Oriental, a 17 de Junho de 1953, na sequência de medidas visando acelerar a colectivização de terras e alterar os modos de produção na indústria, dá-se uma greve geral e rebenta uma revolta popular. Os manifestantes exigem ao secretário do Partido da Alemanha de Leste (SED) a realização de eleições livres. É declarado o estado de sítio. A repressão é terrível.

BERLIM, DIVIDIDA EM QUATRO SECTORES DE OCUPAÇÃO (1945)

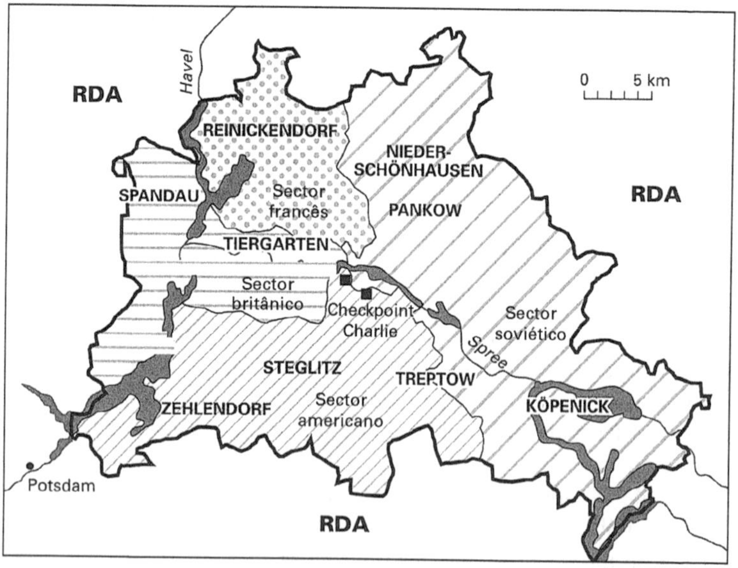

Mas a Alemanha já deixou de ser um sujeito passivo nesta história. Desempenha agora um papel activo e se o governo da Alemanha de Leste se conforma ao seu papel de satélite da União Soviética, o governo da Alemanha Ocidental mostra-se, logo desde início, muito mais autónomo e, em Novembro de 1949, assina com as potências ocidentais os acordos de Petersberg, que acabam praticamente com as indemnizações de guerra devidas pela Alemanha Ocidental. A admissão do novo Estado no Conselho da Europa é bastante complicada, porque a França quer que o Sarre também seja admitido, enquanto Adenauer se recusa a reconhecer a existência de um Sarre autónomo. Este acaba por aceitar, sob condição do estatuto da região não poder vir a ser alterado. A 2 de Maio de 1951, a República Federal da Alemanha (RFA) é admitida como membro de pleno direito no Conselho da Europa. Entretanto, os acordos de Londres (Maio de 1950) e de Nova Iorque (Setembro de 1950) autorizaram a RFA a voltar a possuir um ministério dos Negócios Estrangeiros e a restabelecer relações diplomáticas com todos os países.

O Sarre é o principal motivo da discórdia franco-alemã. Entre 1949 e 1950 o governo francês e o governo do Sarre definem o estatuto de autonomia política da região e a sua ligação económica à França, negociando uma série de convenções. Não colocando em causa o carácter provisório do estatuto do Sarre, estas convenções concedem maior autonomia ao governo local, relativamente à autoridade do alto-comissário. O certo é que estas convenções consolidam o real estado de coisas e, portanto, a ligação do Sarre ao espaço económico francês, contrariando assim os objectivos do governo de Bona. Este, apresenta o seu protesto num Livro Branco, publicado em Março de 1950, aproveitando todas as ocasiões para levantar a questão do Sarre, o que aconteceu, por exemplo, quando da nomeação do Alto Comissário para embaixador. A crescente tensão entre a Alemanha e a França, provocada por esta questão, e a continuação da guerra fria, explicam a multiplicidade de iniciativas que visam incrementar a construção europeia.

A expansão comunista no Extremo Oriente

As duas Chinas. No Verão de 1947 dá-se há uma reviravolta na guerra civil chinesa. Os nacionalistas, depois de conseguirem progredir em Hainão, perdem terreno um pouco por toda a parte, apesar do auxílio americano. Após terem conquistado o Norte da China, em Outubro de 1948, os comunistas entram em Pequim a 22 de Janeiro de 1949 e em Xangai a 25 de Maio. Chang Kai-Chek refugia-se em Taiwan e abandona a China continental a Mao Tsé-Tung que, a 1 de Outubro de 1949, proclama a República Popular da China (RPC). Nasce um outro pólo da guerra fria, devido à oposição ideológica entre as duas Chinas e ao problema das pequenas ilhas costeiras que permanecem em poder dos nacionalistas do sul, como sejam Quemoy e Matsu, e, mais a norte, as ilhas Taschen. Durante um quarto de século, a questão das duas Chinas irá revelar-se um quebra-cabeças diplomático e minar as relações internacionais. Deverá reconhecer-se a China comunista? As potências ocidentais hesitam em «abandonar» Chang Kai-Chek e apoiar Mao Tsé-Tung. A Grã-Bretanha, implantada em Hong-Kong, decide reconhecer isoladamente o regime comunista, em Janeiro de 1950. Entretanto, a China Nacionalista continua a ter assento na ONU, como membro permanente do Conselho de Segurança. A URSS reconhece a República Popular – no que é rapidamente seguida por todas as democracias populares – e apoia-a em questões de segurança.

A aliança sino-soviética traduz essencialmente uma oposição comum à política dos Estados Unidos e dos seus aliados. A 14 de Fevereiro de 1950, Mao assina com Estaline um «Tratado de Assistência e de Amizade Mútua». A URSS compromete-se a retirar as suas tropas da Manchúria e de Porto Artur e a auxiliar a China nos domínios económico, técnico e financeiro. Num ápice, a situação no Extremo Oriente modifica-se completamente e, doravante, a RPC irá desempenhar um papel activo na Indochina e na Coreia.

A Indochina, problema ideológico. Desde Dezembro de 1946 que os Franceses travam um combate ambíguo na Indochina. Afirmam querer proteger a independência e a integridade dos Estados da região face às agressões do movimento viet-minh, mas nenhum governo toma a iniciativa de promover negociações que pudessem conduzir à retirada francesa. A guerra colonial torna-se um encargo cada vez mais pesado para o orçamento e para a própria França, cuja dívida para com os Estados Unidos vai aumentando. A partir de Junho de 1950, dá-se uma viragem decisiva na guerra da Indochina. A guerra colonial transforma-se numa guerra ideológica entre o mundo comunista, com a China à cabeça, e o mundo ocidental, representado pela França, apoiada pelos Estados Unidos.

Também na Coreia as tensões nascidas da guerra degeneram em conflito ideológico. A Coreia era uma colónia japonesa desde 1910.

Quando, no fim da Segunda Guerra, a 8 de Agosto de 1945, a URSS atacou o Japão, tinha ficado estabelecido que os Soviéticos aceitariam a capitulação japonesa a norte do paralelo 38 e os Americanos a sul do mesmo paralelo. Mas a questão da Coreia permanecia por resolver. A conferência de Moscovo (Dezembro de 1945) pronuncia-se a favor da tutela das grandes potências o que, em seu entender, favoreceria a reunificação do país. Mas o desacordo, que não impede Americanos e Soviéticos de retirarem do país, conduz rapidamente a um impasse político, a um clima de grande tensão entre o Norte e o Sul e à criação de uma grande instabilidade ao longo da fronteira do paralelo 38. A 25 de Junho de 1950, a Coreia do Norte lança uma vasta ofensiva contra o Sul. Se as origens do conflito ainda hoje permanecem obscuras, o mesmo não se pode dizer das sua consequências, que são bem claras. A eclosão da guerra leva à intervenção dos Americanos, que, numa primeira fase, tinham excluído a Coreia do seu perímetro de defesa estratégico no Extremo Oriente. Decidem então defender as Filipinas (acordo de garantia de 30 de Agosto de 1951); além do mais, prestam assistência económica e militar a Taiwan e às possessões francesas, na Indochina. Sobretudo, decidem fazer do Japão um aliado.

O Japão. Logo a seguir ao fim da guerra, o general MacArthur, comandante supremo das forças aliadas, tinha lançado profundas reformas com vista à democratização do Japão, tanto no plano político como económico. A guerra da Coreia constituirá um teste à lealdade do Japão, na medida em que as forças de ocupação americanas ficarão aí reduzidas ao mínimo. Em Setembro de 1951, na sequência da Conferência de S. Francisco, os Estados Unidos assinam um tratado de paz com o Japão, que se compromete a renunciar a diversos territórios: Coreia, Taiwan, Pescadores, Curilas e à parte Sul da Ilha Sacalina. De uma assentada, o Japão, Estado vencido e ocupado, vê-se promovido a «sentinela do mundo livre», sob os olhares da China e da URSS. O tratado de segurança de S. Francisco concede aos Americanos numerosas bases militares em território japonês. Por decisão de um pacto de segurança colectiva, assinado a 1 de Setembro de 1951 em São Francisco entre a Austrália, a Nova Zelândia e os Estados Unidos (ANZUS), é constituída no Pacífico uma segunda linha defensiva.

A intervenção americana na Coreia dá-se com o beneplácito das Nações Unidas. O Conselho de Segurança denuncia a agressão norte-

-coreana e, na ausência da URSS, decide intervir na Coreia. Há uma explicação para a ausência do veto soviético. Os Soviéticos tinham declarado que, a partir de 1 de Janeiro de 1950, não compareceriam no Conselho de Segurança enquanto, na ONU, a China nacionalista não fosse substituída pela China comunista. O exército das Nações Unidas, composto essencialmente por divisões americanas secundadas, entre outras, por tropas britânicas e por um batalhão francês, é comandado pelo general americano Mac Arthur, o vencedor da guerra do Pacífico e comandante supremo no Japão. Numa primeira fase (Junho-Agosto de 1950), consolida a testa de ponte de Pu-San. No Outono de 1950, promove uma contra-ofensiva que leva as tropas das Nações Unidas a passar o paralelo 38 e a ficar perto da fronteira chinesa (Setembro-Novembro de 1950). É então que a China entra na guerra. A intervenção de centenas de milhares de «voluntários chineses» obriga Mac Arthur a bater em retirada (Novembro-Janeiro de 1951), mas consegue voltar a fixar-se no paralelo 38, fruto de uma contra-ofensiva. Em Abril de 1951, Mac Arthur pretende bombardear as bases de voluntários chineses na Manchúria, correndo o risco de entrar em guerra aberta com a China. Truman substituiu-o imediatamente pelo general Ridgway, que se limita a manter as posições conquistadas. Um acordo sobre o repatriamento dos prisioneiros, assinado em Abril de 1953, é finalmente posto em prática após dois anos de negociações, se bem que apenas com muita dificuldade seja respeitado. A convenção do armistício, assinada em Panmunjon a 27 de Julho de 1953, consagra uma «paz branca». A fronteira entre o Norte e o Sul permanece quase a mesma de 1950, ao longo do paralelo 38; também no Extremo Oriente o mundo se encontra dividido em dois, entre a Coreia do Norte, pró-comunista, presidida pelo marechal Kim Il-Sung, e a Coreia do Sul, pró-ocidental, dirigida por Syngman Rhee.

Os dois blocos frente a frente

• *O bloco atlântico*

A convicção de que a União Soviética representa um perigo mortal leva o mundo livre a unir-se e a rearmar-se. O pacto de Bruxelas, entre a França, o Reino Unido e o Benelux, previa medidas de mobilização contra agressores, quem quer que estes fossem. Mas, na realidade, o agressor que estes países temiam era a União Soviética, e depressa se aperceberam da desvantagem da União Ocidental em relação ao Exército Vermelho. Pediram então aos Estados Unidos que aderissem ao Pacto de Bruxelas e se comprometessem a prestar auxílio militar. A 4 de Março de 1948, G. Bidault, ministro francês dos Negócios Estrangeiros, escreve ao general Marshall, secretário do Departamento de Estado, propondo-lhe uma colaboração mais estreita, a nível político e militar, entre o Velho e o Novo Mundo.

Seguindo a doutrina de Truman, os Americanos, preocupados em travar o desenvolvimento do comunismo, aumentam as despesas militares – que, em 1952, atingem 13% do PNB –, mantêm as forças militares em estado de alerta e criam uma central de informações, a *Central Intelligence Agency* (CIA). Não recusam as negociações com os europeus. Mas, nos Estados Unidos, de acordo com a sua Constituição, qualquer tratado tem ser aprovado no Senado por uma maioria de dois terços, antes de poder ser ratificado. Assim sendo, o governo americano considerou que seria mais sensato fazer aprovar no Senado uma resolução prévia que autorizasse o poder executivo a estabelecer alianças em tempo de paz. É a resolução Vandenberg (que assumiu o nome de um senador republicano, presidente da Comissão dos Negócios Estrangeiros do Senado), votada a 11 de Junho de 1948. Trata-se de uma verdadeira revolução na política externa dos Estados Unidos, que, até então, apenas estabelecia alianças circunscritas a períodos de guerra. A partir desta altura, os pactos tornam-se num instrumento privilegiado para a segurança nacional americana em tempo de paz. Está aberto o caminho para a Aliança Atlântica, negociada em finais de 1948 e princípios de 1949.

O *Pacto Atlântico,* válido por vinte anos, teve a sua assinatura solene em Washington, a 4 de Abril de 1949. Foi assinado pelos representantes de doze nações (Estados Unidos, Canadá, França, Reino Unido, Benelux, Itália, Noruega, Dinamarca, Islândia, Portugal). A União Ocidental está praticamente esvaziada da sua substância e, aliás, muitos dos seus órgãos são absorvidos pela NATO. O *«standing group»* (grupo permanente composto por representantes dos Estados Unidos, da Grã-Bretanha e da França), com assento em Washington, fica encarregue de assegurar a direcção estratégica da Aliança.

A Organização do Tratado do Atlântico Norte (OTAN ou, em inglês, NATO), apesar de ser nesta altura uma aliança ainda muito frágil, estipula que um ataque armado a um dos seus signatários na Europa, na América do Norte, na Argélia ou numa das ilhas do Atlântico, será considerado como um ataque ao território de todos, levando à assistência mútua. Esta assistência militar não é automática e cada país mantém as suas forças militares e o seu respectivo comando. Não estão previstas instituições para tempo de paz, à excepção de um Conselho Atlântico, com prerrogativas bastante vagas. Apesar disso, todos os observadores consideram que a NATO coloca a Europa Ocidental na dependência dos Estados Unidos, o que faz com que o Pacto Atlântico seja fortemente contestado. A União Soviética considera-o um pacto de agressão contra si própria. Os comunistas dos países europeus vêem-no como uma sujeição da Europa Ocidental aos Estados Unidos. Os neutrais lamentam o alinhamento pelos Estados Unidos.

Algum tempo depois, o Apelo de Estocolmo (19 de Março de 1950), que é a face visível de um vasto movimento pacifista animado por militantes comunistas do mundo inteiro, vem sobrepor-se a estas campanhas. O Conselho Mundial da Paz, destinado a enfraquecer a resposta do mundo ocidental à expansão comunista, recomenda a interdição absoluta de armas atómicas.

Apesar destas campanhas, o tratado é rapidamente ratificado por quinze nações (Reino Unido, França, Portugal, Benelux, Itália, Noruega, Dinamarca, Estados Unidos, Canadá, Irlanda e, em 1952, a Grécia e a Turquia). Entra em vigor em Agosto de 1949 e faz-se acompanhar de um programa militar que irá ter um papel determinante no auxílio americano à Europa. Mas ainda se trata de uma mera aliança, sem possuir os necessários automatismos ou uma organização eficaz. Os acontecimentos do Extremo Oriente, especialmente a guerra da Coreia, irão modificar profundamente o Pacto Atlântico, que passará a implicar integração militar.

O «new look». A guerra fria constitui essencialmente um confronto ideológico e a luta contra o comunismo leva à propaganda e à mobilização ideológica. Nos Estados Unidos, o senador do Wisconsin, MacCarthy, lança uma violenta campanha anticomunista (9 de Fevereiro de 1950), que se transforma numa verdadeira «caça às bruxas», acusando de actividades antiamericanas todos os eventuais suspeitos. Em Novembro de 1952, os republicanos ganham as eleições presidenciais. O general Eisenhower é o novo Presidente dos Estados Unidos da América. Durante a campanha eleitoral, criticou a política da administração democrata, que consistira na contenção do comunismo *(containment)* e na preconização contra este de uma política de firmeza e de repressão *(roll-back).* Com efeito, a nova administração americana renuncia rapidamente a esta política, que se arriscava a conduzir o país a uma guerra generalizada. O novo rosto da política americana, o *new look,* traduz-se por uma mudança na diplomacia – a «pactomania» – e por uma mudança de estratégia – a doutrina das grandes represálias.

Os dados estratégicos evoluíram desde 1945. Em 1949, a URSS fez explodir uma bomba atómica. Os Estados Unidos já não têm o monopólio da arma atómica e o conflito na Coreia transforma-se no exemplo de uma guerra que, certamente circunscrita, se revela assassina, impopular e ineficaz. Refugiados no reduto manchu, os Chineses estão fora de alcance. A arma atómica não permitiria aos Estados Unidos impor a sua vontade, com menos custos, caso as represálias não se limitassem a um único território? Em 1953, os republicanos adoptam a nova estratégia definida pelo almirante Radford, presidente do Comité dos Chefes do Estado-Maior, que se pode resumir a três fórmulas: represálias maciças *(massive retaliation)*; retaliação imediata *(instant retaliation)*; não respeitar o refúgio em outros territórios *(no sheltering)*. Se fossem atacados, os Estados Unidos responderiam de imediato com a arma atómica. Nenhum território seria poupado. Assim, os Estados Unidos esperam alcançar o máximo de segurança com o mínimo de custos.

O reforço das alianças. O novo secretário de Estado, J. F. Dulles, consagra todos os seus esforços ao reforço da rede de alianças estabelecida por Washington. Na Ásia, torna-se necessário conter o comunismo chinês e colocar um fim à «teoria do dominó»: assim que um país cai para o lado comunista, por sua vez, os países seus vizinhos correm também o risco de ser arrastados. Os Estados Unidos, que no Pacífico já são aliados das Filipinas, da Austrália, da Nova Zelândia e do Japão, assinam tratados de defesa com a Coreia do Sul (1953), com o Paquistão, com a China Nacionalista [Taiwan] e com o Vietname do Sul (1954). Mas o mais importante é o Pacto de Manila que, a 8 de Setembro de 1954, cria a Organização do Tratado do Sudeste Asiático (OTSA). Os Estados Unidos, a França, a Grã-Bretanha, a Austrália, a Nova Zelândia, as Filipinas, o Paquistão e a Tailândia, comprometem-se a reagir colectivamente a qualquer ataque contra um dos seus territórios ou contra qualquer região situada a sul de 21° 30' norte, o que inclui a Indochina, mas não Taiwan, que está ligado ao tratado de defesa sino-americano (2 de Dezembro de 1954) e, que, entre 1954 e 1955, esteve debaixo de uma grande tensão. No Médio Oriente, o Pacto de Bagdad (Fevereiro de 1955), que abrange a Turquia, o Iraque, o Paquistão, o Irão e o Reino Unido, cria um cordão protector em torno das fronteiras meridionais da URSS. Na América Latina, os Estados Unidos tentam arrastar os Estados latino-americanos para uma cruzada anticomunista (conferência de Caracas, em Março de 1954) e fortalecer a coesão da Organização dos Estados Americanos, numa conferência que tem lugar de 19 a 22 de Julho de 1956, no Panamá. Reafirmam a sua profunda solidariedade com os problemas mundiais e mostram-se favoráveis à invasão da Guatemala, então dirigida pelo governo pró-comunista do coronel Arbenz (Junho de 1954). O Japão desempenha agora um papel muito secundário, encontrando-se sob a alçada dos Estados Unidos que, ao abrigo do artigo 9.º da Constituição de 3 de Maio de 1947, lhe impõem um pacifismo institucional, que o obriga a renunciar não só ao uso da força, como também à manutenção de qualquer potencial militar. Contudo, para fazer face à Guerra da Coreia, a América reclama o rearmamento do Japão e promove o tratado de 1951. Os Japoneses criam uma força defensiva, embora sejam totalmente contra, opondo-se igualmente às experiências atómicas americanas no Pacífico. Quanto aos Soviéticos, exigem as ilhas Curilas, a parte sul de Sacalina e, sobretudo, as ilhas a norte de Hokkaido (Habomnai, Sikotan). Apesar do impasse das negociações sobre o contencioso territorial, Japoneses e Soviéticos assinam uma declaração comum, que põe fim ao estado de guerra (Outubro de 1956) e permite o restabelecimento de relações diplomáticas normais. Para além disso, a 18 de Dezembro de 1956, o Japão é admitido na ONU.

• *A cooperação europeia*

O receio de uma agressão comunista à Europa Ocidental foi avivado pelo conflito da Coreia, que fez com que os europeus acelerassem, a todos os níveis, o processo de aproximação mútua.

A cooperação económica. Os primeiros passos dessa aproximação dão-se predominantemente no domínio económico. A partir de 1948, a OECE promove uma verdadeira colaboração comercial e monetária entre os dezasseis Estados europeus que beneficiam do plano Marshall. Geram-se correntes de opinião favoráveis à criação de uma federação europeia, o que virá a culminar na realização de um congresso em Haia, em Maio de 1948, onde fica expressa a vontade comum de criar uma União Europeia. Mas o desacordo franco-britânico não permite que se vá muito longe. Os Franceses defendem a criação de uma

Assembleia Consultiva, embrião de um futuro parlamento europeu. Os Ingleses não querem ouvir falar do que quer que seja que possa implicar uma diluição, ainda que ínfima, da soberania nacional, e propõem a criação de um simples Comité de Ministros. Em Janeiro de 1949, conseguem chegar a uma solução de compromisso, prevendo a criação de uma Assembleia Consultiva Europeia, de competências limitadas. Este Conselho da Europa, aberto aos dezassete países membros da OECE, tem a sua primeira sessão em Estrasburgo, em Agosto de 1949, mas nada mais faz do que esboçar uma cooperação política e cultural.

São promovidas várias iniciativas tendentes a ultrapassar o antagonismo franco-alemão, através da criação de uma Europa Ocidental unida. De todas, a mais importante é o Plano Schuman. O ministro francês dos Negócios Estrangeiros, Robert Schuman, aproveita uma ideia de Jean Monnet, então Alto-Comissário do Plano, que passaria por colocar a produção conjunta franco-alemã de aço e de carvão sob a alçada de uma alta autoridade comum, no seio de uma organização aberta aos outros países da Europa. O objectivo consiste em propor «realizações concretas, criando primeiro uma solidariedade de facto» e também eliminar a tradicional rivalidade franco-alemã.

O Plano Schuman (9 de Maio de 1950) inaugura a passagem da simples cooperação à verdadeira integração: propõe a produção e a venda comum dos produtos siderúrgicos. A França, a Alemanha Ocidental, a Itália e os países do Benelux criam a Comunidade Europeia do Carvão e do Aço (CECA). O Reino Unido, cioso da sua soberania, mantém-se distanciado desta construção continental. O Tratado de Paris (18 de Abril de 1951) atribui um poder supranacional a uma Alta Autoridade, composta por nove membros, independentes dos governos nacionais, que fica encarregue de modernizar a produção do carvão e do aço e de desenvolver a exportação comum. A Autoridade Internacional do Rur desaparece.

A cooperação militar. Mas os riscos de guerra levam os europeus a considerarem também a hipótese de um entendimento militar e, além disso, os Americanos fazem pressão para que a Europa proceda ao rearmamento. Em Dezembro de 1950, a NATO, num considerável esforço colectivo, decide criar uma organização militar integrada, dirigida pelo Quartel Geral das Forças Aliadas na Europa, o SHAPE *(Supreme Headquarters of Allied Powers in Europe),* sob comando de um general americano. Eisenhower é o general designado. À justaposição dos exércitos nacionais sucede-se uma «força integrada». É prosseguido um enorme esforço para simplificar, coordenar e harmonizar todos os órgãos da NATO e, em 1952, fica decidido que deverão ficar sediados em Paris.

Mas ainda faltam as armas! Os Americanos fornecem-nas. Armas! A ajuda económica americana transforma-se gradualmente em ajuda militar. Homens! O Exército francês está na Indochina e o governo americano não quer que os seus GI *(Government Issue,* soldado do Exército Americano) sejam os únicos a defender o Elba e o Reno. Então, por que não rearmar a Alemanha Ocidental? É esta sugestão que o governo americano apresenta oficialmente em Setembro de 1950. A recusa da França, que se opõe categoricamente, deixa a NATO num impasse. Para tornear a dificuldade, o ministro francês da Defesa Nacional, René Pleven, propõe, em Outubro de 1950, que se aplique o plano Schuman ao domínio militar. Criar-se-ia um exército comum, que integraria unidades dos seis exércitos europeus implicados. Esta ideia permitiria contar com soldados alemães e aumentar os efectivos. Mas a criação de um Exército alemão estava fora de questão... As negociações com vista à criação de um Exército europeu foram demoradas e o projecto inicial foi alterado, uma vez que a integração das forças militares foi feita ao nível de cada divisão. O tratado que institui a Comunidade Europeia da Defesa (CED) só viria a ser assinado a 27 de Maio de 1952. Mas não entrou em vigor, devido às reticências colocadas pelos Franceses. Para os gaullistas, para os comunistas e para parte da esquerda, a criação da CED apresentava vários problemas: constituía o embrião de um Exército alemão; representava o fim das forças nacionais autónomas; submetia o Exército europeu ao comando americano da NATO. Esta questão torna-se objecto de um debate permanente entre aliados e no seio da própria opinião pública francesa. Os Americanos pressionam os sucessivos governos franceses para honrarem o tratado da CED, entretanto ratificado pela Holanda, pela Bélgica e pela Alemanha. Os governos franceses apresentam «condições prévias», a serem satisfeitas antes da ratificação do tratado, e tentam negociar «protocolos adicionais». Em Dezembro de 1953, o secretário do Departamento de Estado, J. Foster Dulles, declara que, se a França não ratificar o tratado da CED, a América irá rever completamente a sua política para a Europa. Em Agosto de 1954, o novo primeiro-ministro francês, Pierre Mendès France, propõe aos cinco parceiros da França várias alterações para atenuar o carácter supranacional deste tratado, que, refira-se, tinha sido proposto e redigido precisamente pelos Franceses. Face à recusa dos outros Estados, a Assembleia Nacional Francesa opõe-se definitivamente à ratificação do tratado da CED, pela votação de uma simples questão prévia, a 30 de Agosto de 1954.

A solução alternativa é alcançada dois meses depois. O ministro britânico dos Negócios Estrangeiros, Anthony Eden, propõe a ideia de ressuscitar a União Ocidental e de nela admitir a Alemanha e a Itália. Assim, simultaneamente, seria possível um certo controlo sobre o futuro Exército alemão e assegurar a participação da Grã-Bretanha no dispositivo militar da Europa Ocidental. Pelos acordos de Paris (23 de Outubro de 1954), a União Ocidental passa a designar-se União da Europa Ocidental (UEO), englobando a Alemanha e a Itália; a Alemanha readquire a sua total soberania e, facto importante, o direito ao rearmamento. Contudo, a reconstituição das forças militares alemãs encontra-se sujeita a várias restrições: a Alemanha não pode fabricar armas atómicas, biológicas ou químicas, engenhos de longo alcance, navios de guerra de mais de 3000 toneladas ou aviões de bombardeamento estratégico. Os ocidentais prescindem do direito de intervenção na Alemanha e declaram querer associá-la em plano de igualdade «aos esforços dos povos livres pela paz e pela segurança». Em Maio de 1955, a Alemanha torna-se no 15° membro da NATO. O *Bundeswehr* constitui-se em Novembro de 1955.

Entretanto, assiste-se a uma aproximação temporária entre a Jugoslávia e o Ocidente, através do Tratado de Amizade e de Cooperação, assinado em Ancara (28 de Fevereiro de 1953) entre a Grécia, a Turquia e a Jugoslávia, e do Tratado de Bled (9 de Agosto de 1954), que incide sobre questões de defesa. De uma só vez, o problema de Trieste é resolvido pelos acordos de Londres (5 de Outubro de 1954), que prevêem a evacuação das tropas inglesas e americanas, o estabelecimento de uma administração italiana e o estabelecimento na região de um porto franco. Mas a coesão do pacto balcânico esboroa-se com a reaproximação soviético-jugoslava, em 1956, e com o conflito que estala entre a Grécia e a Turquia, por causa de Chipre.

• *O bloco de Leste e os primeiros sinais do degelo Leste-Ocidente*

A coerência do bloco de Leste é bem evidenciada pela militância ideológica, com o *Kominform* a desempenhar o papel de chefe de orquestra.

Denuncia o imperialismo americano, fautor da guerra, enaltece o modelo soviético, elogia o genial Estaline e vitupera o pérfido Tito. Os que se lhe opõem são perseguidos por toda a Europa de Leste. As vítimas das perseguições não são apenas a fé e os eclesiásticos, sendo proscrito qualquer desvio ideológico, recorrendo-se aos saneamentos e aos processos para afastar do poder os dirigentes demasiado «nacionais»: Gomulka na Polónia, Rajk na Hungria (1949) e Slansky na Checoslováquia (1952). Os partidos comunistas da Europa Ocidental, gozando de grande popularidade junto de intelectuais e artistas, participam na guerra ideológica, denunciando a ingerência dos Estados Unidos nas questões europeias.

No plano económico, o Leste aposta na indústria pesada e na colectivização das terras. Em resposta à constituição da OECE, os Estados da Europa de Leste (Bulgária, Hungria, Polónia, Roménia, Checoslováquia, União Soviética e, mais tarde, a Albânia e a República Democrática Alemã) reúnem-se a 25 de Janeiro de 1949 no Conselho de Assistência Económica Mútua (COMECON), que facilita as relações comerciais mútuas, com grande parte dos proveitos a recaírem sobre a União Soviética.

No domínio militar, a União Soviética assina Tratados Bilaterais de Assistência Mútua com as democracias populares e com a China Popular. Isolado do mundo ocidental, o bloco de Leste alinha com o «Grande Irmão». Após a entrada da Alemanha Ocidental na NATO, a 14 de Maio de 1955, é criado o Pacto de Varsóvia, praticamente decalcado da NATO. Esta aliança reúne, sob o comando soviético, todas as forças armadas dos países da Europa de Leste que tinham anteriormente feito alianças bilaterais, à excepção da Jugoslávia.

A morte de Estaline (Março de 1953) não se limita a pôr um fim, no plano político, a um quarto de século de ditadura pessoal na União Soviética. A ele sucede uma direcção efectivamente colectiva, com Malenkov como chefe de governo e Nikita Krutchev como secretário-geral do Partido Comunista. Esta direcção inaugura um período de «degelo», termo utilizado num romance de Ilya Ehrenburg, que pressentiu a corrente de relativa liberalização que percorria a União Soviética. Degelo interno, com uma amnistia, reduções de penas e um princípio de desestalinização que provoca grandes convulsões: insurreições na Checoslováquia (Junho de 1953) e uma autêntica revolta em Berlim Oriental (16 e 17 de Junho de 1953). Por toda a parte, nas democracias populares, assiste-se à separação das funções de presidente do Conselho de Ministros e de secretário-geral do partido. Na União Soviética, a aparente política de abrandamento é acentuada pela substituição, na chefia do governo, de Malenkov pelo marechal Bulganine (Fevereiro de 1955).

O degelo da URSS em termos de política externa. Multiplicam-se os sinais de boa vontade. A 20 de Julho de 1953, as relações diplomáticas com Israel, que tinham sido cortadas cinco meses antes, são reatadas. A 27 de Julho, é assinada na Coreia a convenção de armistício. A União Soviética aceita a proposta de Churchill para reunir os quatro ministros dos Negócios Estrangeiros numa conferência em Berlim, mas esta não se chega a realizar. A 31 de Março de 1954, a União Soviética propõe a assinatura de um pacto europeu de segurança colectiva. Participa também na conferência de Genebra sobre a Indochina (26 de Abril-21 de Julho de 1954). A 11 de Outubro de 1954, as forças soviéticas são evacuadas de Porto Artur. A 26 de Janeiro de 1955, Moscovo põe fim ao estado de guerra com a Alemanha.

Na Primavera de 1955, Moscovo promete retirar todas as suas tropas de ocupação da Áustria, sob condição desse país permanecer neutro. A partir deste momento, torna-se possível um tratado de paz. A 15 de Maio de 1955, as quatro grandes potências assinam em Viena o Tratado de Estado, que põe fim à ocupação da Áustria que, por sua vez, se compromete a permanecer neutra e a recusar toda e qualquer união com a Alemanha. A Áustria pode ser membro da ONU e aderir às organizações não militares. Na sequência do Tratado de Estado, o espírito de desanuviamento permite a realização de uma cimeira em Genebra (18 a 23 de Julho de 1955), que reuniu o presidente Eisenhower, o marechal Bulganíne, acompanhado de Krutchev, o primeiro-ministro britânico Eden e o presidente do Conselho Francês, Edgar Faure. Os resultados são desanimadores e o desacordo sobre a Alemanha é total, mas o «espírito de Genebra» deixa em aberto a esperança de que o desanuviamento substitua a guerra fria. Com efeito, a abertura soviética à República Federal Alemã concretiza-se com a viagem do chanceler Adenauer a Moscovo (9 a 13 de Setembro de 1955) e com o estabelecimento de relações diplomáticas entre a URSS e a RFA.

O problema alemão permanece como o principal pólo de tensão entre o Leste e o Ocidente. A URSS reage muito negativamente à eventual criação de uma Comunidade Europeia da Defesa, que englobaria unidades militares alemãs, e à existência de uma União da Europa Ocidental, criada na sequência do fracasso da CED. Multiplica os apelos ao desarmamento e à segurança na Europa e convoca uma Conferência, a realizar em Moscovo (29 de Novembro-2 de Dezembro de 1954), na qual apenas as democracias populares comparecem. Os Soviéticos respondem à integração da Alemanha Ocidental na NATO com a criação do Pacto de Varsóvia, a 14 de Maio de 1955. Este, que congrega em torno da URSS sete democracias populares (Polónia, Checoslováquia, Alemanha de Leste, Roménia, Bulgária, Albânia, Hungria), consiste num tratado de amizade, de cooperação e de assistência mútua, possuindo um comando militar único, atribuído a um general soviético. Confere ao bloco uma estrutura sólida, desempenhando igualmente um papel de guardião dos países constituintes.

A cimeira realizada de 18 a 23 de Julho de 1955 e a conferência dos ministros dos Negócios Estrangeiros, que reuniu Dulles, Mac Millan, Molotov e Pinay (27 de Outubro-16 de Novembro de 1955), encalha no problema alemão. Molotov recusa completamente a reunificação alemã, a não ser que a RFA seja integrada na RDA. O diálogo Leste-Ocidente parece estar bloqueado. Além do mais, a 20 de Setembro de 1955, a URSS reconhece a total soberania da República Democrática Alemã.

A relativa liberalização permite a aproximação entre a URSS e a Jugoslávia. Apesar do isolamento forçado da Jugoslávia, afastada do bloco socialista e ostracizada por ter provocado a cisão, Tito tinha conseguido, para grande raiva de Estaline, manter o país socialista e independente, sem contudo se alinhar com o bloco ocidental. Ao visitar Belgrado com Mikoyan e Bulganine (26 de Maio-3 de Junho de 1955), Krutchev abre caminho à reconciliação. Reconhece também a existência de diversas vias conducentes ao socialismo. Na mesma altura, a competição Leste-Ocidente desloca-se para fora da Europa, com a União Soviética a explorar a vontade de emancipação colonial que alastra no Terceiro Mundo.

A primeira fase da descolonização (1945-1955)

Os factores específicos da descolonização

De 1945 a 1962, a descolonização fez-se por duas etapas: a primeira, logo a seguir ao pós-guerra, abrangeu o Médio Oriente e o Sudeste Asiático; a segunda, que começou em 1955, abrangeu essencialmente o Norte de África e a África Negra. O ano de 1955 é o da viragem, marcado pela conferência de Bandung – onde, por unanimidade, se decide apressar e generalizar a descolonização – e pela decisão dos Estados Unidos e da URSS de levantarem os limites impostos à admissão de novos membros nas Nações Unidas, decisão altamente favorável à libertação dos povos colonizados.

A Segunda Guerra Mundial alterou profundamente as relações das metrópoles europeias com as suas colónias. Pôs a nu a fragilidade dos impérios, minados pelas sementes nacionalistas disseminadas durante o conflito. E fez surgir duas grandes potências, Estados Unidos e URSS, ambas anticolonialistas, embora cada uma à sua maneira.

A URSS é favorável à descolonização por razões ideológicas – a descolonização enfraquece os países ocidentais – e defende-a fervorosamente a partir de 1956. Quanto aos Estados Unidos, de forma geral, apoiam o combate dos povos colonizados por razões sentimentais e históricas. Aliás, conferem a independência às Filipinas em 1946; contudo, não assumem uma posição oficial no que respeita à descolonização, a fim de não comprometerem os seus aliados.

• *A atitude das potências coloniais*

O Reino Unido, dirigido por um governo trabalhista, pôs voluntariamente em prática uma descolonização progressiva; a Holanda resignou-se à descolonização.

O caso da França é completamente diferente. Enfraquecida pela guerra, considera que a manutenção do Império lhe permitirá reconquistar a imagem de grande potência, sem optar claramente entre o estatuto de associação e o de assimilação. A conferência de Brazzaville, convocada por De Gaulle em 1944, não abre caminho à independência das colónias francesas, mas sim à modernização e ao liberalismo. Esta mesma ideia está subjacente à criação da União Francesa, prevista na Constituição da IV República, quadro legal que permitiria aos territórios evoluir para a assimilação ou para a autonomia. Após 1958, a França empenha-se na descolonização. É seguida pela Bélgica que, inicialmente, terá tentado a ela escapar.

O *destino das colónias italianas* não tinha sido decidido no tratado de paz com a Itália, que entra em vigor em Setembro de 1947. As Nações Unidas ficam encarregues do assunto. Um ano mais tarde ainda não há acordo. Na Primavera de 1949, o ministro inglês dos Negócios Estrangeiros, Ernest Bevin, e o seu homólogo italiano, o conde Sforza, chegam a um compromisso. Será dada a independência à Líbia, após um período de tutela partilhada entre a Itália, a França e a Inglaterra. A tutela da Somália é entregue à Itália; por último, a Eritreia é dividida entre a Etiópia e o Sudão. Mas, em Junho de 1919, o compromisso Sforza-Bevin é recusado pela Assembleia das Nações Unidas, que decide que a Líbia obterá a independência antes de 1952 e que a Somália a alcançará passados dez anos de tutela italiana. A Eritreia será federada à Etiópia. A Líbia acede à independência a 1 de Janeiro de 1951, optando por um regime monárquico. Os Estados Unidos e, sobretudo, a Grã-Bretanha, podem conservar as suas bases no território.

• *O caso particular da América Latina*

Na América, a guerra contribui para o fortalecimento dos laços entre as repúblicas americanas que, em maior ou menor grau, dão o seu contributo para a luta contra os países do Eixo, à excepção da Argentina. Na Conferência Interamericana do México (Fevereiro-Março de 1945), os Estados americanos assinam a Acta de Chapultepec, que cria um sistema de segurança colectiva na América. Na Conferência do Rio de Janeiro (Agosto-Setembro de 1947), assinam o Pacto do Rio, que é um tratado interamericano de assistência mútua.

A União Interamericana é fortalecida por uma carta da Organização dos Estados Americanos (OEA), assinada a 30 de Abril de 1948, que reúne as vinte repúblicas americanas. Contudo, no pós-guerra, regista-se um esfriamento das relações entre os Estados Unidos e os países latino-americanos, com estes a exigirem a evacuação das bases militares instaladas nos seus territórios e a pretenderem beneficiar de um programa de auxílio económico semelhante ao plano Marshall. A chegada ao poder de um regime militar na Argentina, em 1944 e, em 1946, a eleição do coronel Peron para Presidente da República (1946--1955), instauram um regime inspirado no fascismo e caracterizado por um populismo social de laivos nacionalistas e anti-imperialistas. As relações entre os Estados Unidos e a Argentina tornam-se tensas.

As Repúblicas da América Latina também põem em questão as possessões europeias (britânicas, holandesas, francesas). É o caso das ilhas Malvinas, sob o domínio britânico, reivindicadas pela Argentina, ou das Honduras britânicas, cobiçadas pela Guatemala, e dos departamentos franceses do ultramar (Martinica, Guadalupe, Guiana). A agitação grassa na América Latina, com os nacionalistas a lutar pela independência económica dos seus países, com os golpes de estado – como aconteceu no Paraguai em Maio de 1954 (pelo general Stroessner) – e as revoluções a sucederem-se (como se verificou na Guatemala, em Junho de 1954).

A descolonização no Médio Oriente

No Médio Oriente, aos poucos, os países vão alcançando a independência integral, mas a criação do Estado de Israel, em 1948, e a exploração das riquezas petrolíferas, começam já a provocar graves crises com o Ocidente.

O fim dos mandatos. No Líbano e na Síria, a contestação dos mandatos confiados à França pela SDN, após o desmantelamento do Império Otomano, e as manobras dos Ingleses, que dominam a região, retiram aos Franceses qualquer veleidade de domínio sobre os territórios, obrigando-os a prometer a independência, que viria a ocorrer em Maio de 1945 no meio de violentos tumultos. Quando o Exército francês começava a reagir, a Grã-Bretanha lança um ultimato à França, para a obrigar a ceder. Em Agosto de 1945, o Líbano e a Síria obtêm a independência, mas sem grande convicção e entusiasmo. Mas a pressão inglesa foi determinante. O Reino Unido concedeu sucessivamente a independência ao Iraque em 1930, ao Egipto em 1936 (salvaguardando algumas posições no Cairo, em Alexandria e no Canal de Suez) e, em 1946, à Transjordânia, onde a única força militar significativa era a Legião Árabe, dirigida por um oficial britânico, Glubb Pacha.

A *criação do Estado de Israel* está na origem de um problema fulcral. Nascido da convergência entre uma convicção milenar – o regresso à Terra Prometida – e as ideias de Theodor Herzl (1860-1904), o sionismo (regresso a Sião = Jerusalém) levou os Judeus dispersos pelo mundo inteiro a reunirem-se aos que tinham ficado na Palestina. A Grã-Bretanha, potência tutelar, após ter apoiado, através da declaração Balfour (1917), a ideia de um território nacional judeu, retomou a política pró-árabe, impedindo a emigração e fraccionando o território, que deveria continuar sob influência inglesa. Mas a Segunda Guerra vem alterar tudo: com a revelação do genocídio, a causa do sionismo colhe grande apoio na opinião pública e os judeus emigram cada vez mais para a Palestina onde, em 1945, chegam a ser 553 000, face aos 1 240 050 árabes. As organizações judaicas alimentam um clima de guerrilha contra os Ingleses que, por sua vez, estão desejosos de se livrar daquele problema. É assim que, em 1947, a questão palestiniana é submetida a uma comissão de inquérito da Organização das Nações Unidas. A Comissão recomenda que se crie um Estado judeu e um Estado árabe e que Jerusalém seja internacionalizada segundo um plano de divisão, aceite pelos judeus mas recusado pelos árabes.

Sem esperar pela concretização do plano, a Grã-Bretanha decide dar por findo o seu mandato em Maio de 1948. A 14 de Maio, os judeus proclamam o Estado de Israel, imediatamente reconhecido pelos Estados Unidos e pela União Soviética. De imediato, os exércitos árabes entram na Palestina. As operações militares (Maio de 1948-Janeiro de 1949) são favoráveis aos Israelitas e os árabes assinam armistícios. Os acordos de cessar-fogo põem termo à luta armada, mas não ao estado de guerra. Mantêm-se as condições propostas pelo tratado de 1947, embora com um traçado de fronteiras mais vantajoso para o Estado de Israel. Mas trata-se de fronteiras voláteis. Jerusalém encontra-se partilhada por Israelitas e transjordanos que, em 1950, anexam a margem direita do Jordão, fundando a Jordânia. O Egipto anexa a faixa de Gaza. Em Maio de 1949, Israel é admitido na ONU. A Liga Árabe recusa-se a aceitar o facto consumado e, em Abril de 1950, promove um Pacto de Defesa entre os países árabes. O problema da existência do Estado de Israel torna-se ainda mais complexo devido à presença dos refugiados árabes da Palestina que, fugindo da guerra, se instalam nos países limítrofes. Desde esta altura que estão reunidas todas as condições para um problema insolúvel, com evoluções dramáticas.

A instabilidade política. Face ao surgimento de um novo homem forte, o rei Abdallah da Jordânia, a Síria vive uma grande instabilidade política, hesitando entre uma orientação pró-ocidental e a tentação de se manter neutra. O assassínio do rei Abdallah, a 20 de Julho de 1951, coloca um fim ao sonho da construção de uma «Grande Síria» em torno da dinastia hachemita. Em 1950, os Estados Unidos, a França e a Grã-Bretanha decidem adoptar uma posição comum, na tentativa de apaziguar a situação no Médio Oriente. Fazem uma declaração tripartida, nos termos da qual apenas venderão armas aos países que se comprometerem a não cometer agressões e a respeitar o *statu quo* territorial.

A *questão petrolífera.* Aos problemas políticos juntam-se as rivalidades surgidas devido aos ricos jazigos de petróleo do Médio Oriente. Os Estados Unidos, por intermédio de consórcios de companhias privadas, tentam assegurar a posse de parte da produção petrolífera da região, colidindo assim com os interesses britânicos. As companhias petrolíferas – a *Irak Petroleum Company,* a *Anglo Iranian Company, a Kuwait Oil Company* e a *Aramco* (na Arábia Saudita) –, ao pretenderem construir oleodutos para transportar o petróleo para o Mediterrâneo ou quando da negociação de convenções, vêem-se obrigadas a confrontar-se com os nacionalismos. Estas companhias têm lucros consideráveis; basta ver que, em 1950, o Irão encaixa apenas direitos de 9% face ao petróleo adquirido no seu território pela *Anglo Iranian Oil Company.* A situação no país torna-se explosiva e o primeiro-ministro Mossadegh encabeça a luta. Em 1951, pressionado pelos nacionalistas liderados por Mossadegh, o parlamento iraniano decide nacionalizar os petróleos e, nomeadamente, os bens da *Anglo Iranian Company.* Esta crise dá origem a uma medição de forças entre o Irão e a Inglaterra e a um grave conflito interno. Por fim, a 24 de Agosto de 1953, Mossadegh é preso. Os interesses ingleses e americanos ficam salvaguardados por um regime autoritário, sob as ordens do Xá. Mas esta primeira batalha económica prefigura a crise do Suez.

O conflito anglo-egípcio. O Egipto atravessa um período de grande agitação. Em Junho de 1948, os Ingleses mostram-se favoráveis à independência do Sudão, o que faz com que o Egipto perca a sua influência na região. O governo de Nahas Pacha reage e, em Outubro de 1951, pede ao Parlamento a anulação do tratado anglo-egípcio de 1936 (que deveria vigorar até 1956), instando-o a proclamar o rei Faruk como «rei do Egipto e do Sudão». A Inglaterra opõe-se veementemente, enviando tropas consideráveis para a zona do canal, demonstrando assim a sua intenção de continuar a manter-se na zona. Os Estados ocidentais propõem ao Egipto que o canal fosse gerido por um organismo internacional comum, ao qual ele aderiria. Em Dezembro de 1951 e em Janeiro de 1952, na sequência de motins antibritânicos no Cairo, a tensão anglo-egípcia aumenta, até que o rei Faruk decide substituir Nahas Pacha por um primeiro-ministro mais conciliador (Janeiro de 1952). Após um golpe de Estado comandado pelo general Neguib, o rei Faruk abdica (28 de Julho de 1952). A monarquia é abolida e o general Neguib torna-se presidente até à Primavera de 1954, altura em que se retira e é substituído pelo coronel Nasser. Este possui como grande projecto a união dos povos árabes. Consegue assinar com a Inglaterra um tratado definitivo (19 de Outubro de 1954) que garante a evacuação das tropas britânicas. Adopta uma neutralidade antiocidental e proclama a sua intenção de aniquilar o Estado de Israel.

Face a toda esta agitação, a Grã-Bretanha decide apoiar a iniciativa do Iraque e da Turquia e assinar um tratado «para assegurar a estabilidade e a segurança no Médio Oriente» (24 de Fevereiro de 1955). Neste mesmo ano, o Paquistão (a 23 de Setembro) e o Irão (a 3 de Novembro) aderem ao Pacto de Bagdad. A Jordânia sofre grandes pressões para também aderir. O Egipto de Nasser e a União Soviética protestam vivamente contra o Pacto de Bagdad, que os Estados Unidos vêem como um dos pontos centrais do seu sistema de defesa.

A descolonização na Ásia

A emancipação do Sudeste Asiático é, em parte, consequência da derrota japonesa. Em 1945, apenas a Tailândia era independente. Em meia dúzia de anos, todas as colónias, à excepção das possessões portuguesas de Goa [Damão e Diu, inclusive] e Timor [e Macau], adquirem a soberania. Em 1957, nascem dez novos Estados. Esta leva de emancipações deve-se a sentimentos nacionalistas e antieuropeus, às promessas feitas durante a guerra pelos ocupantes japoneses e pelas potências europeias e à atitude dos Americanos, que as apoiam. A descolonização do Sudeste Asiático faz-se no meio de uma grande violência e não conduz à total estabilização.

A Índia dispunha desde há muito de um movimento nacionalista fortemente organizado, o Partido do Congresso, criado em 1886. Durante a guerra, com a Índia ameaçada pela expansão japonesa, o chefe do partido do Congresso, Nehru, pede a independência imediata e mostra-se favorável à participação do exército indiano na luta contra o Japão. No fim da guerra, o novo primeiro-ministro trabalhista, Attlee, mostra-se muito favorável à concessão da independência, mas a descolonização torna-se muito complicada, porque a Índia é um mosaico de raças e religiões, onde se destacam um grupo hindu e um grupo muçulmano. O Partido do Congresso deseja a continuação da unidade indiana. Os muçulmanos, agrupados na «Liga Muçulmana» e não se querendo transformar numa minoria política e religiosa numa Índia dominada pelo Partido do Congresso, exigem a criação de um Paquistão independente. Os incidentes tornam-se cada vez mais violentos e, em Agosto de 1946, transformam-se numa verdadeira guerra civil. Confrontados com tal impasse, os Ingleses decidem sair da Índia.

Lorde Mountbatten, vice-rei das Índias, fica com a missão de preparar o país para a independência (Agosto de 1947), dividindo-o em dois: de um lado, a Índia, Estado laico; do outro, o Paquistão, Estado religioso muçulmano, constituído pelo Paquistão Ocidental e Oriental, por parte do Punjab e pela parte leste de Bengala. Os dois Estados independentes associam-se à *Commonwealth.*

A Índia não tarda a exigir a devolução dos enclaves estrangeiros, portugueses (Goa [Damão e Diu]) e franceses (Pondichery, Yanan, Karikal, Mahé e Chandernagor). Portugal recusa. A França cede as suas feitorias à Índia em 1954. Os Paquistaneses reclamam o controlo de Caxemira, território fronteiriço atribuído à Índia. Depois de uma guerra, entre 1947 e 1948, é estabelecida uma linha de demarcação que, mais tarde, irá estar na origem de conflitos territoriais. Quanto ao Tibete, que a Índia pretendia, a China Popular assegura o seu total controlo em 1950.

A Birmânia, ocupada pelos Japoneses durante a guerra, obtém da Inglaterra a independência a 4 de Janeiro de 1948, decidindo não aderir à *Commonwealth.* O novo Estado tem que enfrentar uma guerra civil conduzida pelos comunistas e pelas populações Karen, que exigem a autonomia. Antiga colónia espanhola, sob posse dos Estados Unidos desde 1898 fruto da guerra hispano-americana, e ocupadas pelos japoneses durante a Segunda Guerra Mundial, as *Filipinas* tornam-se independentes a 4 de Julho de 1946. Além das concessões económicas, os Estados Unidos obtêm permissão para manter bases aéreas e económicas no território por um período de 99 anos.

A EMANCIPAÇÃO DA ÁSIA

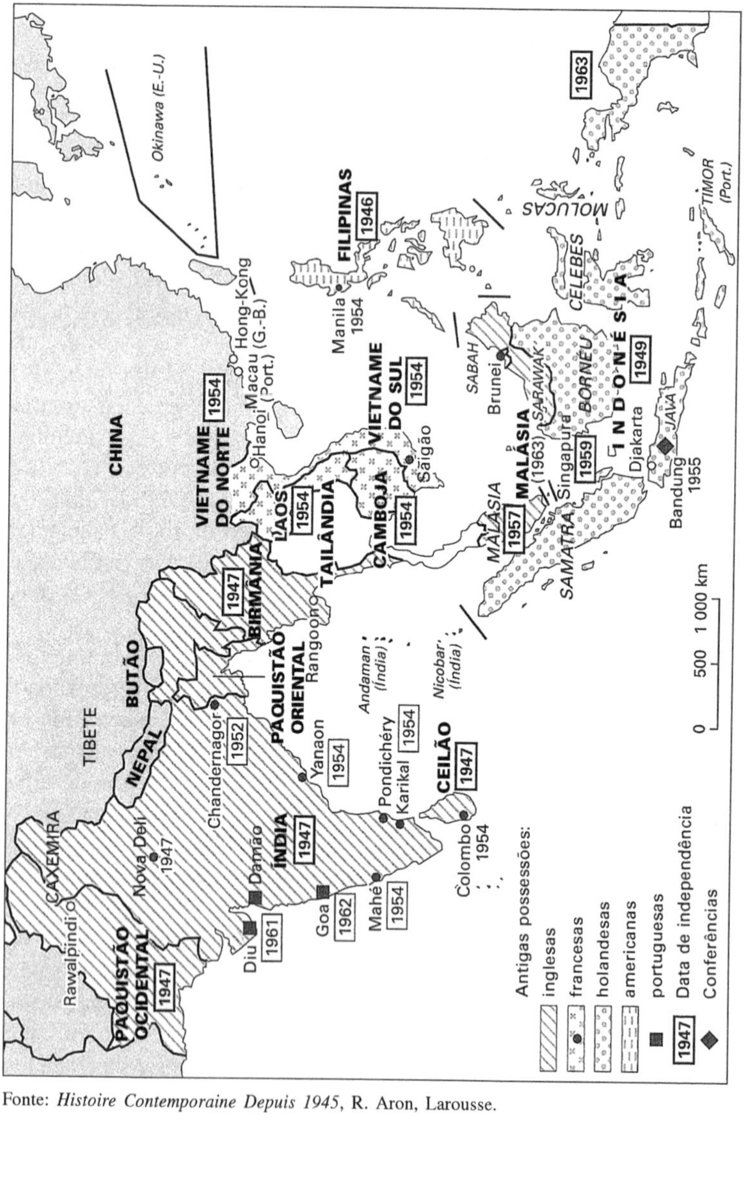

Fonte: *Histoire Contemporaine Depuis 1945*, R. Aron, Larousse.

A *Segunda Guerra teve um papel decisivo para a Indonésia.* O partido nacionalista indonésio de Sukarno não hesitou em colaborar com os Japoneses, que lhe concedem a independência. Para os Holandeses, torna-se difícil reassumir o controlo da situação. Em 1947, criam uma Federação da Indonésia, que inclui o território de Java, dirigido pelos Indonésios, permanecendo os restantes sob controlo holandês. Em 1948, depois de numerosos incidentes e do fracasso da insurreição comunista em Java, sobreveio a ruptura. Haia pensou ter chegado o momento de reassumir o controlo do país, mas, após o início dos combates – sob pressão de Americanos, Ingleses e das Nações Unidas –, os Holandeses vêem-se obrigados a aceitar a independência total da Indonésia. A 27 de Dezembro de 1949, Haia perde a tutela das Índias Holandesas, à excepção da parte ocidental da Nova Guiné, reivindicada pelos Indonésios, mas que os Holandeses lhes viriam a ceder apenas em 1962.

A ocupação japonesa também foi decisiva na Indochina. A 9 de Março de 1945, os Japoneses liquidam o que resta da administração francesa. A 11 de Março de 1945, é proclamada a independência do Vietname e é criado um governo de coligação, chefiado por Ho Chi Minh, que proclama a República. O imperador Bao Dai reconhece a República mas prefere abandonar o território. Logo depois do fim da guerra, o general De Gaulle decide criar uma força expedicionária, comandada pelo general Leclerc, para se voltar a implantar na Indochina, já evacuada pelo Japoneses e agora ocupada por Chineses, a norte, e Ingleses, a sul. As difíceis negociações entre Franceses e Vietnamitas haverão de resultar, a 6 de Março de 1946, num acordo que permite às tropas francesas reocupar a região de Tonquim. Em contrapartida, a França compromete-se a reconhecer a República do Vietname, que seria constituída por três regiões: o Tonquim, a norte; o Annam, no centro; e a Cochinchina, no sul. A Federação dos Estados Indochineses, à qual pertenceriam o Vietname, o Camboja e o Laos, seria associada à União Francesa. A aplicação prática deste acordo revelou-se difícil. O almirante Thierry d'Argenlieu, nomeado alto-comissário na Indochina, proclama a independência da Cochinchina, sob tutela francesa. Apesar disso, em Setembro de 1946, Ho Chi Minh e o governo francês assinam os acordos de Fontainebleau. No terreno, a situação agrava-se bruscamente na Indochina, depois da marinha francesa bombardear Haifong, na sequência da ocorrência de incidentes. A 19 de Dezembro de 1946, começa uma guerra que irá durar

A Commonwealth

É o conjunto dos Estados e dos territórios saídos do Império Britânico, que mantiveram laços entre si, mais de carácter moral que propriamente jurídico.
O termo aparece pela primeira vez em 1921, no tratado de Londres, que reconhece a existência de um novo *dominion,* o Estado livre da Irlanda, que se junta aos outros *dominions* (territórios considerados suficientemente evoluídos para usufruir de soberania interna sob a dependência do soberano britânico): o Canadá, a Austrália, a Nova Zelândia e a União Sul-Africana.
Em 1931, o estatuto de Westminter substitui o Império por uma comunidade de nações britânicas *(British Commonwealth of Nations)*, ligadas entre si por um juramento de obediência à coroa britânica e pela livre vontade de associação. Em 1932, os acordos de Otava estabelecem o princípio de uma «preferência imperial».
A descolonização obriga a reconsiderar as definições anteriores. Nem todos os territórios que se encontravam sob jurisdição britânica se juntam *à Commonwealth.* Em 1949, esta é definida como um conjunto multiétnico e multilinguístico, tendo por chefe o soberano britânico. A realização periódica de conferências de chefes de Estado ou de governo assegura um mínimo de solidariedade entre os Estados, bem como a criação de um secretariado para a *Commonwealth,* com sede em Londres.
Apesar da saída da Birmânia e da Irlanda (1948), do Sudão (1956), da Somália (1961), do Kuwait (1961), da África do Sul (1961), da Rodésia (1965), do Aden (1967) e do Paquistão Ocidental (1972), em 1990, a *Commonwealth* contava ainda com 48 membros.

Estados-membros (por ordem de data de acesso à independência)

Reino Unido
Canadá: 01/7/1867
Austrália: 01/01/1901
Nova Zelândia: 26/09/1907
Índia: 15/08/1947
Sri-Lanka: 04/02/1948
Gana: 06/03/1957
Malásia: 31/08/1957
Chipre: 16/08/1960
Nigéria: 01/10/1960
Serra Leoa: 27/04/1961
Tanzânia: 09/12/1961
Samoa ocidental: 01/01/1962
Jamaica: 06/08/1962
Trindade e Tobago: 31/08/1962
Uganda: 09/10/1962
Quénia: 12/12/1963
Malawi: 06/07/1964
Malta: 21/09/1964
Zâmbia: 24/10/1964
Gâmbia: 18/02/1965
Maldivas: 26/07/1965
Singapura: 09/08/1965
Guiana: 26/05/1966
Botswana: 30/09/1966
Lesoto 04/10/1966
Barbados: 30/11/1966
Nauru: 31/01/1968
Maurícia: 12/03/1968
Suazilândia: 06/09/1968
Tonga: 04/06/1970
Bangladesh: 16/12/1971
Bahamas: 10/07/1973
Granada: 07/02/1974
Papua-Nova Guiné: 16/09/1975
Seychelles: 29/06/1976
Ilhas Salomão: 07/07/1978
Tuvalu: 01/10/1978
Domínica: 03/11/1978
Santa Lúcia: 22/02/1979
Kiribati: 12/07/1979
São Vicente e Granadinas: 27/01/1971
Zimbabwé: 18/04/1980
Vanuatu: 30/07/1980
Belize: 21/09/1981
Antígua e Barbuda: 01/11/1981
São Cristóvão e Nevis: 19/09/1983
Brunei: 01/01/1984

perto de oito anos. A França apercebe-se de que não é possível voltar a ter uma posição semelhante à que tinha antes da guerra e assina os acordos da Baía de Along, que consagram um Estado vietnamita com total independência, chefiado pelo imperador Bao Dai.

Com o eclodir do conflito da Coreia, a guerra da Indochina transforma-se numa outra frente da guerra ideológica entre o Ocidente e o Leste. Em 1950, Ho Chi Minh obtém o reconhecimento diplomático do seu governo por parte de Moscovo e de Pequim, com os Chineses a conceder aos Vietnamitas um importante auxílio militar. Em Outubro de 1950, as forças franco-vietnamitas sofrem uma pesada derrota, demonstrando o crescente poderio militar viet-minh. O exército francês, comandado pelo general Lattre De Tassigny e com o poderoso auxílio material e financeiro dos Americanos, durante algum tempo, consegue retomar o controlo da situação.

Mas a posição militar franco-vietnamita não tarda a agravar-se, devido à força renovada do viet-minh, mas também à decisão do alto-comando francês de criar um centro de resistência no Tonquim ocidental, em Diên Biên Phû, atacado em Março de 1954 pelo exército viet-minh. Durante os 56 dias de combate, chegou a ser considerada a hipótese de uma intervenção directa dos Estados Unidos, mas a ideia não foi avante.

Enquanto decorria em Genebra uma conferência para discutir a paz na Coreia (depois do armistício de Panmunjon, de 1953) e um armistício para a Indochina, dá-se a queda de Diên Biên Phu, a 7 de Maio. Este acontecimento vem acelerar o processo de paz. As negociações avançam com dificuldades e muito lentamente no que respeita à definição da linha do armistício entre o Norte e o Sul. O mesmo se passa quanto à definição da data das eleições que deveriam permitir a reunificação do Vietname. Finalmente, a 20 de Julho de 1954, é assinado um armistício que divide a Indochina em duas, ao longo do paralelo 17: o Vietname do Norte, sob domínio comunista, e o Vietname do Sul, onde reinam os nacionalistas, dirigidos por Ngô Dinh Diêm e apoiados pelos Americanos, cuja influência se sobrepõe à francesa. Determina-se que as tropas francesas deverão evacuar a Indochina num período de alguns meses e estabelece-se um horizonte de dois anos, de modo a permitir uma reunificação do Vietname. Depois da Coreia e da Alemanha, surge mais um país dividido por uma fronteira ideológica: a «cortina de bambu». Será também uma nova fonte de conflitos, na medida em que os Estados Unidos estão decididos a apoiar Ngô Dinh Diêm que, depois de uma consulta

As Guerras da Indochina

1945 – 9 de Março: Os Japoneses atacam o protectorado francês do Vietname.
– 2 de Setembro: Em Hanói, Ho Chi Minh proclama a independência do Vietname.
– 5 de Outubro: O general Leclerc instala-se em Saigão.

1946 – 6 de Março: Acordo Sainteny-Ho Chi Minh: a França reconhece a República Democrática do Vietname, como contrapartida do seu regresso ao Tonquim.
– Julho-Setembro: Conferência de Fontainebleau.
– 24 de Novembro: Bombardeamento de Haifong.
– 19 de Dezembro: insurreição em Hanói. Início da guerra da Indochina.

1948 – 5 de Junho: Declaração da baía de Along: «A França reconhece solenemente a independência do Vietname.»

1950 – Novembro: A França sofre grandes revezes no Tonquim.
– Dezembro: De Lattre é nomeado Alto-Comissário na Indochina.

1952 – 11 de Janeiro: Morte do marechal De Lattre.

1954 – 26 de Abril: Início da conferência de Genebra.
– 7 de Maio: Queda de Diên Biên Phû.
– 20-21 de Julho: Acordos de Genebra: independência e divisão provisória do Vietname. Fim da guerra da Indochina.

1956 – 9 de Abril: No Vietname do Sul, Diêm adia a consulta ao eleitorado sobre a reunificação do país, que estava prevista.

1960 – 5 de Outubro: O Vietname do Norte decide libertar o Sul.
– 20 de Dezembro: No Vietname do Norte, é criada a Frente de Libertação Nacional (FLN). Início da guerra do Vietname.

1961 – 16 de Dezembro: O presidente Kennedy decide aumentar para 15 000 o número de efectivos militares americanos no Vietname.

1963 – 11 de Junho: Na sequência de incidentes sangrentos ocorridos entre budistas e as forças da ordem, um bonzo imola-se pelo fogo.
– 1 de Novembro: Golpe de Estado em Saigão. Morte de Ngô Dinh Diêm.

1964 – 2-5 de Agosto: Incidente naval no golfo de Tonquim.
– 7 de Agosto: O Congresso adopta uma resolução que permite uma intervenção americana no Sudeste Asiático.

1965 – 7 de Fevereiro: Início dos bombardeamentos aéreos americanos contra o Vietname do Norte.
– 8 de Junho: Data oficial do início da participação das forças americanas nos combates terrestres no Vietname do Sul.
– 12-19 de Fevereiro: Golpe de Estado militar em Saigão; o general Thieu torna-se chefe de Estado; o general Ky é designado chefe do Governo.

1966 – 30 de Agosto: Discurso do general De Gaulle em Phnom Penh.
1967 – Bombardeamentos americanos de grande envergadura.
1968 – Fevereiro: ofensiva do Tet.
– 31 de Março: O presidente Johnson anuncia uma paragem parcial dos bombardeamentos.
– Maio: Encontros em Paris entre delegados americanos e norte-vietnamitas.
– Novembro: Paragem total dos bombardeamentos.
1969 – Janeiro: Início da conferência de Paris.
– 12 de Novembro: Manifestações contra a guerra, nos Estados Unidos.
1970 – 29 de Abril: Intervenção americana no Camboja.
1971 – 8 de Fevereiro: Intervenção americana no Laos.
– 26-31 de Dezembro: Ofensiva americana contra o Vietname do Norte.
1972 – Abril: Recomeço dos bombardeamentos americanos; contactos secretos em Paris.
– 30 de Dezembro: Paragem dos bombardeamentos e recomeço das negociações.
1973 – 27 de Janeiro: Assinatura dos acordos de Paris.
– 29 de Março: Partida dos últimos militares do Exército americano.
1975 – 17 de Abril: Queda de Phnom Penh.
– 30 de Abril: Queda de Saigão; fim da guerra. Reunificação do Vietname.
– Dezembro: O Laos torna-se uma República Popular.

popular, rapidamente elimina o Imperador Bao Dai. Para a França, trata-se em simultâneo de uma libertação do fardo da Indochina, bem como do fim de uma presença de aproximadamente três quartos de século nesta região do mundo. Na verdade, os acordos de Genebra simbolizam a vitória de um movimento revolucionário sobre uma potência europeia e abrem caminho à descolonização do segundo grande império colonial.

Por último, durante a conferência de Genebra, torna-se evidente que, quando se fala da Ásia, a China é uma potência a ter em conta. Os acordos sino-soviéticos (assinados a 12 de Outubro de 1954) e os bombardeamentos das ilhas costeiras limítrofes a Taiwan (Setembro de 1954) são a prova irrefutável do despertar chinês.

Sob a liderança de Nehru, a Índia esforça-se por desempenhar um papel a nível mundial e pretende encabeçar o neutralismo e o anticolonialismo. Embora continue a pertencer à *Commonwealth,* recusa o auxílio americano a 1 de Março de 1954, condena formalmente a OTASE e o Pacto de Bagdad e, fiel à doutrina de Gandhi, faz do não recurso à força uma questão de honra. Obtém a cessão das cinco feitorias francesas na Índia, formalizada a 1 de Novembro de 1954, mas depara-se com a recusa de Portugal em ceder Goa. A activa política externa da Índia é bem visível nos numerosos encontros de Nehru com Chu En-Lai (Junho de 1954, Novembro de 1956) e, mais ainda, com os dirigentes soviéticos, que apoiam entusiasticamente a «neutralidade» indiana e o eixo neutralista à volta de Nehru, Tito e Nasser.

Ainda que o confronto entre os dois blocos persista, o papel dos novos Estados e a sua vontade de ultrapassar a bipolarização e a guerra fria fazem vingar uma nova concepção das relações internacionais. O confronto continua, mas, progressivamente, a guerra fria vai dando lugar à coexistência pacífica.

2

A coexistência pacífica (1955-1962)

Os anos 1955-1956 não marcam o fim do mundo bipolar, emergente da Segunda Guerra Mundial. Certamente, também não marcam o fim da guerra fria. Mas este período intermédio, durante o qual o mundo passou do confronto entre os dois blocos ao desanuviamento, vive sob o signo da coexistência pacífica. Esta resulta simultaneamente de uma nova forma de encarar as relações Leste-Ocidente e como consequência do «nascimento do Terceiro Mundo». Na realidade, à primeira fase da descolonização asiática sucede-se uma segunda vaga, predominantemente africana. Em 1955, em Bandung, na ausência das grandes potências, os Estados recentemente descolonizados proclamam a sua vontade de independência e coexistência pacífica e, no Suez, em 1956, as duas grandes potências europeias sofrem um revés diplomático face a um Estado do Médio Oriente.

De modo mais ou menos pacífico, o Terceiro Mundo proclama a sua intenção de não continuar a ser um joguete da política internacional. De imediato, complica e enriquece o jogo das relações de força entre o Leste e o Ocidente. Pouco a pouco, o confronto ideológico vai sendo substituído pela competição económica, pela corrida aos armamentos e pela luta pela conquista de espaços próprios. A oposição ideológica impossibilita uma paz verdadeira. O equilíbrio nuclear faz com que a guerra seja improvável. Tal como diz Raymond Aron: «Paz impossível, guerra improvável.» Também entre os dois blocos se vive a coexistência pacífica, ainda que algumas crises violentas, como as que afectam um antigo pólo de tensão – Berlim – ou um novo – Cuba –, se registem neste período. Mesmo no interior dos blocos há alguns indícios de ruptura, sobretudo no bloco de Leste onde, na sequência da desestalinização, se registam crises na Polónia e na Hungria, sendo também visível o aparecimento de algumas divergências na aliança sino-soviética. No bloco ocidental, os países europeus, saídos da reconstrução, começam aos poucos a organizar-se.

A segunda fase da descolonização

Fruto dos movimentos de emancipação, surge um conjunto de países que, situados na Ásia e na África, têm em comum o facto de serem subdesenvolvidos e de registarem um grande crescimento demográfico: é o «Terceiro Mundo» (expressão criada por Alfred Sauvy, em 1952). Este «Terceiro Mundo» ganha consciência da sua existência aquando da Conferência de Bandung, em Abril de 1955. Consegue uma vitória diplomática na crise do canal de Suez. Em quatro anos, torna-se uma realidade múltipla e diversa, transformando a Organização das Nações Unidas.

A competição Leste-Ocidente desloca-se para fora da Europa, com a União Soviética a explorar os desejos de emancipação que grassam pelo Terceiro Mundo. É certo que Krutchev não alcança apenas vitórias: sofre revezes no Congo e em outros países africanos. Mas foi durante a sua liderança que se registou a implantação soviética no Médio Oriente e a instalação de um regime comunista em Cuba. No Médio Oriente, o fornecimento de armas checoslovacas ao Egipto cria uma perigosa situação de corrida ao armamento, que a nacionalização do Canal de Suez virá transformar em conflito.

O recuo diplomático franco-britânico abre as portas do Médio Oriente às duas superpotências, que, sem contudo se confrontarem directamente, aí iniciam uma interminável luta de influências. A diplomacia soviética consegue cativar os países não alinhados, numa conferência de solidariedade afro-asiática que teve lugar no Cairo (Dezembro de 1957), e na ONU, no decorrer de uma tumultuosa sessão (1960), em que Krutchev vilipendia os ocidentais.

Bandung e Suez

São os países asiáticos que tomam a iniciativa da conferência de Bandung. Esta realiza-se numa conjuntura muito especial: o fim das guerras da Coreia e da Indochina e a resolução do contencioso sino--indiano sobre o Tibete, através de um tratado assinado a 29 de Abril de 1954 que, veiculando uma imagem mais pacífica da China, não deixa de lhe reconhecer o direito de controlo sobre o território.

A conferência, que decorre de 17 a 24 de Abril de 1955, tem lugar na antiga capital indonésia e vai mudar a história da descolonização. A iniciativa parte dos chefes de governo da Birmânia, do Sri Lanka, da Índia, da Indonésia e do Paquistão (grupo de Colombo), que decidem promover na Indonésia uma conferência de países asiáticos e africanos. Entre os vinte e quatro governos representados, manifestam-se três tendências: uma tendência pró-ocidental (Filipinas, Japão, Vietname do Sul, Laos, Tailândia, Turquia, Paquistão, Etiópia, Líbano, Líbia, Libéria, Iraque, Irão), uma tendência neutralista (Afeganistão, Birmânia, Egipto, Índia, Indonésia, Síria) e uma tendência comunista (China e Vietname do Norte). Os outros Estados não têm uma posição definida.

Não fosse esse o principal tema da conferência, regista-se aí uma condenação geral e consensual do colonialismo. O segundo tema da conferência é a coexistência pacífica, defendia por Nehru, tomando como exemplo o *Panch Shila,* os cinco princípios incluídos pela Índia e pela China no preâmbulo do acordo que fizeram sobre o Tibete, considerado como uma espécie de modelo das novas relações internacionais: respeito pela integridade territorial e pela soberania; não agressão; não ingerência nos assuntos internos; reciprocidade nas vantagens dos contratos; coexistência pacífica.

A estes «cinco princípios», o primeiro ministro paquistanês contrapõe os «sete pilares da paz», sendo um deles o direito de cada país a defender-se sozinho ou colectivamente, posição que explica a pertença do Paquistão à Organização do Tratado do Sudeste Asiático (OTASE). A China Popular, na pessoa do presidente do conselho chinês, Chu En-Lai, desempenha um papel de mediação entre a Índia e o Paquistão, tornando-se numa referência para este Terceiro Mundo em gestação.

Pela primeira vez, Estados do Terceiro Mundo reuniram-se numa conferência sem a participação dos Estados europeus, dos Estados Unidos e da União Soviética. Na verdade, o encontro afro-asiático coincide com uma nova etapa da emancipação colonial. Embora ainda de modo algo confuso, começa a ganhar forma a ideia de que os países do Terceiro Mundo devem procurar uma outra via. O encontro entre Nasser, Tito e Nehru, em Brioni (18 a 20 de Julho de 1956), apela ao não alinhamento. A aplicação prática desta ideia consiste em políticas de equilíbrio entre os dois blocos, ensaiadas em toda a sua plenitude no Médio Oriente.

No Médio Oriente, o facto novo a assinalar é o desenvolvimento do nacionalismo árabe, que coincide com a investida soviética no Terceiro Mundo. Numa declaração tornada pública a 16 de Abril de 1955, os dirigentes soviéticos anunciam a sua intenção de não mais aceitar o monopólio ocidental na região, que tinha sido ainda mais reforçado com o pacto de Bagdad. Esta declaração pressagia a intervenção activa da URSS no Mediterrâneo. Acontece que, após a eliminação do general Neguib (Março de 1954), o coronel Nasser se torna o símbolo do nacionalismo e do pan-arabismo, não escondendo a sua intenção de destruir Israel, país com que, desde 1948, os Estados árabes estão permanentemente em conflito. É neste contexto que, a 27 de Setembro de 1955, celebra com a Checoslováquia um importante contrato para o fornecimento de armas checas e soviéticas: caças, bombardeiros e tanques. Acabou o monopólio britânico do comércio de armas no Médio Oriente.

Nasser quer tornar o seu país mais independente e consegue a retirada total dos Ingleses, incluindo do Canal de Suez. Juntamente com o jugoslavo Tito, liberto do conflito de Trieste, e com o Indiano Nehru, lança a ideia do não alinhamento, a que a conferência de Bandung (1955) vem conferir substância: a luta pela descolonização. Pretende arrancar o Egipto ao subdesenvolvimento e espera que os Estados Unidos financiem a barragem do Assuão, que irá assegurar a irrigação do Alto Egipto e produzir energia eléctrica. Mas, depois de ter hesitado, o secretário do Departamento de Estado, Foster Dulles, recusa qualquer tipo de ajuda a um país que considera demasiado neutral. Isto aconteceu exactamente no momento em que decorria a conferência de Brioni (18-20 de Julho).

A resposta de Nasser é imediata: a 26 de Julho, anuncia a nacionalização do Canal de Suez, explorado por uma companhia em que os interesses franceses e ingleses são maioritários. Esta atitude constitui um triplo desafio: à antiga potência colonizadora britânica, que aceita mal a perda de um dos pontos fulcrais do seu Império; à França, que condena o apoio do Egipto à rebelião argelina; a Israel, a quem Nasser tenciona retirar o direito de utilização do Canal de Suez. As três potências ficam portanto com um interesse comum: derrotar Nasser. Para a França, a nacionalização propicia a ocasião para derrubar um homem que – tal como os ditadores dos anos 30 – pretende construir um império árabe, e também para colocar um fim à questão argelina. Quanto aos Ingleses, tencionam impedir que um só país assuma o controlo do canal de Suez, ponto de passagem vital para a sua nação. Para os Israelitas, trata-se de uma oportunidade para se desembaraçarem da ameaça mortal que paira sobre os seus abastecimentos e até sobre a sua existência enquanto Estado. As negociações arrastam-se. Uma conferência internacional realizada em Londres (1-23 de Agosto de 1956), não consegue demover Nasser da sua posição e o mesmo acontece com a conferência dos utilizadores, também organizada em Londres (18-22 de Setembro), e com uma reunião do Conselho de Segurança da ONU, em Nova Iorque (5-15 de Outubro). Franco-Britânicos e Egípcios preparam-se para medir forças. Moscovo apoia o Egipto. Washington, em pleno período de eleições presidenciais, é contra o uso da força.

Uma operação militar franco-britânica – acordada em Sèvres, após muitas hesitações, a 22 de Outubro, num encontro organizado sob égide de Guy Mollet, presidente do Conselho francês, e de Anthony Eden, primeiro-ministro britânico – é finalmente lançada, em coordenação com um ataque preventivo dos Israelitas. As tropas egípcias perdem o controlo do Sinai e da maior parte do Canal de Suez. Mas, a 5 de Novembro, a União Soviética ameaça a França e a Grã-Bretanha com os seus mísseis atómicos. Os Estados Unidos, que consideram que a intervenção pode acarretar consequências negativas para a Aliança Atlântica e para as Nações Unidas, fazem pressão sobre a libra esterlina. As pressões obrigam Eden, e depois Mollet, a ceder. A França e o Reino Unido são condenados na Assembleia Geral da ONU. Dia 6 de Novembro, à meia-noite, as tropas franco-britânicas recebem ordem para parar. Os Anglo-Franceses evacuam a sua testa-de-ponte em Dezembro e, no início de 1957, os Israelitas abandonam os territórios conquistados. A ONU coloca unidades internacionais de capacetes azuis entre o Egipto e Israel e também em Charm-el-Cheikh, assegurando assim a liberdade de navegação no estreito de Tiran.

A crise do Suez põe termo à tradicional influência da França e da Grã-Bretanha na região. A intervenção destes países é encarada como uma afirmação da vontade de salvaguardar os seus interesses económicos e políticos, ou seja, como uma evidente manifestação de colonialismo. Mas a política da força fracassou rotundamente. A crise do Suez demonstra que as potências médias já não têm liberdade de acção. Foram «abandonadas» pelos seus aliados, o que desencadeia uma crise na NATO. O coronel Nasser, que impôs a nacionalização do canal, sai vitorioso desta crise e torna-se o herói incontestado do nacionalismo árabe e da descolonização. A URSS ganha uma imagem de defensora das pequenas potências contra o imperialismo. Moscovo transforma-se assim no principal aliado do mundo árabe e ganha influência no Médio Oriente, onde goza de grande prestígio junto da opinião pública árabe. A sua influência progride não apenas no Egipto, mas também na Síria.

Os Estados Unidos, graças a uma atitude dúbia, conseguem preservar a sua imagem na região. Apoiam a dinastia hachemita, fazendo perigar, no seu próprio terreno, a Jordânia do rei Hussein. Os Americanos não estão dispostos a abandonar para a União Soviética o controlo político do Médio Oriente. A doutrina Eisenhower (5 de Janeiro de 1957), que prevê que os Estados Unidos prestem auxílio económico e militar aos países do Médio Oriente que pretendam precaver-se contra a agressão e contra a subversão, tem por objectivo preencher as lacunas da política americana para a região. A União Soviética replica a esta ameaça contra a paz com o plano Chepilov (11 de Fevereiro de 1957), que preconiza a não integração dos Estados do Médio Oriente em blocos militares e a evacuação das bases estrangeiras, entre outras medidas.

A consequência mais óbvia da crise do Suez foi o fim da influência francesa e inglesa na região, onde as duas superpotências se encontram agora face a face, com uma a apoiar o Egipto e a Síria e, a outra, a Jordânia e a Arábia Saudita, de acordo com o pacto de Bagdad. Quanto ao Canal de Suez, torna-se inutilizável devido às sabotagens egípcias, o que causa graves problemas ao abastecimento petrolífero da Europa. O Canal é agora controlado pelo Egipto. A Síria, dominada pelo partido Baas, preconiza a unidade do mundo árabe, começando por uma fusão com o Egipto, que se concretiza numa República Árabe Unida (RAU) de efémera existência (1958-1961). Na sequência do golpe de Estado dos militares iraquianos, que abolem a monarquia (14 de Julho de 1958), até o Iraque abandona o Pacto de Bagdad, que passa a designar-se CENTO *(Central Treaty Organization).* Com o objectivo de travarem a expansão do comunismo, Americanos e Britânicos intervêm no Líbano e na Jordânia, reprimindo as insurreições que aí ocorrem (Julho de 1958). Nas Nações Unidas, todos os países da Liga Árabe propõem uma resolução nos termos da qual o Médio Oriente se deve manter afastado do confronto entre as grandes potências (21 de Agosto de 1958).

Refira-se também que é sob a influência da conferência de Bandung e da crise do Suez que se irá verificar a segunda fase da descolonização, que decorre sobretudo em África.

A descolonização do Norte de África

A situação difere de território para território, consoante se trate da Argélia, território considerado francês onde reside uma forte minoria de europeus, ou da Tunísia e de Marrocos que, embora sejam protectorados, conservam os seus soberanos, se não mesmo parte da sua soberania. Mas, um pouco por toda a parte, a Liga Árabe manifesta a sua oposição à política francesa no Norte de África, apoiando os partidos nacionalistas nos protectorados de Marrocos e da Tunísia e também na Argélia. Em Agosto de 1951, os países árabes decidem apresentar o problema marroquino à Assembleia Geral das Nações Unidas e, em Dezembro, intervêm no Conselho de Segurança a propósito da questão tunisina.

O movimento nacionalista tunisino. Vê-se encorajado pela situação do país durante a guerra; ocupada por Italianos e Alemães, a Tunísia é palco de batalhas sangrentas e de confrontos entre Franceses. Após a libertação do país, o bei Moncef, demitido por ter colaborado com os Alemães, é substituído por Lamine Bey. Em 1951, o drama adensa-se. As reivindicações do Partido Tradicionalista, *o Destour*, do partido ocidentalizado de Habib Burguiba, *o Neo-Destour*, e do Sindicato UGTT (União Geral dos Trabalhadores Tunisinos), vêem-se estimuladas pela independência (em Outubro) da vizinha Líbia. O líder da oposição, Habib Burguiba, reivindica a autonomia interna. O próprio bei exige a formação de uma Assembleia Nacional Tunisina e a constituição de um governo tunisino responsável.

A partir de Dezembro de 1951 começam a registar-se incidentes nas campanhas prosseguidas no Sul da Tunísia e a repressão abate-se sobre os responsáveis do *Neo-Destour* (Burguiba é preso) e sobre os ministros do governo tunisino. Em Julho de 1952, a França propõe um sistema de co-soberania integrado no âmbito da União Francesa, que é recusado. O terrorismo deixa as suas marcas. Por fim, o novo presidente do Conselho, Pierre Mendès France, desloca-se a Tunes em Julho de 1954 e, num discurso proferido em Cartago, anuncia que a França concede a autonomia interna à Tunísia: esta passa a dispor do seu próprio governo, mas continuará subordinada à França em questões de defesa, de política externa e de relações económicas internacionais. Após três anos de exílio, Habib Burguiba, o «combatente supremo», regressa ao seu país (1 de Junho de 1955). As negociações franco-tunisinas saldam-se pela independência total da Tunísia, a 20 de Março de 1956.

O papel desempenhado pelo soberano Moamed ben Yussef, em Marrocos, foi bem mais marcante. Durante a guerra, o presidente americano Roosevelt encorajou-o nos seus desígnios de tornar Marrocos um país independente. Com o fim da guerra, as relações entre Marrocos e a França tornam-se tensas, devido à criação, por Allal el-Fassi, do *Istiqlal* (partido da independência) e ao discurso proferido pelo sultão em Tânger, em 1947, onde fez a apologia da Liga Árabe. Por influência de uma parte da colónia francesa, a política dos vários representantes do governo francês (marechal Juin, general Guillaume) torna-se cada vez mais dura: pressionam o sultão para que este condene o *Istiqlal.* Mas o discurso proferido pelo monarca em Novembro de 1952 resulta num apelo ao nacionalismo marroquino, dando-se início a um ciclo de agitação-repressão. No verão de 1953, na sequência das intrigas do paxá de Marraquexe, el-Glaui, que contava com o apoio de tribos berberes, de colonos franceses e também de alguns altos funcionários franceses, dá-se a deposição de Moamed ben Yussef e o seu exílio em Madagáscar, sendo substituído por um dos seus primos. A partir deste momento a situação deteriora-se, merecendo particular destaque os atentados nas cidades. Em 1955, o governo francês decide chamar o sultão a França e negoceia com ele os acordos de Celle-Saint-Cloud. Em Novembro de 1955, Moamed ben Yussef consegue não só voltar a subir ao trono (com o nome de Moamed V), como obter a promessa da independência de Marrocos. A 16 de Novembro, dá-se o seu regresso triunfal a Rabat. A 2 de Março de 1956, Marrocos torna-se independente. Algumas semanas mais tarde, será a vez da Tunísia.

A Argélia, já assolada por uma vaga de revoltas desde 8 de Maio de 1945, é um caso à parte. Constituída por departamentos franceses com um estatuto particular, habitada por uma importante minoria europeia (um milhão, num total de nove milhões de habitantes em 1954), é considerada como parte integrante da França. Assim, quando a revolta estala em 1954, no Dia de Todos os Santos, os sucessivos governos tudo fazem para preservar a sua manutenção na República, introduzindo para o efeito algumas reformas, como seja o colégio eleitoral único, isto é, um corpo eleitoral composto indistintamente por muçulmanos e europeus.

A DESCOLONIZAÇÃO DA ÁFRICA (ATÉ 1968)

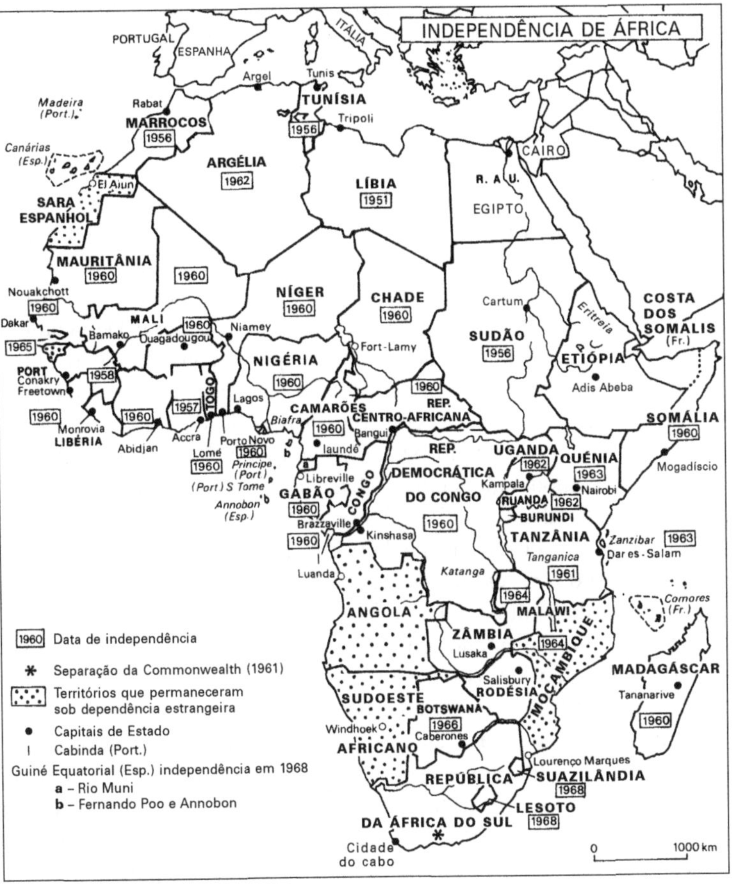

Fonte: *Histoire Contemporaine Depuis 1945*, *op. cit.*

Aos poucos, a Frente de Libertação Nacional consegue passar da rebelião à guerrilha e ao terrorismo. Em 1956, o governo de Guy Mollet reconhece a especificidade argelina e propõe uma solução em três frentes: cessar-fogo, eleições e negociações. Mas reforça as acções militares na Argélia, enviando para o território contingentes de jovens mancebos – o que os governos precedentes não tinham ousado fazer na Indochina – e procedendo à inspecção do avião que transportava os dirigentes da rebelião (22 de Outubro de 1956), e no exterior, através da intervenção no Suez (Novembro). O Exército francês exerce o seu «direito de perseguição», bombardeando elementos da FLN refugiados na cidade tunisina de Sakiet Sidi Yussef (8 de Fevereiro de 1958). As relações com Marrocos, com a Tunísia e com os outros países árabes tornam-se cada vez mais tensas. Os Estados Unidos e a Grã-Bretanha pressionam o governo francês a aceitar a sua mediação, tentando assim encontrar uma saída para o drama argelino, que ameaça a Aliança Atlântica.

A questão da Argélia internacionaliza-se. Na Assembleia Geral da ONU, a França é alvo de acusações e, todos os anos, vê-se obrigada a manobras diplomáticas para evitar ser condenada por uma resolução afro-asiática. A perspectiva da abertura de negociações conduz à revolta de 13 de Maio de 1958, que confere ao general De Gaulle a oportunidade de regressar ao poder, já que é considerado o único homem capaz de evitar a guerra civil e de restabelecer a unidade nacional. Face à criação do Governo Provisório da República Argelina (GPRA) – que, criado pela FLN a 19 de Setembro de 1958 e dirigido pelo moderado Ferat Abbas, pretende a independência do país –, o general De Gaulle quer a todo o custo evitar uma nova derrota colonial, desejando também resolver definitivamente o problema argelino, no sentido de beneficiar de maior liberdade para a prossecução da política externa francesa. Tentando cativar os rebeldes, põe progressivamente em prática uma política de desenvolvimento económico, de associação e de autodeterminação (16 de Setembro de 1959); em suma, uma política para uma Argélia argelina, que, após crises políticas e acções de força («semana das barricadas», em Janeiro de 1960; golpe dos generais, em Abril de 1961), desemboca nos acordos de Évian (Março de 1962). A França obtém a garantia de que os direitos da população europeia serão respeitados, o direito a uma presença militar no país durante três anos, o direito a manter os seus interesses económicos no Sara durante cinco anos e a promessa de uma estreita cooperação franco-argelina. O cessar-fogo entra em vigor a 19 de Março. A maior parte dos europeus abandona a Argélia, que proclama a independência a 3 de Julho de 1962.

A descolonização na África negra

Antes de 1957, são muito poucos os países independentes na África negra. Num período de cinco anos, de 1957 a 1962, quase toda a África se liberta do estatuto colonial.

• *A descolonização da África anglófona*

Faz-se progressivamente, território por território, por etapas, através de negociações e consultas, e geralmente de forma pacífica.

A primeira colónia britânica a tornar-se independente (6 de Marco de 1957) é a Golden Coast (Costa do Ouro) que, sob a liderança do independentista Kwane N'Krumah, assume a designação de Gana.

A Nigéria torna-se independente a 1 de Outubro de 1960, e a Serra Leoa a 27 de Abril de 1961. O Tanganica, antiga colónia alemã, agora sob controlo inglês, torna-se independente a 28 de Dezembro de 1961, com Julius Nyerere a assumir o posto de primeiro-ministro. Na ilha de Zanzibar, que se torna independente em Dezembro de 1963, ocorrem violentos conflitos étnicos e políticos. A 29 de Setembro de 1964, o Zanzibar constitui com a Tanganica uma república unida, a que é dado o nome de Tanzânia.

No Quénia, a descolonização é muito mais difícil, porque, paralelamente ao partido independentista de Jomo Kenyatta, existe o movimento terrorista dos Mau-Mau. A revolta dura até 1955. Só em Dezembro de 1963 é que o Quénia se torna independente. Por último, a 9 de Dezembro de 1962, o Uganda adere *à Commonwealth* como país independente.

Na África Austral, para além da União Sul-Africana, independente no quadro da *Commonwealth* desde 1910 – mas que abandona em 1961 –, as possessões britânicas englobam três territórios: Rodésia do Sul, Rodésia do Norte e Niassalândia, reunidas numa Federação da África Central. Esta federação acaba por se desmoronar devido à independência da Niassalândia (Julho de 1964), que adopta o nome de Malawi, à secessão da Rodésia do Norte, que passa a chamar-se Zâmbia, e à particular situação da Rodésia do Sul, onde a minoria branca que detém o poder decide decretar, por um gesto unilateral e sem pedir o aval da Grã-Bretanha, a independência do país (Abril de 1964). Apesar do bloqueio da Grã-Bretanha e de muitos outros Estados africanos, a Rodésia do Sul persiste na sua política.

• *A descolonização da África negra francesa*

Processa-se de um modo completamente diferente. Inicialmente de assimilação, a política francesa evolui mais tarde para a concessão da independência, sob a égide da União Francesa.

De acordo com a Constituição da IV República, todas as antigas colónias da África negra e de Madagáscar tornam-se «territórios ultramarinos». Os habitantes locais tornam-se cidadãos franceses e elegem os seus representantes nas Assembleias francesas. As elites africanas, embora divididas quanto à ideia de se agruparem numa federação, demarcam-se cada vez mais da França, aspirando a uma maior autonomia.

A lei-quadro (ou lei Defferre). O movimento de descolonização que se faz sentir por todo o mundo, desde a conferência de Bandung, em 1955, até à independência concedida ao Gana, em 1957, obriga o governo de Guy Mollet a criar um quadro de evolução flexível para os países da África negra e para Madagáscar. Surge então a lei-quadro, aprovada a 23 de Junho de 1956, que prevê uma ampla autonomia interna, com assembleias eleitas por sufrágio universal directo e colégio único em cada território, sob a égide de uma assembleia geral. Esta lei – designada por «lei Defferre», nome do Ministro que a propôs –, permitiu às elites africanas iniciarem um processo de aprendizagem em regime de autogestão, com a ajuda da metrópole e num clima de paz. Os territórios dos Camarões e do Togo, anexados por mandato da SDN em 1922 e tornados territórios sob tutela em 1946, tornam-se independentes. A república do Togo adquire a autonomia total em 1956, tornando-se independente a 24 de Abril de 1960. O mesmo acontece com os Camarões, a 1 de Janeiro de 1960, que posteriormente reunirá também os antigos Camarões britânicos.

A Comunidade. Quando regressa ao poder, o general De Gaulle proclama o direito à independência dos povos do ultramar. Mas especifica que os africanos poderão escolher, através de referendo, entre a Comunidade com a França e a independência pela secessão. A 23 de Setembro de 1958, onze das doze antigas colónias da África Ocidental e Equatorial francesa aceitam a constituição da IV República e da Comunidade, que, apesar de conferir a estes Estados uma grande autonomia interna, detém as competências em matérias de política externa e de defesa nacional. Apenas a Guiné de Sekou Touré recusa. De facto, no decorrer do ano de 1960, todos os Estados africanos membros da Comunidade requerem à França a transferência de competências, alcançando assim a independência e assinando depois com esta um tratado de associação. É o caso do Senegal e do Sudão (durante algum tempo agrupados na Federação do Mali), de Madagáscar (26 de Junho de 1960), de quatro Estados da África Equatorial – Congo, Gabão, República Centro Africana, Chade –, dos países do «Entendimento» – Costa do Marfim, Daomé, Alto Volta [ou Burquina Faso], Níger – e, por último (19 de Outubro de 1960), da Mauritânia, com Marrocos a reivindicar uma parte do seu território.

• *A descolonização do Congo belga*

Como consequência das modificações que ocorrem na África negra francófona, a febre nacionalista alastra ao Congo belga, a maior e mais rica de todas as colónias europeias na África negra (devido aos recursos em cobre e em urânio da província do Catanga). Subitamente, a Bélgica, que até então praticara uma política paternalista, concede aos nacionalistas congoleses Kasavubu e Lumumba a independência por eles exigida. Um torna-se chefe de Estado; o outro, primeiro-ministro. Mas, desde o seu nascimento, registam-se numerosos incidentes antibelgas e, como se não bastasse, rebenta uma guerra civil que opõe os «centralistas», que apoiam Lumumba, então chefe do governo, aos «federalistas» da província do Catanga, liderados por Moise Tschombé, que entra em secessão e declara a independência da sua província. O problema do Congo é de tal modo complicado que o conflito se internacionaliza. Às ameaças soviéticas e à intervenção dos capacetes azuis juntam-se os conflitos internos (oposição entre Kasavubu e Lumumba, apoiado pela URSS) e a entrada em cena do exército congolês, comandado pelo general Mobutu. A confusão atinge o auge com a prisão e posterior assassinato de Patrice Lumumba (Fevereiro de 1961) e com a morte do secretário-geral das Nações Unidas, Dag Hammarskjold (18 de Setembro de 1961), que não se tinha poupado a esforços para tentar encontrar uma solução. Por fim, o problema das secessões é resolvido e as forças da ONU restabelecem a unidade do Congo. Mas a ordem apenas será efectivamente restabelecida com a chegada ao poder do general Mobutu (Novembro de 1965).

O Ruanda e o Urundi (que passou a chamar-se Burundi), dois outros territórios sob tutela belga, obtêm a independência a 1 de Julho de 1962.

- *Os «resíduos» de colónias europeias na África Negra em 1962*

Os únicos territórios africanos que não alcançaram a independência em 1962 foram o Sara espanhol, a costa francesa dos Somalis, que passou a pertencer aos Afars e aos Issas e, especialmente, as colónias portuguesas: os arquipélagos de Cabo Verde e de São Tomé e Príncipe, a Guiné portuguesa, Angola e Moçambique. Considerando-as províncias, Portugal põe aí em prática uma política de assimilação. Mas a independência dos outros países africanos introduz nestes territórios, com maior ou menor intensidade, a semente da revolta.

A evolução das Nações Unidas

As interacções entre o movimento de descolonização e as Nações Unidas são evidentes. A atitude da ONU, que promove sucessivos debates sobre a descolonização, tem obviamente muito peso na independência das colónias, sendo um exemplo claro disso mesmo a introdução da questão argelina na agenda da Assembleia das Nações Unidas. Mas será necessário esperar por 1961 para que as Nações Unidas aprovem uma declaração nos termos da qual todas as colónias deverão aceder à independência

Por outro lado, a descolonização interfere com a estrutura diplomática internacional, especialmente com a Organização das Nações Unidas, onde a aparição dos novos Estados vem sacudir os hábitos de uma maioria que, na Assembleia Geral, tem por tradição seguir os Estados Unidos. Os novos membros usam as Nações Unidas como tribuna e questionam as posições ocidentais.

O declínio do poder do Conselho de Segurança. É precisamente neste momento que o poder efectivo passa do Conselho de Segurança, paralisado pelo exercício do direito de veto, para a Assembleia das Nações Unidas, onde os países do Terceiro Mundo estão em maioria e onde a lei é ditada pelo grupo afro-asiático, que privilegia a luta contra o colonialismo. Simultaneamente, o Secretariado-Geral da ONU deixa de ser um simples órgão executivo, para se transformar num verdadeiro governo internacional. Esta orientação é adoptada pelo sueco Dag Hammarskjold, que sucede como secretário-geral da

ONU (10 de Abril de 1953-17 de Setembro de 1961) a um outro escandinavo, o norueguês Trygve Lie (Fevereiro de 1946-1953). Este diplomata rodeia-se de colaboradores autenticamente «desnacionalizados», o que o fará entrar em conflito com a URSS, a quem recusa cargos elevados no aparelho das Nações Unidas. Organiza eficazmente a força militar de urgência para estacionar em território egípcio após a crise do Suez, em 1956, os grupos de observadores militares encarregados do inquérito aos tumultos no Líbano, em 1958, e, sobretudo, a intervenção das Nações Unidas no Congo onde, a 18 de Setembro de 1961, virá a morrer num desastre de avião.

O declínio da autoridade do Secretariado-Geral. A União Soviética, que pretende controlar o Secretariado-Geral, exige a substituição da *troika* (grupo composto por três homens, um ocidental, outro comunista e outro neutro, dispondo cada um deles de direito de veto) por um único homem. De certo modo, a União Soviética pretende transpor para o Secretariado-Geral o mecanismo do Conselho de Segurança. Como esta proposta obtém poucas adesões, a 3 de Novembro de 1961 a URSS apoia a nomeação do candidato do grupo afro-asiático, o birmanês U Thant. A sua longa administração (1961-1971) caracteriza-se pelo declínio contínuo da autoridade do secretário-geral, ainda que, numa primeira fase, tenha conseguido libertar as Nações Unidas da participação no conflito congolês, após ter resolvido o problema da secessão no Catanga, e organizado a intervenção das forças da ONU em Chipre, para interposição entre as comunidades grega e turca.

Uma série de outros factores contribuiu para afectar a credibilidade das Nações Unidas e das suas instituições. A influência do grupo afro-asiático diminui na sequência do desrespeito da Carta por parte da Índia – ao recorrer à força para se apoderar do enclave português de Goa, em 1961 –, dos conflitos indo-paquistaneses e sino-indiano, de numerosos golpes de Estado africanos. As diatribes inflamadas que os delegados afro-asiáticos lançam contra os regimes da África do Sul, da Rodésia e de Portugal, dão uma ideia de verborreia que desprestigia a imagem da ONU junto da opinião pública internacional. Dois dos cinco membros permanentes do Conselho de Segurança – a União Soviética e a França – pretendem limitar o papel político do secretário-geral, recusando delegar nele quaisquer competências excessivas no que respeita a operações de manutenção de paz. E o general De Gaulle não se coíbe de criticar publicamente o «tipo».

Por último, as intermináveis discussões sobre o desarmamento, também prejudicam muito a ONU. A 15 de Novembro de 1945, a Assembleia Geral das Nações Unidas cria, através da sua primeira resolução votada, uma Comissão da Energia Atómica (CEA), composta por onze membros do Conselho de Segurança e pelo Canadá. É a esta Comissão que, em Junho de 1946, o delegado americano Bernard Baruch apresenta o plano que leva o seu nome, com vista à criação de uma «autoridade para o desenvolvimento atómico», que ficaria encarregue de controlar a produção mundial de matérias físseis. O delegado soviético, Andrei Gromyko, rejeita de imediato este plano, na medida em que a União Soviética se recusa a aceitar que as suas instalações atómicas sejam submetidas a um controlo internacional. Em contrapartida, preconiza a proibição da produção de armas atómicas e a destruição dos *stocks* existentes. O impasse é total.

A 13 de Fevereiro de 1947, o Conselho de Segurança cria uma Comissão para o armamento de tipo clássico. O delegado soviético, Litvinov, pede uma redução proporcional a um terço da totalidade das forças terrestres, aéreas e navais. As potências ocidentais exigem o recenseamento prévio do armamento existente, mas deparam-se com o veto da União Soviética, que rejeita em absoluto qualquer tipo de controlo.

Atinge-se novamente o impasse, não se chegando a qualquer acordo nem quanto ao armamento atómico, nem quanto ao convencional. Como protesto contra a recusa de substituição da China de Taiwan pela China de Pequim, a URSS retira-se das comissões de desarmamento, em 1950.

Quando as negociações recomeçam, em 1954, o delegado soviético, Vychinsky, aceita, perante a Assembleia das Nações Unidas, um plano de compromisso franco-inglês. A URSS aceita as medidas propostas para o desarmamento clássico e nuclear. Põe de parte o pedido da redução proporcional dos efectivos e dos armamentos convencionais e parece estar de acordo quanto à necessidade da existência de um controlo. Mas, na Cimeira de Genebra (18-23 de Julho de 1955), os chefes de Estado, ou de Governo, não conseguem chegar a acordo. Doravante, a questão do desarmamento será tratada essencialmente fora das Nações Unidas, através do diálogo entre as duas superpotências. Mais um fiasco da ONU.

A evolução dos blocos

Os dois blocos vão-se progressivamente apercebendo de que as relações entre ambos não têm obrigatoriamente que desembocar numa guerra aberta. Os primeiros sinais de degelo remontam à morte de Estaline, mas a coexistência pacífica está na ordem do dia no relatório que N. Krutchev apresenta no XX Congresso do Partido Comunista da União Soviética. A desestalinização está na origem de algumas cisões que aparecem no bloco de Leste. No bloco ocidental, está a nascer um novo pólo de poder em redor do Mercado Comum. A coexistência pacífica não significa o fim das tensões. Num sistema de equilíbrio do terror, as crises de Berlim e de Cuba vêm agitar o mundo.

A desestalinização e as crises polaca e húngara

No XX Congresso do Partido Comunista da União Soviética, o secretário-geral do PCUS apresenta dois relatórios, sendo um deles secreto. Neste texto, Nikita Krutchev admite a pluralidade de orientações na construção do socialismo. Está aberto o caminho para uma certa autonomia das democracias populares.

A desestalinização está na ordem do dia do XX Congresso do Partido Comunista Soviético (14-25 de Fevereiro de 1956), no decorrer do qual os discursos condenam o «culto da personalidade», referem as novas relações Leste-Ocidente e insistem na importância dos países «neutrais» e na diversidade das vias nacionais para a construção do socialismo. O essencial está no relatório secreto onde Nikita Krutchev – que entretanto se tornara no homem forte do regime – denuncia a era estalinista e o culto da personalidade de Estaline. A dissolução do *Kominform* (17 de Abril de 1956) parece conferir às democracias populares uma maior independência relativamente à União Soviética. Mas as crises da Hungria e da Polónia trazem à luz do dia os limites da desestalinização.

Desde 1953 que se vive um clima de abertura na Polónia e na Hungria; manifestações de escritores e de estudantes criticam determinados aspectos do regime. Na Hungria, o confronto opõe o secretário-geral do partido, Rakosi, ao primeiro-ministro, Imre Nagy que, a 14 de Abril de 1955, é destituído das suas funções e expulso do partido por ter denunciado os abusos da polícia e a colectivização sistemática das terras.

Na Polónia, a «desestalinização» permite a reabilitação do antigo secretário-geral do partido operário, Ladislas Gomulka, preso em 1951. Em Setembro, depois das revoltas dos operários de Poznan (Junho de 1956), a União Soviética está prestes a intervir para sanar os confrontos que rebentam entre estalinistas e antiestalinistas. Krutchev desloca-se pessoalmente a Varsóvia e acaba por aceitar o novo poder polaco. O antiestalinista Gomulka sai vencedor dos confrontos e é eleito primeiro secretário do partido (21 de Outubro de 1956), enquanto o ministro da Defesa, o marechal soviético Rokossovski, é destituído do cargo e afastado do *bureau* político do partido. Apesar deste verdadeiro golpe de Estado, os Soviéticos aceitam a mudança, porque os novos dirigentes polacos declaram ser sua intenção continuar fiéis ao Pacto de Varsóvia.

Na Hungria, os acontecimentos são muito mais dramáticos. Vive-se um clima de grande efervescência política, com uma grave crise económica como pano de fundo. Em Julho, sentindo-se impotente perante a situação, Rakosi é obrigado a demitir-se. As manifestações de Outubro acabam numa insurreição geral e nacional, depois de uma primeira intervenção militar soviética, a 24 de Outubro. Pressionado pelo povo, o novo governo chefiado por Imre Nagy proclama a neutralidade da Hungria (1-3 de Novembro de 1956) e o pluripartidarismo, renunciando ao Pacto de Varsóvia. A União Soviética, que num primeiro momento tinha retirado as suas tropas, decide matar à nascença a revolução húngara. A URSS não pode permitir que esta questão ponha em causa o dogma da irreversibilidade das conquistas comunistas, nem perder as bases militares estratégicas do centro da Europa, nem muito menos admitir eleições livres na Hungria. O Exército soviético entra em Budapeste a 4 de Novembro, arrasando a resistência. Nagy é preso e Janos Kadar é colocado no poder. Este encarrega-se de restabelecer a omnipotência do partido comunista húngaro; a Hungria volta a integrar o Pacto de Varsóvia e a situação normaliza-se. Os comunistas aprovam a repressão da revolta húngara pelos Soviéticos. Os países ocidentais, pelo contrário, denunciam-na, vendo nela a prova do domínio implacável que o «Grande Irmão» exerce na Europa de Leste. Submetido a um julgamento fantoche, Imre Nagy é executado a 17 de junho de 1958. Em Dezembro de 1961, Janos Kadar torna-se senhor absoluto do país.

Deste modo, a União Soviética foi muito clara na demarcação dos limites de autonomia que concedia aos seus satélites. Ao mesmo tempo, trava a procura de vias nacionais para a construção do socialismo. Quando da celebração do 40.° aniversário da Revolução de Outubro (em Novembro de 1957), os países comunistas reafirmam a unidade do mundo socialista, numa declaração que Tito não subscreve. Mas já há sinais de cisão no bloco de Leste, com as divergências entre Chineses e Soviéticos a contribuir para as aumentar. Por sua vez, do lado ocidental, a Europa organiza-se para fazer face aos Estados Unidos.

O relançamento da construção europeia

No Ocidente, assiste-se à construção de uma união económica europeia, numa tentativa de contrabalançar a potência americana. Depois do fracasso da CED, parece ter chegado o momento indicado para explorar as vias do «relançamento europeu».

A conferência dos seis ministros da CECA, reunida em Messina a 1 de Junho de 1955, a convite do novo ministro italiano dos Negócios Estrangeiros, G. Martino, chega à conclusão que a melhor maneira de proceder a este relançamento será desenvolver instituições comuns, fundir progressivamente as economias nacionais, criar um Mercado Comum, harmonizar as políticas sociais e promover uma Comunidade Europeia da Energia Atómica.

Dos trabalhos de peritos reunidos em Bruxelas sob a presidência do ministro belga dos Negócios Estrangeiros, Paul Henri Spaak, resultaram os projectos da Euratom e do Mercado Comum, este com uma componente de supranacionalidade inferior à que existia na CECA. A Alta Autoridade é substituída por um Conselho de Ministros e por uma Comissão. Inicialmente composta por nove membros, passará a possuir catorze na sua versão final. Os comissários, que são peritos, são designados pelos Estados-membros, mas não os representam. Têm como incumbência definir a política a adoptar. O Conselho de Ministros, que reúne os representantes dos governos, é o órgão com poder de decisão. Examina as propostas da Comissão e decide por via da regra da unanimidade. O tratado estipula que a regra da maioria simples deveria passar a vigorar após os primeiros seis anos. Estão previstos uma assembleia e um tribunal de justiça.

O nascimento do Mercado Comum. Os tratados que o instituem são assinados em Roma, a 25 de Março de 1957. O Mercado Comum é concebido como uma união aduaneira. A passagem à prática desta união deve ser feita progressivamente, em três períodos de quatro anos; durante cada uma das fases, os países membros deverão reduzir as taxas alfandegárias a aplicar aos outros membros. Será estabelecida uma taxa externa comum, a aplicar a países terceiros. Concretizar-se-ia também a abertura progressiva das fronteiras a deslocações internas de trabalhadores e ao movimento de capitais. Os territórios do ultramar seriam admitidos a título experimental.

A Euratom. A criação da Euratom obedece a uma dupla finalidade: assegurar o fornecimento em boas condições da energia de que a Europa necessita e permitir à Europa dos Seis uma maior independência em matéria atómica. Deste modo, a Euratom não foi criada para centralizar a produção de energia atómica dos seis países. Existe uma central de abastecimento que dispõe de uma opção de compra sobre minerais, matérias brutas e matérias físseis produzidas nos países-membros, tendo o direito de exclusividade sobre a celebração de contratos de fornecimento destes materiais, caso provenham do exterior. A Comunidade exercerá um controlo rigoroso, que inclui inspecções locais. Apesar das esperanças depositadas neste organismo, a Euratom revelou-se um fracasso. As reservas da França, desejosa de preservar a independência em questões de energia atómica para construir a sua própria bomba, e os entraves dos Americanos, que não querem que os europeus se autonomizem em questões de energia atómica, fazem fracassar os projectos mais ambiciosos. Quando em 1957, por proposta da França, os países europeus entrevêem a hipótese de construir uma fábrica de separação isotópica que lhes permitisse serem auto-suficientes em urânio enriquecido, os Americanos baixam de tal modo o preço de venda do produto aos europeus, que estes desistem de enveredar por tão elevados investimentos.

Os dois tratados instituem portanto uma zona económica específica, a da Europa dos Seis, uma Europa continental.

A EFTA. O Reino Unido, que se recusou a entrar para o Mercado Comum, tenta criar uma vasta zona de comércio livre que inclua todos os países membros da OECE, que englobaria o Mercado Comum e o desproveria da sua própria razão de ser. Perante a recusa francesa, os Britânicos criam, juntamente com outros países europeus (Portugal, Suíça, Áustria, Dinamarca, Noruega e Suécia), a Associação Europeia de Comércio Livre (EFTA), instituída pelo tratado de Estocolmo (20 de Novembro de 1959).

O Mercado Comum entra efectivamente em vigor a 1 de Janeiro de 1959 e, apesar da concorrência da Associação Europeia de Comércio Livre, conquista rapidamente grande importância. A descida dos direitos alfandegários e o alargamento dos contingentes de mercadorias processam-se normalmente. Estudam-se modalidades com vista a uma política agrícola e financeira comuns. Tudo corre tão bem que, no Verão de 1961, o primeiro-ministro britânico, Harold MacMillan, decide encetar negociações com vista à entrada da Grã-Bretanha no Mercado Comum.

Com a resolução do conflito do Sarre, muito embora a solução não tenha passado pela integração europeia, desaparece o principal motivo de tensão entre a França e a Alemanha.

Em Março de 1952, o chefe do governo do Sarre, J. Hoffmann, tentando encontrar uma solução para o problema, lança a ideia da europeização do território. Foi difícil a França e a Alemanha chegarem a acordo sobre as modalidades a adoptar, com os Franceses a fazerem depender a ratificação da CED da resolução prévia desta questão e a opinião pública do Sarre a mostrar-se favorável à integração pura e simples na República Federal da Alemanha. O plano Van Naters (nome do relator do Conselho da Europa), de 17 de Setembro de 1953, propõe que o Sarre se torne num território europeu e sede de instituições europeias, possuindo um governo local e ficando económica e monetariamente inserido no sistema francês. Após o fiasco da CED, a França vê na resolução do problema do Sarre uma condição essencial para se poderem considerar acordos mais globais. A 23 de Outubro de 1954, Franceses e Alemães aceitam o plano Van Naters, sob a condição do estatuto do Sarre ser submetido a referendo. A consulta popular ocorre a 23 de Outubro de 1955 e confere a vitória aos partidários da integração na Alemanha, que rejeitam o estatuto europeu que lhes era proposto. Após várias negociações, Franceses e Alemães chegam a acordo, em Outubro de 1956: a partir de 1 de Janeiro de 1957, o Sarre reunifica-se politicamente com a Alemanha; no domínio económico, a reunificação verificar-se-ia a partir de 1 de janeiro de 1960. Como recompensa, a França obtém remessas de carvão do Sarre e a canalização do Mosela, o que lhe permitiria desenvolver a siderurgia da Lorena. Desaparece assim a principal fonte de tensão entre a França e a Alemanha.

A coexistência pacífica e os seus limites

Entre os dois blocos, Leste e Ocidente, a guerra fria cede lugar à coexistência pacífica. Desde a morte de Estaline que se começara a notar um degelo nas relações, mas é sobretudo em 1955, com a assinatura do tratado de paz com a Áustria e com a reconciliação entre os dirigentes soviéticos e o regime de Tito, que se torna visível a mudança da política externa soviética.

Os factores que para tal contribuem são essencialmente a emergência do Terceiro Mundo e o equilíbrio do terror. Como consequência da descolonização, surgem na Ásia e na África Estados que recusam o alinhamento quer com o Leste quer com o Ocidente, pretendendo viver em paz: um novo actor, o Terceiro Mundo, vem perturbar o jogo bipolar. Por outro lado, a ameaça de destruição global que as armas nucleares representam, já não é monopólio de uma única potência. É bilateral e equilibrada. Numa palavra, neutraliza-se. No que respeita ao equilíbrio mundial, tanto a crise do Suez como a da Hungria demonstram claramente que as duas potências evitaram confrontar-se. Os dirigentes soviéticos, muito especialmente Nikita Krutchev, são mais rápidos que os Americanos a adaptar-se a esta evolução. No relatório apresentado ao Soviete Supremo, a 31 de Outubro de 1959, Krutchev abandona a ideia de um confronto militar inevitável entre os sistemas capitalista e comunista. Ainda que a vitória do comunismo permaneça o objectivo a longo prazo, a competição deve limitar-se aos domínios económico e ideológico.

De facto, entre 1955 e 1962, verifica-se uma mudança nas relações diplomáticas: os dirigentes soviéticos multiplicam as viagens ao estrangeiro. Em Setembro de 1959, Krutchev encontra-se com Eisenhower, nos Estados Unidos; em Maço de 1960, com De Gaulle, em França; em Junho de 1961, com Kennedy, em Viena. Privilegia a competição económica com os Estados Unidos, prevendo que, a partir de 1980, a União Soviética teria ultrapassado largamente os Estados Unidos no domínio da produção. A vitória comunista deverá ser conquistada no campo económico.

Mas a guerra fria não acabou. Afecta especialmente o seu «epicentro», Berlim, a partir de 1958, estendendo-se à África por ocasião dos conflitos da descolonização, à América Latina com a crise de Cuba, e à Ásia e ao estreito de Taiwan, onde os comunistas chineses bombardeiam as ilhas Quemoy e Matsu (22-23 de Agosto de 1958), pertencentes à China nacionalista. Os Americanos, por intermédio do secretário de Estado J. F. Dulles, levam o caso muito a sério, declarando-se, caso se revele necessário, preparados para a guerra. A crise do estreito de Taiwan dá-se num momento de ambiguidade nas relações entre a União Soviética, que prometeu ao seu aliado ajuda técnica para o fabrico de um arsenal atómico, e a China, que se lança numa profunda transformação interna, conhecida pelo nome de «grande salto em frente», criticada por Krutchev por ocasião da sua visita a Pequim, em Julho de 1958. Torna-se necessário ver nesta crise um sinal de independência da China face à União Soviética, ainda que Krutchev informe o presidente Eisenhower de que qualquer ataque contra a China comunista seria considerado como um acto bélico contra a União Soviética. A crise resolve-se por si própria. A questão de Taiwan fica congelada.

• *O equilíbrio do terror*

A diplomacia soviética tira habilmente partido do jogo da dissuasão nuclear, ameaçando a França e a Inglaterra, aquando da crise do Suez, com o seu arsenal nuclear, e intimidando a América com os seus êxitos no espaço.

O êxito soviético no espaço. O lançamento do primeiro satélite artificial pelos Soviéticos, o *Sputnik,* a 4 de Outubro de 1957, e a primeira viagem espacial feita por um homem, o soviético Gagarine (12 de Abril de 1961), representam avanços científicos e parecem provar que a União Soviética dispõe de mísseis de longo alcance que, lançados do seu território, poderão atingir os Estados Unidos. Estes ficam convencidos de que estão mais atrasados do que a União Soviética: é o *missile gap.* Empreendem então um gigantesco esforço de recuperação. A 25 de Maio de 1961, o presidente Kennedy pede o apoio do Congresso para responder ao desafio da conquista espacial, mesmo que para tal seja necessário fazer sacrifícios. O momento representa também uma nova corrida ao armamento, não com o objectivo de aniquilar o adversário, tentando antes desgastá-lo e ultrapassá-lo.

A nova estratégia americana. Simultaneamente, os Estados Unidos inflectem a sua estratégia. O novo presidente, o democrata J. F. Kennedy, anuncia que os Estados Unidos tencionam proteger o mundo livre mas, por influência do secretário da Defesa, R. MacNamara, os democratas substituem o princípio das represálias maciças pela resposta gradual, estratégia que consiste em responder gradualmente às ameaças e aos desafios, numa escalada sabiamente doseada, que vai do conflito convencional à guerra nuclear. Esta estratégia pressupõe a posse de uma panóplia completa de armamento e, particularmente, o reforço das forças convencionais americanas, que deverão conquistar maior mobilidade; no domínio nuclear, enveredam pelo desenvolvimento de novos meios de reposta (como sejam os mísseis Polaris). Esta estratégia faz-se acompanhar por uma profunda reforma na administração da defesa americana, o Pentágono, tendente a uma maior centralização do comando supremo. Apesar da preocupação americana com *o missile gap,* a verdade é que a URSS está demasiado atrasada face aos Estados Unidos na corrida aos armamentos estratégicos. Em 1962, Moscovo dispõe de 75 mísseis intercontinentais com base em terra, fabricando 25 por ano. Os Estados Unidos já dispõem de 294 mísseis intercontinentais, fabricando 100 por ano. A superioridade americana é ainda mais esmagadora no que respeita aos mísseis submarinos e aos bombardeiros intercontinentais.

As *primeiras negociações para o desarmamento.* Outra consequência do equilíbrio do terror é o desarmamento. Neste campo, a União Soviética mostra-se muito empenhada, apoiando o projecto Rapacki sobre a desnuclearização da Europa Central (1957-1958) e decretando uma suspensão temporária dos seus ensaios nucleares. Em 1958, as três potências então possuidoras de armas atómicas encetam negociações para pôr fim às experiências nucleares na atmosfera. Paralelamente a estas conversações, que se arrastam, os governos americano e soviético decidem, em Abril de 1961, recomeçar as negociações no seio de um novo organismo, «o Comité dos 18», constituído por representantes das potências ocidentais, de Leste e não alinhadas. Quando do seu encontro na cimeira de Viena (3-4 de Junho de 1961), Krutchev pede a Kennedy que as negociações sobre os ensaios nucleares sejam inseridas num contexto mais geral do desarmamento. Em Setembro de 1961, os negociadores americano e soviético, MacCloy e Zorine, propõem-se um objectivo ambicioso: o desarmamento geral e completo. Mas a concretização deste objectivo seria progressiva, por etapas, com uma duração determinada; em suma, equilibrada. Estes pressupostos farão com que a convergência americano-soviética desemboque num abandono da perspectiva de redução geral dos armamentos. De agora em diante, as duas superpotências preferirão negociar acordos parciais e selectivos.

• *As crises de Berlim e de Cuba*

Quando se poderia pensar que a guerra fria tinha terminado, esta ameaça particularmente o seu «epicentro», Berlim, a partir de 1958; a partir de então, afectará também mundos extra-europeus, tanto em África como na América Latina, onde se destaca o caso de Cuba. O desenrolar destas duas crises proporciona uma aprendizagem da coexistência que vai levar ao desanuviamento.

O problema de Berlim. Desde 1948 que a antiga capital do *Reich* hitleriano constitui um joguete nas relações entre o Leste e o Ocidente. Berlim Ocidental transforma-se num símbolo da liberdade, que os ocidentais defendem ciosamente. Mas a permanência das tropas ocidentais em Berlim interfere com a esfera de influência soviética e é um entrave à edificação de uma Alemanha comunista. O fluxo dos refugiados da Alemanha de Leste que vêm para Berlim não pára de aumentar. Em quinze anos, três milhões de Alemães emigram do Leste para o Ocidente, aproveitando-se do estatuto de Berlim. Esta situação põe em causa a credibilidade da Alemanha de Leste.

Apesar da evolução geral da Alemanha, o estatuto de Berlim mantém-se inalterável. Em 23 de Outubro de 1954, os acordos de Berlim formalizam a soberania da Alemanha Ocidental, embora mantenham os direitos das potências ocidentais sobre Berlim, particularmente no que respeita à ocupação militar.

De forma brutal, a 10 de Novembro de 1958, Krutchev volta a levantar a questão de Berlim, apoiando-se nas teses da Alemanha de Leste, que assentam na denuncia do estatuto quadripartido. O comunicado soviético de 27 de Novembro declara que Berlim Ocidental deverá ser integrada na RDA ou, em alternativa, internacionalizada, ficando sob controlo das Nações Unidas. A União Soviética concede um prazo de seis meses para a satisfação das suas exigências, findo o qual, na ausência de resposta, assinará um tratado de paz separado com a Alemanha de Leste, que passaria assim a ficar com o controlo das vias de acesso a Berlim Ocidental. Trata-se de uma crise muito grave, desconhecendo-se se os Americanos estarão na disposição de se arriscar a uma guerra nuclear para defender um pequeno e longínquo território, ainda que simbólico. Os ocidentais recusam-se a tratar a questão de Berlim fora de um quadro geral que regulasse toda a questão alemã, objectivo que não viria a ser atingido na Conferência dos Ministros dos Negócios Estrangeiros, realizada em Genebra (Maio-Julho de 1959). A viagem de Krutchev aos Estados Unidos, em Setembro de 1959, alivia um pouco a tensão, ficando assente a realização de uma cimeira entre as quatro potências. Esta, realizada em Paris em Maio de 1960, também redunda em fracasso, quando Krutchev exige um pedido de desculpas formal aos Estados Unidos pelo facto do avião espião americano U2 ter sobrevoado território soviético. Apesar das tentativas de conciliação, a conferência acaba por ser interrompida. Os Quatro Grandes separam-se e a tensão reaparece. O clima torna-se ainda mais pesado com as violentas acusações feitas por Krutchev na Assembleia Geral das Nações Unidas, em Setembro de 1960. No encontro entre Kennedy e Krutchev, que teve lugar em Viena (3-4 de Junho de 1961), o dirigente soviético volta a exigir o estatuto de cidade livre para Berlim Ocidental, objectivo que passaria pela assinatura de um tratado entre as duas Alemanhas. A crise atinge o seu apogeu com a construção do «muro de Berlim», edificado pelas autoridades da Alemanha de Leste na noite de 12 para 13 de Agosto de 1961. Os sectores Leste e Oeste de Berlim estão agora separados por uma barreira física. A hemorragia da população é estancada, mas o preço político do «muro da vergonha» é considerável. Depois desta crise, Berlim deixa de ser o principal tema político das relações Leste-Ocidente.

Cuba: o braço-de-ferro entre as duas superpotências. Antiga possessão espanhola, a ilha de Cuba é politicamente independente desde a guerra hispano-americana de 1898. Mas, devido à sua situação geográfica, a 150 km da Florida, vive sob a tutela económica dos Estados Unidos, que aí possuem a base de Guantanamo. A preponderância do açúcar nas exportações cubanas (80% do total das exportações) reforça essa dependência: se os Estados Unidos deixam de importar o açúcar cubano, a economia cubana arruina-se. Na ilha, governada pelo ditador Batista, reina um clima de insurreição. A partir de 1952, um jovem advogado, de nome Fidel Castro, lidera uma luta armada que alcança grande popularidade junto dos camponeses. A 26 de Julho de 1953, organiza um ataque ao quartel de Moncada, saindo derrotado e tendo de abandonar o país. Regressando em 1956, refugiado nas suas bases da Sierra Maestra, Fidel Castro prepara uma ofensiva que, em finais de 1958, lhe permitirá alcançar a vitória. A 31 de Dezembro de 1958, Batista, abandonado pelos Americanos, põe-se em fuga, deixando o poder a Fidel Castro e aos seus «Barbudos».

As relações entre o novo regime cubano e os Estados Unidos não se deterioram de imediato. Mas Castro quer fazer sair Cuba da alçada dos Estados Unidos e vai estreitando laços com a União Soviética, tanto a nível político como económico. Em Julho de 1960, Che Guevara, elemento muito próximo de Fidel, anuncia publicamente que Cuba pertence ao bloco socialista. Os Estados Unidos consideram esta declaração como uma afronta à doutrina Monroe, que recusa qualquer ingerência de países não americanos em questões do continente. Em Outubro de 1960, os Estados Unidos suspendem toda a sua ajuda financeira a Cuba, cortam relações diplomáticas e suspendem também a importação de açúcar, com o fito de asfixiar economicamente o país.

As repercussões da reforma agrária, que se fizeram sentir nas grandes companhias americanas proprietárias de terras em Cuba, e o fluxo e activismo dos refugiados cubanos, contribuíram também para aumentar a tensão entre os dois países. Os exilados cubanos, hostis ao regime de Fidel Castro, preparam uma intervenção militar, que conta com o apoio dos Estados Unidos. Mas o seu desembarque na Baía dos Porcos (15 de Abril de 1961) revela-se um fiasco, representando um rude golpe no prestígio do novo presidente dos Estados Unidos e conduzindo ao fortalecimento do castrismo. Com o objectivo de fortalecer os regimes anticomunistas na América Latina e de isolar Cuba, reduzindo assim a sua esfera de influência, em Agosto de 1961 Kennedy apresenta à Organização dos Estados Americanos (OEA) um vasto programa de auxílio, a «Aliança para o Progresso», e, em Janeiro de 1962 , dá-se a exclusão de Cuba da OEA. Por sua vez, os Cubanos pedem armas à URSS. E obtêm-nas.

Em Outubro de 1962, os serviços americanos confirmam que os soviéticos instalaram em Cuba rampas de lançamento de mísseis de médio alcance, que têm capacidade para atingir o território americano. Tomando conhecimento da chegada iminente de cargueiros soviéticos com mísseis e bombas, Kennedy vê-se confrontado com uma situação que vai muito para além da questão cubana. Quererão os

Soviéticos avaliar o desejo e capacidade de retaliação dos Americanos? Ou quererão antes obrigá-los a fazer concessões em Berlim? Comprometido com uma política de firmeza, Kennedy opta por uma actuação de «alto risco». A 22 de Outubro, anuncia que a marinha americana procedeu a um bloqueio naval em redor da ilha para interceptar os navios soviéticos, pedindo à União Soviética que desmantele as instalações existente e cesse o fornecimento de armas a Cuba. A terceira guerra mundial parece estar iminente. A 26 de Outubro, depois de discretas negociações de bastidores, Krutchev cede: ordena aos seus navios que façam meia volta e aceita as condições americanas, exigindo como contrapartida que os Estados Unidos se comprometam a renunciar à invasão de Cuba e a retirar os mísseis instalados na Turquia. A 28 de Outubro, os Soviéticos aceitam desmontar o equipamento militar ofensivo instalado em Cuba e levá-lo de volta para a URSS. Mas a resolução definitiva do conflito tarda, devido à má vontade e à desconfiança de Fidel Castro.

A crise de Cuba é um marco importante na história das relações internacionais. Permite sobretudo testar a teoria da dissuasão, com a resolução pacífica a ganhar à escalada nuclear; confere um prestígio excepcional ao presidente Kennedy, que soube reagir à provocação soviética e, por último, revela a superioridade americana no domínio do armamento estratégico.

Além disso, esta crise veio mostrar que o diálogo entre as duas superpotências não só é necessário, como também é possível: prova disso mesmo foi a efectiva resolução da crise cubana sem preocupação com os protestos do governo cubano, que tentava impor as suas condições. A consciência da sua responsabilidade nuclear comum leva-as a racionalizar as relações que mantêm. Em 1962, a coexistência pacífica já não é um tema para discussão ou um argumento de propaganda. Torna-se numa necessidade, assumindo o nome de «desanuviamento».

3

O desanuviamento (1962-1973)

O ano de 1962 inaugura uma nova era de aproximação e de cooperação. A resolução do problema dos mísseis cubanos, que coincide com o fim da crise de Berlim, põe fim à guerra fria e dá início ao desanuviamento. As consequências desta nova situação são imensas.

No decorrer dos anos 60, assiste-se simultaneamente a uma crescente bipolarização da vida internacional e à erosão do monolitismo dos dois blocos. A coesão do Pacto Atlântico enfraquece, o mesmo acontecendo com a do Pacto de Varsóvia, começando a aparecer profundas divergências entre a União Soviética e a China Popular. As superpotências encetam o diálogo no sentido de limitar a corrida aos armamentos: é a era do desanuviamento. Este conformismo transforma-os em «adversários-parceiros». Mas isto não significa que o confronto tenha abrandado: indirectamente, as potências continuam a confrontar-se nos conflitos que ocorrem na Ásia, em África e no Médio Oriente. Já contestada pelos países do Terceiro Mundo desde a conferência de Bandung, a ordem bipolar apresenta-se simultaneamente consolidada – graças à relativa convergência de interesses dos dois Grandes – e ameaçada – pelas novas forças que emergem no seio dos dois Blocos e no Terceiro Mundo. Por mais débeis que sejam nos domínios militar ou económico, os países do Terceiro Mundo exercem uma influência crescente: deixando de ser um simples peão no confronto entre o Leste e o Ocidente, pouco a pouco, transformam-se em actores da política mundial.

O duopólio americano-soviético

A mudança mais espectacular a que se assiste neste período é a vontade de pacificação manifestada pelos dois Grandes, que renunciam à estratégia de tensão e se empenham na via do desanuviamento.

No lado americano, ao democrata John F. Kennedy, assassinado a 22 de Novembro de 1963, sucedem o seu vice-presidente Lyndon B. Johnson (1963-1968) e, seguidamente, o republicano Richard Nixon (1968-1974). Este período representa simultaneamente o apogeu do poderio americano, tanto a nível económico como estratégico, mas também as limitações que possui, como o provam a incursão de um satélite soviético no hemisfério ocidental e a desastrosa participação na guerra do Vietname, que paralisou a sua política externa e abalou o seu prestígio.

Do lado soviético, depois da morte de Krutchev (1964), que foi criticado pelos seus fracassos nos domínios agrícola e de política externa, começa o longo reinado de Leonid Brejnev, falecido a 10 de Novembro de 1982. É na política externa que a equipa de Brejnev alcança os seus maiores êxitos. Revelando um dinamismo que tanto contrasta com o imobilismo interno, a União Soviética penetra amplamente no Terceiro Mundo, reforça a integração dos «países irmãos» e, sobretudo, alcança um diálogo privilegiado com os Estados Unidos, o que confere credibilidade à diplomacia soviética, significando também que Washington desistiu de contrariar a influência de Moscovo: Os dirigentes soviéticos vêem no duopólio, assim consentido pelos Estados Unidos, uma consagração do seu poder. O que Krutchev não tinha conseguido, era agora alcançado.

Desanuviamento não significa desarmamento. Com efeito, este período corresponde a um aumento considerável dos armamentos, especialmente no lado soviético, que faz um esforço enorme para recuperar do seu atraso nos armamentos estratégicos, já que, em 1962, Washington está sem sombra de dúvida numa posição de clara superioridade. Assiste-se portanto a uma corrida aos armamentos, especialmente aos mísseis de médio alcance (de 2000 a 4000 km) IRBM *(Intermediate Range Ballistic Missile),* aos mísseis de longo alcance (10 000 km) ICBM *(Intercontinental Ballistic Missile)* e aos mísseis SLBM *(Submarine Launched Ballistic Missile)*, lançados a partir de submarinos. No início dos anos 70, as duas potências acumularam um arsenal impressionante e, muito provavelmente, tornam-se efectivamente paritárias em termos de capacidade militar.

Embora as duas superpotências não parem de aumentar o seu potencial bélico, evitam cuidadosamente qualquer tipo de confronto directo, cultivando o respeito mútuo; aliás, ambas se debatem com problemas internos, vendo-se obrigadas a conviver o mais harmoniosamente possível.

O avanço americano no domínio tecnológico. Depois de, numa primeira fase, ter tomado a dianteira a nível científico e tecnológico (Sputnik, 1957; Gagarine, 1961), a União Soviética atrasa-se progressivamente no domínio das tecnologias de ponta. Efectivamente, são os Americanos os primeiros a pousar na Lua (a 21 de Julho de 1969) e são também eles os pioneiros na criação, em 1973, do primeiro laboratório espacial. Também nos computadores o avanço americano é considerável. Na competição mundial, que os próprios dirigentes da URSS desejaram, os méritos do socialismo soviético têm dificuldade em afirmar-se. Nos Estados Unidos, embora o país se encontre em plena expansão económica, a confiança dá lugar à incerteza, devido à existência de bolsas de pobreza, à segregação racial, à guerra do Vietname e aos escândalos políticos.

A convergência de interesses na redução das tensões internacionais. Os anos 60 ficam também marcados pela procura de acordos entre os Estados Unidos e a União Soviética. Mas é o período entre 1969 e 1973 que se revela como o mais fecundo do desanuviamento. Corresponde à subida ao poder da equipa formada pelo presidente Richard Nixon e por Henry Kissinger, seu conselheiro para a segurança nacional, ambos partidários da necessidade do descomprometimento americano. Os Estados Unidos continuam a considerar-se a primeira potência mundial, mas não querem mais reinar sozinhos. Aceitam a paridade nuclear com a URSS e praticam uma diplomacia triangular, entre Washington, Pequim e Moscovo. Na opinião de Kissinger, quando se procede a uma negociação deve estabelecer-se uma relação entre todos os problemas *(linkage),* o que explica que os acordos digam respeito tanto a questões científicas e comerciais, como militares. Entre Americanos e Soviéticos, gera-se uma espécie de conivência, de onde resulta uma co-gestão das questões internacionais: cada um dos Grandes se reserva o direito de fazer reinar a paz no seu bloco, evitando cuidadosamente qualquer confronto directo com o bloco oposto. A guerra do Vietname é um exemplo notável de um conflito durante o período do desanuviamento, em que um país do bloco socialista, o Vietname, apoiado por Moscovo, enfrenta o imenso aparelho militar americano. Mesmo nas alturas em que os Estados Unidos intervêm em força, Moscovo mantém e reforça os seus laços com Washington. Também a intervenção soviética na Checoslováquia afecta o processo de desanuviamento.

Os acordos de limitação dos armamentos

A 1 de Dezembro de 1959, as duas principais potências chegam a acordo sobre a desmilitarização do Antárctico. A convergência de interesses entre Americanos e Soviéticos torna-se muito mais óbvia depois da crise de 1962.

• *A política de* «arms control»

São negociados vários acordos, uns através de comissões *ad hoc,* outros pelo diálogo bilateral. De início, Americanos e Soviéticos estão de acordo quanto à necessidade de contacto directo, de modo a evitar uma escalada fatal. A 20 de Junho de 1963 é anunciada a criação de uma ligação permanente entre Washington e Moscovo: o telefone vermelho.

O tratado de Moscovo. A outra medida é sobretudo simbólica, ainda que não envolva propriamente questões de desarmamento. Desde 1958 que se falava da proibição de ensaios nucleares na atmosfera, que aliás já tinham sido objecto de uma suspensão moratória, interrompida em Setembro de 1961. Em Genebra, realizava-se regularmente uma conferência de 18 nações, subordinada a questões de desarmamento. Na sequência da crise de Cuba, os Estados Unidos e a URSS concluem finalmente negociações que se vinham arrastando desde há vários anos. Parte deles a iniciativa que leva ao tratado de Moscovo (5 de Agosto de 1963), assinado por mais de cem países, que proíbe ensaios nucleares na atmosfera, no espaço extra-atmosférico e debaixo do mar. A França e a China, que estão a finalizar os seus programas atómicos e que têm necessidade de os testar, para eventuais aperfeiçoamentos, recusam-se a aderir. Na realidade, o tratado de Moscovo não limita o arsenal nuclear dos Grandes (Estados Unidos, Grã-Bretanha, URSS), que mantêm, e sem qualquer controlo, enormes *stocks*, que poderão aumentar sempre que o entenderem. As potências atómicas não impõem muitas restrições a si próprias; em contrapartida, ao convidarem os outros países a aderir ao pacto, estão a retirar-lhes a possibilidade de virem a possui armas nucleares. Assim, o alcance militar do tratado de Moscovo é nulo. Mas o seu alcance político é enorme. Concretiza uma mudança de clima entre os dois Grandes, que assinam um acordo que a China, do bloco oriental, e a França, do bloco ocidental, rejeitam com indignação.

O tratado de não proliferação das armas atómicas. O encontro entre o presidente Johnson e o presidente do Conselho Kossyguine, em Glassboro (Nova Jersey), a 23-24 de Junho de 1967, permitiu a celebração, em Julho de 1968, de um tratado de não proliferação das armas atómicas (TNP), assinado pelos Estados Unidos, pela URSS e pela Grã-Bretanha e, mais uma vez, rejeitado pela China e pela França, que, entretanto, promovem ensaios com a sua bomba de hidrogénio em 1967 e 1968, respectivamente, e se recusam a aderir a um tratado que lhes veda o acesso ao clube atómico. O impacto do tratado é considerável, na medida em que confere a Americanos e Soviéticos a possibilidade de impedir que as armas atómicas possam cair em mãos indesejáveis, com os Soviéticos particularmente preocupados em impedir que a Alemanha venha a possuir armas nucleares.

Outros tratados menos significativos. A 27 de Janeiro de 1967, é assinado um tratado sobre o espaço que prevê a não militarização da Lua e dos corpos celestes, proibindo também a colocação em órbita de armas nucleares. A 14 de Fevereiro de 1967, é assinado o tratado de Tlatelolco, que tem por objectivo fazer da América Latina uma zona livre de armas nucleares. O Comité do Desarmamento, composto por 18 membros e sediado no seio na ONU, elabora o tratado de desnuclearização dos fundos marinhos (11 de Fevereiro de 1971) e a convenção que proíbe as armas biológicas (10 de Abril de 1972).

Na maior parte dos casos, estes acordos obedecem à filosofia de *arms control.* Não se trata de desarmamento, mas sim de imposição de limites ao excesso de armamento. Os acordos que se seguem irão afectar directamente o potencial militar das grandes potências e o seu equilíbrio nuclear.

• *A limitação das armas estratégicas*

Os Estados Unidos vão acumulando armamento cada vez mais sofisticado, mas preocupam-se com o custo crescente dos sistemas de defesa antimíssil *(Anti Ballistic Missile* ou ABM). Os ABM, cujo custo é considerável, têm capacidade para interceptar os mísseis inimigos em pleno voo, impedindo-os assim de atingirem o alvo. Os Soviéticos implementam este sistema em redor de Moscovo, o mesmo que os Americanos fazem relativamente a Washington. O facto de assim se proteger parte da população civil, constata-se facilmente, recoloca a questão do equilíbrio do terror: basta um dos lados carregar no botão, para que se desencadeie uma guerra nuclear. Outro progresso é a aparição do míssil de ogivas múltiplas, o MIRV *(Multiple Independently Targeted Return Vehicle)*, que permite atingir vários objectivos em simultâneo.

Os acordos SALT I. Em Junho de 1968, começam as negociações para a limitação das armas estratégicas. As negociações destes acordos SALT *(Strategic Arms Limitation Talks)* são conduzidas pelo conselheiro especial de Nixon, Henry Kissinger, e têm início em Helsínquia, em Novembro de 1969. Depois de inúmeras reuniões, Nixon e Brejnev assinam em Moscovo, a 26 de Maio de 1972, os acordos SALT. Estes compreendem duas partes: um acordo provisório e um tratado. O acordo consiste em congelar por um período de cinco anos a produção de armamento estratégico, em parar a construção de rampas de lançamento fixo para os mísseis intercontinentais (ICBM) e a de plataformas balísticas instaladas em submarinos (SLBM).

Para os ICBM, os limites máximos sãos fixados nos 1054 para os Americanos e nos 1409 para os Soviéticos; quanto aos SLBM, 650 para os Americanos e 950 para os Soviéticos. O tratado limita a existência de sistemas de defesa antimísseis (ABM) a duas instalações por superpotência: as já existentes em redor de Moscovo e de Washington, e uma outra zona à escolha. A lógica do equilíbrio do terror é tal que, para se conseguir que o efeito de dissuasão impeça eficazmente a guerra, é necessário que a população de cada um dos países fique refém das armas nucleares do outro.

Esta é a primeira vez que as duas potências ultrapassam o problema do controlo e chegam a acordo sobre os armamentos, sem nada exigir a outros países. Pela primeira vez, é estabelecido um limite efectivo à produção de certo tipo de armamento. E, facto digno de nota, é também a primeira vez que um acordo reconhece a paridade da URSS, o que constitui uma grande vitória para ela. Usando como pretexto o seu atraso tecnológico, a União Soviética consegue mesmo que lhe seja permitida uma superioridade numérica.

Os encontros dos dois Grandes. Por ocasião da visita de Nixon a Moscovo (Maio de 1972), a primeira visita oficial de um presidente americano à URSS, é feita uma declaração comum, com doze pontos, que define «as bases das relações mútuas entre os Estados Unidos e a União Soviética», tratando-se de um verdadeiro código de conduta. Este acordo reforça o duopólio americano-soviético e aproxima dois sistemas políticos, com as razões de Estado a sobreporem-se às exigências da ideologia. Em menos de três anos, os dirigentes dos dois países encontram-se quatro vezes.

No Outono de 1972, o diálogo sovieto-americano é institucionalizado através de uma comissão consultiva permanente. O objectivo é o de transformar o acordo provisório em tratado definitivo, um facto já consumado por ocasião da viagem de Brejnev aos Estados Unidos (18-25 de Junho de 1973). São assinados nove acordos, convenções e declarações, não só entre as duas potências, mas também entre uma delas e outros países, o que demonstra claramente o desejo de ambas em evitar a guerra nuclear. Desta forma, os dois Grandes posicionam-se como árbitros de eventuais crises que se possam vir a registar no mundo. Na terceira cimeira (27 de Junho-3 de Julho de 1974), Nixon e Brejnev assinam diversos acordos sobre a limitação de ensaios nucleares subterrâneos. O encontro entre Leonid Brejnev e o novo presidente dos Estados Unidos, Gerald Ford, que tem lugar em Vladivostock entre 23-24 de Novembro de 1974, é a última cimeira do desanuviamento. O acordo, que impõe um alcance máximo de 2400 km para os sistemas de lançamento de mísseis (ICBM, SLBM), irá permitir a futura celebração do tratado SALT 2. Mas as negociações destinadas a preparar o acordo definitivo irão gorar-se rapidamente.

• *O desenvolvimento das trocas pacíficas com o Leste*

As trocas entre o Leste e o Ocidente beneficiam com o clima de desanuviamento. No período da guerra fria, as relações comerciais entre a URSS e os Estados ocidentais tinham sido praticamente interrompidas. Durante muito tempo, estiveram em vigor o princípio do embargo, estabelecido em 1949 pelo COCOM *(Coordination Commitee for Multilateral Export Controls* – Comité de Coordenação para o Controlo Multilateral das Trocas Leste-Ocidente), e as listas de produtos de exportação proibida para Leste. Qualquer tipo de transferência tecnológica era considerada perigosa, na medida em que poderia ser utilizada para fins estratégicos.

Através do Export Administration Act (1969), o Congresso dos Estados Unidos pronuncia-se a favor do incremento das transacções pacíficas com o Leste. O desenvolvimento das trocas não se limita ao comércio. A coroa de glória da cooperação no domínio da investigação espacial é o encontro no cosmos, no Verão de 1975, de uma cápsula soviética, a «Soiuz», com uma americana, a «Appolo».

As trocas comerciais aumentam claramente a partir de 1965. Num período de cinco anos (1970-1975), as exportações ocidentais para a União Soviética quadruplicam. Os Soviéticos procuram no Ocidente produtos agrícolas e industriais de que necessitam. Os partidários do desanuviamento – como seja o advogado Samuel Pisar – sustentam que a multiplicação de laços económicos e comerciais entre o Leste e o Ocidente favorece a paz e acelera o processo de liberalização interna do sistema comunista. Desde o início dos anos 60 que a URSS compra ao Ocidente quantidades cada vez maiores de trigo. Começa também a comprar inúmeras fábricas instaladas de raiz («chave na mão»), sobretudo nos ramos automóvel e da indústria química. Na sequência do encontro de Maio de 1972, o acordo comercial americano-soviético, assinado em Outubro de 1972, concede à URSS o estatuto de nação mais favorecida (alterado por via da emenda Jackson, em Dezembro de 1974) e prevê o fornecimento de produtos agrícolas e industriais, computadores incluídos; o volume do comércio americano-soviético passa de menos de 200 milhões de rublos, em 1971, para mais de 3 mil milhões em 1979! A abertura ao comércio ocidental também se verifica noutros Estados do bloco socialista, nomeadamente na Polónia.

O desanuviamento na Europa e a Ostpolitik

O desanuviamento assentava na resolução do problema alemão e na melhoria das relações da Alemanha Ocidental com os Estados da Europa de Leste.

Contudo, três questões havia que não foram resolvidas durante o período da guerra fria: a situação territorial herdada da guerra, o estatuto de Berlim e a existência de duas entidades políticas alemãs, símbolo da divisão do mundo: a RFA e a RDA.

• *A regularização do problema territorial*

Até 1969, a política estrangeira da RFA adoptada pelos três chanceleres democrata-cristãos (Konrad Adenauer, 1949-1963; Ludwig Erhard, 1963-1966; Kurt Kiesinger, 1966-1969) resume-se à inicialmente definida pelo chanceler Adenauer, toda ela vocacionada para a colaboração com o Ocidente. É verdade que, a partir de 1955, a RFA enceta relações diplomáticas com a União Soviética, dando início a uma aproximação prudente com a Polónia, mas o peso político dos refugiados e dos repatriados obriga a grandes cautelas e provoca uma certa tensão na sua política externa. Esta política baseia-se em dois princípios parcialmente contraditórios: o desejo de ligar a Alemanha Federal ao Ocidente, especialmente à construção europeia; ao mesmo tempo, a reivindicação de uma Alemanha reunificada, o que pressupõe o não reconhecimento da Alemanha de Leste, considerada como zona de ocupação soviética, com a RFA a assumir a pretensão de representar todos os alemães. A doutrina Hallstein (do nome do secretário de Estado dos Negócios Estrangeiros) advoga o rompimento de relações diplomáticas com qualquer Estado que reconheça o regime de Pankow (Berlim Oriental).

A Ostpolitik. Como consequência dos esforços para o desanuviamento, desenvolvidos pelos Estados Unidos e pelo general De Gaulle, a RFA abre-se ao Leste, retirando proveitos de todo um conjunto de novos mercados. A partir de 1969, a *Ostpolitik,* esboçada desde 1966 pelos governantes «da Grande Coligação» (que incluía os democratas cristãos, os sociais-democratas e os liberais), é incrementada pelo chanceler W. Brandt, que ganhara as eleições como cabeça de lista de uma coligação entre liberais e sociais-democratas. Será ele a conduzir a política de aproximação com o Leste, à semelhança do que foi feito pelo general De Gaulle e do que o presidente Nixon tenta fazer.

Os encontros entre Willy Brandt e o primeiro-ministro da Alemanha de Leste, Willi Stoph, que tiveram lugar em Erfurt, a 19 de Março de 1960, e em Kassel, a 21 de Maio de 1970, preparam a aproximação entre as duas Alemanhas.

O acordo entre a RFA e a URSS. Mas é com os Soviéticos que os Alemães encetam negociações que haverão de levar ao tratado de Moscovo de 12 de Agosto de 1970. Nos termos deste acordo, Alemães ocidentais e Soviéticos declaram que o objectivo mais importante das duas partes é a paz e o desanuviamento, reconhecendo a inviolabilidade das fronteiras europeias e a manutenção explícita dos direitos das quatros potências em Berlim.

O reconhecimento da fronteira germano-polaca. As conversações com a Polónia encravam na questão da linha Oder-Neisse, que os Alemães ocidentais nunca tinham querido reconhecer. Finalmente, o tratado assinado a 7 de Dezembro de 1970 afirma a inviolabilidade desta fronteira. A imagem do chanceler Willy Brandt, ajoelhado defronte ao monumento erguido à memória das vítimas do gueto de Varsóvia, confere uma dimensão humana à reconciliação germano-polaca.

O estatuto de Berlim. O maior problema no relacionamento entre as duas Alemanhas continua a ser Berlim, especialmente a questão da liberdade de acesso a Berlim Ocidental. Numerosas negociações permitem a assinatura, a 3 de Setembro de 1971, de um acordo quadripartido sobre Berlim, que estipula a continuação dos direitos das quatro potências ocupantes e a criação de um estatuto especial para a zona. Os ocidentais aceitam que a cidade deixe de ser considerada um *Land* da RFA: a regulamentação das vias de acesso é feita minuciosamente. Por sua vez, a União Soviética compromete-se a não colocar entraves à circulação e a melhorar a situação decorrente da existência do «muro». Finalmente, e graças a este acordo, começa a reconciliação entre a RFA e a RDA.

O reconhecimento das duas Alemanhas. As conversações concluem-se por um texto nos termos do qual os dois Estados declaram o reconhecimento mútuo e a intenção de proceder à troca de representações diplomáticas. Até aqui, a RFA tinha-se considerado a legítima representante de toda a Alemanha. O tratado com a Alemanha de Leste afirma explicitamente que nenhum dos Estados detém soberania fora das suas fronteiras actuais.

Falta ainda que *o Bundestag,* onde o partido democrata cristão é maioritário, aprove o tratado. Os tratados de Moscovo e de Varsóvia apenas são votados a 17 de Maio de 1972, sendo aprovados por uma

ORGANIZAÇÕES INTERNACIONAIS NA EUROPA EM 1968

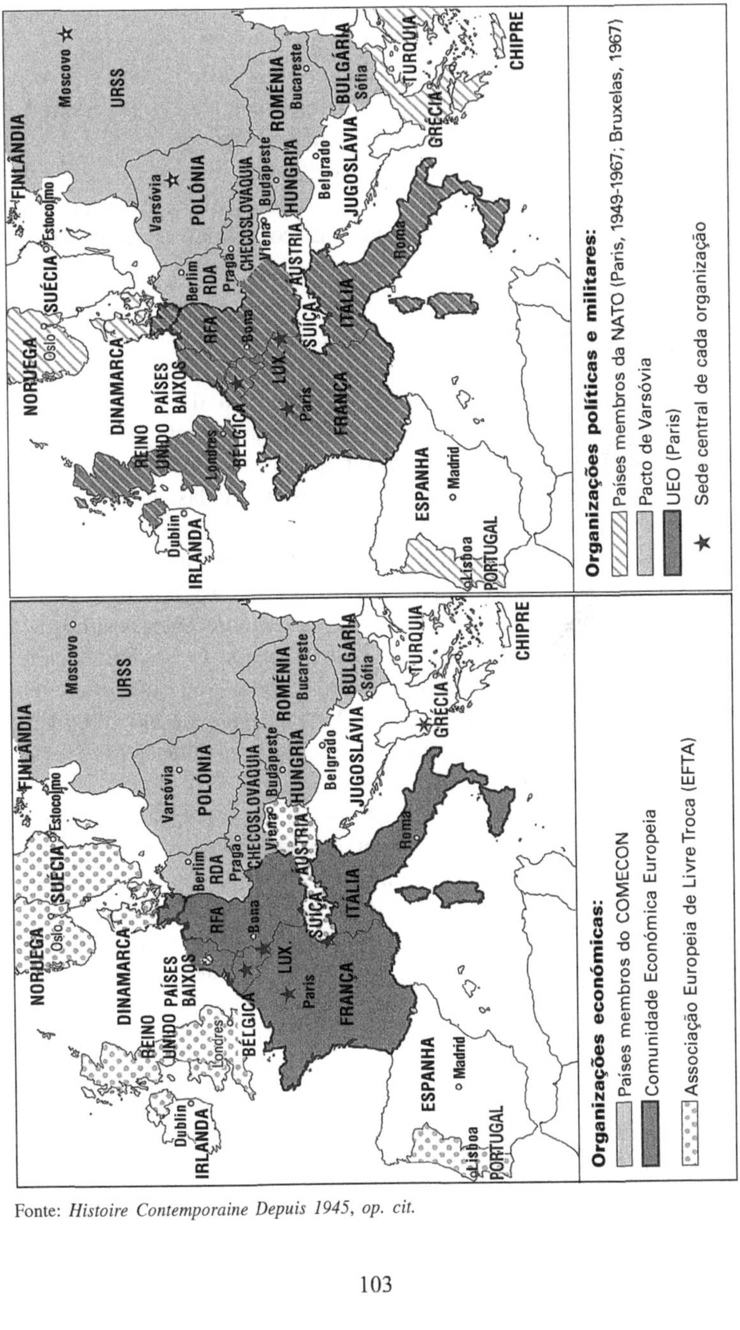

Fonte: *Histoire Contemporaine Depuis 1945, op. cit.*

escassa maioria. Após uma dissolução do *Bundestag* e de novas eleições, que conferem uma maioria mais confortável ao governo de Willy Brandt, o tratado fundamental entre as duas Alemanhas é finalmente ratificado, a 21 de Dezembro de 1972.

Uma das mais importantes consequências deste tratado é o reconhecimento da RDA por vários Estados ocidentais e a admissão das duas Alemanhas nas Nações Unidas, em Setembro de 1973. A consagração da separação jurídica dos dois Estados alemães e a *Ostpolitik* têm o mérito de humanizar a vida das populações alemãs separadas; mas este acesso à via internacional irá consolidar as estruturas do Estado leste-alemão.

• *A conferência de Helsínquia*

A mesma ambiguidade surge na acta final da conferência de Helsínquia, compassso de espera do desanuviamento. Desde 1954 que a URSS, desejosa de assegurar que as fronteiras europeias se mantivessem tal como tinham ficado estabelecidas no pós-guerra, requer a realização de uma conferência sobre a segurança europeia. Os ocidentais, que não tinham aceite formalmente e de facto a situação da Europa após Ialta e a Cortina de Ferro, puseram as suas condições, entre elas a celebração de um acordo sobre Berlim e a participação dos Estados Unidos e do Canadá. O desanuviamento permite a realização de encontros preparatórios em Helsínquia, que decorrem de 22 de Novembro de 1972 a 8 de Junho de 1973; seguem-se depois verdadeiras negociações, de 3 a 7 de Julho de 1973 e de Setembro de 1973 a Julho de 1975.

Esta Conferência sobre a segurança e a cooperação na Europa (CSCE), em que se encontram representados trinta e cinco Estados europeus, promulga, a 1 de Janeiro de 1975, uma acta final assinada por vários chefes de Estado e de governo, entre eles Leonid Brejnev e Gerald Ford (que sucedeu a Nixon em 1974). Subdividida em três capítulos ou «pacotes», a acta final consagra grandes princípios: igualdade dos Estados; não ingerência nas questões internas de outros Estados; autodeterminação dos povos; inviolabilidade das fronteiras europeias; renúncia ao recurso à força para a resolução de conflitos. Prevê o desenvolvimento da cooperação económica, científica e técnica. Garante ainda a defesa dos direitos do homem e, muito especialmente, a noção de livre circulação de pessoas e ideias.

A Questão Alemã de 1945 a 1990

1945 – 4-11 de Fevereiro: Conferência de Ialta: acordo sobre a ocupação e o desarmamento da Alemanha.
– 7-9 de Maio: Capitulação do Exército alemão, assinada em Reims e em Berlim.
– 17 de Julho-2 de Agosto: Conferência de Potsdam: acordo sobre as quatro zonas de ocupação, a desnazificação e as indemnizações.
– 20 de Novembro: Processo de Nuremberga (até 1 de Outubro de 1946).

1947 – 10 de Março: 25 de Abril: Conferência dos Quatro em Moscovo; fracasso sobre a questão alemã.

1948 – Fevereiro: Bi-zona anglo-americana.
– 23 de Fevereiro: Conferência anglo-franco-americana acerca da organização da Alemanha Ocidental, da sua integração na Europa Ocidental e da autoridade internacional do Rur.
– 23 de Junho: Início do bloqueio de Berlim.

1949 – 23 de Maio: Entrada em vigor da «Lei Fundamental».
– 15 de Setembro: K. Adenauer é eleito chanceler da RFA.
– 7 de Outubro: Proclamação da RDA.
– 22 de Novembro: Acordos de Petersberg entre a RFA e os três ocupantes ocidentais.

1950 – 23 de Julho: W. Ulbricht é eleito secretário-geral do SED (partido comunista da Alemanha de Leste).

1951 – 18 de Abril: A RFA adere à CECA.

1952 – 10 de Março: Estaline propõe a reunificação de uma Alemanha que seria independente dos dois blocos.
– 26 de Maio: Acordos de Bona, que revogam o estatuto da ocupação.

1954 – 25 de Janeiro-18 de Fevereiro: Conferência dos Quatro em Berlim; fracasso sobre a questão alemã.
– 25 de Março: A Alemanha de Leste torna-se um «Estado soberano».
– 21-23 de Outubro: Acordos de Paris: os aliados ocidentais afirmam os seus direitos e obrigações em relação à Alemanha no seu conjunto.

1955 – 9 de Maio: A RFA adere à NATO.
– 14 de Maio: Criação do Pacto de Varsóvia, ao qual a RDA adere.
– 18-23 de Julho: Cimeira dos Quatro Grandes; fracasso sobre a questão alemã.
– 9-13 de Setembro: Visita de Adenauer a Moscovo.
– 8 de Dezembro: Bona declara que os países que reconhecem a RDA praticam um acto de inimizade para com a RFA.

1957 – 1 de Janeiro: Integração do Sarre na RFA.

1958 – 14 de Setembro: Primeiro encontro entre K. Adenauer e o general De Gaulle, em Colombey-les-Deux-Églises.
– 9 de Novembro: Início da segunda crise de Berlim.

1959 – 10 de Janeiro: A URSS propõe a assinatura de um tratado de paz com as duas Alemanhas.

1960 – 16 de Maio: Fracasso da «cimeira» de Paris.
1961 – 13 de Agosto: Construção do muro de Berlim.
1963 – 22 de Janeiro: Tratado do Eliseu, de cooperação franco-alemã.
– 16 de Outubro: Erhard sucede a Adenauer.
1966 – 10 de Novembro: Kiesinger sucede a Erhard.
1967 – 1 de Janeiro: M. Ulbricht volta a propor a confederação dos dois Estados alemães.
1969 – De Julho a Setembro: O governo federal renuncia à doutrina Hallstein. Willy Brandt torna-se chanceler da RFA.
1970 – 19 de Março-21 de Maio: Encontros de Erfurt e de Kassel entre Willy Brandt e Willi Stoph.
– 12 de Agosto: RFA e URSS assinam o tratado de Moscovo.
– 7 de Dezembro: Tratado germano-polaco: reconhecimento da linha Oder-Neisse.
1972 – 21 de Dezembro: Assinatura em Berlim Oriental do «tratado fundamental» entre os dois Estados alemães.
1973 – 19 de Junho: Tratado Bona-Praga, que anula os acordos de Munique.
– 18 de Setembro: A RFA e a RDA entram para a ONU.
1974 – 7 de Maio: Helmut Schmidt sucede a Willy Brandt.
1975 – 30 de Julho-1 de Agosto: Acta final da conferência de Helsínquia.
1982 – Outubro: H. Kohl é eleito chanceler.
1983 – 23 de Outubro: Chegada dos mísseis *Pershing* à RFA.
1984 – Março-Abril: Alemães de Leste afluem à RFA.
1987 – 7/11 de Setembro: Primeira visita à RFA de Erich Honecker, chefe de Estado da Alemanha de Leste .
1988 – 7-9 de Janeiro: Visita oficial de E. Honecker a Paris.
– Agosto: Êxodo de Alemães de Leste, via Hungria.
1989 – 10 de Setembro: Budapeste deixa os Alemães de Leste que residem na Hungria partir para «o país que escolherem».
– 25 de Setembro: Manifestações em Leipzig.
– 9 de Novembro: As autoridades da Alemanha de Leste decidem abrir as suas fronteiras. Milhares de berlinenses passam o muro.
– 28 de Novembro: O chanceler H. Kohl apresenta um plano de reunificação ao Bundestag.
1990 – Janeiro: Manifestações na RDA.
– 10 de Fevereiro: M. Gorbatchev aceita a ideia da reunificação.
– 14 de Março: As quatro potências aliadas e os dois Estados alemães iniciam conversações.
– 18 de Março: Eleições na RDA: vitória da «Aliança para a Alemanha», favorável a uma rápida reunificação.
– 1 de Julho: *O deutsche mark* torna-se a moeda da RDA.
– 16 de Julho: Gorbatchev aceita a permanência na NATO da Alemanha reunificada.
– 31 de Agosto: RFA e RDA assinam em Berlim o tratado de união.
– 12 de Setembro: Tratado de Moscovo, regulamentando a questão alemã.
– 3 de Outubro: Unificação da Alemanha.

A crise dos blocos

A crise no bloco ocidental

Vários foram os factores que contribuíram para alterar a fisionomia do mundo ocidental: a evolução estratégica, o novo poder económico dos Estados europeus, que se organizam no seio da CEE, a vontade francesa de independência nacional e a crise do sistema monetário internacional.

O crescimento, que tivera um surto notável desde os anos 50, é notório nos anos 60. Uma vantagem para os Estados Unidos, cuja actividade financeira e económica se torna omnipresente. Mas este é também o tempo dos milagres económicos e do aumento do poder da Europa e do Japão.

• *O receio da supremacia americana*

A partir de 1961-1962, a evolução do pensamento estratégico nos Estados Unidos cria, no seio da Aliança Atlântica, uma contradição entre as necessidades técnicas e as políticas. Como associar os aliados à decisão de uma estratégia dissuasora? Tecnicamente, em tempo de crise, a unidade das vontades torna-se imprescindível. Mas se cada decisão tiver de ser discutida e se for necessário chegar a acordo, a credibilidade da dissuasão diminui, o que faz com que o monopólio absoluto da decisão recaia sobre a principal potência da Aliança, com os aliados confinados a uma situação de subordinação. Numa estratégia de represálias maciças, os interesses colectivos dos aliados estavam protegidos. Com a estratégia das represálias graduais, os aliados correm sempre o risco que sejam salvaguardados apenas os interesses da potência dominante. Logo no início do seu mandato, o presidente Kennedy realiza uma importante viagem à Europa, em que manifesta o seu desejo de modificar as relações transatlânticas.

A proposta americana para uma Comunidade Atlântica. Em Filadélfia, a 4 de Julho de 1962, o presidente dos Estados Unidos, John F. Kennedy, propõe uma redefinição das relações de força entre os Estados Unidos e os seus aliados, ideia que ficaria conhecida por *partnership.* A Comunidade atlântica que deseja criar assentaria em dois pilares: os Estados Unidos da América e os «Estados Unidos da Europa». Em questões estratégicas, e para contrabalançar o monopólio americano no respeitante a real capacidade decisória –«só um a carregar no gatilho» –, propõe a criação de uma força multilateral.

Isto implicaria a transformação da NATO numa nova potência nuclear, pela criação de uma força atlântica integrada. Esta força seria composta por 25 navios, tendo cada um deles capacidade para 8 mísseis Polaris A3 com um alcance de 4600 km: a tripulação de cada um destes navios de guerra seria constituída por membros de pelo menos três nacionalidades diferentes. A concretização deste projecto levaria à absorção da pequena força atómica britânica e da francesa, então embrionária. Mas o projecto, de alcance limitado, já que o seu potencial teria correspondido a 3% da força nuclear dos Estados Unidos, não resolve as contradições políticas. O recurso à força tem que ter o consentimento unânime de todos os Estados participantes (entre eles os Estados Unidos) e todos eles dispõem de direito de veto. Contudo, os Estados Unidos reservam-se liberdade de decisão sobre as suas próprias forças militares. Em Dezembro de 1962, em Nassau, o presidente Kennedy propõe aos Britânicos a entrega de mísseis Polaris, em lugar dos Skybolt, que estes haviam encomendados aos Americanos. É o primeiro passo para a absorção da pequena força estratégica britânica pela força americana.

O Reino Unido compromete-se a não recorrer ao seu potencial nuclear sem o acordo prévio dos Estados Unidos; mas a França gaullista recusa-se a abdicar da constituição da sua própria força de intervenção nuclear, o que conduz ao fracasso do projecto de criação de uma força multilateral.

• *A política francesa de independência nacional*

Na realidade, o repto gaullista é contra o grande objectivo da Comunidade Atlântica. Mal regressa ao poder, o general De Gaulle anuncia a sua vontade de conseguir uma nova repartição de responsabilidades no seio da Aliança Atlântica. Num memorando endereçado ao presidente Eisenhower e ao primeiro-ministro MacMillan, a 14 de Setembro de 1958, De Gaulle propõe a criação de um directório a três, com poderes para tomar decisões conjuntas sobre problemas que afectem o mundo inteiro e não somente os territórios abrangidos pela NATO. A recusa do presidente Eisenhower, em Outubro de 1958, deve-se, por um lado, à convicção de que os outros aliados não podem ser deixados à margem das decisões do directório e, por outro, ao facto de não querer ficar de mãos atadas, caso venha a colocar-se a necessidade de utilizar a arma atómica. O general De Gaulle, que insiste em dispor de uma força ofensiva, que tem por fundamental para a sua política de independência nacional, ordena a prossecução do programa atómico francês, apesar de discretas pressões dos Estados Unidos. Aos poucos, vão sendo promulgadas leis-programa, que criam as estruturas indispensáveis à existência desta força nuclear. Numa conferência de imprensa dada a 14 de Janeiro de 1963, De Gaulle declara-se contra a entrada da Grã-Bretanha no Mercado Comum e contra a integração das forças atómicas nacionais na NATO.

Face aos sucessivos presidentes dos Estados Unidos – Eisenhower, Kennedy e, por último, Johnson –, De Gaulle adopta uma política de independência nacional. Confrontado com a recusa americana à sua ideia de criação do directório, a França começa a afrouxar a ligação à NATO. De Gaulle é o continuador dos esforços da IV República para dotar a França de armamento atómico independente. Recusando ceder às pressões dos dois grandes para travar a proliferação de armas nucleares, a 13 de Fevereiro de 1960, a França ingressa no clube muito restrito das potências que possuem armamento atómico, e, em Agosto de 1968, no clube termonuclear.

Em questões de política externa, a França afasta-se cada vez mais dos Estados Unidos. Em 1964, De Gaulle faz um périplo pela América Latina e, nesse mesmo ano, contra a vontade dos Americanos, reconhece a China Popular. Afasta-se da OTASE. Favorável ao desanuviamento, desenvolve contactos com o Leste. A 23 de Julho de 1964, afirma que «a divisão do mundo em dois blocos corresponde cada vez menos à situação real» e, em Fevereiro de 1965, aceita a proposta soviética para uma concertação entre Paris e Moscovo relativamente ao Sudeste Asiático: «A Europa do Atlântico aos Urais» parece-lhe ser o único quadro possível de resolução dos problemas europeus. Depois de uma infindável série de atitudes e afirmações de teor semelhante, a França anuncia, numa conferência de imprensa que teve lugar a 21 de Fevereiro de 1966, que abandona a organização integrada da NATO.

A tese francesa tem por fundamento uma distinção entre a Aliança e a Organização. Na opinião de De Gaulle, a Organização, progressivamente posta em funcionamento desde os anos 1951-52, resulta de um verdadeiro desvio ao espírito atlântico. A França recusa a integração, embora continue na Aliança. A decisão francesa levanta muitos problemas, implicando a evacuação das bases americanas e canadianas estabelecidas em França. Levanta dificuldades com a Alemanha, onde 60 000 soldados franceses fazem parte da NATO. Deveriam aí continuar? Com que estatuto? Em Abril de 1967, as bases da NATO em França são evacuadas. São transferidos para fora de França mais de 20 000 soldados americanos, mais de 80 000 toneladas de material, nove bases e cerca de trinta depósitos americanos. O SHAPE, comandado pelo general Lemnitzer, que se encontrava em Rocquencourt, e o Estado-Maior americano, estabelecido em Saint Germain-en-Laye, é transferido para a Bélgica. O Conselho da NATO, instalado em Paris, na Praça Dauphine, passa para Bruxelas.

Esta situação provoca um enfraquecimento da Aliança. A França continua a participar no Conselho Atlântico, visto que nele são abordadas questões políticas, e colabora em certas questões da Aliança Atlântica que envolvam infra-estruturas, como a rede de radar NADGE, sistema de alerta que cobre toda a Europa Ocidental. Os catorze parceiros da França – treze, após a saída do governo grego, em 1974 – estão reunidos numa associação militar integrada, dirigida por um conselho rebaptizado de Comité dos Planos de Defesa. A substituição do chanceler Erhard por Kurt Georg Kiesinger, em Novembro de 1966, facilita o acordo, realizado a 21 de Dezembro de 1966, sobre a presença e o estatuto das forças francesas na Alemanha.

A aproximação franco-soviética, ilustrada pela viagem à URSS em Julho de 1966, é vista pelos Americanos como o prelúdio de uma verdadeira reviravolta nas alianças. Numa viagem ao Camboja, em Setembro de 1966, De Gaulle critica abertamente a política americana no Vietname. Se neste conflito se opõe aos Estados Unidos, na Guerra dos Seis Dias (Junho de 1967), toma deliberadamente partido contra Israel e, portanto, contra os Estados Unidos. O seu «Viva o Quebeque livre!», proferido em Montreal em Julho de 1967, escandalizou a América do Norte. O governo canadiano considera a declaração como uma ingerência nos assuntos internos do seu país, uma vez que o general De Gaulle parece defender os partidários da independência de uma das províncias do Estado Federal canadiano.

Com a força que lhe advém da recuperação monetária que se verifica em França desde 1958, o general De Gaulle não hesita, numa polémica conferência de imprensa realizada em Fevereiro de 1965, em defender o regresso a um sistema padrão-ouro, propondo assim o abandono do padrão-dólar, cujos abusos e perigos denuncia. Na sua opinião, o défice contínuo da balança de pagamentos dos Estados Unidos, situação que ocorre desde 1950, proporciona a esta potência um privilégio anormal, alimentando a inflação mundial e minando todo o sistema monetário internacional.

• *A crise do sistema monetário internacional*

A crise do sistema monetário internacional opõe os europeus – que pretendem simultaneamente continuar a beneficiar da protecção americana e usufruir de uma total autonomia política e económica – aos Estados Unidos que, por seu lado pretendem diminuir os encargos financeiros sem renunciar às prerrogativas de que gozam.

O défice comercial americano. Nos finais dos anos 50, o sistema monetário internacional tem por base o *Gold Exchange Standard*, segundo o qual o dólar, cuja taxa de câmbio é absolutamente fixa (35 dólares por uma onça de ouro), é considerado como o equivalente em ouro para todas as transacções. Mas, à custa da economia americana, a situação económica evolui positivamente para os países europeus. Os investimentos maciços das multinacionais e as despesas dos Estados Unidos no estrangeiro (guerra do Vietname) desequilibram a sua balança comercial, até então superavitária. Devido a este défice, há demasiados dólares a circular pelo mundo e o mercado livre que se instala paralelamente ao mercado oficial impossibilita completamente a continuação da paridade do dólar, na medida em que a onça de ouro custa entre 40 e 43 dólares no mercado livre. Aliás, *o stock* de ouro dos Estados Unidos diminui e, em 1967, a França decide trocar os seus dólares por ouro. A RFA vê os seus recursos aumentar, graças às exportações. As suas balanças comercial e de pagamentos são excedentárias. A reavaliação do marco, solução apresentada pelos Americanos, é recusada. Em 1968, na sequência de convulsões internas, o franco oscila, mas resiste graças à solidariedade dos governadores dos bancos centrais dos dez países mais ricos do mundo. Se o general De Gaulle decide, a 24 de Novembro, não desvalorizar o franco, já o mesmo não pode fazer o seu sucessor, Georges Pompidou que, em Agosto de 1969, se vê obrigado a fazê-lo.

Durante toda a década de 60, os Estados Unidos vêem-se obrigados a defender o dólar. A diminuição das reservas de ouro obriga-os mesmo, em 1968, a reservar a convertibilidade do dólar em ouro unicamente aos bancos centrais estrangeiros. Mas, em 1971, pela primeira vez desde 1893, a balança comercial dos Estados Unidos torna-se deficitária.

A suspensão do Gold Exchange Standard. Para impedir a fuga especulativa de capitais iniciada no Verão, na sequência do anúncio de maus resultados do comércio externo americano, a 15 de Agosto de 1971 o presidente Nixon suspende bruscamente qualquer convertibilidade do dólar em ouro, medida que, aplicável também aos bancos centrais, provocou a flutuação do dólar. Tomou também medidas proteccionistas (sendo de salientar a aplicação de uma taxa de 10% sobre as importações) e fez saber que os Estados Unidos só modificariam esta atitude se os seus aliados ocidentais aceitassem partilhar «o fardo comum». Como contrapartida da protecção militar americana, Nixon exige facilidades comerciais e monetárias. A flutuação do dólar provoca a estagnação monetária e comercial, dando origem à inflação e a uma crise generalizada.

A desvalorização do dólar. Em Dezembro de 1971 (acordo do *Smithsonian Institution)* e em Fevereiro de 1973, os Estados Unidos aceitam desvalorizar o dólar e conseguem uma série de reavaliações face às moedas mais fortes e estáveis, especialmente o marco e o iene. Estas medidas partem a Europa ao meio: de um lado, os Estados com moeda forte; do outro, os Estados com moeda fraca. O funcionamento da CEE é perturbado, tanto mais que esta crise coincide com a entrada no Mercado Comum, em 1972, do Reino Unido, da Irlanda e da Dinamarca.

• *A constituição da Europa dos Nove*

Nos tratados de Roma, estava previsto um período transitório de doze anos para a abolição das barreiras alfandegárias entre os Estados-membros da CEE e para a aplicação progressiva de uma tarifa externa comum.

No decorrer da primeira fase (1959-1962), a liberalização das trocas intracomunitárias dos produtos industriais fez-se mais rapidamente do que o previsto, mas a passagem para a segunda fase foi mais delicada, devido ao arranque do Mercado Agrícola Comum.

Os sucessos da Europa dos Seis. Longas negociações («maratonas» agrícolas de Janeiro de 1962, Dezembro de 1963 e Dezembro de 1964) permitiram ao Mercado Comum continuar a fazer progressos. Este não abrange apenas questões alfandegárias, implicando também uma política agrária comum, que envolve a organização de vários mercados importantes (cereais, leite, carne), a fixação de preços comuns e a criação de um Fundo Europeu de Orientação e de Garantia Agrícola (FEOGA). O Fundo é responsável pelo financiamento desta política, que interessa sobremaneira à França, país em que o sector agrícola tem um grande peso na economia.

A Europa dos Seis revela-se um êxito, ainda que, no domínio político, a oposição entre duas concepções europeias diferentes – a dos partidários da França (uma Europa federal, de carácter supranacional) e a do general De Gaulle (a Europa das pátrias) –, por ocasião dos projectos do plano Fouchet, em 1961-62, impeça a organização de uma Europa política. Em Abril de 1965 é decidida a fusão dos executivos das três comunidades (CECA, CEE, Euratom). Em Julho de 1967, entram em funções um Conselho das Comunidades e uma Comissão única.

As medidas alfandegárias. Em Outubro de 1962, Kennedy tinha conseguido que o Congresso aprovasse uma lei alfandegária, o *Trade Expansion Act,* nos termos do qual os Americanos negociariam com os europeus, no quadro do GATT, uma redução recíproca de 50% nas taxas alfandegárias, de modo a estimular o comércio transatlântico.

Estas negociações, conhecidas como *Kennedy Round,* concluem-se em Genebra, a 16 de Maio de 1967; aí, a CEE afirma-se como o principal parceiro dos Estados Unidos, capaz de fazer frente à primeira potência económica do mundo, no que respeita à aplicação, a partir de 1968, de uma abertura alfandegária recíproca.

A crise de 1965, provocada pela recusa da França em aceitar o alargamento do papel do FEOGA e a substituição da regra da unanimidade pela da maioria, é um reflexo do diferendo sobre as duas concepções da Europa. Durante seis meses, a França abstém-se de participar nas reuniões do Conselho de Ministros da CEE e pratica uma «política da cadeira vazia». Em Janeiro de 1966, a França volta a ocupar o seu lugar no Conselho, graças ao compromisso assumido no Luxemburgo, pelo qual seria mantida a regra da unanimidade sempre que estivessem em causa «interesses da maior importância».

O rearranque efectivo do Mercado Comum, no mês de Maio, permite ultimar a união alfandegária, a 1 de Julho de 1968 (ano e meio antes da data prevista).

A entrada em vigor da «serpente monetária» europeia. Em contrapartida, a união monetária, discutida na conferência de Haia em Dezembro de 1969 e definida em Bruxelas, em Fevereiro de 1971, com base no «relatório Werner», vai rapidamente ficar bloqueada devido às dificuldades sentidas no sistema monetário internacional entre 1969 a 1971 e à crise económica mundial, que começa em 1973. Para fugir às variações da cotação do dólar, que continua a flutuar ao sabor da especulação, os países da CEE organizam, em Abril de 1972, a «serpente monetária» europeia, que fixa as paridades entre as respectivas moedas e limita as margens de flutuação, a fim de preservar a regularidade das trocas. Para corrigir as disparidades de concorrência que aparecem no seio da Comunidade sempre que as paridades das moedas são modificadas, é criado um sistema de taxas e de subvenções: os «montantes compensatórios monetários» (MCM).

Os novos pedidos de adesão. Atraídos pelo Mercado Comum, vários países solicitam a sua adesão ou uma forma de associação. É assim que a CEE faz acordos com a Grécia (1961), a Turquia (1963), Malta (1970) e – o que merece particular destaque – com dezoito países da África francófona, pelos acordos de Iaundé (1963 e 1969).

O pedido de conversações preparatórias feito pelo Reino Unido, em 1961, a que se seguiram outros de vários países da Associação Europeia de Comércio Livre (EFTA) apresentados em 1963, esbarra com a análise do general De Gaulle, que considera «que a natureza, a estrutura e a conjuntura próprias da Grã-Bretanha diferem profundamente das do continente». Em 1967, o primeiro-ministro trabalhista, Wilson, apresenta um novo pedido, mais por necessidade de socorrer uma economia que se encontra num estado deplorável do que por convicções europeístas. Mais uma vez, o general De Gaulle recusa o pedido.

As mudanças políticas que ocorrem em França e na Grã-Bretanha criam condições para a resolução do problema. Em França, na sequência dos resultados do referendo de 1969, que levam à demissão do general De Gaulle, Georges Pompidou é eleito presidente. Prossegue a mesma política externa que o seu predecessor, excepto no que diz respeito à admissão da Grã-Bretanha no Mercado Comum; é deste modo que, na conferência de Haia, em Dezembro de 1969, virá a propor um pacote de três medidas: conclusão definitiva do processo referente à Europa agrícola; alargamento à Grã-Bretanha; aprofundamento da construção comunitária. Na Grã-Bretanha, os trabalhistas perdem as eleições gerais de 18 de Junho de 1970, ganhas pelo conservador Edward Heath. A chegada dos conservadores ao poder facilita em muito as negociações, já encetadas na época de Harold Wilson. Mas as dificuldades não se fazem esperar, prendendo-se com o contributo da Grã-Bretanha para o orçamento comunitário, com o papel da libra como moeda de reserva e com as ligações económicas preferenciais com a *Commonwealth* (especialmente no caso do açúcar e da manteiga), que a Grã-Bretanha queria preservar, recusando-se assim a respeitar o tratado de Roma, que, no caso de importações do exterior, obriga ao pagamento de uma determinada percentagem ao orçamento comunitário. As negociações chegam a um compromisso em Junho de 1971, com a Grã-Bretanha a concordar pagar ao orçamento comunitário, sobre o valor das referidas importações, um pouco mais de 8% em 1973 e quase 19% ao fim de oito anos. As exportações de manteiga da Nova Zelândia para a Inglaterra ficarão a reger-se por um estatuto especial. A integração da libra no futuro sistema monetário europeu permanece na sombra.

A 22 de Janeiro de 1972, é assinado em Bruxelas o tratado de adesão não apenas da Grã-Bretanha, mas também da Dinamarca, da Irlanda e da Noruega. Contudo, depois de um referendo nacional, os Noruegueses recusam-se a entrar para o Mercado Comum. A 1 de Janeiro de 1973, a Europa dos Seis transforma-se na Europa dos Nove.

A crise no mundo comunista

Na década de 60, regista-se uma quebra no desenvolvimento económico da URSS, que não consegue resolver os seus problemas agrícolas nem ultrapassar o atraso na produção de bens de consumo. Apesar das promessas de Krutchev, que considerava que o nível de vida da União Soviética haveria de alcançar e de ultrapassar o do Ocidente, a URSS está muito longe de ter alcançado tais metas, registando-se também um crescente distanciamento tecnológico. A *intelligentsia* soviética atribui as culpas à burocracia, ou seja, em última análise, ao aparelho do Partido. Estas dificuldades são causa directa da queda de Nikita Krutchev, que acumulava as funções de primeiro secretário do Comité Central do Partido Comunista com a presidência do Conselho de Ministros. A 15 de Outubro de 1964, é vítima de uma revolução palaciana.

Os seus sucessores, Leonid Brejnev, secretário-geral do Partido Comunista da União Soviética, e Kossyguine, primeiro-ministro, vêem-se confrontados com o mesmo problema da modernização da economia e da sociedade Soviéticas. A linha Brejnev, que se recusa a liberalizar a vida dos Soviéticos, deixa as suas marcas, e as repercussões não tardam a fazer-se sentir, tanto no interior como no exterior do país. Em Fevereiro de 1966, o processo aos intelectuais Siniavski e Daniel e a sua condenação, provam as reais intenções dos ideólogos do Partido em, com o apoio do Exército Vermelho, pôr *a intelligentsia* na ordem e obrigá-la a servir a causa do Partido. É o início do «regelo cultural», registando-se o exílio interno de Alexandre Soljenitsine.

O modelo soviético, denegrido pelas revelações sobre o Gulag, é contestado pela China Popular e pelas democracias populares, onde se começam a fazer sentir aspirações nacionais e liberais.

• *A cisão sino-soviética*

O antagonismo entre a China e a União Soviética remonta à década de 50, quando dos acordos de cooperação que estabelecem uma estreita ligação entre os dois países. O conflito traduz-se simultaneamente por um clássico confronto de interesses territoriais e de poder, como por uma oposição ideológica, que se torna patente no XX Congresso do Partido Comunista da União Soviética, em 1956.

Assistindo desde 1957 a um reforço das relações entre os Estados Unidos e a China Nacionalista, os Soviéticos não reagem. O governo de Pequim reprova a atitude dos Soviéticos, acusando-os de procurar a paz a qualquer preço, abandonando a estratégia revolucionária e optando pelo revisionismo. Mao Tsé-Tung, depois de uma viagem a Moscovo, põe em marcha o «Grande salto em frente» e as comunas populares, ao mesmo tempo que bombardeia as ilhas de Matsu e Quemoy e fortalece os laços entre a China e as facções mais revolucionárias do Terceiro Mundo. Deste modo, a China lança um duplo desafio: à União Soviética e aos Estados Unidos. Krutchev condena a experiência das comunas chinesas e acaba por suspender o auxílio económico e técnico, fazendo regressar à URSS os milhares de especialistas e estagiários soviéticos que estavam em território chinês. A partir deste momento, à rivalidade dos partidos e ao confronto ideológico irá sobrepor-se a luta implacável entre dois Estados, desencadeada em 1962. Afectada pelos erros do «Grande salto em frente», isolada do bloco socialista, a China reforça os laços com a Albânia (acordos de Janeiro de 1962). Em suma: a China isola-se.

Em Abril de 1962, Moscovo fomenta motins na fronteira de Sinki, apoiando a Índia no conflito que a opõe à China a propósito da questão do Tibete. Trata-se de um conflito fronteiriço que se vê agravado pela persistência do nacionalismo tibetano, personificado pelo Dalai Lama, que se refugia na Índia. Em Setembro e Outubro de 1962, a China lança uma ofensiva contra a Índia, saindo vitoriosa. Os Chineses aproveitam a crise de Cuba para acusar os Soviéticos de terem capitulado perante o imperialismo americano. A 12 de Dezembro de 1962, aquando de uma reunião dos representantes dos partidos comunistas em Moscovo, Krutchev afirma que «o perigo principal é o dogmatismo dos dirigentes chineses», ironizando sobre a passividade do regime de Pequim face aos «avanços imperialistas» em Hong Kong, Macau e Taiwan.

A partir de 1963, à ruptura doutrinal entre Moscovo e Pequim vem juntar-se um litígio territorial, em muito inflamado pelo ingresso da China no clube atómico, a 1 de Outubro de 1964. A 8 de Março de 1963, os Chineses respondem às provocações soviéticas, desenterrando o problema dos «tratados desiguais» impostos no século XIX pela Rússia, que se teria apropriado de um grande número de territórios pertencentes à China. A isto deve ainda acrescentar-se um contencioso sobre as 600 ilhas dos rios Amur e Ussuri. Os Soviéticos respondem que as aquisições feitas no século XIX são inalienáveis e que as fronteiras da URSS são invioláveis.

Esta reivindicação territorial não atenua o confronto ideológico. A 15 de Junho de 1963, Mao Tsé-Tung envia a Krutchev uma carta com 25 pontos, pela qual se recusa a reconhecer a superioridade do partido comunista da União Soviética. Aos olhos dos Chineses, os «czares do Kremlin» são revisionistas e transformaram-se objectivamente em aliados dos Estados Unidos. A partir deste momento, os dois Estados lutam pela liderança do comunismo mundial, ainda que se registe uma curta trégua após a queda de Krutchev.

Quando se inicia a revolução cultural na China, em 1966, os Soviéticos tomam partido contra Mao Tsé-Tung e tentam incitar as minorias nacionais do Sinkiang a insurgir-se contra o poder central. Depois de ter feito explodir a sua primeira bomba atómica, a 16 de Outubro de 1964, a China promove um ensaio com a sua própria bomba de hidrogénio, a 17 de Junho de 1967. A entrada da China no grupo das potências termonucleares poderia levar os Soviéticos a colocar a hipótese de um ataque nuclear «preventivo» ao arsenal atómico chinês, em Sinkiang. Em 1969, o confronto parece iminente. Travam-se combates no rio Ussuri; e a China, que leva a sério a ameaça soviética, prepara-se para uma reviravolta diplomática.

• *A contestação na Europa de Leste*

Nos anos 60, a contestação ideológica prosseguida por Pequim mina o prestígio da União Soviética e atinge fortes repercussões nas relações entre esta e as democracias populares. Apesar de a URSS tolerar algumas iniciativas tomadas pela Roménia, contudo, não hesita em reprimir a revolução checoslovaca.

Na Jugoslávia, o problema fundamental é a coexistência de várias comunidades nacionais. A questão agrava-se com a perspectiva da sucessão de Tito e com a contestação estudantil, importada do Ocidente.

Em 1963, Tito consegue acalmar as tensões entre os Sérvios e os Croatas e controlar a contestação que alastra pelo país, liderada pela oposição liberal de Milovan Djilas. Mas, na sequência da intervenção soviética na Checoslováquia, a Jugoslávia – que se opõe – está mais isolada do que nunca.

Na Polónia, W. Gomulka, no poder há catorze anos, reprime com dureza os tumultos de Gdansk (14-15 de Dezembro de 1970); a continuação dos protestos culminará na substituição de Gomulka por Eduard Gierek, que se torna assim o novo primeiro secretário.

A Roménia começa por ter uma relativa autonomia no seio do Conselho de Assistência Económica Mútua (COMECON); recusa a orientação económica que a URSS lhe quer impor, assume uma relativa neutralidade no conflito que opõe Moscovo a Pequim e, em

1964, publica uma verdadeira declaração de independência. Depois da Primavera de 1966, os dirigentes romenos fingem que o Pacto de Varsóvia não passa de uma aliança como qualquer outra e que a independência dos seus membros não é uma ficção. Adoptam uma original política externa, assumindo uma atitude de neutralidade activa no conflito do Médio Oriente, estabelecendo relações diplomáticas com a Alemanha Federal a 31 de Janeiro de 1967, numa altura em que a Hungria, a Bulgária e a Checoslováquia aderem à «doutrina Ulbricht», que vê no reconhecimento da RDA e na inviolabilidade das suas fronteiras uma condição essencial e imprescindível para o estabelecimento de relações normais com o governo de Bona. Bucareste não participa na intervenção do Pacto de Varsóvia na Checoslováquia, a 21 de Agosto de 1968, e censura a URSS por esta acção. Em Agosto de 1969, quando da visita de Richard Nixon à Roménia, esta torna-se no primeiro país socialista – à excepção da própria URSS – a receber um presidente norte-americano.

A Checoslováquia e a «Primavera de Praga». Contrariamente ao que se passa na Roménia, que mantém um regime interno muito rigoroso, na Checoslováquia assiste-se desde 1963 a uma relativa liberalização. Em 1962, depois do Congresso do partido comunista checoslovaco, a desestalinização acelera-se, apesar do estalinista Novotny continuar no poder. Ao desejo de reforma económica vem juntar-se a aspiração da Eslováquia em alcançar uma maior autonomia face à Boémia e à procura de uma política mais aberta, vontade claramente expressa a seguir à guerra israelo-árabe, em Junho de 1967. Uma ala «liberal», liderada pelo secretário do partido eslovaco, Alexandre Dubcek, contesta abertamente Novotny, que foi entretanto abandonado pelos Soviéticos. A 4 de Janeiro de 1968, Novotny demite-se do cargo de secretário-geral do partido comunista. Sucede-lhe o comunista moderado Dubcek e, em Março, o general Ludvik Svoboda é eleito chefe de Estado. Cada vez mais popular entre os intelectuais e a classe operária, Dubcek acredita poder conciliar o sistema socialista com o respeito pelas liberdades. O programa de acção do partido comunista checo, aprovado em Abril de 1968, admite a criação de outros partidos políticos e a liberalização da informação. É a «Primavera de Praga».

Está em preparação uma nova lei constitucional; entra em funções um novo governo, chefiado por Cernik, que é adepto da liberalização, e pelo economista Ota Sik. A assembleia nacional elege para presidente o mais «liberal» dos comunistas checoslovacos, Smrkovsky. A preparação do congresso do partido comunista checoslovaco é palco de um confronto aceso entre novotnistas e reformistas.

Os Soviéticos olham a «Primavera de Praga» com desconfiança. Os dirigentes das democracias populares temem o contágio, que já se começa a sentir na Polónia, e pressionam os líderes soviéticos a intervir. Em Julho de 1968, Dubcek recusa uma concertação proposta pelo Pacto de Varsóvia. Embora o projecto de revisão de estatutos do partido checoslovaco, aprovado por unanimidade a 9 de Agosto de 1968 pelo *Presidium,* consagre um certo número de liberdades (voto secreto e direito de expressão), as reformas não vão tão longe como na Hungria: o partido comunista mantém uma posição dominante, ainda que se fale de um regresso a um sistema multipartidário e, longe de se defender um estatuto de neutralidade formal, a lealdade ao Pacto de Varsóvia é constantemente reafirmada. Este governo comunista checoslovaco usufrui de grande apoio popular.

A 21 de Agosto, tropas do Pacto de Varsóvia pertencentes a cinco países (URSS, Alemanha de Leste, Polónia, Hungria e Bulgária) entram em território checoslovaco e atacam os principais alvos de Praga.

O embaixador soviético em Praga, Tchervonenko, e os checos pró-Soviéticos mandam prender os dirigentes da «Primavera de Praga». Mas a resistência organiza-se em torno do Presidente da República, Svoboda, com o congresso do partido, reunido clandestinamente, a organizar uma greve de protesto.

Os dirigentes checos, libertados e reintegrados nas suas funções, são chamados ao Kremlin e, a 26 de Agosto, assinam os acordos de Moscovo, que constituem uma séria limitação à liberalização e às reformas iniciadas. A 16 de Outubro, os Soviéticos impõem um novo tratado implicando o estacionamento «temporário» das suas tropas em território checoslovaco. Mas não é por isso que o movimento antisoviético esmorece. Em Março e Abril de 1969, na sequência de um verdadeiro ultimato do marechal Gretchko, ministro soviético da Defesa, ocorrem incidentes que levam à expulsão de Dubcek do cargo de secretário-geral do partido e à sua substituição por Gustav Husak; a normalização segue o seu curso. Fazem-se grandes purgas no partido e a censura é restabelecida.

Deste modo, a URSS preserva os outros satélites do contágio e impõe uma nova interpretação do Pacto de Varsóvia, que fica conhecida por «doutrina Brejnev». A soberania nacional do Estado socialista é limitada, devendo diluir-se em proveito do interesse geral da Comunidade dos Estados Socialistas. Mas a intervenção na Checoslováquia foi alvo da reprovação geral do Ocidente, incluindo a dos partidos comunistas italiano, francês e espanhol. No interior do Pacto de Varsóvia, a Roménia insurgiu-se contra esta acção e a Albânia, em 1968, viria mesmo a abandonar o pacto.

Na conferência que ocorre em Moscovo de 5 a 17 de Junho de 1969, que reúne setenta e cinco partidos comunistas, a União Soviética assume indubitavelmente o seu papel dirigente no movimento comunista internacional. Mas esta conferência representa também o fim do monolitismo, proclamando o princípio das diferentes vias para o socialismo.

O Terceiro Mundo na era do desanuviamento (1962-1973)

É desta conjuntura de crises (a do Suez e a de Cuba) que nasce o papel internacional dos países do Terceiro Mundo, que atinge o seu auge no período do desanuviamento.

O enfraquecimento do papel moral da ONU. Um dos modos de afirmação dos novos países recentemente independentes é a entrada para a Organização das Nações Unidas, que assiste ao aumento do número de membros e ao acréscimo dos problemas. Em 1973, as Nações Unidas têm 135 membros. Os únicos Estados que, à época, não fazem parte desta organização são a Suíça, as duas Coreias, os dois Vietnames, Taiwan, a Rodésia do Sul e o Bangladesh. Da totalidade dos países-membros, 25 estão ligados ao Ocidente e 12 ao Leste, com a maioria dos restantes a se proclamarem e pretenderem não alinhados. Os países do Terceiro Mundo são portanto maioritários e dispõem mesmo da maioria de dois terços necessária para aprovar as resoluções na Assembleia Geral. O Terceiro Mundo passa a utilizar a ONU como um megafone, e esta passa a ser directamente afectada pelos problemas do Terceiro Mundo. A herança da descolonização é pesada. A ONU está envolvida numa guerra no Congo, para a qual não dispõe nem das tropas nem dos recursos financeiros necessários. Paira sobre ela a ameaça de uma enorme falência financeira. O secretário-geral das Nações Unidas, Dag Hammarskjold, que vê o seu papel como o de um árbitro, entra em conflito aberto com vários chefes de governo. No início do seu mandato (1961-1971), o birmanês U Thant, que representa precisamente o mundo afro-asiático, consegue afastar as Nações Unidas do problema do Congo, proclamando repetidamente a independência da Organização. Mas é também neste período que se assiste ao enfraquecimento das Nações Unidas. Por influência do grupo afro-asiático, a ONU passa o tempo a protestar contra o regime de *apartheid* na República da África do Sul, contra o regime racista da Rodésia do Sul e contra o colonialismo, sob todas as suas formas. São tomadas dezenas de resoluções que, apesar de firmes, se revelam sem alcance real. O secretário-geral é vítima do desgaste do papel moral das Nações Unidas.

Os primeiros encontros entre países não alinhados. A maior parte dos países do Terceiro Mundo não alinha nem pelo Leste nem pelo Ocidente. A primeira conferência de países não alinhados realiza-se em Belgrado, de 1 a 6 de Setembro de 1961, a convite de Tito, presidente jugoslavo, Nasser, presidente egípcio, e Nehru, presidente indiano. Para os 25 Estados presentes, esta é a ocasião para manifestarem a sua reprovação face à política dos blocos, ao neocolonialismo, que vem substituir a colonização política pela colonização económica, e ao sobrearmamento das grandes potências. Os países não alinhados continuam a sua luta, realizando novas conferências no Cairo (1964) e em Lusaka (1970), nas quais insistem cada vez mais na questão da independência económica. A conferência de Argel, em Setembro de 1973, vem confirmar uma nova estratégia de concertação entre países produtores de matérias primas.

Mas não existe uma verdadeira coesão entre os não alinhados. Entre eles, registam-se conflitos internos. Com efeito, o entendimento circunscreve-se à condenação do imperialismo ocidental, tentando sempre manterem um posicionamento equidistante e alimentar uma neutralidade de fachada. Mas surgem divergências entre os que defendem uma rigorosa neutralidade e os partidários de uma acção mais enérgica contra o neocolonialismo. As tensões internacionais no Leste trazem à luz do dia as divergências entre Moscovo e Pequim, não sendo fácil optar por um deles. Todavia, os agrupamentos suceder-se-ão com base na proximidade regional.

Os agrupamentos de Estados do Terceiro Mundo

Muito devido às fronteiras herdadas da colonização, os territórios destes Estados são frequentemente heterogéneos, constituindo entidades artificiais. Depois da independência, aparecem duas tendências contrárias: a da fragmentação e a do agrupamento. A união do Senegal e do Sudão francês ao Mali durou apenas alguns meses. A união do Egipto e da Síria na República Árabe Unida durou de 1958 a 1961. Na maior parte dos casos, os Estados do Terceiro Mundo preferiram agrupamentos mais difusos. O Conselho do «Entendimento» engloba a Costa do Marfim, o Alto Volta [actual Burquina Faso], o Daomé e o Níger. Por sua vez, o pan-africanismo pretende alcançar a unidade económica e política do continente negro.

Em Dezembro de 1960, todos os Estados francófonos, à excepção do Togo, do Mali e da Guiné [Equatorial], fazem parte do «grupo de Brazzaville», favorável à cooperação com a França. Na Primavera de 1961, este grupo passará a chamar-se União Africana e Malgaxe (UAM) e, mais tarde, em Fevereiro de 1964, Organização Comum Africana e Malgaxe (OCAM). O novo presidente do ex-Congo Belga (que passará a chamar-se Congo-Léopoldville, depois Congo-Kinshasa e, por fim, Zaire) adere à organização. O conflito do Biafra contribui para dividir a OCAM.

Por oposição ao «grupo de Brazzaville» e ao «grupo de Monróvia», de que fazem parte os doze países do «grupo de Brazzaville» e outros países africanos, incluindo países anglófonos, constitui-se, em Janeiro de 1961, o «grupo de Casablanca» – Marrocos, Gana, Guiné Equatorial, Mali e República Árabe Unida –, que se insurge contra o neocolonialismo e contra experiências nucleares francesas no Sara. A África encontra-se muito dividida.

O fim da guerra da Argélia alivia a tensão entre os dois grupos. A conferência de Adis-Abeba, realizada a convite do imperador da Etiópia, Hailé Sélassié, reúne 30 chefes de Estado africanos que, em Maio de 1963, ratificam a carta da Organização da Unidade Africana (OUA, ver quadro 7). Ainda que a OUA não tenha contribuído para o estreitamento das relações no continente africano, não deixou por isso de desempenhar um papel importante na defesa dos interesses africanos; por exemplo, quando se opôs ao desmembramento da Nigéria.

No Médio Oriente, a Liga Árabe trabalha a favor da união dos Estados árabes. Mas também a unidade do mundo árabe é reivindicada

Os Países-Membros da Organização de Unidade Africana (Março de 1993)

Angola	Mali
Argélia	Marrocos*
Benim	Maurícia (ilha)
Botswana	Mauritânia
Burquina Faso	Moçambique
Burundi	Namíbia
Cabo Verde	Níger
Camarões	Nigéria
Chade	Quénia
Comores	República Árabe Sarauí
Congo	República Centro-Africana
Costa do Marfim	Ruanda
Djibuti	São Tomé
Egipto	Senegal
Eritreia	Serra Leoa
Etiópia	Seychelles
Gabão	Somália
Gâmbia	Suazilândia
Gana	Sudão
Guiné Equatorial	Tanzânia
Guiné-Bissau	Togo
Lesoto	Tunísia
Libéria	Uganda
Líbia	Zaire
Madagáscar	Zâmbia
Malawi	Zimbabwé

* Em 1982, na sequência da admissão da República Sarauí, Marrocos abandonou a OUA.

por diferentes líderes, como Nasser, e por diferentes forças políticas, como o partido Baas.

Na América latina, a Organização dos Estados Americanos confronta-se com o problema de Cuba, excluída em 1962 e readmitida em 1973, e com o problema das guerrilhas, incrementadas pelos Cubanos na Bolívia, na Colômbia e na Venezuela. Em Janeiro de 1966, a conferência que reúne representantes de governos e de movimentos revolucionários de África, da Ásia e da América Latina, escolhe Havana para sede da Organização «Tricontinental», que deverá organizar a luta anti-imperialista, a desenvolver por todo o mundo.

O desenvolvimento económico e a ajuda ao Terceiro Mundo

O fosso entre o nível de vida dos países desenvolvidos e o dos países subdesenvolvidos acentua-se durante a década de 60, e a diferença entre o produto nacional bruto *per capita* entre uns e outros é enorme: em 1964, 3320 dólares para os Estados Unidos, 60 dólares para o Haiti. A taxa de crescimento da população, muito maior nos países pobres do que nos países ricos, constitui um obstáculo suplementar às profundas mudanças que seria necessário efectuar na economia destes países.

A possibilidade do arranque económico circunscreve-se a alguns países, que souberam criar nichos industriais. Apesar de desenvolverem um grande esforço de industrialização, os países subdesenvolvidos continuam a ser basicamente exportadores de matérias-primas. Ora, nos moldes em que são feitas, as trocas (relação entre o valor das exportações e o das importações) são desfavoráveis para os países em vias de desenvolvimento. Enquanto o preço dos produtos industriais proveniente do Norte não param de aumentar, devido à inflação, os preços das matérias-primas vendidas pelo Sul decrescem nitidamente. Com efeito, assiste-se a uma «transacção desigual», que desestabiliza o Terceiro Mundo e impossibilita o seu crescimento. As nações «proletárias» insurgem-se contra as nações «ricas», delas exigindo auxílio.

As formas de auxílio aos países subdesenvolvidos. O auxílio surge tanto nos domínios público como privado. Pode tomar a forma de investimentos, de empréstimos ou de donativos. O auxílio ocidental é predominante. De 1945 a 1970, face a uma ajuda total ao Terceiro Mundo de 165 mil milhões de dólares, os países ocidentais forneceram 90% das verbas.

O auxílio americano é sobretudo económico e militar, envolvendo também o envio de técnicos ou de missões, particularmente no seio do *Peace Corps*. A ajuda financeira, embora possa ser feita directamente, através da *Agency for International Development* (AID), é na maior parte dos casos prosseguida através de empresas privadas ou de organizações independentes, como o Banco Mundial. Esta ajuda destina-se sobretudo à Ásia (China Nacionalista, Coreia do Sul, Tailândia, Paquistão, Vietname do Sul), depois ao Médio Oriente e, por último, à América Latina e à África. A questão cubana leva os dirigentes americanos a concentrar esforços na América Latina; é neste sentido que, na conferência de Punta del Este, em 1961, decidem encetar um programa de ajudas ao continente. Mas a Aliança para o Progresso não alcança os sucessos esperados, devido a renitências tanto por parte de empresas privadas como do Congresso. Depois de 1963, devido aos custos da guerra do Vietname, a ajuda americana tende a diminuir,.

A assistência soviética, que pretende apoiar a independência económica dos países subdesenvolvidos, é selectiva. Apoia projectos de desenvolvimento planificado e confere prioridade à electrificação e à indústria pesada. Os países que beneficiam deste auxílio são quase todos neutros: Etiópia, Guiné, Gana, Egipto, Síria, Índia, Afeganistão, Indonésia, Iémen, Sri Lanka, Iraque. Como exemplos desta ajuda da URSS poderão referir-se o financiamento ao Egipto para a construção da barragem do Assuão e, à Índia, para a construção de siderurgias. Apenas em casos muito excepcionais a URSS faz donativos. Os empréstimos são feitos a doze anos e a uma baixa taxa de juro, e os reembolsos deverão ser efectuados em moeda local ou em produtos locais. A concessão deste auxílio tem como condição prévia o recurso a equipamento e a técnicos soviéticos. O auxílio técnico da URSS é considerável, sobretudo no Egipto, no Iémen, no Afeganistão, na Índia e na Indonésia.

A assistência britânica é sobretudo económica e financeira, organizando-se em torno da unidade monetária que dá o nome ao conjunto dos países que a constituem: a zona esterlina.

A França consagra uma parte importante do seu produto nacional bruto (perto de 2% em 1960) à ajuda aos países do Norte de África, da África negra e do Índico. A cooperação (institutos, liceus, escolas, jornais, associações académicas e científicas, pesquisas arqueológicas) que aí se faz sentir é de grande monta. Mais de 30 000 professores franceses ensinam no estrangeiro, a maior parte deles no Norte de África

A diminuição e as limitações do auxílio. A partir de 1960, o auxílio aos países subdesenvolvidos tem tendência a diminuir, devido às reservas da opinião pública e ao cepticismo crescente em relação à eficácia desse auxílio. De início, perto de 2% do PNB francês destinava-se ao auxílio ao Terceiro Mundo. Em finais dos anos 60, essa percentagem baixa para 0,68%. A cooperação cultural e técnica são as únicas que continuam a desenvolver-se. Em 1970, a França encabeça a lista de países que mais se envolvem em missões de cooperação, registando 52 300 envolvidos, de entre os quais 25 500 são professores. O Reino Unido envia 29 000 pessoas e a República Federal da Alemanha 27 000.

Por seu lado, conscientes das limitações e das condicionantes destas políticas de auxílio, os países do Terceiro Mundo prefeririam uma organização dos mercados das matérias-primas que lhes permitisse escoar as suas produções.

O comércio entre os Estados desenvolvidos e os Estados subdesenvolvidos transforma-se no principal problema. Com efeito, para os países subdesenvolvidos, exportadores de produtos agrícolas e de matérias-primas, as cotações mundiais destes produtos são decisivas.

O fracasso das CNUCED. O objectivo das Conferências das Nações Unidas para o Comércio e para o Desenvolvimento (CNUCED) é o de tentar resolver estes problemas. Na primeira CNUCED, que teve lugar em Genebra de 23 de Março a 15 de Junho de 1964, estiveram presentes 120 Estados, entre eles 77 em vias de desenvolvimento. Regista-se o confronto entre duas teses: a francesa, que propõe um acordo internacional para fixação de preços (até então livremente determinados pelo mercado mundial) e a criação de um fundo de auxílio aos países subdesenvolvidos; e a teoria anglo-saxónica, contrária a qualquer tentativa de baixar a cotação das matérias-primas e favorável à concessão de facilidades para a exportação de produtos manufacturados provenientes dos países subdesenvolvidos. Chega-se a um impasse. A única resolução saída da Conferência foi a recomendação aos países industrializados de consagrarem pelo menos 1% dos seus lucros ao auxílio ao Terceiro Mundo. Em 1967, os 77 países em vias de desenvolvimento que participaram nos trabalhos da CNUCED reúnem-se numa conferência em Argel, decidindo criar uma estrutura específica que lhes permita falarem a uma só voz. Mas esta unidade aparente não engana ninguém; esconde situações muito diversificadas e grandes divergências.

A segunda CNUCED (UNCTAD, em inglês), que tem lugar em Nova Deli, de 1 de Fevereiro a 29 de Março de 1968, no seguimento das resoluções da conferência de Argel, pronuncia-se a favor da aplicação aos países subdesenvolvidos do sistema das preferências tarifárias.

A terceira CNUCED, que decorre em Santiago do Chile de 13 de Abril a 21 de Maio de 1972, começa por constatar um falhanço:

enquanto em 1970 os países desenvolvidos ocidentais possuem, em média, um PNB *per capita* de 3200 dólares, na América Latina ele é de 750, na África de 270 e na Ásia de 260. A única resolução relevante desta Conferência é a concessão de um auxílio especial aos 25 países menos desenvolvidos, com um PNB *per capita* inferior a 100 dólares anuais e com um PNB industrial inferior a 10%.

Facilmente se percebe que nem o auxílio económico nem o comércio mundial criam condições para que os países subdesenvolvidos possam ultrapassar o seu subdesenvolvimento. Perante isto, alguns países produtores de petróleo decidem unir-se para impor os seus preços.

A criação da OPEP. A seguir à Segunda Guerra Mundial, os direitos – quantias pagas pelas grandes companhias petrolíferas aos países possuidores de jazigos de petróleo – eram baixos: 12,5% no Médio Oriente. Em 1948, a Venezuela inaugura o sistema do *fifty-fifty,* ou seja, direitos de 50%. Gera-se uma situação de conflito entre os Estados e as grandes companhias americanas *(Standard New Jersey, Socony Vacuum, Standard California, Texaco, Gulf)* e anglo-holandesas *(British Petroleum, Royal Dutch Shell),* agrupadas em consórcio. Em Agosto de 1960, este consórcio decide baixar os preços do petróleo bruto. Os países produtores reagem, criando, a 15 de Setembro de 1960, a Organização dos Países Exportadores de Petróleo (OPEP), de que inicialmente fazem parte a Venezuela, o Irão, o Iraque, a Arábia Saudita, o Kuwait e o Qatar. Mais tarde, associam-se a Líbia, a Argélia, a Nigéria e o Abu Dhabi [ou Emirados Árabes Unidos]. A linha de acção da OPEP consiste em aumentar os direitos e, posteriormente, nacionalizar a produção. Assim, em 1972, o Iraque nacionaliza *a Irak Petroleum Cy.* Antes da crise de 1973, já os países do Terceiro Mundo começam a utilizar a arma económica de que dispõem.

A modificação das relações internacionais no Terceiro Mundo

O Terceiro Mundo ganha cada vez mais importância na relações Leste-Ocidente. A crise dos dois blocos é simultaneamente causa e consequência de profundas alterações nas relações Norte-Sul. Tudo se passa como se, num clima de desanuviamento, os confrontos continuassem por interpostos peões colocados em zonas periféricas, particularmente na Ásia e na África, com a guerra do Vietname e a crise do Médio Oriente.

A continuação da descolonização altera completamente o mapa do Sudeste Asiático, com a afirmação dos nacionalismos locais e com o avanço do comunismo. Em 1954, os Estados Unidos tentam confederar os Estados pró-ocidentais – Paquistão, Filipinas, Tailândia – em torno das três grandes potências ocidentais. Mas esta organização, a OTASE, vai definhando aos poucos. O Paquistão salvaguarda os seus interesses e, em 1963, assina um acordo com a China para se precaver contra a política do seu maior vizinho, a Índia, que prossegue uma estratégia de amizade com a URSS, iniciada em 1955 com a visita ao país de Krutchev e Bulganine. Quanto à Tailândia, à medida que os Americanos se envolvem cada vez mais no conflito do Vietname, para mal dos Tailandeses, vai-se transformando numa imensa base militar.

Os sucessivos governos filipinos, incluindo o do general Marcos, tendem também a reclamar a evacuação das bases americanas, mas necessitam do apoio dos EUA para as suas reivindicações sobre a região de Sabá, no nordeste da ilha de Bornéu, atribuída à Malásia. Nesta zona do globo, tudo gira em torno da guerra do Vietname.

A guerra do Vietname

Os acordos de Genebra, de 1954, não repuseram a paz na Indochina. Além e aquém do paralelo 17, constituem-se dois Estados: o Vietname do Norte, comunista, e o Vietname do Sul, que adopta a república após a deposição, por referendo, do imperador Bao Dai. A cláusula que estipulava um período de dois anos para a realização de um referendo sobre a reunificação do Vietname não é respeitada.

No Vietname do Sul, os Estados Unidos apoiam o regime do católico Ngô Dinh Diêm, sucessor de Bao Dai. Mas o descontentamento de uma população maioritariamente budista favorece a propaganda da Frente Nacional de Libertação (FNL), ao sul do paralelo 17, bem como a subversão dos vietcongues, apoiados pelo Vietname do Norte. Unidades norte-vietnamitas infiltram-se no Vietname do Sul. A engrenagem da guerra começa a funcionar. Os Americanos pensam ser essencial intervir, de modo a garantir um Vietname do Sul independente e livre de qualquer influência comunista. Conselheiros militares americanos prestam assistência a Saigão. Em Janeiro de 1961, o presidente Kennedy decide aumentar o número de conselheiros. No Outono de 1963, quando cai Ngô Dinh Diêm (1 de Novembro de 1963), que se tornou cada vez mais impopular, esse número atinge os 16 000. O governo americano decide então encarregar-se da guerra do Vietname. O pretexto surge com o incidente do golfo de Tonquim (Agosto de 1964), quando navios da marinha americana são atacados por vedetas norte-vietnamitas.

A intervenção militar americana. Em Agosto de 1964, com o apoio do Congresso, o presidente Johnson decide intervir em força no Vietname. Desde então, os efectivos americanos não param de aumentar, atingindo os 543 000 homens em 1968. A partir de 1965, os bombardeamentos ao norte do paralelo 17 visam objectivos militares e, em Julho de 1966, os arredores de Hanói e de Haifong.

Tanto no Norte como no Sul, a aviação ataca ininterruptamente. Apesar da sua esmagadora superioridade, o Exército americano atola-se numa guerra que se traduz num misto de guerrilha e de grandes batalhas. No Vietname do Sul, a guerra afecta a sociedade e desestabiliza o poder; a população quer a paz e os budistas exigem a abertura de negociações. Hanói intensifica o auxílio à FNL, com a ajuda conjunta de Pequim e de Moscovo. No final de 1967, a opinião americana começa a mudar. Sondagens realizadas em 1967 revelam que há mais americanos contra a guerra do que a favor. Em várias cidades, organizam-se manifestações a favor da paz, merecendo especial destaque a manifestação em Washington, a 22 de Outubro, que exige o fim imediato dos bombardeamentos no Vietname do Norte.

A ofensiva vietcongue. Até 31 de Janeiro de 1968, os responsáveis americanos acreditaram numa solução militar para o conflito; nessa data, para sua grande surpresa, os vietcongues desencadeiam «a ofensiva do *Tet*» (nome do ano novo vietnamita): mais de cem cidades e bases são atacadas em simultâneo, incluindo Hué e Saigão. A base americana de Khesanh vê-se cercada durante várias semanas; a fortaleza de Hué é conquistada. Comandos vietcongues penetram no centro de Saigão. Uma ofensiva desta envergadura demonstra que a situação é bem mais grave do que se pensava. As tropas americanas não conseguirão ganhar. O mal-estar do Exército e a oposição crescente à guerra do Vietname por parte da opinião pública americana, obrigam o presidente Johnson a anunciar, a 31 de Março de 1968, a paragem parcial dos bombardeamentos no Norte e a retirada das tropas americanas do Vietname do Sul, sob condição do Vietname do Norte também retirar. Hanói aceita encetar negociações, que terão lugar em Paris, no mês de Maio.

A retirada americana. Juntamente com outras dificuldades do mundo ocidental, a questão do Vietname provoca uma crise moral nos Estados Unidos. O facto de serem alvo da reprovação mundial, torna a crise ainda mais grave. A crise põe a nu as limitações da potência americana; provoca também uma viva inquietação nos regimes anticomunistas da Coreia do Sul e do Vietname do Sul, na medida em que os Americanos falam da «vietnamização da guerra» e da necessidade urgente de encontrar um *modus vivendi* com a URSS.

Enquanto prosseguem os bombardeamentos entre o paralelo 17 e o paralelo 20 e se continuam a suceder manifestações contra a guerra, as negociações, que têm início em Paris a 13 de Maio, avançam lentamente. A 1 de Novembro de 1968, Johnson anuncia o fim dos bombardeamentos e o alargamento da conferência de Paris aos vietcongues e ao Vietname do Sul, embora os dois beligerantes se recusem sentar-se lado a lado.

Desde que entra em funções, em Janeiro de 1969, o novo presidente dos Estados Unidos, Nixon, põe em prática os seus objectivos: uma paz honrosa e a vietnamização do conflito, o que permitiria repatriar progressivamente as tropas americanas. Mas, ao mesmo tempo, os Estados Unidos vêem-se impelidos a atacar os refúgios norte-vietnamitas no Camboja e no Laos, onde Hanói apoia os Khmers Vermelhos e o Pathet Lao, movimento nacionalista progressista que se opõe ao governo do Laos e que, nascido em 1950, adoptou desde então o nome de Neo Lao Hak-sat. A primeira evacuação de soldados americanos – 25 000 homens – ocorre a 1 de Julho de 1969. A 1 de Maio de 1971, apenas permanecem no Vietname 325 000 soldados americanos.

A vietnamização do conflito não significa forçosamente o fim das hostilidades porque o Vietname do Norte – cujo líder, Ho Chi Minh, morre a 3 de Setembro de 1969 – pretende a unificação do país e porque se multiplicam os conflitos na península da Indochina. No Vietname do Sul, a FNL cria um «governo revolucionário provisório» (GRP).

No Camboja, cuja neutralidade tinha sido elogiada pelo general De Gaulle em 1967, o príncipe Norodom Sihanuk é deposto a 18 de Março de 1970, por um golpe de Estado fomentado pelo general Lon Nol, apoiado pelos Estados Unidos. Verificando-se uma guerra de guerrilha por parte dos Khmers Vermelhos, os Americanos começam por transpor a fronteira, procedendo seguidamente a bombardeamentos aéreos sobre as suas posições.

Entretanto, Norodom Sihanuk cria um governo cambojano no exílio. Comunistas cambojanos e partidários de Sihanuk encetam a luta contra o governo de Lon Nol e contra os aliados americanos. A 3 de Junho de 1970, cedendo às pressões da opinião pública americana, Nixon anuncia que as forças americanas de intervenção no Camboja – aproximadamente 30 000 homens – retirarão antes de 1 de Julho.

No Laos, o regime neutral que, sob apoio americano, subiu ao poder em 1960 e que, liderado pelo príncipe Suvanna Phuma, viria a ser consagrado pelo tratado de 1962, vê-se confrontado com intervenções da CIA e com os ataques dos revolucionários, organizados no Pathet Lao e comandados pelo príncipe Suphanuvong, meio-irmão de Suvanna Phuma.

O «fim» da guerra e a invasão dos Khmers Vermelhos. Em Março de 1972, os Americanos, como resposta a uma ofensiva geral conjunta desencadeada pelo Exército norte-vietnamita e pelo Governo Revolucionário Provisório (GRP), recomeçam os bombardeamentos no Vietname do Norte. O fracasso da ofensiva facilita o recomeço, em Paris, das conversações secretas entre Kissinger e o norte-vietnamita Le Duc Tho. Americanos e Norte-vietnamitas chegam a acordo em Outubro, mas o general Thieu, que governa o Vietname do Sul, não o respeita minimamente, e os bombardeamentos americanos recomeçam. Finalmente, a 27 de Janeiro de 1973, é assinado em Paris um acordo de cessar-fogo, com disposições bastante complexas: retirada total das tropas estrangeiras (ou seja, basicamente as americanas) do Sul; formação de um Conselho Nacional de Reconciliação, que deve incluir membros da FNL, que entretanto passou a GRP; a realização a breve trecho de eleições livres. No Laos, é assinado um acordo semelhante. Aí, é criado um governo provisório de União Nacional, rapidamente controlado pelo Pathet Lao, que instaura um regime comunista. Os acordos de Janeiro de 1973, confirmados pela conferência de Paris (Março de 1973) colocam, teoricamente, um fim à guerra do Vietname.

No Camboja, a ameaça dos Khmers Vermelhos que paira sobre o general Lon Nol, pró-americano, é cada vez maior. No Vietname, continuam as hostilidades entre os Vietnamitas do Sul e os Vietnamitas do Norte e o GRP. Mas os Estados Unidos recuperaram a sua liberdade de acção diplomática. A 29 de Março de 1973, as últimas tropas americanas saem do Vietname.

Em Agosto de 1973, a aviação americana deixa de intervir no Camboja. A situação deteriora-se cada vez mais. O enfraquecimento de Nixon, que se demite a 8 de Agosto de 1974 na sequência do escândalo Watergate, e a sua substituição por Gerald Ford, contribuem para que a situação se agrave ainda mais. Apoiados pela China e pela URSS, os Khmers Vermelhos tomam Phnom Pen, a 17 de Abril de 1975. Usando como pretexto a criação de um 'homem novo', o recém-instaurado regime entrega-se a um verdadeiro genocídio.

Paralelamente, os soldados de Hanói e do GRP fazem progressos no Vietname do Sul. A evacuação dos últimos americanos faz-se em condições terríveis e os guerrilheiros recusam-se absolutamente a entrar em negociações com o general Duang Van Minh, o novo líder do Vietname do Sul. A 30 de Abril de 1975, tomam Saigão e rebaptizam-na de Ho-Chi Minh. É o falhanço da política americana de intervenção directa. O prestígio da América – o gigante que, erguendo-se contra um pequeno, não o conseguiu vencer –, sai muito abalado desta guerra.

A relação de forças na Ásia

No início dos anos 70, o Sudeste Asiático é dominado por três forças: o Vietname, a Índia e a China. Confiante no poder do seu Exército, o Vietname alimenta a ambição de se expandir pelo Sudeste Asiático, dispondo dos meios para a concretizar. Contando com o apoio da União Soviética, desafia simultaneamente os Estados Unidos, cujo exército derrotou, e a China Popular.

Quanto à Indonésia, é certo que é o quinto país mais populoso do mundo (depois da China, da Índia, da URSS e dos Estados Unidos); mas a sua constituição territorial – um aglomerado de ilhas – não lhe permite ser uma grande potência militar. Em Setembro de 1975, um golpe de Estado sangrento elimina o partido comunista indonésio, destitui o Presidente Sukarno e atribui o poder aos militares.

• *A supremacia da Índia no subcontinente indiano*

A Índia é um país poderoso, não apenas devido à sua imensa população, mas porque dispõe de um Exército bem treinado, podendo também contar sempre com o total apoio da União Soviética.

Um conflito de fronteira opõe a Índia ao Paquistão devido à questão de Caxemira, que a Índia tinha progressivamente anexado. Em 1962, registaram-se conflitos entre comunidades e, em 1963, na sequência desses incidentes, o Paquistão assina um acordo sobre a delimitação de fronteiras com a China, para se precaver contra a política da vizinha Índia. Em Agosto de 1965, rebenta uma pequena guerra entre os dois países. Em 1966, os dirigentes paquistaneses e indianos encontram-se em Tashkent. Este encontro, realizado por iniciativa da União Soviética, põe fim à guerra mas não resolve o problema de Caxemira.

No Paquistão, Estado muçulmano, vive-se um clima de agitação devido às más relações existentes entre duas das suas províncias, embora estas se encontrem separadas por mais de 1500 km: o Paquistão Ocidental, que tem como língua principal o urdu; e o Paquistão Oriental, composto pelo Bengala Oriental e que tem como língua principal o bengali. A única coisa que têm em comum é a religião muçulmana. Os problemas devem-se ao facto de a riqueza do Paquistão provir essencialmente das exportações de juta e de outros produtos agrícolas cultivados em Bengala, região muito pobre e sobrepovoada, que nada lucra com isso.

Desde início dos anos 60, esta situação dá origem ao aparecimento de um movimento de protesto contra o Paquistão Ocidental e contra a ditadura do general Ayub Khan, no poder desde 1958. O chefe do partido bengali, o xeque Mujibur Rahman, é preso em 1968 sob a acusação de, unindo-se à Índia, ter conspirado contra o Paquistão. Em 1969, o regime de Ayub Khan começa a desmoronar-se. Em 1970, Ayub Khan acaba mesmo por ser deposto, sendo substituído por um outro general, Yahia Khan, que organiza eleições por sufrágio universal.

A Awami League reivindica a autonomia do Paquistão Oriental no seio de um regime federal, permitindo à região manter o controlo da economia e das finanças locais. Nas eleições de 1970, consegue obter a maioria dos votos, vencendo por larga margem o Partido do Povo, que, apesar de liderado por um adjunto de Yahia Khan, Ali Bhutto, não consegue chegar ao poder.

No início de 1971, aumenta a tensão entre a Índia, apoiada pela URSS, e o Paquistão, que conta com o apoio dos Estados Unidos e da China. Entretanto, *a League* reivindica a independência do Bangladesh que, aliás, vem a proclamar a 26 de Março de 1971, num clima de guerra civil e de tensão internacional. Com efeito, a 9 de Agosto de 1971, a URSS e a Índia assinam um tratado de paz, de amizade e de cooperação que altera o equilíbrio estratégico da zona e deixa a Índia em condições de tirar partido da situação. A 3 de Dezembro de 1971, a Índia intervém no Paquistão Oriental. O Paquistão reage, invadindo Caxemira. Os combates, que conferem vantagem à Índia, levam à substituição, em Dezembro de 1971, no Paquistão Ocidental, de Yahia Khan por Ali Bhutto, bem como à independência do Bangladesh e à consolidação da potência estratégica toda-poderosa do subcontinente indiano: a Índia.

• *A entrada da China no sistema internacional*

Depois de 20 anos de isolamento, devido tanto ao ostracismo das potências ocidentais como à permanente revolução interna, a China entra finalmente no concerto mundial em finais dos anos 70. Mas a diplomacia chinesa já havia registado progressos decisivos no Sudeste Asiático, no Norte de África e no Médio Oriente, no seguimento das conferências de Genebra (1954) e de Bandung (1955).

Dez anos depois da sua proclamação, a República Popular da China é um país que os Estados Unidos têm em conta, ainda que proscrito pela ONU. Mas a revolução cultural e a cisão sino-soviética fazem com que a China se feche sobre si mesma, o que provoca um retrocesso da sua influência no mundo, Sudeste Asiático inclusive. A China persiste na denúncia da dupla hegemonia sovieto-americana e tenta estabelecer relações diplomáticas com países que recusam o alinhamento, como é o caso da França, que reconhece a China Popular a 27 de Janeiro de 1964. O isolamento e os fracassos em política externa obrigam a China a alterar as suas orientações, a aproximar-se do Ocidente e a abrir-se ao estrangeiro. Graças ao seu potencial demográfico e económico e ao seu poderio militar, transforma-se rapidamente num actor de peso. Mas quais as suas pretensões em matéria de política externa? Pretenderá ela afirmar-se como a terceira das superpotências? Ou limitam-se as suas ambições ao papel de potência regional asiática? Passando de um segundo lugar no mundo socialista, para um terceiro lugar no concerto mundial, quererá a China espalhar a sua mensagem ideológica, apoiando os movimentos de libertação, ou converter-se-á à *realpolitik,* estabelecendo relações com os Estados, independentemente das suas posições ideológicas?

Inaugurada em Abril de 1971, a nova política externa chinesa tem como directrizes a recusa da hegemonia soviética e a aproximação aos Estados Unidos. A 24 de Agosto de 1973, no congresso do Partido Comunista Chinês, Chu En-Lai desafia Moscovo a provar a sua vontade de desanuviamento: «Retirem as vossas tropas da Checoslováquia, da República Popular da Mongólia e das quatro ilhas japonesas das Curilas Setentrionais.»

Preparada pela missão secreta de Henry Kissinger em Pequim, em Julho de 1971, e por várias diligências, como o périplo pela China da equipa americana de pingue-pongue, a aproximação sino-americana revela-se uma enorme surpresa. Desde 1949 que os Estados Unidos contestavam, com uma notável persistência, toda e qualquer representatividade da China popular, apoiando Taiwan. Por sua vez, a China de Mao sempre recusou energicamente a teoria das duas Chinas, condenando firmemente o imperialismo americano. Esta reviravolta, concretizada pela espantosa viagem do presidente Nixon a Pequim, de 21 a 28 de Fevereiro de 1972, é denunciada por Moscovo, mas permite à China sair do seu isolamento, numa altura em que a Índia reforça relações com a União Soviética.

A entrada da China na ONU, a 26 de Outubro de 1971, faz-se por substituição pura e simples da China nacionalista pela China popular, que fica com assento permanente e com direito de veto no Conselho de Segurança. Este facto tem repercussões a nível mundial, na medida em que um porta-voz dos países do Terceiro Mundo acede agora ao primeiro plano da cena internacional.

A China, que mantém relações tanto com países próximos da URSS como com Estados moderados, e mesmo ditatoriais, ganha terreno à União Soviética. Em África, a ajuda que presta aos jovens Estados é mais desinteressada que a soviética, apresentando-se mais adequada às suas necessidades enquanto países subdesenvolvidos. Apesar da escassez de meios, empenha-se em centenas de acções de cooperação; por exemplo, a construção de infra-estruturas rodoviárias e ferroviárias na Tanzânia e na Somália. No Médio Oriente, apoia os movimentos palestinianos e tenta ganhar prestígio junto dos países árabes, demarcando-se do «conluio» sovieto-americano por ocasião da guerra do Yom Kippur e recusando-se a votar o projecto de cessar-fogo, apresentado pelos dois Grandes a 22 de Outubro de 1973. Na Ásia, a China, que vê o tratado sovieto-indiano e o projecto de Brejnev de criação de um sistema de segurança colectiva como manobras destinadas a isolá-la, sabota o plano soviético. Na América Latina, confere ao Chile de Salvador Allende uma ajuda financeira superior à de Moscovo. Tenta – em vão – contrariar a preponderante influência da União Soviética na ilha de Cuba. Apoia as reivindicações dos Estados latino-americanos e ratifica o tratado de desnuclearização da América Latina. Em Setembro de 1973, na cimeira dos países não alinhados, em Argel, a União Soviética está no banco dos réus. As diligências chinesas deram frutos no Terceiro Mundo.

A China também estabelece relações diplomáticas com os Estados da Europa Ocidental e com a Comunidade Europeia, que considera como «zonas intermédias», ideais para a destruição da hegemonia dos Grandes. Em Setembro de 1973, quando da visita à China do presidente Pompidou, o discurso de boas-vindas proferido por Chu En-Lai é claro: «Apoiamos os povos europeus que se unam para preservar a sua soberania e independência nacionais.»

O papel do Japão. Num continente em profunda mutação, o Japão está numa posição bastante original: apesar de geograficamente asiático, difere radicalmente dos países vizinhos, e insere-se, de facto, no mundo ocidental. Dirigido por governos conservadores, estreitamente ligado aos Estados Unidos e aos seus aliados, entre eles Taiwan, reconcilia-se com a Coreia do Sul (22 de Junho de 1965). Desejoso de alargar as suas relações para além dos Estados Unidos, tendo sido inclusivamente encorajado pelo presidente Nixon (discurso de Guam, em 1969) a prosseguir esforços adequados em questões de defesa, o Japão não pode ficar indiferente às modificações nas relações internacionais, muito especialmente ao despertar da China. Em Março de 1971, os dois países celebram um acordo comercial. A viagem do primeiro ministro Tanaka (25-30 de Setembro de 1972) consolida a aproximação. O Japão reconhece a República Popular como o único governo chinês.

A América Latina – o novo joguete entre o Ocidente e o Leste

Poder-se-ia imaginar que a América Latina, afastada das tensões internacionais, poderia permanecer em paz. De facto, o tratado de Tlatelolco, assinado em 1967, estabelece a desnuclearização da América Latina. Mas os Estados Unidos, depois da subida de Fidel Castro ao poder em Cuba, voltam a preocupar-se com o seu continente. No entanto, a «Aliança para o Progresso», criada por Kennedy como resposta ao castrismo e aos riscos de subversão na América Latina, não vai avante. O Congresso dos Estados Unidos, preocupado com o défice da balança de pagamentos americana, é avaro na concessão de créditos, destinando-os de preferência aos regimes mais conservadores.

Na realidade, a América Latina é um cenário de violentos confrontos. Assistindo à miséria dos seus países, impelidas pelo exemplo cubano e beneficiando por vezes do apoio de certas facções da Igreja Católica, surgem forças revolucionárias que, um pouco por toda a parte, recorrem à luta armada e à violência. Face a esta situação problemática, que ameaça a sua tradicional esfera de influência, os Estados Unidos decidem apoiar ditaduras, como a de Duvalier no Haiti, ou intervir, no sentido de impedir qualquer subversão comunista. Foi o que aconteceu na República Dominicana, onde, em Abril de 1965, e na sequência de graves incidentes, os Estados Unidos intervêm para restabelecer a ordem. O presidente Johnson entendeu por bem demonstrar a determinação com que os Estados Unidos defendiam a região de acções subversivas.

Ao contrário do que se esperava, o sentimento antiamericano aumentou, favorecendo assim o avanço castrista. Surgem núcleos revolucionários em vários Estados (Colômbia, Bolívia, Peru, Chile).

Em 1966, Fidel Castro reúne em Havana a chamada conferência «Tricontinental», com o objectivo de criar uma organização de solidariedade dos povos da Ásia, da África e da América Latina. E alguns líderes cubanos, especialmente Che Guevara (morto na Bolívia, em Outubro de 1967), entregam-se à guerrilha.

Sucedem-se os golpes de Estado, com especial destaque para o do Chile, em Setembro de 1973. A chegada ao poder de um regime socialista – cujo presidente, Salvador Allende, eleito por sufrágio universal em Setembro de 1970, perde rapidamente o apoio da classe média – torna tensas as relações com os Estados Unidos. A 11 de Setembro de 1973, um golpe de Estado militar, dirigido pelo general Pinochet e apoiado pela CIA, derruba o governo de Salvador Allende, que morre durante os combates.

As consequências da descolonização em África

Sendo as fronteiras uma herança da colonização, os Estados africanos são frequentemente construções artificiais, não respeitando a unidade étnica. Esta situação potenciou toda uma série de conflitos. Assim, a República da Somália, criada em 1960 pela junção da Somália britânica e da Somália italiana, reivindica um território situado no Sudeste da Etiópia, o Ogaden e a ex-costa francesa dos Somalis, território cedido aos Afars e aos Issas; essa região é também pretendida pela Etiópia, devido à importância estratégica de Djibuti. Um outro conflito opõe Marrocos à República islâmica da Mauritânia, que se tornou independente em 1960 e que Marrocos pretende anexar. O conflito é sanado e, em 1969, Marrocos acaba por reconhecer a Mauritânia, mas ambos os Estados pretendem ficar com o Sara espanhol. Dá-se também um conflito entre a Argélia e Marrocos, a propósito do Sara, com este último a reclamar uma parte para si. A seguir à independência da Argélia, a quem a França reconhece a soberania sobre a totalidade do Sara, estala um breve conflito armado entre os dois países, em Outubro de 1963, sem qualquer resultado. Mas depois da crise do Congo, em 1961, torna-se evidente que qualquer modificação nas fronteiras poderá ter repercussões graves em toda a África e que a constituição de Estados-nação, como os que existem na Europa, poderia ser geradora de graves convulsões. É neste sentido que a Organização de Unidade Africana institui o princípio da inviolabilidade das fronteiras.

Em África, a guerra do Biafra é o mais grave conflito territorial deste período. A Nigéria (928 000 km^2 e 55 milhões de habitantes em 1963), o território mais rico da África Ocidental – nomeadamente, graças aos seus recursos petrolíferos –, tornou-se independente em 1960. É uma Federação dominada politicamente pelos Hauçás e pelos Peuls, muçulmanos do Norte. No Sudeste, os Ibos, cristãos que habitam maioritariamente no Biafra, aceitam mal este domínio e a repressão que se segue aos assassínios do primeiro-ministro, Sir Abubakar Tafewa Balewa, a 17 de Janeiro de 1966, e do seu sucessor, o general Ironsi. A tensão agudiza-se e culmina na proclamação, a 30 de Maio de 1967, da independência do Biafra; consequentemente, dá-se a guerra civil, já que o governo federal não aceita a secessão desta região rica em petróleo.

O governo nigeriano, que conta com o apoio da maior parte dos países do Terceiro Mundo, submete o Biafra a uma guerra cruel e impiedosa. Por seu lado, o Biafra está isolado. Só consegue obter o reconhecimento internacional de quatro Estados africanos e do Haiti. Também as grandes potências optam por apoiar o governo federal. Instado por alguns Estados africanos a reconhecer o Biafra, o general De Gaulle declara que os povos têm o direito de dispor de si próprios; e a França, tal como a China popular, não deixa de encorajar a secessão; mas estes apoios revelam-se limitados e insuficientes para ajudar eficazmente o Biafra, que, vencido, depõe as armas em Janeiro de 1970.

O Médio Oriente entre duas guerras

O Médio Oriente é a mais instável região do mundo. Passa por várias reviravoltas políticas e assiste a duas guerras.

A Guerra dos Seis Dias

A Guerra dos Seis Dias, em Junho de 1967, confere a Israel o controlo da Cisjordânia e dos montes Golã, dando origem a problemas duradouros. Os palestinianos enfrentam o Estado judeu e alguns Estados árabes, e não hesitam em recorrer ao terrorismo internacional. Em 1973, a guerra do Yom Kippur, pelas suas repercussões no domínio energético, irá contribuir para as grandes convulsões registadas na economia mundial.

Na sequência da crise do Suez (1956), os capacetes azuis ficam estacionados ao longo da fronteira israelo-árabe, do lado egípcio, e também em Charm-el-Cheikh, posição fortificada a leste do Sinai, no golfo de Akaba, próximo do porto israelita de Eilat, a única saída de Israel para o Mar Vermelho. Face a esta paz instável, as grandes potências confirmam as suas posições na região. A União Soviética reforça os laços com o Egipto de Nasser e os Estados Unidos substituem a França no seu papel de protecção ao Estado de Israel.

A 18 de Maio de 1967, Nasser pede ao secretário-geral da ONU, U Thant, que retire as forças da ONU do território egípcio – em particular de Charm-el-Cheikh – e não demora a interditar o golfo de Akaba ao tráfego israelita. Enquanto o Egipto conta com o apoio da URSS e dos países árabes (Síria e Jordânia), Israel é apoiado pelos Estados Unidos, decidindo assim avançar para a guerra.

A guerra preventiva, desencadeada a 5 de Junho por um ataque da aviação israelita, salda-se por uma estrondosa vitória de Israel. O Exército israelita avança no Sinai, apodera-se de Gaza, a ocidente, e de Charm-el-Cheikh, a leste, instala-se na margem leste do Canal de Suez e levanta o bloqueio do golfo de Akaba. A 7 de Junho, desencadeia uma ofensiva para nordeste, contra a Cisjordânia e a velha cidade de Jerusalém, que até então fazia parte da Jordânia. Os israelitas tomam aos Sírios o planalto de Golã e continuam a avançar e a fortificar posições ao longo do Canal, até à aceitação do cessar-fogo. A 8, o Egipto resigna-se ao cessar-fogo; a 10, é a vez da Síria. Quando a ofensiva termina, o território ocupado pelos Israelitas passou de 20 300 para 102 400 km^2. A 23 de Junho, o parlamento israelita anexa a parte árabe de Jerusalém, apesar da oposição das Nações Unidas e das grandes potências.

As negociações feitas no seio e à margem das Nações Unidas levam à votação, a 22 de Novembro de 1967, da Resolução 242 das Nações Unidas, que estipula que Israel deve retirar de todos os territórios ocupados, de acordo com o texto francês, ou de alguns dos territórios ocupados, segundo uma interpretação da versão inglesa, e proclama o direito de cada Estado da região a viver em paz, no interior de fronteiras seguras e reconhecidas.

Para Israel, a Guerra dos Seis Dias tem resultados ambíguos porque, muito embora se salde por uma vitória, fica com o problema de decidir o que fazer com os territórios ocupados. Quanto aos árabes, sentem-se humilhados e pretendem recuperar os territórios perdidos.

Exploram-se diversas vias para a resolução do problema. O general De Gaulle, que tomou imediatamente partido contra a agressão israelita e decretou um embargo sobre os aviões e, seguidamente, sobre peças e equipamentos de substituição, que a França fornecia a Israel, propõe uma concertação das quatro grandes potências, ideia rejeitada tanto por árabes como por israelitas. As Nações Unidas decidem enviar um mediador, o embaixador sueco Gunnar Jarring, que apresenta um plano que prevê a retirada das forças israelitas, o fim da beligerância, a garantia da liberdade de navegação, inclusive para os navios israelitas no canal de Suez e no golfo de Akaba, e, por último a abertura de negociações para a resolução do problema dos refugiados palestinianos. Apesar dos esforços desenvolvidos ao longo de vários anos, esta missão fracassa em 1971.

Os Americanos desenvolvem uma intensa actividade diplomática, porque não lhes agrada o desequilíbrio – favorável a Israel – criado pela Guerra dos Seis Dias. O secretário de Estado William Rogers conduz uma negociação com vista ao estabelecimento de um verdadeiro cessar-fogo. Com efeito, de ambos os lados do Canal de Suez, Egípcios e Israelitas continuam a travar uma guerra de desgaste: tiroteios e operações de pequena envergadura. A 7 de Agosto de 1970, a missão Rogers permite a assinatura de um acordo de cessar-fogo, que se prolonga até Março de 1971. O acordo não é renovado, mas os confrontos vão-se tornando mais escassos. Apenas três anos passados sobre a Guerra dos Seis Dias é que os combates verdadeiramente acabaram.

Outra incidência da política americana é a regulamentação da venda de armas. Os Americanos desenvolvem esforços para conseguir que ambas as partes entreguem as armas ou, caso isso não seja possível, para que exista um equilíbrio de armamento. Mas não têm grande sucesso. De facto a França, que diz não enviar armas para o teatro de guerra (isto é, para os países limítrofes de Israel), vende 100 aviões *Mirage* à Líbia. Os Estados Unidos protestam e Israel, que presume que os *Mirage* irão ser utilizados pelo Egipto, torna pública a sua indignação.

Perante isto, os Israelitas pedem aos Americanos armamento moderno, como sejam aviões Phantom, que os Americanos acabam por fornecer, mas apenas a conta-gotas.

O problema palestiniano

A Guerra dos Seis Dias não só não resolve problema algum, como desestabiliza toda a região, que passa a viver sob o signo da violência,

As Guerras Israelo-Árabes

1896 :	Théodor Herzl publica *O Estado judeu.*
1916 :	Acordos Sykes-Picot
Novembro de 1917 :	Declaração Balfour
1919 :	Mandato britânico na Palestina
1939 :	Livro branco britânico sobre a Palestina
Novembro de 1947 :	Plano da ONU para a divisão da Palestina.
14 de Maio de 1948 :	Proclamação do Estado de Israel
Maio de 1948-Jun. de 1949 :	**1ª guerra israelo-árabe.**
26 de Julho de 1956 :	Nasser nacionaliza o Canal de Suez.
22-24 de Outubro de 1956 :	Acordos secretos de Sèvres.
29 de Out.-6 de Nov. de 1956 :	**Guerra israelo-egípcia.** O Exército israelita avança para o Canal. Intervenção franco-britânica no Canal.
15 de Novembro de 1956 :	Chegada das forças da ONU.
19 de Maio de1967 :	O Egipto exige a retirada dos capacetes azuis e bloqueia o Estreito de Tiran.
5-10 de Junho de 1967 :	**3ª guerra israelo-árabe.** O Exército israelita conquista a Cisjordânia e os montes Golã.
22 de Novembro de 1967 :	A ONU vota a resolução 242.
1969 :	Yasser Arafat torna-se presidente da OLP.
28 Setembro de 1970 :	Morte do coronel Nasser.
6-22 de Outubro de 1973 :	**4ª guerra israelo-árabe.**
19-21 de Novembro de 1977 :	Visita de Sadat a Israel.
Setembro de 1978 :	Encontros de Camp David, entre Carter, Sadat e Begin.
26 de Março de 1979 :	Tratado de paz israelo-egípcio.
6 de Junho de 1982 :	Israel lança a operação «Paz na Galileia», contra o Líbano.
Dezembro de 1987 :	Início da *intifada* nos territórios ocupados.
Novembro de 1988 :	A OLP proclama o Estado palestiniano e aceita a Resolução 242.
Outubro de 1991 :	Abertura da conferência de Madrid.
13 de Setembro de 1993 :	Acordos de Oslo assinados em Washington. Reconhecimento mútuo Israel-OLP.
17 de Outubro de 1994 :	Tratado de paz israelo-jordano.
Setembro de 1995 :	Acordos de Oslo II.
23 de Outubro de 1998 :	Acordos de Wye Plantation; restituição de territórios à Autoridade Palestiniana.
Julho de 2000 :	Fracasso de Camp David II.
Setembro de 2000 :	Início de uma nova *intifada.*
Dez. de 2000-Jan. de 2001 :	Plano Clinton. Negociações de Taba.
Março-Abril de 2002 :	Reocupação parcial da Cisjordânia; operação «muro de protecção»(*)

(*) A 11 de Novembro de 2005, viria a falecer Yasser Arafat, que se encontrava internado num hospital, em Paris. Nas eleições presidenciais de Janeiro de 2005, sai vencedor Mahmud Abbas, candidato do partido Fatah e presidente da OLP. Reiniciam-se as conversações. *(N. do R.)*

ISRAEL DE 1967 A 2002

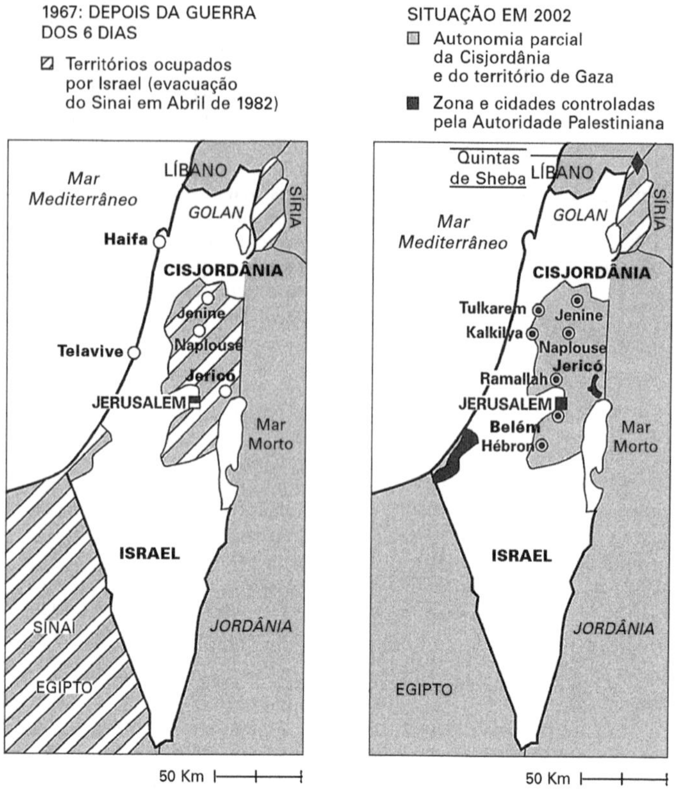

Fonte: Baseado em *Le Monde*.

seja ela mais ou menos contida. Além disso, acelera a afirmação da resistência palestiniana, que se desenvolve após o primeiro Congresso Nacional da Organização para a Libertação da Palestina (OLP), cuja carta, revista em Junho de 1968, recusa a divisão da Palestina e a criação do Estado de Israel.

O problema palestiniano não nasceu em 1967, mas agudiza-se muito após a Guerra dos Seis Dias. De facto, até 1967 a Jordânia detinha uma parte da Palestina: a Cisjordânia. Em 1967, a Jordânia perde a Cisjordânia e Jerusalém, ficando portanto com fronteiras limitadas ao lago Tiberíades, ao Jordão e ao Mar Morto. Mas é precisamente na Jordânia que se tinham já refugiado a maior parte dos

Palestinianos fugidos de Israel. Os militantes da nação palestiniana organizam-se para lutar contra Israel e implantar a subversão na Cisjordânia. Lançam ataques e fazem atentados; acabam por criar um Estado dentro do Estado, pondo em perigo a autoridade da dinastia hachemita (nome da família que reinou durante um milénio nos lugares santos do Islão e que dirige o reino da Jordânia).

Em Setembro de 1970, o rei Hussein decide recorrer ao Exército para restabelecer a ordem nos campos palestinianos. É a operação «Setembro Negro». Os confrontos revelam-se sangrentos e são efectuadas numerosas prisões, apesar da Síria ter esboçado uma intervenção. A repressão é de tal modo feroz que muitos palestinianos abandonam a Jordânia e vão para o Líbano, para a Síria e mesmo para Israel. O governo do rei Hussein é votado ao ostracismo pelos outros países árabes.

Os palestinianos expulsos da Jordânia, e vigiados de perto por Israel, refugiam-se no Líbano e multiplicam os actos de pirataria aérea e de terrorismo nos aeroportos. Em Setembro de 1972, nos Jogos Olímpicos de Munique, um comando palestiniano desencadeia um atentado contra a equipa olímpica israelita, semeando o terror.

As convulsões internas

No período que medeia entre a Guerra dos Seis Dias e a guerra do Yom Kippur, o Médio Oriente é sacudido por confrontos que alteram o xadrez regional. Aproveitando-se do afastamento americano, devido ao desanuviamento e à guerra do Vietname, a União Soviética marca pontos na região, embora não obtenha apenas vitórias.

No Sudão, em Maio de 1969, um golpe de estado conduz ao poder o general Nemeiry, que põe fim às boas relações com a União Soviética. Os 2000 conselheiros soviéticos que estavam no país são expulsos e os comunistas sudaneses são alvo de perseguições. Apesar de uma tentativa de golpe dirigida por estes, em Julho de 1971, o general Nemeiry mantém-se no poder.

No Iraque, em Julho de 1968, o general Aref é deposto pelo general Bakr, para grande satisfação da União Soviética. O partido Baas, laico, socialista e nacionalista, regressa ao poder. Aliás, um dos dirigentes do Baas, Saddam Hussein, irá negociar com Moscovo uma aproximação importante, que leva à assinatura de um verdadeiro tratado de aliança entre o Iraque e a URSS, a 9 de Abril de 1972. Nos termos deste acordo, a URSS compromete-se a fornecer ao Iraque armas soviéticas e a comprar-lhe o petróleo, para fazer concorrência à poderosa *Irak Petroleum Company*, que o governo iraquiano decide nacionalizar a 1 de Junho de 1972.

Na Síria, o golpe de Estado de 13 de Novembro de 1970 leva ao poder Hafez el-Assad, que elimina os dirigentes pró-soviéticos. No entanto, os Soviéticos tudo fazem para manter boas relações com Damasco, fornecendo-lhe grandes quantidades de armas, bem como aviões MIG 21 e mísseis SAM. Os Soviéticos intervêm igualmente numa tentativa de reconciliação entre o Iraque e a Síria, os irmãos inimigos no seio do Baas.

No Egipto, o coronel Nasser, que morre a 28 de Setembro de 1970, é substituído pelo seu adjunto, Anuar el-Sadat. As boas relações sovieto-egípcias mantêm-se, graças às entregas de MIG 23 e de mísseis SAM e ao envio de conselheiros militares, cujo número chega a atingir os 20 000. Em 1971, o presidente Podgorny desloca-se ao Egipto para inaugurar a barragem do Assuão. A 27 de Maio desse mesmo ano, é assinado no Cairo um tratado de amizade sovieto-egípcio, nos termos do qual os dois países se comprometem à não ingerência recíproca nos assuntos internos e ao aumento da cooperação militar. A União Soviética compromete-se a prestar auxílio económico, recebendo em troca facilidades para a acção da frota soviética no Mediterrâneo, nos portos sírios e egípcios. No entanto, o Egipto preocupa-se com a sua excessiva dependência da URSS. Apoia a luta do general Nemeiry, no Sudão, contra o golpe comunista. A 18 de Julho, expulsa os conselheiros soviéticos e anuncia uma «fusão total» com a Líbia e a Síria.

Na Líbia, o Exército fomenta um golpe de Estado que, a 1 de Setembro de 1969, expulsa do poder o rei Idris e proclama a República Líbia. O coronel Kadhafi torna-se o chefe do governo. Esta revolução nacionalista, do tipo pró-nasseriano, começa por ser anticomunista. Na cimeira dos países não alinhados, realizada em Argel em 1973, Kadhafi ataca violentamente Fidel Castro, acusando-o de ser aliado da URSS e de não reunir as condições necessárias para estar presente numa conferência de não alinhados.

A União das Repúblicas Árabes, entre o Egipto e a Líbia, iniciada em 1971 e confirmada em 1972, depara-se com numerosos obstáculos, entre eles a assimetria existente entre um país de 3 milhões de habitantes e outro de 40 milhões. Em 1973, ao mesmo tempo que Sadat mostra a sua falta de entusiasmo, Kadhafi organiza uma marcha de líbios para o Egipto. Registam-se incidentes na fronteira, perto de Marsa Matrouk. A União dissolve-se.

A Guerra do Yom Kippur

Para o sucessor de Nasser, Anuar el-Sadat, 1973 parece ser a ocasião certa para uma guerra. Vários Estados europeus, entre eles a França, desaprovam a obstinação de Israel em se manter nos territórios conquistados em 1967. O seu isolamento diplomático é cada vez maior. Apesar dos esforços da nova primeiro-ministro israelita, a Sr.ª Golda Meir, que viaja por todo o mundo, os países árabes conseguem que inúmeros países, sobretudo africanos, cortem relações diplomáticas com Israel.

Os esforços da ONU chegam a um impasse. O Conselho de Segurança pronuncia-se a 26 de Julho de 1973, num texto vago que menciona a evacuação dos territórios ocupados por Israel. O texto obtém treze votos a favor, a abstenção da China e o veto dos Estados Unidos. O mundo árabe reencontrou uma certa unidade, ou, visto de outro modo, um certo poder. A URSS está do seu lado e, mais do que nunca, apoia a causa árabe.

O ataque egípcio-sírio é desencadeado a 6 de Outubro, em pleno Ramadão (festa muçulmana) e no dia do *Yom Kippur* (a festa judaica). A surpresa é total. Os Egípcios forçam a defesa israelita, passam o Canal e avançam no Sinai, numa área de 180 km, enquanto os Sírios penetram nos Golã, tomando o monte Hermon e a cidade de Kuneitra. Os primeiros contra-ataques israelitas revelam-se infrutíferos, deparando-se com uma forte resistência dos Sírios e dos Egípcios, bem equipados com armas modernas. Contudo, depois de 12 de Outubro, os Israelitas ganham terreno. A 19 de Outubro, já haviam reconquistado os Golã, tendo avançado até 30 km de Damasco. A recuperação israelita é mais lenta no Sinai, onde as forças egípcias são numerosas. No entanto, a 8 de Outubro, uma divisão israelita, comandada pelo general Ariel Sharon, avança entre a segunda e a terceira colunas egípcias, alcança o Canal de Suez a 15 e consegue mesmo implantar uma testa-de-ponte na margem ocidental.

Alternadamente, as *grandes potências desenvolvem esforços para conseguir um cessar-fogo.* A 19 de Outubro, Brejnev convida Kissinger a vir a Moscovo; na noite de 21 para 22, o Conselho de Segurança vota, com 14 votos a favor e uma abstenção (da China) a resolução 338: cessar-fogo no prazo de 12 horas, aplicação da Resolução 242, negociações para uma paz duradoura. Mas os Israelitas prosseguem com as operações até 23, para concluir o cerco à terceira coluna egípcia, e avançam até 70 km do Cairo. Rapidamente, os Soviéticos ameaçam intervir em apoio de Sadat e os Americanos põem as suas forças estratégicas em estado de alerta. A guerra atómica é evitada porque a colaboração global americano-soviética, resultante dos acordos SALT, é mais importante que o confronto regional. Por sua vez, os Americanos exercem grandes pressões para levar os Israelitas a negociar directamente com os Egípcios. Estas negociações, ditas do 'quilómetro 101', levam a um primeiro acordo, a 11 de Novembro, e posteriormente a um segundo, mais completo, em Janeiro de 1974.

A guerra do Yom Kippur tem várias consequências importantes. Em primeiro lugar, revela algo completamente novo: árabes e Israelitas têm igual capacidade no campo de batalha. Ainda que a vitória tenha sorrido a Israel, os árabes combateram bem, tanto a nível humano como técnico. Longe vão os tempos da humilhação de Junho de 1967. A segunda lição da guerra é a vulnerabilidade de Israel, que faz com que o Estado hebreu adopte uma maior prudência no que diz respeito ao destino dos territórios ocupados. A terceira lição é que a guerra nada resolve. Esta verificação leva às negociações. A iniciativa diplomática é devolvida aos Estados Unidos, os únicos com capacidade para exercer pressão sobre Israel. Mas os árabes continuam a recusar qualquer paz separada. A questão palestiniana transforma-se no problema fulcral.

A grande novidade da guerra do Yom Kippur foi ter levado os Estados produtores de petróleo do Golfo Pérsico a utilizar um formidável meio de pressão sobre o mundo ocidental: o aumento do preço do petróleo, que quadruplica no espaço de três meses. Esta decisão é a causa imediata da crise económica em que o mundo mergulha, em 1973, e que muda radicalmente o contexto internacional. Enquanto os dois Grandes impõem aos beligerantes uma arbitragem que põe fim à guerra, confirmando assim uma verdadeira soberania americano-soviético nas questões internacionais, a desestabilização vai pouco a pouco ganhando terreno ao desanuviamento, conduzindo a uma «nova guerra fria».

O balanço dos anos do desanuviamento é impressionante. A questão alemã parece resolvida. A China popular entra no concerto das nações. A paz voltou ao Vietname. E os dois Grandes conseguiram pôr fim à guerra do Yom Kippur. A conferência de Helsínquia, que consagra o triunfo do desanuviamento, é também a sua última manifestação, porque, a partir de 1973, o mundo entra numa era de instabilidade, com os ocidentais a constatarem que os Soviéticos foram quem mais ganhou com o desanuviamento, tendo conseguido fazer reconhecer o *statu quo* territorial na Europa e expandido a sua influência na Ásia e no Médio Oriente.

4

Um mundo desestabilizado (1973-1985)

Ainda que 1973 marque uma cisão, isto não significa que o desanuviamento tenha acabado de imediato, para dar lugar a uma «nova guerra fria». Com efeito, a dinâmica do desanuviamento continua até 1975, momento de equilíbrio de um mundo em evolução.

Em 1975, a conferência de Helsínquia consagra o *statu quo* territorial da Europa e os participantes reafirmam a sua vontade de continuar e de aprofundar o desanuviamento. Mas a crise do petróleo, a desordem monetária e a multiplicação das tensões fazem com que a instabilidade se faça sentir em todos os domínios. A queda de Saigão, a 30 de Abril de 1975, põe fim a uma guerra com trinta anos, mas representa também o desabar da política de contenção dos Estados Unidos, sendo o seu primeiro grande revés desde o fim da Segunda Guerra Mundial. A potência americana parece condenada ao declínio. Perde toda a sua influência na Indochina. Recua na América Central. A União Soviética tira proveito desta perda de prestígio. Marca pontos no Sudeste Asiático, na América Central, em África.

As dificuldades de diálogo entre as duas superpotências parecem agora substituir o desanuviamento, podendo questionar-se se este não terá sido ilusório. Os conflitos regionais multiplicam-se nos antigos locais de conflito e surgem em novos locais, ainda que não constituam uma ameaça para a paz mundial. A expansão do fundamentalismo islâmico, a revolução iraniana, o aventureirismo da Líbia de Kadhafi, o expansionismo do Vietname, as convulsões que abalam a América Latina e a África, são algumas das manifestações deste mundo desestabilizado.

Será este o fim do desanuviamento? Ou tratar-se-á antes do fim do mundo bipolar e de um sinal da reorientação das relações internacionais, com a dimensão Norte-Sul a substituir a dimensão Leste--Ocidente? O período é marcado pelo aumento de problemas no Sul e pelo nascimento de tensões em zonas do planeta até então calmas: já nenhuma região parece conseguir manter-se afastada dos conflitos planetários. Por outro lado, exacerba-se o antagonismo existente entre o Norte e o Sul, devido às trocas de matérias-primas e de produtos industrializados. A tensão Leste-Ocidente desloca-se para uma dimensão Norte-Sul, ou, mais frequentemente, Ocidente-Sul.

A crise económica e os seus efeitos

A crise económica que começa em 1973 põe fim ao crescimento verificado durante os últimos «gloriosos trinta anos». Os choques petrolíferos não são o único factor responsável pela desregulação do crescimento dos preços e do emprego.

Os diferentes aspectos da crise

• *A desordem do sistema monetário internacional*

A situação de desordem monetária internacional, embora não seja nova, desempenha um papel de grande relevo.

A desordem deve-se à queda do dólar, verdadeiro padrão monetário, originada pela decisão do presidente Nixon, tomada sem qualquer concertação, de separar o dólar do ouro (15 de Agosto de 1971). A balança de pagamentos americana ressente-se de imediato com esta política anárquica e aumenta o volume da liquidez internacional, proveniente dos benefícios das exportações de capitais americanos na Europa (eurodólares) e do petróleo do Médio Oriente (petrodólares). As principais moedas entram em flutuação, dando o golpe de morte ao sistema imaginado em Bretton-Woods. Mas é apenas em Janeiro de 1976, na conferência da Jamaica, que os países ocidentais se decidem a substituí-lo. Quando esta reunião chega ao fim, já não há preço oficial do ouro, e os câmbios flutuantes são legalizados, com algumas limitações. De agora em diante, o verdadeiro capital de reserva do sistema monetário é assegurado pelos Direitos das Tiragens Especiais (DTE), em função dos quais se definem novas paridades.

Os DTE são um novo padrão de câmbio internacional, instituídos no âmbito do Fundo Monetário Internacional (FMI). O valor dos DTE é definido por um conjunto de moedas de diferentes países industrializados, em proporções variáveis. A ponderação do sistema confere ao dólar 30% do conjunto, mantendo portanto a supremacia dos Estados Unidos. Trata-se de uma etapa decisiva para se alcançar a estabilidade das taxas de câmbio e para a estabilização do comércio mundial, fortemente perturbado pelos efeitos dos «choques petrolíferos» de 1973 e de 1979-1980.

• *Os choques petrolíferos*

Os factores que desencadearam o choque petrolífero de 1973 foram as decisões tomadas pelos países árabes produtores de petróleo, a 16 e 17 de Outubro desse ano – numa altura em que a guerra israelo-árabe ainda não tinha acabado –, que resolveram embargar a venda de petróleo a certos Estados, reduzir a produção e, especialmente, aumentar os preços.

Mas desde há muito que existiam factores que faziam prever a crise: por um lado, o enorme crescimento da utilização do petróleo como fonte de energia; por outro, o desejo dos produtores em maximizarem os lucros.

O aumento da quantidade de petróleo utilizada no consumo de energia é notável. Em 1950, era de 37,8% de petróleo, contra 55,7% de carvão. Em 1972, petróleo e gás representam 64,4% do total. *Grosso modo,* a quantidade de petróleo passou de um terço para dois terços, numa altura em que, a nível mundial, triplicava a quantidade de energia consumida.

O segundo factor é o desejo de maximização dos lucros por parte dos Estados produtores de petróleo. Nos anos 60, a exploração dos jazigos de petróleo era essencialmente prosseguida por grandes companhias petrolíferas que, em troca das concessões de exploração, pagavam 'direitos' aos Estados. Foram vários os Estados que tentaram livrar-se deste domínio, entre eles o México e o Irão, em 1951. Ora, à excepção dos Estados Unidos e da União Soviética, a maior parte dos países industrializados, que são grandes consumidores de petróleo, não o produzem ou fazem-no escassamente. É o caso da

Europa Ocidental, com excepção da Grã-Bretanha e da Noruega (graças ao petróleo do Mar do Norte), e do Japão.

A produção está concentrada na Venezuela, na Nigéria, na Indonésia e, sobretudo, na zona do Golfo Pérsico, especialmente na Arábia Saudita, no Irão, no Iraque, no Bahrein, no Kuwait e no Qatar. A concentração tem implicações estratégicas e políticas. O grosso da produção de petróleo passa pelo estreito de Ormuz, o que confere importância geoestratégica ao Golfo Pérsico e ao Oceano Índico. Os países produtores podem mais facilmente chegar a uma atitude concertada; cinco deles (Venezuela, Irão, Iraque, Arábia Saudita, Kuwait) criaram, a 15 de Setembro de 1960, em Bagdad, a Organização dos Países Exportadores de Petróleo (OPEP), a que outros Estados vão pouco a pouco aderindo. De ano para ano, os países-membros da OPEP tentam inicialmente exigir maiores direitos sobre o petróleo, passando posteriormente à nacionalização total da produção. A iniciativa das nacionalizações parte da Argélia e da Líbia. A 24 de Fevereiro de 1971, o presidente Huari Bumedienne anuncia que a Argélia nacionaliza em 51% as companhias francesas, conseguindo assim, com poucos custos, ficar com o controlo da produção de petróleo no seu território. A 1 de Setembro de 1973, a Líbia toma a mesma atitude. No decorrer de 1972, os países do Sul produtores de outras matérias-primas que não o petróleo aproveitaram o aumento da procura dos Estados do Norte e subiram os preços, o que lhes permitiu ficar com o controlo de sectores económicos até então dominados por companhias estrangeiras. Demonstra-se assim que, já anteriormente a Outubro de 1973, existiam sinais que preconizavam convulsões da ordem mundial.

A 16 de Outubro de 1973, os países da OPEP decidem aumentar o preço do barril de petróleo de três para mais de cinco dólares. A 17 de Outubro, os produtores árabes ponderam a hipótese de pôr em prática um sistema de embargo aos países que apoiam Israel, particularmente os Estados Unidos e a Holanda. Os embargos são efectivamente concretizados entre Março e Julho de 1974. Decidem também reduzir a produção entre 15 a 20%, em relação ao mês de Setembro, e continuar com uma redução mensal de 5%, até Israel evacuar os territórios ocupados. Mas este sistema, que prejudica primeiramente os produtores, começa a ser abandonado a partir do início de 1974. Em Dezembro de 1973, os países da OPEP decidem aumentar o preço do barril para os 11,65 dólares. Em três meses, o preço do petróleo quadruplicou.

Ao mesmo tempo que se esbatem os efeitos do primeiro choque, o efeito da procura provoca um segundo (marcado pela duplicação dos preços entre Dezembro de 1978 e Dezembro de 1979), com a revolução iraniana e a guerra entre o Irão e o Iraque a provocarem um terceiro. No final de 1981, o preço do petróleo atingia os 34 dólares por barril.

As consequências da crise

As consequências, que atingem em primeiro lugar os países industrializados, são graves. Aos poucos, irão remodelar a fisionomia do planeta.

Ameaçados pela penúria, a Europa Ocidental e o Japão, cujas economias assentam no petróleo, entram em pânico. Por toda a parte, o aumenta dos preços origina grandes perturbações. A inflação, que se situava na ordem dos 4 a 5% por ano, dispara, sobretudo na Grã-Bretanha e na Itália. Nos Estados Unidos, na Alemanha e no Japão, combate-se a inflação com planos de austeridade, que provocam um decréscimo real da produção e do nível de vida. Em França, devido aos efeitos do plano Barre (Setembro de 1976), regista-se uma diminuição do crescimento. Em todos os países, a subida dos preços trava a expansão. Em 1975, por exemplo, o crescimento do PIB é negativo nos Estados Unidos (-0,7%), no Reino Unido (-0, 7%), na Alemanha (-1,6%), e muito pequeno em França (0,2%). Os efeitos são claros: dificuldades acrescidas para as empresas, falências e aumento do desemprego. Esta crise resulta da combinação de uma recessão limitada com alguma inflação: é a estagflação.

Nos países subdesenvolvidos, as disparidades vêm ao de cima, apesar da crise não afectar todos da mesma maneira. De um lado, temos os Estados ricos em matérias-primas, especialmente os países exportadores de petróleo e os que beneficiam da deslocação de actividades, que se transformaram em novos países industrializados, como acontece com a Arábia Saudita, cujo PNB aumenta 250% no espaço de um ano (1973-1974); do outro lado estão os países pobres, que não são produtores de petróleo e para quem os custos da sua importação resultam absolutamente incomportáveis. Mesmo no seio da OPEP, há uma divisão entre os Estados que se preocupam com o equilíbrio das economias ocidentais, não aumentando desmesuradamente o preço do ouro negro, como é o caso da Arábia Saudita, e aqueles que, como o Iraque e a Líbia, estão decididos em aproveitar-se ao máximo do maná petrolífero.

As tentativas de resposta à crise

Como resposta às decisões da OPEP, e para fazer face ao consórcio dos produtores, a diplomacia americana propõe a criação de um consórcio de consumidores no âmbito da Organização para a Cooperação e para o Desenvolvimento Económico (OCDE). É assim criada a Agência Internacional da Energia, que engloba os países da CEE (à excepção da França), os Estados Unidos, o Japão, o Canadá, a Espanha, a Suécia, a Áustria e a Turquia. A França, que rejeita esta solução, na medida em que contraria a sua política de amizade com os países em vias de desenvolvimento, tenta estabelecer um diálogo Norte-Sul. É neste sentido que promove em Paris duas conferências preparatórias, convidando para o efeito países do Norte (Estados Unidos, Japão, CEE) e do Sul (Argélia, Arábia Saudita, Irão, Venezuela, Índia, Brasil, Zaire). A primeira conferência, em Abril de 1975, encalha logo na ordem de trabalhos (os países do Norte pretendem restringi-la ao petróleo, os do Sul alargá-la ao conjunto das matérias-primas). Na segunda conferência, em Setembro do mesmo ano, fica decidida a realização de uma conferência alargada e não restrita ao petróleo. Esta realizar-se-á também em Paris de 16 a 18 de Dezembro de 1975, reunindo sete membros da OPEP, doze países subdesenvolvidos e oito países industrializados. Mais uma vez, encalha na questão do petróleo. Em Maio de 1977, as negociações recomeçam em Paris, aí decorrendo até princípios de 1978, mas mais não conseguindo do que reafirmar os grandes princípios de uma nova ordem económica internacional, prevendo-se a criação de um fundo especial de auxilio ao Terceiro Mundo no valor de mil milhões de dólares.

Na cimeira de Cancun (México), realizada a 22 de Outubro de 1981, vinte e dois chefes de Estado ocidentais e do Terceiro Mundo decidem encetar negociações globais, no âmbito das CNUCED. Nesta tentativa de diálogo Norte-Sul, a CEE revelou-se muito original, começando por estabelecer relações com 35, depois com 46 e, finalmente, com 58 países de África, das Caraíbas e do Pacífico (ACP), através dos acordos de Lomé I (28 de Fevereiro de 1975) e Lomé II (31 de Outubro de 1979), que incluem garantias das receitas de exportação, para além de facilidades comerciais e de ofertas de ajuda financeira. Esta convenção prevê ainda um auxílio financeiro quatro vezes superior à prevista na convenção de Iaundé. Põe também em prática a estabilização dos preços das matérias-primas agrícolas. Trata-se de uma política de cooperação multilateral, que tem a grande vantagem de não poder ser acusada de neocolonialista.

Entre os grandes países industrializados, constata-se um esboço de concertação, embora com resultados diminutos. Os seis membros fundadores do clube (Estados Unidos, França, Grã-Bretanha, Alemanha, Japão, Itália) reúnem-se em Rambouillet, em Novembro de 1975, por iniciativa de Giscard d'Estaing. Em 1976, com a entrada do Canadá, passam a ser sete (daí o nome de «Grupo dos Sete» ou G7).

As Cimeiras dos Países Industrializados (G7)

1975	– de 15 a 17 de Novembro	: Rambouillet
1976	– de 27 a 28 de Junho	: Porto Rico
1977	– de 7 a 8 de Maio	: Londres
1978	– de 16 a 17 de Julho	: Bona
	– de 28 a 29 de Dezembro	: Jamaica (encontros não oficiais)
1979	– de 5 a 6 de Janeiro	: Guadalupe (cimeira informal)
	– de 28 a 29 de Junho	: Tóquio
1980	– de 22 a 23 de Junho	: Veneza
1981	– de 19 a 21 de Julho	: Otawa
1982	– de 4 a 6 de Junho	: Versalhes
1983	– de 28 a 30 de Maio	: Williamsburg
1984	– de 7 a 9 de Junho	: Londres
1985	– de 2 a 3 de Maio	: Bona
1986	– de 5 a 6 de Maio	: Tóquio
1987	– de 8 a 10 de Junho	: Veneza
1988	– de 19 a 21 de Junho	: Toronto
1989	– de 14 a 15 de Julho	: Paris («cimeira do Arco»)
1990	– de 9 a 11 de Julho	: Houston
1991	– de 15 a 17 de Julho	: Londres
1992	– de 6 a 8 de Julho	: Munique
1993	– de 7 a 9 de Julho	: Tóquio
1994	– de 8 a 10 de Julho	: Nápoles
1995	– de 16 a 17 de Junho	: Halifax
1996	– de 27 a 28 de Junho	: Lyon
1997	– de 20 a 21 de Junho	: Denver (o G7 torna-se G8)
1998	– de 15 a 18 de Maio	: Birmingham
1999	– de 18 a 19 de Junho	: Colónia
2000	– de 21 a 23 de Julho	: Okinawa
2001	– de 20 a 22 de Julho	: Génova
2002	– de 26 a 27 de Junho	: Kananaskis (Canadá)
2003	– de 1 a 3 de Junho	: Évian (França)
2004	– de 6 a 8 de Junho	: Sea Island (Estados Unidos)(*)

(*) Em 2005, de 6 a 8 de Julho, a cimeira do G7 (mais a Rússia) teve lugar em Gleneagles, na Escócia. Logo no primeiro dia, ficaria marcada por um atentado terrorista em Londres, saldado em dezenas de mortos. *(N. do R.)*

No ano seguinte, contando com a participação do presidente da Comunidade Económica Europeia, passam a oito. Reúnem-se todos os anos, numa conferência ao mais alto nível.

No plano comercial, as negociações do GATT, conhecidas como «Tokio Round» (1973-1979), levam a um acordo que prevê novas reduções tarifárias e à adopção de códigos destinados a combater os entraves às trocas. Mas estes acordos não impedem a multiplicação de medidas proteccionistas. Muito frequentemente, as exigências do interesse nacional sobrepõem-se aos desejos de cooperação internacional. A maior mudança vem dos Estados Unidos quando, em 1979, por influência do director do *Federal Reserve Board,* Paul Volcker, os Americanos decidem combater a inflação limitando o crescimento da massa monetária através de um aumento sem precedentes das taxas de juro. Os capitais afluem aos Estados Unidos e fazem subir a cotação do dólar. Este, atingindo preços cada vez mais elevados, acentua o movimento deflacionista e obriga todos os países a uma política de austeridade. Num ápice, as economias ocidentais raiam a depressão: crescimento nulo, taxas de desemprego recorde. Os países do Terceiro Mundo, fortemente endividados em dólares, vêem aumentar os seus encargos financeiros, devido à subida do preço do dólar. Para evitar a bancarrota, contraem empréstimos junto de instituições financeiras internacionais, que os obrigam a políticas de austeridade, muitas vezes verdadeiramente dramáticas.

Em suma, a crise torna a competição económica mais aguerrida, mesmo entre os países aliados. Provoca uma profunda deterioração nos pagamentos externos. O receio da escassez de produtos de base, necessários para salvaguardar o nível de vida, azeda as relações internacionais. A luta pelo controlo dos produtos de primeira necessidade e das grandes vias de comunicação torna-se feroz.

A crise das relações sovieto-americanas

De meados dos anos 70 a meados dos anos 80, o mundo atravessa uma nova fase de tensão internacional. As razões são muitas e complexas. A crise económica e os seus efeitos tornam mais difíceis as relações internacionais. A conjuntura política e a actuação dos dirigentes soviéticos e americanos também deram o seu contributo.

O duopólio posto em causa

• *O desgaste da influência americana*

A demissão de Nixon (8 de Agosto de 1974), na sequência do escândalo *Watergate* e do profundo trauma causado pela guerra do Vietname, deu origem a uma crise de consciência na política externa americana e também a uma quebra de influência. Entre 1973 e 1974, obcecados com a ideia de evitar qualquer nova intervenção *(«no more Vietnam»)*, os Americanos parecem renunciar ao exercício das suas responsabilidades no mundo. Acusam o desgaste dos seus meios de influência. Já não dispõem de superioridade económica ou estratégica. A retracção diplomática é geral, à excepção do Médio Oriente, onde o presidente Carter assina os acordos de Camp David, a 17 de Setembro de 1978.

Face à agitação que se faz sentir no Irão, ao problema dos reféns de Teerão (elementos da embaixada americana foram feitos reféns, a 4 de Novembro de 1979) e à invasão do Afeganistão, os Estados Unidos parecem impotentes O fracasso da incursão aérea para libertar os reféns (25 de Abril de 1980) confere um rude golpe à credibilidade dos aparelhos militar e executivo americanos, com este último a ficar paralisado face a esta questão. As divergências surgidas no seio da equipa no poder e a vontade moralizadora do presidente Carter, que põe em primeiro lugar a Defesa dos Direitos do Homem e se recusa a fabricar a bomba de neutrões, acentuam a imagem de uma América insegura e em declínio. Mas foi ainda no tempo de Carter que se registou a mudança de orientação dos Estados Unidos, quando, em 1980, o presidente declara que qualquer tentativa para o controlo do Golfo Pérsico seria considerada como um ataque aos interesses vitais dos Estados Unidos.

Com a eleição de Ronald Reagan (1980-1988), a América reafirma-se novamente como líder do mundo livre, decidida a proceder a um novo reordenamento político mundial, a rearmar-se maciçamente e a repor a sua autoridade no mundo, face a uma União Soviética ameaçadora: o «império do mal».

• *As zonas de expansão da influência soviética*

Na União Soviética, chega ao fim o 'reinado' de Brejnev, que morre em Novembro de 1982, depois de ter estado doente durante um largo período. Seguem-se-lhe efémeros e idosos sucessores: Iuri Andropov (Novembro de 1982-Fevereiro de 1984) e Constantin Tchernenko (Fevereiro de 1984-Março de 1985). A interrupção do diálogo entre as duas superpotências é também consequência da inexistência de relações e da falta de confiança entre os dirigentes de ambas. Mas este período corresponde precisamente a uma grande ofensiva soviética no Terceiro Mundo onde, combatendo sempre a influência chinesa, a URSS vai talhando um vasto império. Intervém militarmente em África (Angola, Etiópia), através dos Cubanos, e invade o Afeganistão, entre outras intervenções. Delega frequentemente noutros Estados ou forças (Cuba, RDA, Líbia, Vietname) as suas intervenções e nem sempre utiliza a força, preferindo prestar assistência económica e militar e fazendo inúmeros tratados com os países geograficamente mais afastados. Tudo acontece como se Moscovo se aproveitasse do desinvestimento americano para colocar estrategicamente os seus peões no tabuleiro mundial.

• *O duopólio posto em causa*

A crise nas relações sovieto-americanas não põe termo à concertação mútua destinada a evitar qualquer confronto armado, mas põe em causa a co-gestão das questões internacionais pelas duas superpotências. Os sinais que anunciam a crise são a denúncia dos acordos comerciais, a diminuição do número dos acordos militares e, sobretudo, a diminuição drástica dos encontros americano-soviéticos. Em Dezembro de 1974, o Congresso americano outorga à URSS a cláusula que a considera como nação mais favorecida, obtendo em troca a garantia do levantamento das restrições para os judeus soviéticos que pretendem emigrar. Entre a reunião de Viena (Carter-Brejnev), em Junho de 1979, e a de Genebra (Gorbatchev-Reagan), em Novembro de 1985, não se realiza qualquer cimeira. Os Americanos não participam nos Jogos Olímpicos de Moscovo, em 1980; a União Soviética vinga-se e, em 1984, não participa nos Jogos Olímpicos de Los Angeles, atitude seguida por mais treze países. Instala-se um novo espírito de «guerra fria» nas relações internacionais. Já antes da conferência de Helsínquia, Alexandre Soljenitsine considerava o desanuviamento como um logro. Os acontecimentos subsequentes à conferência deram-lhe razão. A conferência de Belgrado (Outubro de 1977), que devia ser a continuação de Helsínquia, salda-

-se por um fracasso total, devido às posições antagónicas que os Estados Unidos e a URSS têm sobre os Direitos do Homem...

Os Americanos acusam os Soviéticos de usarem o desanuviamento para conseguir vantagens unilaterais, como seja o reconhecimento sem contrapartidas do *statu quo* herdado da guerra, o avanço do socialismo no Sudeste Asiático e em África, os acordos de cooperação que permitem à URSS receber produtos da tecnologia ocidental e cereais. Os ocidentais acusam-nos ainda de se terem aproveitado do desanuviamento para prosseguir esforços de armamento.

A corrida aos armamentos

Embora Americanos e Russos tivessem chegado a acordo quanto à limitação do número de mísseis intercontinentais (acordo SALT de 1972), a URSS lança-se numa modernização desvairada do seu arsenal, conseguindo, sem violar a letra dos acordos, triplicar o número de ogivas, adaptando ogivas múltiplas a plataformas de lançamento de nova geração.

De facto, desde 1973 que os Soviéticos promovem ensaios, com êxito, de engenhos de ogivas múltiplas (MIRV). Além disso, aperfeiçoaram um míssil de médio alcance (de 4000 a 5000 km) que não ultrapassa os limites impostos pelo acordo SALT: é o SS 20, que pode atingir toda a Europa Ocidental e que foi experimentado pela primeira vez em 1975, exactamente no ano da realização da conferência de Helsínquia.

No início dos anos 80, o balanço das forças, feito pelo Instituto Internacional de Estudos Estratégicos de Londres, atribui à URSS, no que ao armamento nuclear diz respeito, o lugar de primeira potência militar do globo. Como se a superioridade esmagadora do Pacto de Varsóvia em armamento convencional não bastasse, a URSS instala na Europa de Leste, a partir de 1977, uma rede de 330 foguetões SS 20. Este arsenal gigantesco constrói-se à custa de um esforço financeiro considerável: 5% do PNB, para os Estados Unidos, e à volta de 15% do PNB, para a URSS, tanto quanto é possível saber-se. Com este potencial ofensivo, seria possível destruir toda a vida do planeta várias dezenas de vezes. Verifica-se assim que a ideia de um desanuviamento baseado na paridade nuclear e no congelamento das tensões, vinda dos tempos de Nixon, chegou ao fim.

As *negociações sobre a limitação dos armamentos tornam-se muito mais difíceis.* Traduzirão os discursos soviéticos sobre o desarmamento a preferência dos dirigentes em investirem a fundo na economia soviética, ou serão antes um estratagema destinado a iludir a vigilância do adversário, enquanto a URSS se empenha em recuperar do atraso estratégico? Apesar de tudo, no âmbito das negociações do Tratado SALT II, Brejnev e Carter assinam em Viena (15 a 18 de Junho de 1979) um acordo sucinto. Limita o número (2250) e o tipo (um máximo de 1320 mísseis de ogivas múltiplas e um limite de 820 para mísseis ICBM terra-terra) de plataformas de lançamento nucleares intercontinentais para cada um dos dois países. O tratado não reduz a corrida aos armamentos, limitando-se a abrandar a sua progressão. Por outro lado, o Senado americano recusa-se a ratificá-lo, por considerar os acordos demasiado favoráveis à União Soviética. As negociações sobre a redução de forças na Europa, as MBFR *(Mutual Balanced Forces Reduction),* iniciadas em Viena em Outubro de 1973, com a participação de doze países da NATO e de sete países do Pacto de Varsóvia, são inconclusivas. Apesar dos inúmeros encontros, não é possível fazer uma avaliação satisfatória dos efectivos e dos armamentos dos dois blocos, nem tão-pouco propor reduções ou pôr em prática um sistema de controlo aceite por todos. Também nos encontros sobre as forças nucleares de alcance intermédio (FNI), que tiveram lugar em Genebra, a 30 de Novembro de 1981, foi completamente impossível obter quaisquer resultados. A 29 de Junho de 1982, tiveram início em Genebra as negociações START *(Strategic Arms Reduction Talks),* mas rapidamente atingiram o impasse. O problema mais grave é o dos euromísseis.

Os euromísseis. A instalação progressiva na Europa Oriental dos SS 20, mísseis soviéticos de três ogivas nucleares de 150 quilotoneladas cada, de médio alcance (5000 km), apontados para a Europa Ocidental, e de bombardeiros *Backfire*, deixa os europeus alarmados. Se os mísseis soviéticos não têm capacidade para alcançar a América, ameaçam directamente a Europa, sem que a URSS infrinja os limites impostos pelos acordos SALT II (mais de 5500 km).

Na sequência do discurso alarmista de H. Schmidt (Outubro de 1977) e da cimeira informal de Guadalupe (Janeiro de 1979), a NATO denuncia a instalação dos SS 20 e, em Dezembro de 1979, toma a «dupla decisão» de aceitar negociar com a URSS ou, caso esta recuse, modernizar e reforçar os armamentos da NATO na Europa. Até esta altura, as armas nucleares americanas colocadas em Estados europeus não tinham capacidade para alcançar o território da União Soviética. A instalação de mísseis americanos de médio alcance na Europa Ocidental (108 mísseis Pershing II de uma só ogiva e com um alcance de 1.800 km, 464 mísseis cruzeiro com um alcance de 2500 km) reforça e torna mais próxima da União Soviética a ameaça de um ataque nuclear. Deste modo, esta tenta impedir a concretização do plano, propondo o congelamento e a redução do armamento e fazendo campanhas de propaganda. Os Estados Unidos lançam a ideia da «opção zero», proposta por Reagan a 18 de Novembro de 1981 (desmantelamento dos mísseis soviéticos e, do lado americano, fim da instalação dos Pershing e dos Cruise). De 1981 a 1983, a Europa foi invadida por uma vaga de pacifismo, especialmente a Alemanha e a Inglaterra. Mas, após a vitória da coligação CDU-FDP nas eleições alemãs, em Março de 1983, são instalados na Alemanha Ocidental os primeiros mísseis Pershing II, em finais de 1983. É um sucesso inesperado da Aliança Atlântica e um grande revés para a URSS, que de imediato abandona todas as negociações sobre o desarmamento e anuncia um grande aumento do seu arsenal nuclear. Depois da concertação vem o confronto e a corrida ao armamento recomeça com novo fôlego. É relançada pelos Estados Unidos sob a designação de «guerra das estrelas», sendo apresentada como uma forma de por cobro ao «equilíbrio do terror».

A Iniciativa de Defesa Estratégica (IDE), anunciada a 23 de Março de 1983 pelo presidente Reagan, consiste num projecto de instalação de um escudo espacial de protecção contra mísseis balísticos. No entender do presidente Reagan, esta é a maneira de libertar os Estados Unidos do medo do nuclear e talvez também a de proteger a humanidade contra o risco atómico. A ideia consiste na criação de um sistema defensivo que deveria, no ano 2000, tornar obsoletas as armas ofensivas nucleares, interceptando-as e destruindo-as antes que estas pudessem atingir o solo dos Estados Unidos. Os custos do programa (26 mil milhões de dólares) e a inovação tecnológica que pressupõe, têm um efeito desestabilizador, que põe em questão o princípio da dissuasão mútua, constituindo um risco suplementar de desarticulação entre a defesa da América e a da Europa e, além disso, um desafio à União Soviética. Os Soviéticos exigem de imediato que os Estados Unidos abandonem a IDE, pedindo também o recomeço das negociações sobre o desarmamento.

A corrida ao armamento não está confinada aos dois Grandes. Em 1981, as despesas militares ultrapassaram os 450 mil milhões de dólares, ou seja, uma despesa média superior a dois milhões de dólares por minuto. A venda de armas é um dos grandes negócios do comércio mundial. Só os Estados Unidos e a URSS detêm mais de 72% das vendas. Seguem-se a França e a Grã-Bretanha, com 18%. Do lado dos compradores, estão à cabeça os países do Médio Oriente que, só à sua conta, detêm à volta de 57% do total mundial de compras de armamento. Segue-se a África, com 13%, e a América Latina, com 12%.

As dificuldades do diálogo americano-soviético são acompanhadas pelo questionar da co-gestão das relações internacionais. O princípio da não ingerência nos assuntos do outro bloco é infringido quando, por exemplo, os Estados Unidos apoiam os dissidentes dos países de Leste ou quando a URSS intervém na Nicarágua, que se situa na esfera de influência americana. Esta crise nas relações americano-soviéticas assinala também o fim da soberania mundial das duas superpotências. A sua influência decresce à medida que novas potências emergem, ávidas de responsabilidades: China, Japão, Comunidade Europeia, países da OPEP, países não alinhados. As grandes potências passam a ter muita dificuldade em controlar os conflitos periféricos, que se torna ainda maior quando se trata de pôr cobro a conflitos regionais e ao terrorismo internacional.

Incertezas europeias

Empenhados na construção europeia e perturbados com a crise económica, os países da Europa Ocidental estão sobretudo preocupados com os seus próprios problemas. Em 1983, há mais de 12 milhões de desempregados na CEE, ou seja, mais de 10% da população activa. As tentativas de desestabilização levadas a cabo por grupos terroristas na Alemanha e na Itália (rapto e assassinato de Aldo Moro, Março-Maio de 1987) redundam em fracasso. Em contrapartida, a democracia ganha terreno em Espanha, depois da morte de Franco (20 de Novembro de 1975), na Grécia, depois da queda dos coronéis (24 de Julho de 1974) que tinham instaurado a ditadura em Abril de 1967, e em Portugal, depois da «Revolução dos Cravos» (25 de Abril de 1974), que pôs fim ao regime ditatorial que a morte de Salazar [em 1970] não interrompeu e, sobretudo, após a vitória dos moderados sobre os extremistas, nas eleições de 1976.

Uma construção mais lenta da Europa

A construção europeia avança mais lentamente que no período anterior. Com 25 milhões de habitantes, a «Europa dos Nove», que entra em vigor a 1 de Janeiro de 1973, transforma-se na segunda potência económica do mundo, logo depois dos Estados Unidos. Prevê-se a união alfandegária, já existente para os seis antigos países-membros, para 1 de Janeiro de 1978, e a criação de uma verdadeira união económica e monetária.

• *As dificuldades da união económica e monetária*

Quando surgem dificuldades, a Comunidade Europeia reage de um modo anárquico. Perante a desordem do sistema monetário internacional, é visível a falta de cooperação e de solidariedade entre os países membros da CEE; face ao choque petrolífero e ao bloco da OPEP, constata-se a total ausência de política energética comum.

A atitude de alguns Estados, que pretendem proteger a economia nacional, também põe em causa as disposições e o espírito comunitários. A Itália e a Dinamarca adoptam medidas proteccionistas. O Reino Unido, onde os trabalhistas regressam ao poder em Fevereiro de 1974, pede a renegociação do tratado de adesão, tanto no que respeita à política agrícola comum como ao contributo britânico para o orçamento comunitário. Por fim, chegam a acordo sobre os mecanismos correctores que prolongam o período transitório.

A Comunidade concentra todos os seus esforços em ultimar a criação da união alfandegária, porque o projecto de uma união económica e monetária tem de ser adiado, dada a existência de concepções políticas completamente diferentes. A aplicação da política agrícola comum confronta-se com o descontentamento dos agricultores (manifestações em Estrasburgo e em Bruxelas, em 1980) e com as flutuações monetárias entre os países-membros. A produção de lacticínios torna-se cada vez mais excedentária e o aumento das despesas agrícolas obriga as instituições comunitárias a impor limites à primeira e a proceder a cortes nas segundas.

A criação de um sistema monetário europeu. O processo da «serpente monetária», estabelecido em 1972 para limitar as variações entre as divisas europeias que se mantêm próximas do dólar («a serpente no túnel»), é por várias vezes contestado, registando-se várias reavaliações do marco e o enfraquecimento de outras moedas comunitárias. A criação de um Sistema Monetário Europeu (SME), que entra em vigor a 13 de Março de 1979, permite uma relativa estabilização das taxas de juro, graças à criação de uma moeda de referência, o ECU *(European Currency Unit)*, definida a partir de um pacote de moedas europeias cuja composição reflecte o contributo de cada país para a economia comunitária.

Por outro lado, a comunidade europeia sente dificuldades em adoptar uma política comum no domínio energético, particularmente no petrolífero. Tem problemas na luta contra a inflação e contra o desemprego. Surgem também dificuldades no domínio tecnológico e, face ao aparecimento da IDE, a Europa tenta construir uma 'Europa da tecnologia', criando o projecto *Eureka*. Em 1984, rebenta uma grave crise, por causa da contribuição britânica para os fundos da Comunidade, que a primeiro-ministro britânica, a Sr.ª Thatcher, considera demasiado elevada, exigindo e obtendo uma compensação financeira.

• *A Europa num impasse*

No plano político, a Europa também não avança. Em Outubro de 1972, a cimeira de Paris prevê para 1980 a transformação da CEE numa União Europeia com uma posição comum em matéria de política externa. Mas o caminho será mais longo que o previsto. A 9 e 10 de Dezembro de 1974, por iniciativa de Giscard d'Estaing, os chefes de Estado e de governo decidem institucionalizar os seus encontros periódicos. Surge um novo organismo comunitário, o Conselho da Europa, que deverá reunir-se três vezes por ano. Muito rapidamente o Conselho da Europa revela-se um órgão essencial. Para relançar a construção da Europa, é confiada ao primeiro-ministro belga, Léo Tindemans, a missão de elaborar um relatório sobre a União Europeia.

Após muitas discussões, o Conselho Europeu, reunido a 15 de Julho de 1976, decide que o Parlamento Europeu será eleito por sufrágio universal. Estas eleições deverão realizar-se segundo diferentes modalidades, consoante o país. Na realidade, assiste-se a uma justaposição de eleições nacionais, em que se fazem sentir as clivagens

A Construção Europeia

1930 – Maio: Plano Briand para a União Europeia.
1944 – 5 de Setembro: Assinatura do Tratado da União Alfandegária Benelux.
1947 – 5 de Junho: O general Marshall propõe um plano de auxílio económico para a Europa.
1948 – 17 de Março: Pacto de Bruxelas, que institui a União Ocidental.
– 16 de Abril: Criação da OECE.
– 7-10 de Maio: Congresso do Movimento Europeu, em Haia.
1949 – 4 de Abril: Assinatura do Tratado do Atlântico Norte.
– 5 de Maio: Criação do Conselho da Europa.
1950 – 9 de Maio: Robert Schuman propõe que os recursos de carvão e aço dos países da Europa Ocidental sejam partilhados.
1951 – 18 de Abril: Assinatura do tratado que institui a CECA.
1952 – 27 de Maio: Assinatura do tratado que institui a CED.
1954 – 30 de Agosto: A Assembleia Nacional francesa rejeita a CED.
– 23 de Outubro: Acordos de Paris; criação da União da Europa Ocidental, aberta à Itália e à Alemanha Ocidental.
1955 – 1-2 de Junho: Conferência de Messina: «relançamento europeu».
1956 – 29-30 de Maio: Conferência de Veneza; início das negociações com vista à instituição da CEE e da EURATOM.
1957 – 13 de Fevereiro: Abertura das negociações sobre uma zona de comércio livre, no âmbito da OECE.
– 25 de Março: Assinatura dos tratados de Roma.
1959 – 1 de Janeiro: Primeira etapa do Mercado Comum.
1960 – 4 de Janeiro: Convenção de Estocolmo, que cria a EFTA.
– 14 de Dezembro: A OECE transforma-se em OCDE.
1961 – 10/11 de Fevereiro: Os Seis pronunciam-se a favor de uma união política europeia.
– 9 de Agosto: Harold Macmillan pede a adesão da Grã-Bretanha à CEE.
1962 – 14 de Janeiro: Primeira «maratona» em Bruxelas. O Conselho decide passar à segunda etapa do Mercado Comum e adopta os grandes princípios da política agrícola comum (PAC).
– 17 de Abril: Fracasso do plano Fouchet.
1963 – 14 de Janeiro: Veto francês à entrada do Reino Unido na CEE.
– 20 de Julho: Assinatura, em Iaundé, da convenção da associação entre a CEE e dezoito países africanos e Madagáscar.
1965 – 8 de Abril: Tratado de fusão dos executivos das três comunidades.
– 30 de Junho-1 de Julho: Ruptura das negociações sobre o financiamento da política agrícola comum.
1966 – 28-29 de Janeiro: Assunção do designado «compromisso do Luxemburgo».
– 10 de Novembro: Nova candidatura britânica.
1967 – 3 de Junho: Entrada em funções da Comissão única.
– 27 de Novembro: Novo veto francês à adesão do Reino Unido ao Mercado Comum.

1968 – 1 de Julho: Conclusão da União Alfandegária entre os Seis.
– 11 de Dezembro: Plano Mansholt, para a modernização agrícola.
1969 – 29 de Julho: Iaundé II.
– 1-2 de Dezembro: Cimeira de Haia. Triplo acordo: concretização, aprofundamento, alargamento.
1972 – 22 de Janeiro: Assinatura em Bruxelas dos tratados de adesão dos novos membros da CEE (Dinamarca, Reino Unido, Irlanda, Noruega).
– 26 de Setembro: Em referendo, os Noruegueses pronunciam-se contra a adesão à CEE.
1973 – 1 de Janeiro: Nascimento oficial da Comunidade dos Nove.
1974 – 9-10 de Dezembro: Os Nove decidem reunir-se regularmente no Conselho Europeu e propõem que a Assembleia Europeia seja eleita por sufrágio universal.
1975 – 28 de Fevereiro: Assinatura em Lomé de uma convenção entre a Comunidade e 46 Estados de África, das Caraíbas e do Pacífico.
1979 – 13 de Março: Entrada em vigor do SME e do ECU.
– 7-10 de Junho: Primeira eleição por sufrágio universal da Assembleia Europeia.
1980 – Abril-Maio: Os Nove são confrontados com os problemas da contribuição britânica e com a fixação dos preços agrícolas.
1981 – 1 de Janeiro: Entrada da Grécia na Comunidade.
1986 – 1 de Janeiro: Adesão de Espanha e Portugal.
1987 – 1 de Julho: Entrada em vigor do Acto Único Europeu.
1989 – 9 de Dezembro: O Conselho Europeu adopta um plano de União Económica e Monetária.
1990 – 28 de Maio: Reunião para a criação do BERD.
– 1 de Julho: Entrada em vigor da liberalização de movimento de capitais.
1991 – 9-10 de Dezembro: Acordos de Maastricht (Holanda), sobre a união política e a união económica e monetária.
1992 – 7 de Fevereiro: Assinatura do tratado de Maastricht, que institui a União Europeia.
– 21 de Maio: Reforma da PAC.
– 20 de Setembro: Por referendo, a França aprova o tratado da União Europeia, com 51,04% a favor e 48,95%contra.
1993 – 1 de Janeiro: Entrada em vigor do «mercado único» da Europa dos Doze.
– 1 de Novembro: A CEE transforma-se na União Europeia.
1995 – 1 de Janeiro: Entrada na UE da Áustria, da Finlândia e da Suécia.
1997 – 2 de Outubro: Assinatura do tratado de Amsterdão.
1999 – 1 de Janeiro: O Euro entra em vigor.
2000 – 10-11 de Dezembro: Cimeira de Nice; acordo sobre o alargamento da União.
2002 – 1 de Janeiro: O Euro torna-se a moeda única de 12 Estados.
2004 – 1 de Maio: Entrada na União de dez novos países.

da política interna. A primeira eleição por sufrágio universal, em Junho de 1979, confere a presidência a Simone Veil que, em Janeiro de 1982, cede o lugar ao socialista holandês Piet Dankert. Nas eleições europeias de Junho de 1984, é o francês Pierre Pflimlin que é eleito para a presidência. Em 1987, Sir Henry Plumb; em 1989, Enrico Baron Crespo; em 1992, Egon Klepsch; em 1994, Klaus Hansch. Apesar de a sua representatividade ter aumentado, o Parlamento Europeu ainda não possui um papel político relevante, mas esforça-se permanentemente para alargar as suas competências e para aumentar o seu poder de controlo.

O alargamento da Comunidade Económica aos países do Sul da Europa (Grécia, Espanha, Portugal) representa outro desafio, porque as economias destes Estados são menos desenvolvidas do que as da Europa do Norte e do Ocidente. A adesão da Grécia, já associada à CEE desde 1961, dá-se em 1981. Quanto a Espanha e Portugal, que apresentam as candidaturas em 1977, a assinatura do acordo é difícil, devido às reservas postas pela França, que teme a concorrência destes países, mas faz-se a 29 e 30 de Março de 1985. Os dois Estados entram para o Mercado Comum a 1 de Janeiro de 1986. A Comunidade Europeia passa a representar 315 milhões de habitantes.

O passo decisivo é dado em Dezembro de 1985, quando os Dez assinam um acordo para rever o tratado de Roma e para criar, até 1992, um espaço económico sem fronteiras, eliminando as barreiras que limitam as quatro liberdades (circulação de pessoas, de mercadorias, de serviços e de capitais). A 17 de Dezembro de 1985, é adoptado o Acto Único Europeu (que reúne num único documento os textos revistos do tratado de Roma, o tratado sobre a cooperação política e um preâmbulo sobre a União Europeia). A criação deste grande mercado interno irá ter importantes consequências para os consumidores.

Os mal-entendidos transatlânticos

Entre as potências industrializadas que pertencem ao mundo liberal e capitalista, as relações estão mais tensas, tanto no plano económico como no estratégico.

• *Os mal-entendidos económicos*

Os conflitos económicos criam uma divisão cada vez maior entre os Estados Unidos, a Europa Ocidental e o Japão. A crise provoca divisões, acentua as já existentes e revela diferentes capacidades de resistência face à difícil conjuntura. Os Estados Unidos evitam o pior, optando pela política do cada um por si. O Japão passa então para a linha da frente, registando a maior taxa de crescimento entre os países industrializados. De 1975 a 1986, quadruplica o total das exportações, o que cria grandes tensões com os países concorrentes, os Estados Unidos e os Estados da CEE. Todos os Estados se sentem tentados pelo proteccionismo e acusam os seus parceiros comerciais de deslealdade em domínios sensíveis como a siderurgia, a indústria automóvel e a electrónica. Em 1981 e 1982 surgem problemas no comércio entre o Leste e o Ocidente, especialmente devido aos contratos assinados com a União Soviética e às sanções americanas aplicadas às empresas europeias que obtiveram licenças para trabalhar na construção do gasoduto soviético, na Sibéria. Em 1982, a CEE interpela os Estados Unidos, acusando-os de, por diferentes meios, dificultarem o comércio internacional, desestabilizando-o com a flutuação do dólar. Em 1985, a França e os Estados Unidos entram em conflito devido à abertura do GATT a negociações comerciais multilaterais, depois do *Tokyo Round* (1973-1979). No *Uruguay Round,* os Estados Unidos tentam que a CEE deixe de atribuir aos países-membros subsídios para a agricultura (5 a 9 de Dezembro de 1988).

• *Os mal-entendidos políticos*

O flanco sul da NATO é afectado por questões de política interna e os aliados têm posições diferentes sobre a tensão entre o Leste e o Ocidente, que se volta a fazer sentir.

A deterioração das relações atlânticas. A Aliança Atlântica, baseada na partilha das responsabilidades e dos encargos financeiros, deixa a parte mais pesada aos Estados Unidos, que, diga-se, assumem também a posição de comando. Esta situação herdada do pós-guerra, quando a Europa Ocidental estava em plena reconstrução, modifica-se nos anos 70, quando os Americanos decidem reduzir os encargos com a defesa e pedem aos europeus que passem a financiar eles próprios uma parte maior das suas despesas de defesa. Alguns senadores chegam mesmo a propor a retirada das forças americanas da Europa. Em 1971, é desferido outro golpe contra a Europa: a ruptura do sistema monetário. Para melhorar as relações transatlânticas, em 1973, Kissinger lança a ideia de um «ano da Europa», que leva à declaração de Otava, aprovada em Junho de 1974. Este texto relembra os fundamentos e os ideais da Aliança Atlântica e reconhece a importância das armas nucleares francesas e inglesas para o poder de dissuasão global da Aliança.

Mas a crise já está instalada e levanta outro tipo de problemas. Depois do sobressalto com o primeiro choque petrolífero, as democracias liberais ganham consciência da sua interdependência. Na Europa, a chegada ao poder de dirigentes com uma maior vontade de estabelecer compromissos com os Americanos, como o trabalhista Harold Wilson, na Grã-Bretanha (1964-1970 e 1974-1976), o social-democrata Helmut Schmidt, na RFA (1974-1982), ou o liberal Giscard d'Estaing, em França (1974-1981), facilita a realização de cimeiras, na esteira da Comissão Trilateral, que reunia personalidades da Europa, dos Estados Unidos e do Japão. As cimeiras pautam a evolução das relações ocidentais (Rambouillet, Novembro de 1975; Jamaica, 1976). Depois da cimeira de Versalhes (1982), os ministros das Finanças dos Cinco (Estados Unidos, Reino Unido, RFA, Japão, França), a que se juntam por vezes os do Canadá e da Itália – o chamado «grupo G 7» –, passam a desempenhar um papel de relevo em questões monetárias. A concertação trilateral é original e importante, mas as suas limitações revelam-se rapidamente. As reuniões discretas dão lugar a encontros espectaculares, deturpados pela mediatização. Sobretudo, a cooperação revela-se limitada e confronta-se com divergências de interesses, especialmente no respeitante às relações entre o Leste e o Ocidente.

Os aliados estão divididos até quanto a questões de Defesa, possuindo perspectivas completamente diferentes quanto ao futuro do desanuviamento. À excepção do Reino Unido, que pretende a todo o custo preservar e reforçar os laços com os Americanos, a Europa Ocidental, onde os movimentos pacifistas se insurgem contra a instalação dos euromísseis, está mais interessada do que os Estados Unidos em manter o diálogo com o Leste. Atingida pela onda pacifista, desenvolve-se na RFA um verdadeiro nacional-neutralismo, que recusa sacrificar a *Ostpolitik* à nova guerra fria americano--soviética. Mas, com as eleições de 1983, a Alemanha Ocidental reafirma a fidelidade atlântica, reivindicando também – por ocasião do «ano Lutero» – a sua identidade nacional alemã. Os Estados Unidos vêem no comportamento europeu um risco de neutralidade, tanto mais que os contratos de compra maciça de gás siberiano são interpretados como um sinal de dependência das economias europeias em relação aos fornecedores soviéticos.

A própria Iniciativa de Defesa Estratégica (IDE) divide os europeus, que a vêem como uma ameaça, uma vez que cria uma desproporção entre a defesa americana e a europeia. A participação dos aliados no programa IDE, proposta pelos Americanos, também é recebida com reticências pelos europeus; contudo, em 1985 e 1986, Ingleses, Alemães e Italianos negoceiam com Washington. Por seu lado, a França propõe aos países europeus o projecto Eureka, destinado a «concretizar a Europa da tecnologia».

Americanos e europeus também estão divididos quanto ao conflito israelo-árabe: os governos francês e italiano têm uma política pró-árabe; os outros governos têm uma política pró-israelita. A coesão da Aliança é ainda ameaçada por alguns problemas de política interna e por conflitos bilaterais.

As *tensões no seio da NATO.* O conflito de Chipre leva a Grécia, entre 1974 e 1980, a abandonar a organização, dando origem a uma longa crise entre esta e a Turquia, embora os dois países sejam parceiros no seio da Aliança Atlântica. A chegada ao poder dos socialistas gregos, em Outubro de 1981, provoca um novo arrefecimento nas relações com a NATO. A revolução portuguesa de Abril de 1974, que põe fim a quarenta anos de ditadura, leva ao poder uma equipa governamental que, numa primeira fase, é composta por ministros comunistas. Em Malta, em 1971, a subida ao poder de um governo trabalhista leva a NATO a decidir abandonar o quartel-general que tinha instalado na ilha, o que viria a concretizar em 1974. Em 1981, Malta estabelece um acordo com a URSS. Em contrapartida, a Espanha entra para a NATO em 1982, embora coloque muitas reservas relativamente à organização militar integrada.

A crise de liderança soviética

A sedução que o comunismo exerce sobre o Ocidente é bem menor do que outrora. Trata-se de um enfraquecimento evidente, bastando, para o efeito, observar os resultados eleitorais dos partidos comunistas ocidentais. Apesar de terem abandonado o princípio da ditadura do proletariado e de pretenderem agora alcançar «o socialismo em liberdade e em democracia», a sua influência estagna ou diminui.

• *O eurocomunismo*

Nos Estados da Europa de Leste, a URSS depara-se com uma cada vez maior rejeição a uma directiva do Partido Comunista Soviético: o «internacionalismo proletário».

Na tentativa de conservar a sua influência sobre os partidos comunistas europeus, os Soviéticos realizam conferências comunistas europeias. A primeira conferência europeia realiza-se em Karlovy Vary, na Checoslováquia, em Abril de 1967. A segunda decorre em Berlim Oriental, de 29 a 30 de Junho de 1976, mas, após prolongadas negociações e contrariamente ao que Brejnev teria desejado, não irá consagrar a supremacia do Partido Comunista da União Soviética nem o internacionalismo proletário. Os partidos comunistas da Checoslováquia, da Alemanha, da Hungria, da Bulgária, da Polónia e de Portugal mostram-se dispostos a aceitar o internacionalismo proletário, mas os dos outros países recusam-se a aceitá-lo.

De entre os partidos que se pretendem autonomizar face à direcção soviética, destaca-se o Partido Comunista Italiano, que, liderado pelo seu secretário-geral, Enrico Berlinguer, goza de grande prestígio, devido ao sucesso obtido nas eleições gerais italianas de 20 de Junho de 1976 (33,7% dos votos). O Partido Comunista Italiano, que não hesita em tecer críticas à URSS, encara a hipótese de fazer um «compromisso histórico» com a democracia cristã, o que lhe permitiria alcançar o poder. Além disso, aprova o Mercado Comum e a presença da Itália no Pacto Atlântico. O Partido Comunista Francês assume uma atitude moderada. Em 1968, demarca-se pela primeira vez da linha soviética, condenando moderadamente a intervenção militar da URSS na Checoslováquia. Em 1972, num «programa comum» com o Partido Socialista, aceita a NATO e a Comunidade Europeia. Por fim, no Congresso de 1976, afirma os princípios da independência e da igualdade soberana de cada Partido, bem como a liberdade de escolha de diferentes vias para o socialismo. O «eurocomunismo», construído em torno do Partido Comunista Italiano, que ganhou para a sua causa o Partido Comunista Francês e o Partido Comunista Espanhol, rejeita a ideia do Partido-Guia e do Estado-

-Guia, ambicionando apresentar uma alternativa que se adeque tanto ao Leste como ao Ocidente. Caracteriza-se pela vontade de estabelecer um estreito compromisso entre socialismo, liberdade e democracia. É neste sentido que se realiza em Roma, em Novembro de 1975, uma reunião entre o PCI e o PCF. Mas, devido aos acontecimentos no Afeganistão e na Polónia, os dois Partidos irão entrar em divergência crescente.

• *A crise polaca*

Na Europa de Leste, à excepção da Bulgária e da Alemanha de Leste, as democracias populares põem em causa o modelo soviético e a hegemonia moscovita. A Roménia, sob a direcção do governo de Nicolae Ceausescu, destaca-se cada vez mais da linha oficial, ao mesmo tempo em que a ditadura interna se fortalece. A sua autonomia manifesta-se por várias vezes durante a crise do Médio Oriente. Na Hungria, Janos Kadar tenta propiciar algum bem-estar material às populações. Na Checoslováquia, depois da «normalização» que se seguiu aos acontecimentos de 1968, o movimento contestatário está confinado à elite intelectual: os «signatários da carta 77».

Na Polónia, pelo contrário, a revolta dos intelectuais, devido à crise económica, conquista o apoio da maioria dos operários e dos camponeses, apoiando-se num forte sentimento nacional e na influência da Igreja Católica, acrescida tanto mais após a ascensão ao pontificado, a 16 de Outubro de 1978, do arcebispo de Cracóvia, Carol Woytila, que assume o título de Papa João Paulo II. A sua visita a Varsóvia confirma a referida influência da Igreja Católica no país. Na sequência de uma subida de preços, vagas de greves iniciadas em Fevereiro de 1980 nos estaleiros navais de Gdansk levam o Partido Comunista Polaco a reconhecer a existência legal de um sindicato independente, o «Solidariedade», dirigido por Lech Walesa, e a assinar os acordos de Gdansk, a 31 de Agosto de 1980. A 6 de Setembro desse ano, E. Gierek cede o lugar de secretário-geral do PC polaco a S. Kania. Em Fevereiro de 1981, o general Jaruzelski torna-se primeiro-ministro.

Durante o ano de 1981, aumenta o fosso entre o Partido Comunista Polaco, centro do poder legal, e a massa dos trabalhadores, apoiados pela Igreja Católica e organizados no Sindicato Livre Solidariedade, que conta com cerca de dez milhões de associados. A persistência dos problemas e a inquietação que os países do Pacto de Varsóvia começam a manifestar, parecem apontar para uma medição de forças. Irá a União Soviética enveredar pela intervenção armada? Os Soviéticos acabam por forçar o general Jaruzelski, novo secretário-geral do Partido Comunista Polaco, a um verdadeiro golpe de Estado militar, a 13 de Dezembro de 1981, destinado a restabelecer a autoridade do Partido.

Depois de um período de repressão – estado de sítio, repressão policial, ilegalização do Solidariedade, em 1982 –, o poder tenta colaborar com a hierarquia católica. Apesar da libertação do líder do Solidariedade, em Novembro de 1982 (em 1983, foi galardoado com o Prémio Nobel da Paz) e não obstante, em finais do mesmo ano, o levantamento do estado de sítio, os conflitos internos terem sido mais ou menos resolvidos e as dificuldades sentidas pela resistência interna, a estabilização está longe de ser atingida. A crise polaca tem consequências dramáticas nas relações entre o Leste e o Ocidente: Americanos e Franceses adoptam uma política de sanções e cortam todas as relações com a Polónia, até à «visita de trabalho» que, em Novembro de 1985, Jaruzelski faz a Paris.

As tensões no Sudeste Asiático, na América Latina e no Médio Oriente

A crise económica não afectou apenas o diálogo entre as grandes potências. O Terceiro Mundo, atingido pelo sobreendividamento e por um crescimento demográfico descontrolado, afunda-se na guerra e na pobreza. Contrariamente ao que se passou no período anterior, em que se assistiu a uma relativa aproximação e a uma certa solidariedade entre os países do Terceiro Mundo, agora é o egoísmo que impera. O diálogo Norte-Sul derrapa. O mundo árabe é devastado pelas guerras. A África destrói-se a si própria. E, na conferência dos países não alinhados, em Havana (3-9 de Setembro de 1979), o marechal Tito opõe-se a Fidel Castro, que pretende reduzir o movimento a uma simples correia de transmissão das vontades soviéticas. Se a América tem tendência a fechar-se sobre si própria, o mesmo não se pode dizer da União Soviética, que intervém por toda a parte, ora directa ora indirectamente. Às repercussões do confronto entre as duas potências, acrescentam-se os conflitos bilaterais, que as grandes potências já não conseguem travar, nem tão-pouco controlar. Às tradicionais regiões de tensão – Médio Oriente, Sudeste Asiático, América Latina – vêm juntar-se novas zonas de conflito: Oceano Índico, África e Pacífico.

As convulsões no Mediterrâneo e no Médio Oriente

- *Manutenção da importância estratégica do Mediterrâneo*

Apesar da importância económica do Mediterrâneo ter diminuído, devido aos encerramentos do Canal de Suez e à construção de superpetroleiros, o seu papel estratégico permanece muito importante, com a União Soviética a alcançar aí a influência por que sempre ansiara.

Pelo Mediterrâneo passa um sexto do tráfego marítimo geral e um terço do tráfego petrolífero mundial. As forças das duas superpotências encontram-se aqui lado a lado, o que transforma a região num potencial ponto de confronto.

Para ficar em igualdade de circunstâncias com a sexta esquadra americana, que pode atracar quase em qualquer lado, uma esquadra soviética atravessa o Mediterrâneo e encontra costas acessíveis na Argélia e na Síria.

Para complicar as coisas, os dois aliados orientais da NATO entram em conflito por causa de Chipre. Com uma população constituída essencialmente por Gregos (80%) e com uma minoria turca (18%), a ilha de Chipre – que fez parte do Império Otomano que, em 1878, cedeu a sua administração à Grã-Bretanha – é um local privilegiado para o trânsito entre as margens do Mediterrâneo, tendo adquirido, com a abertura do Canal de Suez (1869) uma redobrada importância estratégica. A solução para o problema da coabitação das populações grega e turca não podia ser nem a anexação da ilha pela Grécia (a Enosis), nem a integração na Turquia. A 16 de Agosto de 1960, na sequência dos acordos de 1959, torna-se um Estado independente e neutro, chefiado por Makarios. Mas, sob o cenário de fundo da rivalidade americano-soviética no Mediterrâneo Oriental, continuam a registar-se graves conflitos entre as duas comunidades (1963, 1965,

1967). Na Grécia, pouco depois dos incidentes de 15 de Julho de 1973, que derrubam a ditadura dos coronéis, o novo governo inspira um golpe de Estado contra Makarios, a 15 de Julho de 1974, colocando no poder dirigentes favoráveis à Enosis. A Turquia decide intervir. Em Agosto, as tropas turcas ocupam aproximadamente 40% do território do Norte da ilha, o que provoca o êxodo para o sul de parte da população grega. Uma vez mais, a Grécia e a Turquia estão em guerra aberta, embora pertençam ambas à Aliança Atlântica, o que deixa os Estados Unidos numa situação embaraçosa, vendo-se obrigados a escolher entre dois aliados. Sem abandonar a Aliança Atlântica, a Grécia decide então abandonar a organização militar da NATO, que volta a reintegrar em Outubro de 1980. Apesar das negociações, a divisão da ilha em dois Estados torna-se, pouco a pouco, um facto consumado. Os encontros entre os chefes do governo turco e grego, em Junho de 1988, nada adiantaram relativamente à situação de Chipre.

Os incidentes americano-líbios. Depois da queda, em 1969, da dinastia senussita, estreitamente ligada aos Estados Unidos, a Líbia estabelece, em 1974, relações privilegiadas com a União Soviética. Dá então início a uma desenfreada política de armamento e começa a sua política de desestabilização sistemática na África e no Médio Oriente. As relações de hostilidade entre a Líbia do coronel Kadhafi e a América do presidente Reagan degeneram várias vezes em confrontos, podendo destacar-se a incursão aérea americana sobre Bengazi e Tripoli, a 15 de Abril de 1986, na sequência de acções terroristas líbias.

• *A guerra sempre presente no Médio Oriente*

Ao conflito israelo-árabe vêm juntar-se novas tensões, que contribuem para transformar o Médio Oriente numa região perigosa para a paz mundial. Com efeito, assiste-se ao ressurgimento do Islão, ao desenvolvimento do fundamentalismo muçulmano e ao despertar da vontade de autonomia dos actores regionais. As consideráveis riquezas obtidas com a venda do petróleo permitem a alguns Estados (Líbia, Arábia Saudita, Iraque, Emirados Árabes Unidos, Kuwait) adquirir armamento moderno. Devido à influência crescente dos muçulmanos xiitas, o Islão desempenha um papel fundamental na revolução iraniana, que institui uma «República Islâmica» (submissão do povo ao

Alcorão e ao poder do imã Khomeiny). Senhor da Síria, principal aliado dos Soviéticos na região, o presidente Hafez el-Assad sonha com a unificação dos árabes e com a restauração da Grande Síria, que reuniria em torno de Damasco o Líbano, a Jordânia e o futuro Estado palestiniano. O coronel Kadhafi, que também enriqueceu com os petrodólares, sonha igualmente com a unidade do mundo árabe, mas com a Líbia como centro. A Arábia Saudita, que ficou com a parte de leão do *boom* petrolífero, alcançou uma posição proeminente.

Face ao desenrolar dos acontecimentos, as grandes potências têm dificuldade em controlar a situação. A União Soviética fornece à Síria uma quantidade considerável de material militar e apoia os Estados revolucionários como a Etiópia, a Líbia e o Iémen do Sul. Sobretudo, pela sua intervenção directa no Afeganistão, deixa bem clara a sua intenção de participar no controlo do Golfo Pérsico. Os Estados Unidos esforçam-se por contrariar as ambições soviéticas na região, praticando uma política que oscila entre a intervenção directa (Líbano, Golfo Pérsico) e o apoio aos Estados moderados, como a Arábia Saudita e o Egipto.

A acção dos Estados Unidos e, mais concretamente, a do secretário do Departamento de Estado, Kissinger, é decisiva para a aproximação israelo-egípcia, que começa pelo encontro entre militares dos dois países, no Sinai, na zona do «Quilómetro 101». A diplomacia dos «pequenos passos», de Henry Kissinger, permite aos Estados Unidos readquirir a sua influência na região. Mas a coragem do presidente egípcio Anuar el-Sadat permite chegar ainda mais longe. A aproximação de posições entre Israel e o Egipto concretiza-se com a espantosa viagem do presidente Sadat a Jerusalém (19 a 21 de Novembro de 1977), com os acordos de Camp David (5 a 17 de Setembro de 1978), negociados por Begin e Sadat sob a égide do presidente Carter, e com o tratado de paz assinado em Washington entre Israel e o Egipto (26 de Março de 1979). Graças à participação e ao apoio dos Estados Unidos, chega ao fim o estado de guerra que existia há mais de 30 anos entre Israel e o mais poderoso dos seus vizinhos árabes. O Egipto obtém a restituição dos territórios ocupados desde 1967: em Abril de 1982, na sequência da execução do tratado, conclui-se a evacuação do Sinai. Mas quaisquer tentativas posteriores para trazer à região uma paz generalizada viriam a revelar-se inúteis.

Esta política isola completamente o Egipto não só dos países árabes – Argélia, Líbia, Iraque, Iémen do Sul, OLP –, que constituem a «Frente de recusa» (Dezembro de 1977), como também dos países moderados, como a Arábia Saudita e a Jordânia. A nona cimeira árabe de Bagdad exclui o Egipto da Liga Árabe e delibera que a conferência passará a realizar-se em Tunes (Novembro de 1976). A política audaciosa que seguiu e a escalada das correntes conservadoras custaram a vida ao presidente Sadat que, a 6 de Outubro de 1981, é assassinado por fundamentalistas islâmicos. Às causas políticas, juntam-se factores religiosos que vêm dificultar a unidade do mundo árabe, que a guerra entre o Irão e o Iraque divide mais do que nunca. A religião islâmica, com duas grandes correntes – sunitas e xiitas – e com um sem número de seitas, torna-se um factor de divisão, pondo os Estados uns contra os outros e incrementando muitas guerras civis.

Quanto à questão palestiniana, não só não está resolvida como se agrava cada vez mais. Desde a sua criação em 1964, que a Organização para a Libertação da Palestina se esforça por obter reconhecimento internacional. Em Setembro de 1974, pela primeira vez, a ONU coloca na sua ordem de trabalhos a questão palestiniana, e já não «o problema dos refugiados». E o líder da OLP, Yasser Arafat, convidado a discursar perante a Assembleia Geral, defende a criação de um único Estado democrático palestiniano (13 de Novembro de 1974).

A política israelita, conduzida pelo chefe do partido conservador, Menahem Begin (1977-1983), consiste em negar a nação palestiniana e em se recusar terminantemente a reconhecer a OLP. Em Julho de 1980, Israel faz de Jerusalém a sua capital; em Dezembro de 1981, anexa o território sírio dos montes Golã, encorajando também a instalação de colonatos judeus na Cisjordânia. Os países árabes reconhecem a OLP como o único representante dos Palestinianos e apoiam-na moral e materialmente. A URSS reconhece a OLP e torna público o seu apoio à existência de um Estado palestiniano. Os Estados Unidos preconizam a criação de uma pátria palestiniana, enquadrada na Jordânia e que incluiria a Cisjordânia. Aquando da cimeira de Veneza (13 de Junho e 1980), os membros da Comunidade Europeia recomendam que a OLP seja parte integrante do processo de paz. E o presidente Mitterrand, no discurso proferido em Jerusalém a 4 de Março de 1982, defende a criação de um Estado Palestiniano. Entre o imobilismo israelita e o terrorismo árabe, o impasse é total.

Antiga possessão francesa, independente desde 1945 e apontado como modelo de equilíbrio intercomunitário, o Líbano já não é um oásis de paz e prosperidade. Encontrando-se devastado pelas tradicionais rivalidades entre cristãos maronitas (católicos de rito sírio) e muçulmanos (drusos e xiitas), é também afectado pelo conflito israelo-árabe, porque as organizações palestinianas se instalaram no Líbano após a sua expulsão da Jordânia, em Setembro de 1970. Em 1975, na sequência dos confrontos entre militantes das Falanges cristãs e palestinianas, rebenta a guerra civil. Pouco a pouco, o Estado libanês pulveriza-se numa série de microcomunidades. A situação é tanto mais grave quanto as Forças Temporárias das Nações Unidas no Líbano (FTNUL) se revelam impotentes perante os acontecimentos, o que leva países vizinhos a intervir. Inicialmente, a partir de 1976, a Síria tenta arbitrar o conflito, apoiando alternadamente os palestinianos progressistas e as forças cristãs. Israel, depois das incursões dos palestinianos refugiados nos campos do Sul do Líbano *(Fathaland)*, decide exercer represálias, como sejam as registadas em Março de 1978. Mas a operação «Paz na Galileia», em Junho de 1982, possui um alcance muito maior. Os Israelitas esperam conseguir expulsar as forças da OLP e instaurar no Líbano um poder forte, que estabeleça a paz com Israel. O cerco a Beirute consegue expulsar a OLP do Líbano, mas contribui para a desagregação do país, cujo novo Presidente da República, chefe das milícias cristãs, Bechir Gemayel, é assassinado a 14 de Setembro de 1982. A intervenção israelita, que se depara com maior resistência do que a esperada, degenera em derrota e salda-se finalmente pela retirada das tropas israelitas (Julho de 1983). Perante a gravidade da situação interna do Líbano, a ONU envia uma força multinacional «de interposição», composta por contingentes americanos, franceses, italianos e ingleses. Esta força, que contraria os interesses da Síria, é alvo de um atentado a 23 de Outubro de 1983, que vitimiza 58 soldados franceses e 241 americanos. A força multinacional retira do Líbano. A paz parece cada vez mais longínqua, num país em que as estruturas estatais se desfizeram completamente e onde as grandes potências não ousam intervir. A Síria fica com o campo aberto.

As lutas de influência na Ásia e no Sudeste Asiático

A presença das grandes potências volta a fazer-se sentir nesta região, onde o xadrez político sofreu algumas alterações: os Estados Unidos mostram-se menos interessados na Indochina. Em contrapartida, a influência da União Soviética é cada vez maior e assiste-se ao expansionismo vietnamita e ao desenvolvimento de um eixo Pequim-Tóquio-Washington, que se opõe ao eixo Moscovo-Hanói.

• *O expansionismo vietnamita*

O fim da guerra. O Vietname permanece o problema fulcral: os acordos de Paris, de 27 de Janeiro de 1973, não puseram fim à guerra entre o Norte e o Sul, onde as forças do GRP ganham terreno aos soldados do general Thieu. O processo de reunificação do Vietname, que confere vantagens ao regime de Hanói, constitui apenas uma etapa no projecto estratégico que visa unificar a antiga Indochina, para melhor a proteger da cobiça chinesa. Primeiro, dá-se a absorção do Sul pelo Norte. Em Abril de 1975, a ofensiva comunista sai vitoriosa, tanto mais porque o presidente americano Gerald Ford não conseguiu enviar a ajuda militar de urgência requerida pelo governo de Saigão, devido à recusa do Congresso. A resistência do Sul é completamente arrasada.

À queda de Saigão e de Phnom-Penh (Abril de 1975), sucede-se a passagem do Laos a República Popular, com a vitória do Pathet Lao (Dezembro de 1975). Toda a antiga Indochina passa a ser comunista. Mas a instabilidade continua, agravada pelo genocídio perpetrado pelos Khmers Vermelhos no Camboja, rebaptizado de Kampuchea Democrático.

A guerra do Vietname abala fortemente o prestígio americano e o desinteresse das potências ocidentais está bem patente na dissolução da OTASE (30 de Junho de 1977). No entanto, a «teoria do dominó» não ultrapassa as fronteiras da antiga Indochina Francesa: a Tailândia, apesar de graves dificuldades fronteiriças com o Camboja e não obstante a existência de guerrilheiros comunistas no Norte, resiste à maré revolucionária. A 8 de Agosto de 1967, juntamente com a Malásia, a Indonésia, as Filipinas e Singapura, funda um agrupamento regional, a ASEAN *(Association of South East Asian Nations)*, organismo de cooperação económica e política que se pauta pela neutralidade. Pretende-se construir no Sudeste Asiático uma zona de paz e de neutralidade, livre de quaisquer interferências de potências exteriores à região. Mas o receio da expansão vietnamita leva a

ASEAN a aproximar-se dos Estados Unidos, para se proteger das ameaças subversivas. Assim, graças às estreitas relações com o Japão, com a Coreia do Sul e com os países da ASEAN, que lhes alugam as bases de Clark Field e Subic Bay, e devido sobretudo às relações com a China, os Estados Unidos continuam a ter um papel importante na região.

Os protectorados vietnamitas: Laos e Camboja. A República Democrática do Vietname, reunificada em 1975 depois da vitória dos comunistas, é a principal potência militar da região. Em Julho de 1977, impõe o seu protectorado ao Laos, que se transforma assim num satélite da URSS. No Camboja, a estratégia expansionista do Vietname esbarra com uma dificuldade: o apoio activo de Pequim ao regime de Pol Pot. Os combates fronteiriços originados pelos diferendos territoriais e a denúncia dos massacres dos Khmers Vermelhos, dão ao Vietname o pretexto de que precisava para uma intervenção militar (25 de Dezembro de 1978-7 de Janeiro de 1979) e para a ocupação do Camboja. O Vietname derruba o regime de Pol Pot e instaura um protectorado efectivo. Todo o xadrez político da Indochina é reformulado sob a égide política e militar do Vietname. O estado de guerra endémico que grassa na região, os massacres e as pilhagens, provocam migrações de vietnamitas e de cambojanos, que abandonam o país, sobretudo por mar (daí o nome de *boat-people)*, muitas vezes colocando em risco a própria vida.

• *A atitude da China face à dupla hegemonia*

O Sudeste Asiático é uma questão importante no conflito sino--soviético, que continua. Os sucessores de Mao Tsé-Tung e de Chu En-Lai, ambos falecidos em 1976, nada alteram na política externa da China. Esta, mantém a sua inabalável oposição à dupla hegemonia dos Estados Unidos e da União Soviética, mas, na prática, apoia tudo o que possa contrariar a URSS, tanto em África como na Ásia, reivindicando também os territórios ocupados pela Índia. Considerando que a URSS se tornou o seu «inimigo principal», os dirigentes chineses elaboram «a teoria dos três mundos»: Estados Unidos e URSS constituem o «primeiro mundo», o dos imperialismos; a Europa, o Canadá e o Japão formam um mundo intermédio, capaz de se opor às duas hegemonias; por último, o «terceiro mundo» engloba os países em vias de desenvolvimento, com a China a pretender afirmar-se como seu líder. Na realidade, estamos perante uma rivalidade absoluta entre as duas potências comunistas. De um modo geral, a China segue uma política que visa contrariar a da União Soviética. Mantém as suas reivindicações sobre as regiões fronteiriças da URSS, caso do Pamir, e da Índia. Mais importante, considera-se a grande potência do Sudeste Asiático.

Face à assinatura de um tratado de amizade entre a União Soviética e o Vietname, em Novembro de 1978, a China fica preocupada, tanto mais que assiste ao avanço vietnamita no Laos e no Camboja. Temendo ficar entalada entre a União Soviética e o seu aliado vietnamita e vendo uma oportunidade para «dar uma lição» ao Vietname, a China invade temporariamente as regiões fronteiriças (17 de Fevereiro-3 de Março de 1979). Os Soviéticos limitam-se a enviar armas. Esta «operação» transforma a China no «polícia» da região.

A reaproximação sino-soviética. Por outro lado, a China continua a aproximação ao Ocidente, encetada no início da década de 70. Em Agosto de 1978, assina com o Japão um tratado de paz e amizade, que inclui uma cláusula «anti-hegemónica», que se refere obviamente à URSS. Depois da viagem de Nixon a Pequim (21-28 de Fevereiro de 1972) as negociações sino-americanas debruçam-se sobre o problema de Taiwan, que os Americanos se recusam a ignorar. Com a chegada ao poder de Deng Xiaoping na China e de Carter nos Estados Unidos, a China estabelece, a 16 de Dezembro de 1978, relações diplomáticas com os Estados Unidos, que reconhecem a República Popular como o único governo legal da China. A viagem de Deng Xiaoping aos Estados Unidos, em Fevereiro de 1979, e a crise afegã, confirmam a espectacular aproximação entre Pequim e Washington. Ainda que a China permaneça um Estado marxista-leninista, trata-se efectivamente de uma verdadeira aliança com o Ocidente e contra a URSS.

A melhoria nas relações sino-soviéticas. A partir de 1982, Pequim parece procurar relações equidistantes entre Moscovo e Washington. Depois da morte de Mao Tsé-Tung, a China abandona a revolução cultural; desde então, o conflito com a União Soviética perde parte da sua dimensão ideológica. Sob o impulso de Deng Xiaoping, o regime torna-se realista. As relações intensificam-se em 1985, apesar de continuarem a existir «obstáculos» à normalização, como a intervenção soviética no Afeganistão e a vietnamita no Camboja. A retoma de relações mais cordiais concretiza-se com a viagem de Gorbatchev à China, de 15 a 18 de Maio de 1989, que, após trinta anos de divergências, sela a normalização das relações entre os dois países.

• *O papel do Japão e da Índia*

O Japão, que se transformou numa superpotência económica, permanece um anão no domínio político. As relações externas deste país, que restringiu o seu investimento militar e delegou a sua defesa na aliança americana, foram durante muito tempo essencialmente comerciais e financeiras. Em 1956, restabelece relações diplomáticas com a URSS, mas não assinam um tratado de paz, porque o Japão reivindica as ilhas do sul das Curilas (a norte de Hokkaido), ocupadas pelos Soviéticos desde 1945. A 12 de Agosto de 1978, o Japão assina com a China um tratado de paz e amizade. Entretanto, torna-se um parceiro comercial privilegiado da China e da URSS. Pouco a pouco, o Japão afasta-se do alinhamento tradicional com Washington e põe em prática uma política regional independente. Uns atrás dos outros, conquista mercados aos Americanos, de tal modo que são mais os Americanos a temer a ameaça económica japonesa do que os que temem a ameaça militar soviética. Também os europeus se preocupam com os Japoneses, devido à sua expansão comercial em vários sectores-chave da indústria: o aço, os automóveis, a electrónica. Resta ainda dizer que, se o Japão concretizasse o seu programa de defesa, tornar-se-ia uma grande potência militar na região Ásia-Pacífico.

A Índia goza ainda de uma certa autoridade moral, graças ao importante papel que Nehru desempenhou na criação do movimento dos não alinhados, ainda que tenha por vezes abandonado a sua posição de país neutro, alinhando com a diplomacia soviética (tratado de aliança, em 1971) para conseguir apoio contra os seus dois maiores rivais: o Paquistão e a China. Mas o grande problema do país são as contradições nacionais e religiosas. O descontentamento dos sikhs, minoria religiosa implantada no Punjab e que reclama uma maior autonomia, transforma-se em revolta, fazendo com que a primeiro-ministro Indira Gandhi seja assassinada (31 de Outubro de 1984).

• *O avanço dos países do «arco do Pacífico»*

A Ásia é também uma região de conflitos «adormecidos». A questão da Coreia, que não ficou resolvida com o armistício de 1953, volta à ribalta em Setembro de 1983, quando a aviação militar soviética abate um avião civil sul-coreano.

A ÁSIA-PACÍFICO

Fonte: *Le Monde*

A situação da Coreia, enquanto nação dividida em dois Estados, adquire um carácter simbólico, reflectindo a própria divisão do mundo. Existindo o risco permanente do recomeço das hostilidades entre Pyongyang e Seul, a Coreia é também um local de grande interesse estratégico para as quatro potências presentes na região

Ásia-Pacífico: para os Estados Unidos, que desde os anos 50 aí mantêm permanentemente estacionadas forças militares; para a União Soviética, cuja influência na Ásia não pára de crescer; para o Japão e para a China, que durante muito tempo disputaram o controlo sobre a Coreia. Esta multiplicidade de interesses conduzem à perpetuação do *statu quo*. Embora sujeita a grandes tensões, que se devem ao regime ditatorial e à permanente ameaça militar do Norte, a Coreia do Sul torna-se uma potência comercial e industrial.

Taiwan é um país pequeno, em superfície e em população, que o Ocidente decidiu votar ao isolamento. Decisão tanto mais paradoxal quanto o extraordinário desenvolvimento económico do país o transformou numa das novas potências industriais da Ásia, num dos quatro «dragões». A resolução do problema de Taiwan encontra-se num impasse, visto que Taipé recusa a integração na China.

Os países do «arco do Pacífico», a Coreia do Sul, Taiwan, Hong Kong e Singapura, conseguiram penetrar nos mercados mundiais e fazem concorrência aos antigos centros industriais da Europa e da América do Norte, desempenhando assim um papel activo na redistribuição dos pólos de poder mundiais.

A desestabilização da América Latina

Durante este período, a guerrilha e os golpes de Estado proliferam na América Latina, transformando-a numa das regiões mais instáveis do planeta. As causas destes conflitos são sobejamente conhecidas. A fragilidade das estruturas económicas, as desigualdades sociais e a fraqueza dos sistemas políticos propiciam a expansão da guerrilha e o desenvolvimento das correntes marxistas. O domínio norte-americano torna-se cada vez mais insuportável para os países da América Latina, particularmente para os da América Central, que manifestam a sua vontade de se tornar independentes da potência vizinha, cuja política para a região também se foi alterando.

• *A influência do modelo cubano*

Durante este período, a América Latina é abalada por violentas agitações, devido aos confrontos entre os movimentos revolucionários marxistas-leninistas e os regimes conservadores, numa altura em que várias ilhas e territórios britânicos (Jamaica, Barbados, Bahamas, Granada, Bermudas, Belize) e holandeses (Suriname) se tornam independentes. O desenvolvimento económico é acompanhado por enormes desigualdades sociais, o que favorece a propagação das ideias revolucionárias vindas de Cuba.

Cuba foi a primeira democracia popular da América e não esconde a sua vontade de espalhar a revolução a toda a América Latina. A hostilidade do governo americano reforça a popularidade do regime cubano e transforma Fidel Castro num dos heróis do anti-imperialismo. Cuba apoia movimentos de emancipação em África (Angola, Guiné-Bissau), agindo umas vezes por conta própria, como missionária da revolução, e outras por conta de Moscovo. De 1975 a 1985, 200 000 cubanos participam em combates em Angola e na Etiópia. Apesar da sua dependência face à União Soviética, Cuba vê o seu prestígio aumentar no Terceiro Mundo. Prova disso é a realização em Havana (3 a 9 de Setembro de 1979) da sexta cimeira dos países não alinhados.

• *A crise de liderança dos Estados Unidos*

Até ao final dos anos 70, os Estados Unidos zelaram pela manutenção do *statu quo* político do hemisfério ocidental, ainda que este já não seja uma coutada sua. Desde 1962 toleram a existência de um regime comunista, aliado da União Soviética, na sua esfera de influência. Salvo essa excepção, praticam uma política de contenção do comunismo, de acordo com os seus interesses económicos e estratégicos. Não aprovam a experiência marxista levada a cabo no Chile, sob a liderança de Salvador Allende, derrubado a 11 de Setembro de 1973 por um golpe de Estado chefiado pelo general Pinochet. Os Estados Unidos apoiam ditaduras e derrubam os dirigentes dos Estados que têm por perigosos para os seus interesses e para a estabilidade da região.

A política de Carter (1976-1980). Durante a presidência de Jimmy Carter, que proclama o seu apego aos Direitos do Homem e ao princípio da soberania das Nações, a atitude dos Estados Unidos para com a América Latina altera-se radicalmente. Põem em prática um sistema de ajuda selectiva aos Estados latino-americanos e reduzem o apoio militar e financeiro às ditaduras do Chile e da Argentina. O tratado sobre o Canal do Panamá (16 de Junho de 1978) confere à República do Panamá a soberania progressiva sobre a via marítima transoceânica e prevê a supressão a prazo da Zona do Canal, território cedido pela República do Panamá aos Estados Unidos, em 1903. Desaparece assim um marco do imperialismo americano na América Latina.

Mas é difícil fazer o balanço da aplicação da «doutrina Carter». As forças revolucionárias, inspiradas ou não pelo castrismo, aproveitam para ganhar terreno. Em Março de 1979, tomam o poder na ilha de Granada. Em Julho de 1979, na Nicarágua, os guerrilheiros da Frente Sandinista de Libertação derrubam o Presidente Anastasio Somoza. O risco de propagação revolucionária e o auxílio que o novo regime presta aos guerrilheiros de Salvador e da Guatemala, preocupa os Estados Unidos que, com a chegada ao poder de Ronald Reagan, em 1980, resolvem agir e enviam auxílio militar e financeiro aos Estados e aos movimentos contra-revolucionários, elaborando também um plano de auxílio para as Caraíbas.

O plano Reagan para a América Central, de Fevereiro de 1982 (iniciativa que visa a bacia das Caraíbas), tem como objectivos promover a democracia, o diálogo, o desenvolvimento e a defesa. A 25 de Outubro de 1983, a intervenção na ilha Granada, onde se verificava uma grande agitação, mostra a determinação do governo de Reagan em reafirmar a sua autoridade nas Caraíbas. Mas o principal problema é a Nicarágua. Em 1978, esta pequena República, que tem uma localização estratégica nas Caraíbas, atravessa uma grave crise, devido aos confrontos entre a Frente Sandinista (do nome de Augusto Sandino, 1895-1934, resistente nicaraguense que se opôs com êxito a uma intervenção americana no seu país) e a família do presidente Somoza, que está à frente do país há mais de quarenta anos. Abandonado pelos Estados Unidos, o general Somoza abandona o poder (17 de Julho de 1979), deixando o país mergulhado num clima de guerra civil. Os Estados Unidos suspendem o auxílio à Nicarágua, agora governada pelos sandinistas. A guerra civil recomeça em 1982, desencadeada pelas forças contra-revolucionárias (Contras); estas, fruto da preocupação de Reagan com a presença de Cubanos e de conselheiros militares soviéticos, viriam a contar com o apoio dos Estados Unidos. Mas o Congresso suspende o auxílio militar aos Contras; por seu lado, o grupo de Contadora (México, Venezuela, Colômbia, Panamá), criado em Abril de 1983, tenta a mediação.

Para que *a pax americana* na América Latina continue, os Estados Unidos têm que ter em conta a vontade de independência dos dirigentes latino-americanos, a emergência de novos actores – como o México, o Brasil ou a Venezuela – e ainda as reservas levantadas por alguns dirigentes ocidentais (entre eles o presidente francês, F. Mitterrand) face à política seguida.

Esta «crise da liderança americana» na América Latina torna-se perfeitamente visível durante a guerra das Malvinas, na Primavera de 1982. Trata-se de um conflito territorial entre a Grã-Bretanha, que ocupa as ilhas Malvinas (ou Falkland) desde 1833, e a Argentina, que não reconhece a soberania britânica e reivindica a posse das ilhas. Este conflito em potência desemboca num confronto aeronaval quando, a 2 de Abril de 1982, o presidente argentino Galtieri manda ocupar de surpresa Port Stanley, a capital das Malvinas. A guerra dá a vitória à Grã-Bretanha, governada desde 1979 por Margaret Thatcher, a «dama de ferro», que não hesita em enviar toda a marinha inglesa para umas ilhas a 11 000 km de Londres e onde vivem apenas 1600 pessoas. A 14 de Junho de 1982, as forças britânicas recuperam Port Stanley.

Do ponto de vista geopolítico, estava em jogo o controlo do estreito de Drake, que faz parte do itinerário dos submarinos soviéticos entre o Oceano Atlântico e o Pacífico. No plano político, a crise das Malvinas é má para o Ocidente, confrontando-o com uma grande contradição. Os Estados Unidos têm que escolher entre duas alianças: a do Atlântico Norte e a do continente americano. O presidente Reagan opta por apoiar a Grã-Bretanha, o que desagrada à Argentina e a muitos Estados latino-americanos (a Organização dos Estados Americanos reconhece a soberania da Argentina sobre as Malvinas), permitindo a Russos e Cubanos ganhar influência na região. A derrota na guerra das Malvinas leva à queda do regime militar da Argentina, que é substituído por um regime liberal. Raul Alfonsin é eleito Presidente da República e o novo regime leva a tribunal os militares da antiga junta. Aliás, de um modo geral, a democracia regista progressos na América Latina. A Venezuela e a Colômbia, desde 1958, o Peru em 1978, a Bolívia em 1981, o Brasil, a Argentina e o Uruguai em 1984, passam da ditadura e do regime militar para a democracia, enquanto o Haiti, após a queda de Duvalier (Fevereiro de 1986), procura o seu equilíbrio.

Novos terrenos de confronto e novos problemas

Durante muito tempo, as ambições soviéticas em relação ao Terceiro Mundo pareciam limitar-se à Ásia e ao Médio Oriente. A partir dos anos 70, os interesses soviéticos diversificam-se consideravelmente e estendem-se ao Oceano Índico, às Caraíbas, ao Oceano Pacífico e à África, regiões onde a penetração da sua influência se revelou espectacular.

O Golfo Pérsico e o Oceano Índico

O Sudeste Asiático é uma região vulnerável, onde os antagonismos religiosos e as rivalidades étnicas, juntamente com as desigualdades sociais, criam um clima de permanente tensão, bem patente na grande instabilidade política que aí existe (golpes de Estado no Paquistão, assassinatos políticos na Índia). É também uma região vital para o Ocidente.

Desde a crise do petróleo que as grandes potências conferem uma importância cada vez maior ao Golfo Pérsico, zona essencial da produção petrolífera, e às rotas do Oceano Índico. Por outro lado, o «corno» de África domina a embocadura do mar Vermelho. Ora, o Ocidente está preocupado com o avanço soviético na zona, depois do desaparecimento de dois aliados do Terceiro Mundo. Após a queda do imperador da Etiópia (12 de Setembro de 1974), uma junta militar que alinha com o modelo soviético toma o poder, em 1977. A Etiópia torna-se o aliado privilegiado da URSS, que conta também com o apoio da Índia (tratado de 1971), do Afeganistão (tratado de 1978) e da República Popular do Iémen, ou Iémen do Sul (tratado de 1984). A frota soviética dispõe portanto de numerosos pontos de apoio no Oceano Índico. Para restabelecer o equilíbrio de forças entre o Leste e o Ocidente na Ásia meridional, os Estados Unidos, que em 1979 tinham suspendido o auxílio económico e militar ao Paquistão, não têm outra alternativa senão voltar a oferecê-lo, em 1981. Reforçam também a base de Diego-Garcia (ilhota do Oceano Índico alugada à Grã-Bretanha).

• *As repercussões da guerra Irão-Iraque*

Causada pelas frustrações de uma modernização demasiado rápida, a revolução islâmica, que rebenta no Irão em 1978-1979 e que, mais tarde, levará à queda do regime do Xá, instaura uma República Islâmica e altera a paisagem política do Golfo Pérsico. Sob a direcção do imã Khomeiny, regressado do exílio em França para dirigir a revolução iraniana (1 de Fevereiro de 1979), o novo regime adopta em todos os domínios uma orientação contrária à da política praticada pelo Xá Reza Palevi, que os Estados Unidos haviam considerado «o polícia do Golfo». O Irão fecha-se sobre si próprio, reduz em 50% as vendas de petróleo, fecha as fronteiras às influências ocidentais e prega a revolução integrista para todo o mundo muçulmano. Trata-se de um golpe duro para o Ocidente, que perde um dos seus bastiões avançados, situação agravada pela perigosa proximidade com a URSS, com que o Irão faz fronteira. A revolução iraniana, com o seu proselitismo xiita, fortalece e estimula os movimentos radicais islâmicos, tanto no Médio Oriente como no mundo inteiro, da Indonésia à África negra, passando pelo Magrebe. Mas a sua influência desestabilizadora faz-se sentir sobretudo no Golfo Pérsico, o que muito preocupa o Estado laico do Iraque.

É neste contexto que rebenta a guerra entre o Irão e o Iraque. A 22 de Setembro de 1980, o Iraque decide atacar o Irão, utilizando como pretexto incidentes fronteiriços e a divisão das águas do Chott-el-Arab, tradicional motivo de conflito entre os dois países, que partilham uma fronteira de 1500 km. O Iraque pretende aproveitar-se das dificuldades do novo regime do Irão para reconquistar o que o Xá lhe havia tirado, por via do acordo de Argel de 6 de Março de 1975. Este acordo dividiu o Chott-el-Arab, curso de água que resulta da junção do Tigre e do Eufrates, em duas partes, uma para cada um dos países.

As chefias iraquianas estão convencidas de que esta será uma guerra-relâmpago, atendendo ao facto do Irão se encontrar em plena revolução islâmica e ao enfraquecimento momentâneo do seu Exército. Aos ataques iraquianos (Setembro de 1980-Março de 1982), os Iranianos respondem com contra-ofensivas (Março de 1982-Abril de 1984). A guerra-relâmpago transforma-se numa longa guerra: o Irão, com uma população de 40 milhões, sente-se forte, e o Iraque, com 14 milhões, vai enfraquecendo. O instinto patriótico dos iranianos e os *slogans* de Khomeiny dão ao Exército o alento necessário para as

O OCEANO ÍNDICO

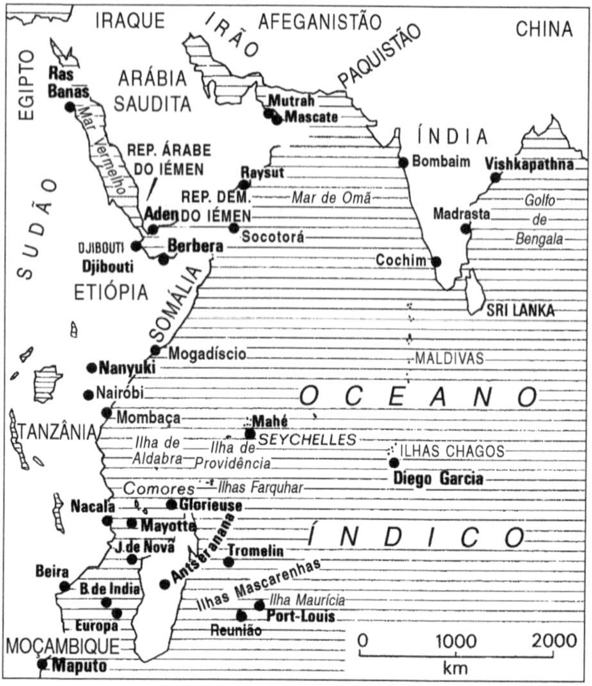

Fonte: *Le Monde*.

ofensivas contra o Iraque. Durante os quatro anos que se seguem (Abril de 1984-Agosto de 1988), Iraquianos e Iranianos bombardeiam alternadamente as cidades do inimigo e atacam também petroleiros, provocando assim a internacionalização do conflito. A guerra tem consequências no mundo árabe e no Médio Oriente. Revela as divergências que existem entre os árabes e altera as relações entre os países da região. O Irão é apoiado pela Síria e pela Líbia. O Iraque conta com o apoio dos governos árabes moderados – entre eles, a Arábia Saudita –, que temem os efeitos de um possível alastramento da revolução iraniana. O conflito tem também consequências na cena internacional, modificando as condições da competição entre o Leste e o Ocidente.

A partir de certa altura, o objectivo desta guerra, devastadora para os dois protagonistas, passa a ser o controlo do estreito de

Ormuz, por onde passa todo o petróleo da região. O destino do Golfo Pérsico torna-se cada vez mais incerto e os Estados Unidos e a URSS intervêm. A União Soviética começa por esboçar uma aproximação ao Irão e, seguidamente, reforça laços com o Iraque. Os Estados ocidentais vão perdendo o contacto com o Irão, que se radicaliza cada vez mais, tanto a nível religioso como político, apoiando expressamente raptores e terroristas. Os Estados Unidos apoiam o Iraque mas, secretamente, fornecem armas ao Irão. Incitam os Estados do Golfo (Arábia Saudita, Emirados Árabes Unidos, Qatar, Bahrein e Kuwait) a unirem-se no seio do Conselho de Cooperação do Golfo (26 de Maio de 1981), no sentido de não perderem o controlo do Golfo Pérsico nem as suas consideráveis reservas de petróleo.

• *As reacções à intervenção soviética no Afeganistão*

O acontecimento com maiores consequências para a paz mundial é a intervenção do Exército soviético no Afeganistão, em Dezembro de 1979. Em 1978, este país arcaico, desde sempre um Estado-tampão entre a Rússia e a Índia, sofre um golpe de Estado militar que derruba a monarquia e põe no poder um governo pró-soviético, dirigido por Nur Muhammad Taraki, chefe da ala dura do partido comunista afegão. Em Setembro de 1979, Taraki é assassinado pelos partidários do secretário do partido, Hafizullah Amin que, na opinião dos Soviéticos, não tem capacidade para fazer frente à guerrilha contra-revolucionária. A rebelião generaliza-se e degenera numa guerra civil. Face a estes acontecimentos, Moscovo decide intervir no Afeganistão, a 27 de Dezembro de 1979, numa operação que envolve dezenas de milhares de homens e uma quantidade considerável de material de guerra, colocando no poder um novo governo, chefiado por Babrak Karmal. Significará isto que Moscovo está a romper deliberadamente com a política de desanuviamento, ou tratar-se-á apenas de uma infracção à coexistência? Porquê esta manifestação de força contra um Estado limítrofe, correndo o risco de afectar o seu prestígio? Estará a defender a sua barreira protectora ou quererá antes obter uma vantagem estratégica no Golfo Pérsico?

Os Soviéticos explicam a intervenção como sendo uma operação ideológica, justificada pela «solidariedade proletária» e destinada a impedir que um país que entrou na órbita socialista se afaste dela, no cumprimento da teoria de Brejnev. Mas é também um acto estratégico, que possibilita a aproximação da URSS ao Golfo Pérsico e lhe confere o contacto directo com o Paquistão, aliado dos Estados Unidos, e com o Irão, que se encontra em pleno processo revolucionário.

Provavelmente, os Soviéticos não mediram as consequências da sua intervenção. A Assembleia Geral das Nações Unidas condena-a, com 104 votos contra, 18 a favor e 18 abstenções. Os ministros dos Negócios Estrangeiros dos países islâmicos, reunidos em Islamabad em Junho de 1980, denunciam unanimemente «a agressão contra o povo afegão». Os países ocidentais vêem esta intervenção como uma agressão que põe em causa o desanuviamento, porque, a coberto da ideologia, a União Soviética pretende expandir as suas zonas de influência.

Nem o boicote parcial à venda de cereais e de equipamentos de alta tecnologia, decretado pelo presidente Carter, nem o boicote aos Jogos Olímpicos de Moscovo de 1980, fizeram recuar os Soviéticos. Mas os acontecimentos do Afeganistão contribuíram para despertar os Americanos, durante muito tempo inibidos pelo trauma vietnamita, e para influenciar a opinião pública americana que, nas eleições de Novembro de 1980, confere a vitória ao republicano Ronald Reagan, conhecido pelas suas posições anti-soviéticas e pela sua hostilidade face ao desanuviamento. No terreno, a tenacidade da resistência afegã impede que o Exército soviético consiga uma solução militar e inflige à URSS uma derrota semelhante à que os Americanos sofreram no Vietname.

A África

Até 1975, a África mantém-se afastada do confronto entre o Leste e o Ocidente e continua a depender dos Estados da Europa Ocidental. No período que medeia entre 1975 e 1985, a África, vítima da rivalidade entre as grandes potências, é atingida pela fome e assolada por conflitos armados, atravessando um período de maior miséria que a verificável no tempo da colonização.

• A independência das últimas colónias

É certo que, na Argélia e no Congo, a descolonização foi um processo violento e deu origem a confrontos. Mas, de um modo geral, as colónias tornaram-se independentes num clima de paz e mantiveram e estreitaram os laços com as antigas metrópoles, sobretudo através de organizações de conjuntos de Estados, como a *Commonwealth,* a Comunidade Francesa ou o conjunto dos Estados francófonos.

Os únicos territórios que não foram descolonizados na altura foram as colónias portuguesas, que se tornam independentes na sequência da revolução portuguesa de 25 de Abril de 1974. A 6 de Maio, o Movimento das Forças Armadas propõe um cessar-fogo geral nas colónias. A 26 de Agosto de 1974, é assinado em Argel o acordo para a independência da Guiné portuguesa (Guiné-Bissau) e do arquipélago de Cabo Verde; a 6 de Setembro, é assinado o acordo de Lusaka, que confere a independência a Moçambique, onde o braço armado da FRELIMO (Frente de Libertação de Moçambique) toma rapidamente o poder. A 26 de Novembro, é a vez das ilhas de São Tomé e Príncipe. Em Angola, são vários os movimentos de libertação a disputarem o poder entre si e, a 11 de Novembro de 1975, é proclamada a República. A UNITA (União Nacional para a Independência Total de Angola) tem o auxílio da África do Sul. A URSS e Cuba dão um auxílio cada vez maior, tanto em armas como em homens, ao MPLA (Movimento Popular para a Libertação de Angola), o que lhe permite ficar em vantagem, embora não consiga acabar com a guerrilha da UNITA. É portanto num clima de guerra civil que Angola se torna independente.

• *As razões económicas da questão africana*

Em finais dos anos 70, por um conjunto de razões, o continente africano torna-se uma questão central. É constituído por Estados economicamente fracos e politicamente instáveis, com fronteiras traçadas artificialmente, onde frequentemente irrompem conflitos sociopolíticos. É também um continente imensamente rico em minérios.

No início dos anos 80, a África produz uma percentagem notável dos minérios que são vitais para o mundo industrializado: 75% dos diamantes; 70% do ouro e do cobalto; 50% do vanádio e da platina; 30 a 35% do crómio e do magnésio; 25% do urânio e do cobre. Além disso, devido ao maior número de «superpetroleiros», o tráfego petrolífero proveniente do Golfo Pérsico com destino à Europa abandona o canal de Suez, optando pela rota do Cabo da Boa Esperança, no extremo sul da África. No início dos anos 80, 60% do petróleo com destino à Europa e 30% do petróleo com destino à América passam por aí. O controlo desta rota é crucial. É por todas estas razões que a África, e especialmente a África Austral, se transforma numa questão estratégica fulcral, tornando-se numa nova zona de competição entre os dois blocos.

• *A implantação comunista*

O facto novo a assinalar é a incursão dos Estados comunistas – URSS, Cuba e China – na cena africana. Estes países aproveitaram a descolonização portuguesa e as revoluções malgaxe e etíope para fazer avançar os seus peões em África.

A penetração de Moscovo em África fica a dever-se à sua incondicional solidariedade com as lutas de libertação e a um avultado auxílio financeiro aos movimentos rebeldes (SWAPO da Namíbia; ANC da Rodésia); a digressão que Nicolas Podgorny faz à Tanzânia, à Zâmbia e a Moçambique (22 de Março-1 de Abril de 1977) é a primeira viagem de um chefe de Estado soviético à África Negra. A intervenção soviética, que comporta um importante auxílio a nível de meios de transporte – aviões de carga de longo curso, poderosas frotas mercantis e militares –, não somou apenas vitórias, como o demonstram as derrotas sofridas no Egipto, no Sudão e na Somália. É por isso que, na maior parte das vezes, opta por uma acção indirecta. Por exemplo, envia especialistas oriundos da Alemanha de Leste e de Cuba.

A vocação africana de Cuba, evidenciada desde 1965 com a digressão de Che Guevara [intervenção no Congo da guerrilha cubana], concretiza-se em 1975, com a intervenção maciça dos Cubanos em Angola. Em Angola e Moçambique, a intervenção dos soldados cubanos (operação « Carlota»), que contam com o apoio de material de guerra soviético enviado através de uma ponte aérea, permite a vitória da FRELIMO em Moçambique. Em Angola, com a ajuda dos Cubanos, o MPLA derrota os outros dois movimentos de libertação, que eram pró-ocidentais. A implantação militar de Cuba em Angola, em Moçambique, na Etiópia, na Tanzânia, no Congo e na Serra Leoa, transforma-a na primeira potência estrangeira no continente negro. Em África, a relação entre Moscovo e Havana é complexa. Cuba actua ora como mercenária de Moscovo, ora por conta própria, como «missionária». Entre 12 e 30 de Março de 1977, Fidel Castro desloca-se à Líbia, à Somália, à Etiópia, à Tanzânia, a Moçambique e a Angola.

Na África Oriental, a União Soviética começa por implantar-se na Somália, depois do golpe de Estado de Syad Barré, em 1969. Fornece-lhe auxílio económico e militar e chega mesmo a assinar um tratado de amizade e cooperação. Depois, em 1976, numa verdadeira reviravolta de alianças, troca a Somália pela Etiópia, que se tomou comunista após a queda do imperador Hailé Sélassié (12 de Setembro de 1974), que foi substituído por jovens oficiais convertidos ao marxismo-leninismo. Na sequência de uma tentativa de golpe de Estado (3 de Fevereiro de 1973), o tenente-coronel Mengistu Hailé Mariam ascende ao poder. Segue-se uma repressão feroz. A Etiópia lança-se à reconquista do Ogaden, vasto planalto semidesértico com populações somalis, que a Somália anexou ao seu território. Com a ajuda de 20 000 cubanos, os Etíopes tomam o Ogaden, em Março de 1978, e liquidam a guerrilha autonomista da Eritreia. Esta, colónia italiana até 1941, foi posteriormente administrada pelos Britânicos até 1952, altura em que foi entregue à Etiópia pela ONU.

Em poucos anos, a influência soviética fez grandes avanços. Angola e Etiópia (membros do COMECON), Moçambique, Congo e Benim, tornaram-se verdadeiros bastiões da política de Moscovo. Para além disso, a União Soviética mantém relações amistosas com a Argélia e com a Líbia.

• *As reacções ocidentais*

As reacções ocidentais ao avanço soviético não são muito enérgicas. Durante a presidência de J. Carter, os Estados Unidos distanciaram-se da África do Sul; apoiaram a formação de um governo de maioria negra no Zimbabwé (ex-Rodésia), abstendo-se de intervir directamente. Por outro lado, ainda com o fantasma da guerra do Vietname bem presente, o Congresso vota contra a concessão de créditos para um novo auxílio militar. A presidência de Reagan retoma a política de apoio à África do Sul e volta a dar apoio aos guerrilheiros anticomunistas, especialmente em Angola, e aos regimes conservadores, como o do Zaire. A política britânica é discreta e, nalguns casos, bastante eficaz, como se verificou na transição do Zimbabwé para a independência, em 1980. Mas a posição da primeiro-ministro Margaret Thatcher em relação à África do Sul é considerada demasiado conciliadora e provoca uma grave crise no seio da *Commonwealth,* em 1986.

Quanto à França, tem constantemente tentado travar a desestabilização do continente africano e o expansionismo soviético. Com efeito, a França tem desempenhado o papel de polícia regional. Manteve sempre relações privilegiadas com alguns Estados, como o Senegal, a Costa do Marfim e o Gabão, e restabeleceu relações com outros, como seja o Zaire. A implantação militar da França (10 000 homens) incide predominantemente nos territórios ultramarinos: nas ilhas de Reunião e Mayotte (que, contrariamente às outras ilhas do arquipélago das Comores, e através do referendo de 8 de Fevereiro de 1976, optou por continuar a pertencer à França), no território dos Afars e dos Issas (que se tornou independente a 27 de Junho de 1977) e nas três bases francesas em África (no Senegal, na Costa do Marfim e no Gabão). A França estabeleceu ainda acordos militares com a maior parte das suas antigas colónias, com vista ao fornecimento de armas e de conselheiros militares.

A França ajuda a manter os poderes. Presta auxílio ao Zaire para salvar o regime do presidente Mobutu, ameaçado em Abril de 1977 pela incursão no Shaba de tropas estrangeiras vindas de Angola, voltando a prestar-lhe auxílio quando da operação de Kolwezi (19 de Maio de 1978), cidade mineira ameaçada pelos Angolanos. Intervém militarmente no Chade, contra as incursões da Líbia e da guerrilha da FROLINAT (Frente de Libertação Nacional do Chade) e ajuda Marrocos e a Mauritânia na sua luta contra a Frente Polisário.

Mas a África não é apenas um local de confronto entre potências. Tem os seus próprios actores regionais, caso da Argélia e da Líbia.

• *Os actores regionais*

A Argélia, sob a chefia de Huari Bumedienne (1965-1978), desempenha, durante a década de 70, um papel muito importante na orientação do movimento dos não alinhados, nomeadamente nos esforços desenvolvidos para o estabelecimento de uma nova ordem económica mundial, nas acções de mediação entre o Irão e o Iraque, entre a Líbia e o Chade e entre as várias facções da resistência palestiniana. A Argélia é a encarnação por excelência do Estado terceiro-mundista.

A Líbia, país muito pouco povoado (4 milhões de habitantes) mas que possui uma imensidão de recursos petrolíferos, derrubou a monarquia, com a revolução de 1 de Setembro de 1969, sendo agora governada pelo coronel Kadhafi. A sua política externa, inicialmente marcada pela recusa da política dos blocos e pela consequente hostilidade face aos dois Grandes, evoluiu para uma aproximação cada vez maior à União Soviética. Mas, acima de tudo, Kadhafi é um nacionalista árabe, que põe as riquezas petrolíferas do seu país ao serviço do Islão e da propaganda revolucionária. No início dos anos 80, o Ocidente vê «a mão de Kadhafi» em tudo o que acontece e a tensão entre Americanos e Líbios atinge o auge quando, na noite de 14 para 15 de Abril de 1986, cerca de cinquenta caças e bombardeiros americanos bombardeiam Tripoli e Bengazi. No início dos anos 80, com a quebra dos preços do petróleo, o prestígio de Kadhafi decai. As suas declarações intempestivas e as intervenções militares no Chade também contribuíram para o declínio da sua popularidade.

• *Os conflitos regionais*

O Chade, com uma área de 1 284 000 km^2 e menos de 8 milhões de habitantes, tem uma população muito heterogénea, composta por cristãos e animistas no Sul, por muçulmanos no Norte. Os constantes conflitos internos, atiçados pela vizinha Líbia, acabam numa rebelião generalizada, que leva à intervenção de tropas francesas e líbias (Abril de 1978-Maio de 1980). Em 1979, os acordos de Lagos reconhecem a legitimidade ao governo de Gukuni Ueddei. Em Junho de 1982, um outro líder, Hissène Habré, expulsa do poder Ueddei que, com a ajuda dos Líbios, parte à conquista da capital, Djamena. Efectivamente, a Líbia cobiça a parte norte do Chade e, em Julho de 1983, as tropas líbias tomam Faya-Largeau. Após muitas hesitações, o governo francês lança a operação *Manta* e envia unidades de pára-quedistas. Esta operação foi de curta duração (Agosto de 1983-Novembro de 1984), porque Paris e Tripoli assinam um acordo de evacuação total do Chade (17 de Setembro de 1984). Mas, face à continuação dos ataques das tropas pró-líbias de Gukuni Ueddei, a França intervém novamente, através de uma operação aérea baptizada de *Épervier* (Fevereiro de 1986); apoia também Hissène Habré, cujas tropas reconquistam as regiões setentrionais ocupadas pelos Líbios (Março de 1987), à excepção da faixa de Auzu (114 000 km^2), situada no extremo norte do Chade e anexada por Tripoli, em 1973.

O Sara Ocidental, durante o período da colonização, passou a pertencer à Espanha fruto de um acordo com a França. Este espaço desértico, com uma área de 256 000 km^2, é cobiçado pelos países vizinhos que entretanto se tornaram independentes: Argélia, Mauritânia e Marrocos. Para reforçar a sua reivindicação do território, o rei Hassan II de Marrocos organiza uma marcha pacífica sobre o Sara ocidental (Novembro de 1975). Na altura da morte de Franco, as negociações tripartidas chegam a um acordo, assinado a 14 de Novembro de 1975 pela Espanha, por Marrocos e pela Mauritânia, que, numa primeira fase, conferiria a este território com 74 000 habitantes o direito à autodeterminação, prevendo também a sua posterior partilha entre Marrocos e a Mauritânia. O movimento de libertação Frente Polisário (Frente Popular de Libertação do Saghia el-Habra e do Rio de Oro), constituído em 1973, é a favor da união com a Mauritânia, mas é pressionado pela Argélia a exigir a autodeterminação. Quando os soldados espanhóis abandonam o território, a Frente Polisário proclama a «República Árabe Sarauí Democrática», que o governo argelino se apressa a reconhecer. As relações entre Marrocos e a Argélia tornam-se tensas e, em Janeiro de 1977, registam-se violentos confrontos no Sara Ocidental, entre tropas dos dois países. Por sua vez, a Frente Polisário mantém permanentemente a guerrilha, fazendo incursões e sabotagens contra a Mauritânia (que se retira do conflito depois da queda do presidente Moktar Ould Daddah, a 10 de Julho de 1978) e sobretudo contra Marrocos, que pretende ficar com a parte norte do território, rica em fosfatos. O reconhecimento do Estado sarauí pela Organização de Unidade Africana (Fevereiro de 1982) e a sua admissão na referida organização (1984), dão origem a uma grave crise com Marrocos que, cada vez mais isolado em África, é obrigado a aceitar o princípio de um referendo sobre a autodeterminação.

Este caso é um dos exemplos da impotência da Organização de Unidade Africana, que funciona como um simples cartel de chefes de Estado e não consegue levar à prática o ideal pan-africano. Longe de resolver os diferendos entre os Estados membros, a OUA nada faz, a pretexto do princípio da «não ingerência nos assuntos internos dos Estados» (artigo 3 da Carta da OUA). A balcanização ameaça África, onde o jogo diplomático se desenrola à escala de diversas sub-regiões e onde não faltam critérios que contribuem para a divisão: moderados e progressistas; francófonos, anglófonos e lusófonos; pequenos Estados e grandes Estados. Perante a ameaça da Nigéria, gigante da África ocidental (83 milhões de habitantes e um Exército que não é de negligenciar), sete Estados da África ocidental francófona concluem um acordo de não agressão mútua e de assistência em matéria de defesa (ANAD), a 9 de Junho de 1977.

Deste modo, a África permanece no centro dos confrontos internacionais.

Nos anos 70, o problema da África do Sul internacionaliza-se. Esta antiga possessão britânica, que se tornou independente, pusera em prática desde os anos 50 uma política de separação racial *(apartheid),* conduzida por Henrick Verwoerd (1958-1966), John Vorster (1966-1978) e Piether W. Botha (1978-1989).

A União Sul-Africana é um país em que a minoria branca (20%) se confronta com uma vasta população negra (perto de 70%), indiana e mestiça (10%). Depois das independências africanas, da descolonização dos territórios portugueses (1974) e da queda de Tsiranana, presidente de Madagáscar (1972), a África do Sul deixa de estar protegida contra os acontecimentos externos. O seu escudo protector desaparece e, a nível interno, assiste à erupção do nacionalismo negro *antiapartheid,* sob a direcção – por vezes contestada – do *African National Congress* (ANC), fundado em 1912. A África do Sul é alvo de críticas cada vez mais violentas, sendo posta de parte pelo conjunto dos países africanos, que querem ajudar os seus irmãos de cor. A pressão da comunidade internacional sobre Pretória aumenta. Embora seja decretado o estado de sítio, a violência prossegue nos bairros negros, como acontece no Soweto, em Junho de 1976 e Outubro de 1977, por iniciativa do ANC.

Washington e Londres continuam a opor-se às pressões económicas sobre Pretória. Por mais simpatia e solidariedade que os governos ocidentais sintam para com a maioria negra, não podem ignorar os interesses económicos e estratégicos. A África do Sul situa-se numa encruzilhada geoestratégica: a rota marítima do Cabo é uma das mais movimentadas, sendo utilizada pelos petroleiros que vêm do Golfo Pérsico. Além disso, possui minérios preciosos (ouro, platina, diamantes) e materiais altamente estratégicos (crómio, manganésio, vanádio). Por outro lado, trata-se de um país que se opõe à influência soviética no continente negro.

Sentindo-se cada vez mais isolada, a União Africana tenta fortalecer a sua posição junto dos países africanos vizinhos e cria um sem número de Estados indígenas, conhecidos por 'Bantustões': Ciskei, Venda, Botswana, Transkei. Teoricamente, estes países são independentes, mas toda a sua economia depende da África do Sul. Intimidando os países vizinhos com a sua superioridade militar, o presidente Botha consegue proteger as fronteiras do país. Pretória continua a fornecer auxílio aos movimentos de guerrilha que lutam contra os regimes de Luanda (Angola) e de Maputo (Moçambique) e, ocasionalmente, promove incursões armadas em território angolano, sob o pretexto de perseguir os nacionalistas namibianos da SWAPO, na medida em que o cordão protector da África do Sul inclui a Namíbia e a Rodésia.

A Namíbia é um caso particular. Antiga colónia alemã do sudoeste africano, confiada por mandato à África do Sul, este imenso território de 824 000 km^2, muito rico em minérios, é agitado por um movimento de libertação, a *South West African People's Organization* (SWAPO), apoiado pelo MPLA e pela União Soviética. *Na Rodésia,* a minoria branca (4%) desta colónia da coroa britânica declara-se independente do Reino Unido em 1965, conseguindo enfrentar com êxito os movimentos da oposição negra. Com a ajuda da mediação britânica, a Rodésia – que passa a chamar-se Zimbabwe – evolui para uma associação no governo entre negros e brancos. Torna-se oficialmente independente em Abril de 1980.

O Pacífico

O Oceano Pacífico é, desde 1945, um dos locais de confronto entre as grandes potências e a sua importância é cada vez maior. Pela primeira vez desde a batalha do Pacífico, durante a Segunda Guerra Mundial, a guerra fria transforma-se num conflito aberto, por ocasião da guerra da Coreia e dos conflitos da descolonização. Os arquipélagos tornam-se independentes: depois das ilhas Fiji (1970) e da Papuásia-Nova Guiné (Setembro de 1974), é a vez das Novas Hébridas, anteriormente sob soberania conjunta franco-britânica, que se transforma em Estado e assume o nome de Vanuatu (Julho de 1980). Sob o impulso dos pólos de poder e de desenvolvimento situados no seu perímetro, o Pacífico, o antigo «espaço vazio» sob influência americana, transforma-se num gigantesco tabuleiro de xadrez, onde se desenrola uma partida disputada a quatro: Estados Unidos, União Soviética, China e Japão.

Face a uma presença americana que vai do Alasca às Filipinas, graças sobretudo à concessão (até Setembro de 1992) das bases de Subic Bay e Clarke, para além dos postos avançados do Havai e da Coreia, a União Soviética multiplica as bases navais, no Kamchatka, em Sacalina, em Vladivostock e em Cam-Ranh e Danang, na costa do Vietname.

A partir do momento em que a região do Pacífico deixa de ser um «lago americano», os Estados Unidos passam a olhá-la com um novo interesse, e o centro de gravidade do país desloca-se para esta zona, na medida em que o comércio transpacífico ultrapassa em importância as trocas transatlânticas. O restabelecimento de relações diplomáticas com a China e o programa de modernização e de abertura económica anunciado por Deng Xiaoping contribuem para o fascínio americano pela Ásia-Pacífico, apesar da cada vez maior concorrência do Japão e dos «quatro dragões».

Tradicionalmente, o Pacífico Sul era uma zona tranquila, com um conjunto de micro-Estados a quem a Austrália conferia protecção, no âmbito do pacto ANZUS (Austrália, Nova Zelândia, Estados Unidos) assinado em 1951, que lhe conferia o papel de «polícia regional». Mais recentemente, surgiram múltiplas tensões políticas, dando origem a golpes de Estado, caso das Fiji, a insurreições e a crises constitucionais. Tudo indica que os equilíbrios herdados da época colonial se estão a desfazer. As veleidades isolacionistas dos Neozelandeses, que proíbem os navios nucleares de fazerem escala no país, fazem perigar o pacto ANZUS mas cimentam o papel da Austrália enquanto potência militar da região. As terras do Pacífico já não estão ao abrigo das convulsões internacionais.

A Nova Caledónia é um dos cenários destes confrontos. O destino deste território ultramarino francês, rico em níquel e com uma população de 150 000 habitantes – melanésios e europeus –, preocupa os países do Pacífico. A soberania da França é fortemente contestada na «grande ilha» pela FLNKS (Frente de Libertação Kanake Socialista) e é decretado o estado de sítio. Nas eleições de Setembro de 1985, os anti-independentistas saem vencedores, mas a violência continua. A 6 de Novembro de 1988, por referendo, é aprovado o estatuto da Nova Caledónia, que provoca um regresso à calma no território e o saneamento do conflito. Para a França, está em jogo a presença numa região-chave, tanto do ponto de vista económico como, principalmente, estratégico. A França continua a dispor livremente do Centro de Experimentação do Pacífico (cuja perda constituiria um rude golpe para a sua força de dissuasão), situado em Mururoa, a 1200 km do Haiti, e com a possibilidade de efectuar ensaios nucleares, o que é vivamente contestado pelos Estados da região e pela organização pacifista e ecológica *Greenpeace* (incidente do *Rainbow Warrior*(*), em 1985).

Devido ao seu peso económico e à sua importância estratégica, a região da Ásia-Pacífico é de agora em diante essencial.

(*) A 10 de Julho de 1985, o navio *Rainbow Warrior*, ancorado em Auckland, na Nova Zelândia, antes de se dirigir para o atol de Mururoa para protestar contra os testes nucleares efectuados pela França, foi afundado por duas bombas, colocadas no casco por agentes dos serviços secretos franceses. A explosão provocaria um morto, o fotógrafo português Fernando Pereira. Dois dos agentes secretos viriam a ser presos pela polícia neozelandesa (os restantes conseguiram escapar, vindo a ser recolhidos ao largo por um submarino francês), facto que provocou um incidente diplomático internacional, intensificado pela negação do governo francês quanto a qualquer envolvimento no sucedido, até, finalmente, alguns altos funcionários governamentais serem obrigados a confessar (*N. R.*)

5

O fim de um mundo bipolar (1985-1992)

Para encontrar as origens imediatas da fantástica e evidente aceleração que a História sofreu a partir de 1989, é preciso remontar a 1985. Ruíram todas as bases em que o mundo assentava desde 1945, ou melhor, desde 1917. As consequências da Segunda Guerra Mundial desvaneceram-se; a Alemanha unificada e o Japão tornaram-se potências. O comunismo vacila e a economia de mercado parece triunfar por todo o lado. Obrigada a um recuo generalizado, a União Soviética pulveriza-se em várias Repúblicas. Com o fim da Guerra Fria as tensões acalmaram; o modelo ocidental de democracia parlamentar está em grande expansão. Mas com a emergência dos nacionalismos é caso para perguntar se a nova ordem internacional trará o fim dos conflitos ou a desordem generalizada.

1985 é a data provável do início de um novo período das relações internacionais. Comprovam-no dois fenómenos, um de ordem económica e outro de ordem política.

De 1985 a 1990, o mundo ocidental atravessa uma fase de grande expansão. Dois factores explicam o fim da crise económica que o mundo atravessava desde 1973. Em primeiro lugar, a baixa do preço do petróleo, devido à quebra da procura, à chegada ao mercado de produtores que não são membros da OPEP (Noruega, Reino Unido) e ao aumento das energias de substituição (energias nucleares). A quebra do consumo, juntamente com o aumento de produção, dá origem a uma produção excedentária. O outro factor é a retoma do crescimento, surgida com o *boom* económico que os Estados Unidos atravessam graças à sua política de desinflacção; a nova prosperidade do país, com a limitação do aumento dos preços e uma redução sensível do desemprego, propaga-se à economia mundial. Para obstar às flutuações do dólar, os ministros das Finanças dos sete países mais industrializados chegam a acordo sobre uma estabilização relativa, concretizada nos acordos do Plaza, em Nova Iorque (22 de Setembro de 1985) e do Louvre, em Paris (22 de Junho de 1987). De 1985 a 1989, o mundo ocidental atravessa um novo período de expansão, graças ao desenvolvimento da tecnologia e da informática e à intensificação das trocas e dos serviços. Mas este regresso do crescimento é muito pouco consistente, como o provam a elevada taxa de desemprego, as flutuações das cotações das bolsas de valores (como *o crash* de Wall Street, em 19 de Outubro de 1987) e, sobretudo, a fragilidade de um sistema monetário internacional que tem como base os Estados Unidos, país endividado e deficitário.

O mundo ocidental volta a mergulhar na recessão, mesmo antes da crise do Golfo (1990-1991), com o aumento em flecha do preço do petróleo, a fragilidade dos mercados bolsistas, a diminuição da actividade económica e o aumento do desemprego. A recessão é tanto mais grave quanto os principais intervenientes adoptam medidas contraditórias relativas às taxas de juro. Enquanto a Europa Ocidental se afunda no marasmo (em 1993 a taxa média de desemprego na CEE ultrapassa os 11 % da população activa), outras regiões do mundo, especialmente a região da Ásia-Pacífico, registam um crescimento elevado. Mas em 1994, a retoma generaliza-se, para o que contribuiu a descida da cotação do petróleo.

O segundo fenómeno é de ordem política. É a chegada ao poder de Mikhail Gorbatchev, eleito Secretário-Geral do Partido Comunista da União Soviética, a 11 de Março de 1985. As consequências deste acontecimento não são só a nível interno. A *perestroika* (reestruturação) afecta todos os aspectos do Estado e da sociedade soviéticos. A exigência da *glasnost* (transparência) desencadeia um processo de ruptura. As mudanças em curso na União Soviética, o fim do exílio (Maio de 1989) do académico dissidente Andrei Sakharov, que estava em regime de residência fixa em Gorki desde 1980, a eleição de Mikhail Gorbatchev para chefe de Estado (Maio de 1989) mostram que o imobilismo de Brejnev está morto e enterrado.

A política seguida pelo movimento também tem um grande impacto sobre a política externa porque Gorbatchev diminui os compromissos internacionais da URSS, para que esta possa aplicar todas as suas energias na reconstrução económica.

Em 1985, o novo arranque da expansão económica e a revolução de Gorbatchev têm repercussões consideráveis. Permitem o reatar de um diálogo construtivo entre os Estados Unidos e a URSS, uma verdadeira revolução na Europa de Leste e o desanuviamento planetário. Começa a delinear-se uma nova configuração internacional.

O fim da guerra fria

Os efeitos imediatos do fim da guerra fria foram positivos. Permitiu a resolução de conflitos regionais e deu um grande impulso ao processo democrático. Mas não teve o «desfecho» que alguns esperavam. Com efeito, não só não instaurou uma nova ordem mundial, como deu origem a uma certa desordem.

Ordem ou desordem mundial?

Em alguns anos, e nalguns casos em alguns meses, resolvem-se com uma facilidade desconcertante situações que estavam completamente bloqueadas e conflitos que pareciam destinados a não ter fim. Dá-se a reunificação das duas Alemanhas, cai o muro de Berlim, as tropas soviéticas saem do Afeganistão, acaba a guerra entre o Irão e o Iraque, os soldados vietnamitas saem do Camboja, a África do Sul deixa a Namíbia tornar-se independente. Segundo o tratado FNI (Forças Nucleares Intermediárias), exemplo do novo espírito que existe entre o Leste e o Ocidente, os euromísseis são desmontados e destruídos. Por todo o lado se notam sinais de desanuviamento: entre Marrocos e a Frente Polisário (30 de Agosto de 1988), entre a Grécia e a Turquia (primeira cimeira greco-turca, desde 1978, em Janeiro de 1988) entre Cipriotas gregos e Cipriotas turcos (24 de Agosto de 1988), entre Coreanos do Norte e Coreanos do Sul (Setembro de 1990). Os Indianos, chamados em 1987 para restabelecer a ordem no Sri Lanka, não mostram pressa em sair, mas acabam por fazê-lo em Julho de 1989. Sob os auspícios do ex-presidente Carter, os Etíopes entram em negociações com os Eritreus (Setembro de 1989). A Argentina e a Grã-Bretanha restabelecem relações diplomáticas a 15 de Fevereiro de 1990. A 21 de Maio de 1990, os dois Iémens fundem-se num Estado único mas em 1994 voltam aos confrontos. Católicos e protestantes irlandeses sentam-se à mesma mesa (Junho de 1991) e a declaração anglo-irlandesa (Dezembro de 1993) anuncia o fim da guerra civil. Israelitas e Palestinianos reconhecem-se mutuamente (9 de Setembro de 1993). Ter-se-á o mundo tornado mais sensato? Ter-se-á convertido à democracia? Por outro lado, esta é também a hora do despertar dos nacionalismos e do renascimento dos fundamentalismos religiosos, na Europa Central e na Europa Oriental, mas também na Ásia e em África.

Uma conversão difícil à democracia

Até estes últimos anos, a democracia era um regime político minoritário no mundo, confinado à Europa Ocidental, à América do Norte, ao Japão e a alguns outros Estados. Nos anos 80 assiste-se à universalização da democracia. Primeiro na Europa, com a democratização da Europa de Leste. Algumas das democracias populares deram o exemplo, caso da Polónia (legalização do Solidariedade em Agosto de 1988) e da Hungria, mas após várias manifestações (Verão-Outono de 1989) todas seguem o mesmo caminho. Depois da formação de governos dirigidos por não comunistas, ou de formação maioritariamente não comunista, realizam-se eleições democráticas ou parcialmente livres que, de um modo geral, rejeitam o regime e o partido comunistas. Na Polónia, o antigo dirigente do Solidariedade, Lech Walesa, é eleito presidente (9 de Dezembro de 1991). Na Roménia, o regime ditatorial é derrubado (22 de Dezembro de 1989) e o ditador Ceausescu é executado. Até a Albânia, derradeiro bastião do estalinismo na Europa, é arrastada nesta espiral democrática. Na ex-União Soviética o processo de democratização acelera-se com o fracasso de um golpe conservador (19 de Agosto de 1991).

Também fora da Europa o novo desanuviamento cria um clima propício à queda das ditaduras e à implantação de regimes mais liberais. Na Argentina, no Uruguai e no Brasil são eleitos, por sufrágio universal, novos presidentes. No Chile prepara-se cuidadosamente a sucessão de Pinochet (Dezembro de 1989). No Paraguai, o general Stroessner, que desde 1954 chefia um regime ditatorial, é deposto (Fevereiro de 1989) por um outro general, que depois se submete ao veredicto das urnas. Na Nicarágua, a oposição liberal ganha as eleições, derrotando o candidato sandinista (Fevereiro de 1990). A reconciliação nacional de El Salvador, em Janeiro de 1992, é definitivamente selada em Dezembro de 1992.

Na Coreia do Sul é eleito presidente um civil (o primeiro em trinta anos), em Fevereiro de 1993. Ao fim de mais de 20 anos de regime autoritário (1965-1986), realizam-se eleições presidenciais nas Filipinas e o presidente Marcos, pressionado pela população, por parte do Exército e pelos Estados Unidos, é obrigado a exilar-se, cedendo o lugar a Cory Aquino (25 de Fevereiro de 1986). Por toda a África o pragmatismo sobrepõe-se ao marxismo-leninismo e o multipartidarismo generaliza-se (Gabão, Costa do Marfim, Zâmbia). No Benim, o regime marxista-leninista, implantado em 1972 por um golpe militar, liberaliza-se (28 de Fevereiro de 1990). Na Etiópia, a ditadura do coronel Mengistu (que já dura desde 1977) é afastada do poder (Maio de 1991). Por último, a onda democrática chega a Madagáscar, com as eleições presidenciais de Fevereiro de 1993. Na África do Sul, o novo presidente, F. de Klerk, considera que com o recuo do comunismo nos países da «linha da frente», estão criadas as condições para passar à prática a sua intenção de pôr fim ao *apartheid*. Nelson Mandela é libertado a 11 de Fevereiro de 1990 e Klerk inicia conversações com os movimentos nacionalistas negros (entre eles o ANC). As últimas leis sobre o *apartheid* são revogadas em Junho de 1991 e as primeiras eleições multirraciais (Abril de 1994) dão o poder ao ANC e a Nelson Mandela, que é eleito Presidente.

Mas há muitas excepções a esta evolução para a democracia. Por exemplo na Ásia onde em Maio/Junho de 1989 se assiste, em Pequim, ao esmagamento do movimento de liberalização (simbolizado pelas manifestações de estudantes na Praça de Tiananmen) e ao regresso à normalização, apesar das pressões dos ocidentais; a 29 de Maio de 1989 é imposta a lei marcial, que será levantada a 10 de Janeiro de 1990. Na Índia, em Maio de 1991, Rajiv Gandhi (primeiro-ministro de 1984 a 1989) é assassinado, o que reflecte bem a crise que o subcontinente indiano atravessa. Os confrontos religiosos ensanguentam a Índia e o Afeganistão. Na América Latina, a partida de Jean Claude Duvalier (7 de Fevereiro de 1986) significa o fim da dinastia Duvalier no Haiti, mas não significa o regresso da democracia, que é derrubada por um golpe militar (1991-1994). Também se registam violentos confrontos na Venezuela (Fevereiro e Novembro de 1992), no Peru (Novembro de 1992), minado pela guerrilha do Sendero Luminoso, na Colômbia, corroída pelo tráfico de droga, e no Brasil onde depois de uma grave crise política (Dezembro de 1992) o presidente Collor de Mello se vê obrigado a demitir-se. Na Argélia, as insurreições de Outubro põem em perigo o processo democrático iniciado em Fevereiro de 1989. Para tentar fazer frente à enorme implantação que a Frente Islâmica de Salvação tem junto das camadas populares, o Exército toma o poder (11 de Janeiro de 1992) e depõe o presidente Chadli Bendjedid.

O diálogo americano-soviético

Em 1984, antes da chegada ao poder de Gorbatchev, já tinha havido um esboço de diálogo entre as duas potências, quando recomeçaram as negociações sobre o desarmamento. No início deste ano de eleições nos Estados Unidos, o presidente Reagan deseja estabelecer um diálogo realista com a URSS. Em Janeiro, começa em Estocolmo a conferência sobre o desarmamento na Europa, na presença dos 75 signatários da Acta de Helsínquia. Os responsáveis da diplomacia americana e soviética, Schulz e Gromyko, decidem retomar as negociações sobre as MBFR *(Mutual and Balanced Force Reduction)* e também sobre as armas estratégicas, em Viena. Decidem ainda fazer negociações separadas para os euromísseis, para as armas estratégicas e para as armas espaciais.

• *O retomar do diálogo*

Com a chegada ao poder de Gorbatchev, a União Soviética lança uma campanha de grande envergadura a favor do desarmamento. É uma tendência constante da diplomacia soviética que perturba sempre o Ocidente, porque tem sempre o mesmo objectivo: uma Europa desnuclearizada e neutralizada, que Gorbatchev rebaptiza com o nome de «Casa comum europeia». Além disso, esta campanha também resulta de exigências orçamentais: é necessário reduzir o enorme encargo com as despesas militares. Nesta época, a URSS destina aproximadamente 16% do seu PNB (tanto quanto é possível saber-se) às despesas militares. Os Estados Unidos 6,5% e a França 3,9% do PIB.

Em Outubro de 1985, em Paris, Gorbatchev propõe a redução para metade das armas estratégicas dos dois lados, pondo como condição que os Estados Unidos renunciem à Guerra das Estrelas, e dirige-se directamente aos governos de Londres e de Paris, para negociar com eles as respectivas forças de dissuasão.

O encontro ao mais alto nível com o presidente Reagan (19-21 de Novembro de 1985), em Genebra, é o primeiro encontro deste tipo que se realiza desde 1979. Lança as bases para um diálogo americano-soviético durável. Os dois homens têm todo o interesse em chegar a um entendimento. Depois de sofrer vários revezes na política externa (Irangate, dificuldades com o auxílio aos Contras da Nicarágua), o presidente Reagan quer acabar o seu mandato como pacificador e não como belicista. Gorbatchev também precisa de ter êxito na política externa. O diálogo é retomado, mas subsiste o desacordo sobre a «Guerra das Estrelas», que Gorbatchev denuncia como sendo uma tentativa para contornar o princípio da paridade estratégica, estipulada pelos acordos SALT. Reagan, colocado numa posição difícil perante a opinião pública americana e a opinião pública mundial, recusa-se no entanto a abandonar o projecto Guerra das Estrelas e acusa a URSS de não respeitar os acordos sobre desarmamento. Em contrapartida, surge uma perspectiva de acordo em relação às FNI, na base da «opção zero», ou seja o desmantelamento dos SS 20, de um lado e dos Pershing e Cruise do outro.

Ao longo do ano de 1986, Gorbatchev multiplica os apelos ao desarmamento, para que até ao fim do século a Terra fique livre das armas nucleares e das armas «novas» (laser, feixes de fotões).

Tudo isto é discutido durante o novo encontro de chefes de Estado em Reiquejavique (11-12 de Outubro de 1986). O diálogo entre Reagan e Gorbatchev está quase a chegar a um acordo de grande impacto: redução para metade das armas intercontinentais, supressão das armas de alcance intermédio que atinjam mais de 1000 km, congelamento dos outros FNI. Mas Gorbatchev pede aos Estados Unidos que se comprometam também a renunciar a todos as experiências do seu escudo espacial. É o suficiente para que o acordo não se realize. Sem sequer consultar os europeus, os Estados Unidos estiveram quase a consentir na retirada das suas armas nucleares da Europa que, durante estas negociações, não foi consultada. A eliminação dos euromísseis teria deixado intacta a superioridade do Pacto de Varsóvia em armamentos convencionais e em efectivos. Isto leva os Franceses e os Alemães a conjugar os seus esforços de defesa: manobras comuns, criação de uma brigada franco-alemã e de um conselho de defesa franco-alemão, mas hesitam entre uma força nuclear independente e uma força não nuclear.

• *Os acordos de desarmamento*

Durante o ano de 1987, são retomadas as negociações que conduzem finalmente ao tratado de Washington. A 28 de Fevereiro, Gorbatchev abandona a discussão do conjunto dos *dossiers* sobre desarmamento e propõe-se negociar um acordo sobre as FNI, independente dos outros *dossiers*. A 13 de Abril, reitera a sua proposta de opção pelo «duplo zero», isto é, a eliminação não só das armas de alcance superior a 1000 km, mas também das que atingem entre 500 e 1000 km. A batalha dos euromísseis é objecto de longas e acaloradas discussões, nas chancelarias e na opinião pública, sobretudo a opinião pública alemã, mas a elaboração do tratado, feita por Chevarnadze e Schulz, é rápida. A 8 de Dezembro de 1987, R. Reagan e M. Gorbatchev assinam o tratado de Washington, que prevê a destruição, num período de três anos, de todos os mísseis, em bases, com um alcance de 500 a 5500 km e instalados na Europa. O acordo obriga a importantes concessões por parte dos Soviéticos: não inclui os sistemas nucleares britânicos e francês no equilíbrio europeu; a União Soviética deve eliminar duas vezes mais mísseis que os Estados Unidos; é certo que os SS 20 soviéticos são obsoletos, enquanto os Pershing II americanos são armas modernas e altamente eficazes. Pela primeira vez, Americanos e Soviéticos vão além da limitação de armamentos e fazem um acordo sobre a destruição de armas nucleares. No entanto, as armas abrangidas representam 4% das ogivas atómicas acumuladas pelas duas potências e estão fora dos respectivos territórios.

Outra novidade: os rigorosos procedimentos de inspecção no local são aceites pelas duas partes. Esta atitude tem uma explicação óbvia: as duas superpotências aceitaram um desarmamento que não as atinge directamente e o seu território fica portanto resguardado. As potências nucleares europeias, França e Reino Unido, vêem-se bruscamente projectadas para a linha da frente. O grande debate sobre a opção «triplo zero» (armas de alcance inferior a 500 km) abre caminho à desnuclearização total da Alemanha.

De 29 de Maio a 2 de Junho de 1988, decorre em Moscovo uma quarta conferência de alto nível entre Reagan e Gorbatchev, que estabelecem acordos técnicos sobre os ensaios de mísseis e as experiências atómicas. Mas o que esteve no centro da discussão foram os Direitos do Homem.

Depois de ter anunciado na ONU, a 7 de Dezembro de 1988, a redução unilateral das forças armadas soviéticas em 500 000 homens e a retirada, num período de dois anos, de 5000 tanques e 800 aviões instalados na RDA, na Checoslováquia e na na Hungria, Mikahil Gorbatchev encontra-se com Ronald Reagan e George Bush. Embora a superioridade militar da força soviética se mantenha, tanto no que diz respeito a armamentos como em efectivos, esta proposta causa alguma perturbação no seio da Aliança Atlântica. A cimeira dos membros da NATO, realizada em Bruxelas (29 de Maio de 1989), opta pela continuação do princípio da modernização dos mísseis de curto alcance. Mas este princípio está directamente ligado aos progressos que se fizerem no domínio das armas convencionais. Depois do encerramento, em Fevereiro de 1989, das MBFR, que não obtiveram resultados palpáveis, a partir de Março de 1989 realiza-se em Viena, com a participação de 23 membros das duas Alianças, uma conferência sobre as forças armadas convencionais na Europa (FCE).

A conferência para a proibição das armas químicas, que tem lugar em Paris, em Janeiro de 1989, reafirma a sua fidelidade ao protocolo de 1925 que proíbe o uso de armas químicas, mas não consegue chegar a acordo sobre a interdição do seu fabrico porque os árabes se opõem enquanto Israel se recusar a autorizar uma inspecção às suas instalações nucleares.

No decorrer do encontro Bush-Gorbatchev (2-3 de Dezembro de 1989), ao largo de Malta, os dois chefes de Estado anunciam o começo de uma nova era das relações internacionais e decidem acelerar as negociações sobre o desarmamento. Efectivamente, aquando da conferência dos ministros dos Negócios Estrangeiros da NATO e do Pacto de Varsóvia, realizada em Otava (13 de Fevereiro de 1990), chega-se a um entendimento sobre a redução das forças americanas e soviéticas na Europa Central e na Europa Oriental para um total de 195 000 homens e estabelece-se também o acordo «céu aberto», que dá aos aviões da NATO e do Pacto de Varsóvia permissão para sobrevoar territórios do outro lado.

Durante os encontros Bush-Gorbatchev em Washington e em Camp David (30 de Maio-3 de Junho de 1990) uma série de acordos prevê as grandes linhas de um futuro tratado de redução de armamentos estratégicos que poderá ir até 50%. Os Estados Unidos e a URSS comprometem-se a reduzir para metade, até ao ano 2000, os seus *stocks* de armas químicas.

A 19 de Novembro de 1990, em Paris, os 16 países-membros da NATO e os seis países do Pacto de Varsóvia assinam o tratado sobre a redução das forças convencionais na Europa (FCE). Este tratado prevê a eliminação dos ataques-surpresa à Europa (do Atlântico aos Urais), estabelece um limite máximo de cinco categorias para as armas clássicas (tanques, blindados, artilharia, aviões, helicópteros) e reafirma a obrigatoriedade de respeitar a paridade Leste-Oeste. Com o desaparecimento do Pacto de Varsóvia e com a derrocada da União Soviética o tratado FCE caduca.

A 30-31 de Julho de 1991, numa reunião em Moscovo, classificada como «a primeira cimeira do pós-guerra fria», G. Bush e M. Gorbatchev tentam estabelecer uma parceria sólida: prova disso é o facto de terem convocado conjuntamente uma conferência sobre a paz no Médio Oriente. Mas mais importante ainda é o facto de terem assinado, a 31 de Julho, o tratado START *(Strategic Arms Reduction Talks),* que prevê uma redução de 25% a 30% nos respectivos armamentos nucleares estratégicos (com mais de 5500 km de alcance). Está-se muito longe das reduções de 50% anunciadas no início das negociações. O número de ogivas nucleares possuídas pelas duas superpotências deve passar de 12 081 para 10 395, no caso dos Estados Unidos e de 10 841 para 8040, no caso da União Soviética. No entanto, em alguns tipos de armas (SLBM: *Sea-Launched Ballistic Missile)* as quantidades existentes são inferiores aos limites estabelecidos, o que leva à reestruturação dos arsenais. Este é o mais importante acordo sobre desarmamento jamais firmado entre as duas potências, desde 1945.

Os presidentes G. Bush (27 de Setembro de 1991) e M. Gorbatchev (5 de Outubro de 1991) rivalizam em propostas arrojadas. Os Estados Unidos decidem unilateralmente eliminar do seu arsenal nuclear as armas tácticas baseadas em terra e no mar e propõem à URSS a eliminação de todos os mísseis balísticos de ogivas nucleares múltiplas. O plano soviético prevê o desmantelamento total das armas nucleares tácticas, de terra, de mar e de ar, a redução dos efectivos e uma moratória de um ano sobre os ensaios nucleares.

Após um breve encontro entre George Bush e Boris Ieltsin, a 1 de Fevereiro de 1992, em Camp David, a cimeira americano-russa de Washington (16-17 de Junho de 1992) permite aos dois chefes de Estado a assinatura de uma carta de cooperação e amizade e o acordo sobre mais uma redução dos respectivos armamentos nucleares estratégicos. Pela assinatura do Protocolo de Lisboa (23 de Maio de 1992) os Estados Unidos obtêm a adesão dos Estados que sucedem à União Soviética aos acordos de desarmamento e desenvolvem esforços no sentido de conseguir obter a desnuclearização da ex-URSS, excepto a Rússia. Todas as armas nucleares tácticas soviéticas deveriam ser depositadas na Rússia, a partir de Maio de 1992. Os Americanos repatriaram para os Estados Unidos todas as armas tácticas instaladas em terra e no mar.

A 3 de Janeiro de 1993, o presidente Bush e o presidente Ieltsin (pela CEI) assinam em Moscovo o tratado Start II, que marca uma nova e ambiciosa etapa no desarmamento nuclear pois prevê o desaparecimento, num período de dez anos, de dois terços das ogivas nucleares estratégicas, que deverão passar de aproximadamente 10 000 a 3000 ou 3500, e dos mísseis MIRV instalados em terra. O tratado só poderá entrar em vigor após a aplicação do Start I, que ainda tem de ser ratificado.

O nascimento de uma nova Europa

A Europa voltou a estar no centro das relações internacionais. Vários factores contribuíram para isso: a construção da Europa, que durante algum tempo andou a marcar passo, ganhou novo fôlego e provoca reacções por todo o mundo. O desarmamento que está a ser negociado pelas superpotências atinge sobretudo a Europa. O novo desanuviamento e a queda do comunismo no Leste são acontecimentos decisivos e positivos, mas também têm efeitos desestabilizadores. O *statu quo* mantido pelo poder das forças armadas soviéticas desaparece e dá lugar a um vazio que assusta porque «quando a cortina de ferro cai, todo o teatro de guerra do pós-guerra fica ultrapassado». Se a reunificação alemã e o desmembramento da União Soviética se fizeram sem recurso à violência, já o mesmo não se pode dizer de outras situações: voltam a aparecer problemas com as fronteiras e os nacionalismos exarcebam-se. A guerra ronda de novo o coração da Europa. A nível estratégico, como a nível político e económico, o mapa da Europa está profundamente alterado. A nível político, há a assinalar muitas convulsões.

O refluxo soviético na Europa e a libertação dos países de Leste

O desanuviamento tem consequências consideráveis na Europa, a nível militar. Para se ter uma ideia do alcance deste processo, é preciso ter presente a extraordinária concentração militar que havia na Europa, em finais dos anos 80. Só efectivos havia, em 1989, mais de 1,5 milhão de soldados na Alemanha, numa superfície inferior à da França: na RDA, 173 000 homens no Exército da Alemanha Oriental e 380 000 soldados soviéticos; na RFA, 490 000 homens do Exército da Alemanha Ocidental, 264 000 soldados americanos, 67 000 britânicos, 50 000 franceses (mais as forças canadianas, holandesas e belgas, às quais se deve ainda acrescentar 11 000 militares ocidentais em Berlim ocidental. No que diz respeito ao material, a Aliança Atlântica mantinha 22 000 tanques (1400 dos quais eram franceses) contra 61 000 só à conta da União Soviética.

A 23 de Outubro de 1989 o ministro soviético dos Negócios Estrangeiros propõe que até ao ano 2000 sejam extintas todas as bases militares no estrangeiro e que até lá se acabe também com todo o tipo de presença militar no estrangeiro. O tratado sobre a redução das Forças Convencionais na Europa (FCE), assinado em Paris a 19 de Novembro de 1990, restabelece a paridade militar entre as duas potências, na área geográfica a que se reporta (do Atlântico aos Urais). O fim do Pacto de Varsóvia causa alguma perturbação no andamento do tratado e nas negociações posteriores, mas os 29 países assinam finalmente em Helsínquia (30 de Junho de 1992) um acordo sobre a limitação dos efectivos que vai permitir a entrada em vigor do tratado FCE. Entre outros pontos, o acordo estabelece os limites do número de efectivos (para as forças terrestres): 1 450 000 para a Rússia, 450 000 para a Ucrânia, 345 000 para a Alemanha, 325 000 para a França. Os Americanos, embora reduzam os seus efectivos na Europa, estão na disposição de continuar a manter forças militares no continente europeu, acedendo assim ao pedido dos europeus.

A nível ideológico e político, a queda do comunismo na Europa de Leste é, por um lado, a prova irrefutável do fracasso e, por outro, o reflexo de uma nova política soviética. Outros factores contribuíram para isso: a popularidade de João Paulo II, reforçada pelas suas numerosas viagens, especialmente à Polónia (1979, 1983, 1987, 1991), o papel das igrejas cristãs e a imagem da outra Europa, divulgada pela televisão. Tudo coisas que põem em causa a divisão da Europa.

Assiste-se desde 1985, mas mais especialmente desde 1989, a convulsões nos regimes comunistas da Europa de Leste e ao afrouxamento dos laços entre a União Soviética e as democracias populares. Antigamente, de cada vez que um país de Leste ameaçava portar-se mal, o «irmão mais velho» franzia o sobrolho e, de um modo geral, isso bastava para que as coisas regressassem à normalidade. Este intervencionismo tinha aliás sido formalizado na doutrina Brejnev de 1968. Agora, os dirigentes soviéticos não só deixam de exercer o seu poder sobre a Europa de Leste, como fazem saber que o Pacto de Varsóvia deixará de intervir nas questões internas dos países irmãos e que o Exército soviético sairá da Hungria e da Checoslováquia. E em Dezembro de 1989, a cimeira do Pacto de Varsóvia vai mesmo ao ponto de condenar a intervenção de 1968, na Checoslováquia. É uma reviravolta completa. Todavia, a URSS não pretende afastar-se da Europa. Bem pelo contrário, a Europa é uma questão absolutamente fulcral para a diplomacia soviética, que defende a ideia da «casa comum europeia». Confrontado com problemas económicos e étnicos na União Soviética, Gorbatchev faz concessões, usando a velha táctica russa de perder espaço para ganhar tempo.

As solidariedades do bloco oriental desfazem-se completamente. O funcionamento do COMECON é posto em causa durante a reunião de dirigentes, realizada em Sófia (9 a 10 de Janeiro de 1990), e prepara-se uma profunda restruturação; dezoito meses mais tarde (28 de Junho de 1991) a aliança económica é dissolvida. O mesmo se passa com o Pacto de Varsóvia. Os pedidos de retirada, quase simultâneos, das tropas soviéticas estacionadas na Checoslováquia (75 000 homens), na Polónia (45 000 homens) e na Hungria (60 000 homens) dão-lhe o golpe fatal. Reunidos em Budapeste, os dirigentes do Pacto de Varsóvia decidem, a 25 de Fevereiro de 1991, dissolver o Pacto enquanto organização militar, o que aconteceu a 1 de Julho de 1991. Em Junho de 1991 as tropas soviéticas procedem à retirada final da Hungria e da Checoslováquia.

Com a derrocada do bloco comunista surgem as rivalidades étnicas e nacionais, do Elba ao Cáucaso, que põem em perigo o traçado das fronteiras. Numa primeira fase (Dezembro de 1989), os dirigentes da Aliança Atlântica e do Pacto de Varsóvia deixam bem clara a sua intenção de manter as fronteiras e as organizações político-militares existentes na Europa. A situação deteriora-se a tal ponto que no Verão de 1991 os ocidentais, preocupados com as pressões migratórias que poderiam resultar da crise profunda com que se debatem os países da Europa de Leste e fartos de assistir impotentes aos conflitos, cada vez mais numerosos, resolvem caucionar as diligências de independência. A transição para a economia de mercado e para a democracia é difícil. Prova disso é o regresso em força ao poder de ex-comunistas em vários países da Europa Central.

A reunificação da Alemanha

A questão alemã surgiu brutal e inesperadamente, na sequência da derrocada do regime da RDA.

Antes da construção do muro de Berlim, perto de 3 milhões de cidadãos da Alemanha de Leste já tinham emigrado. Iria o fim do êxodo permitir o nascimento de um verdadeiro Estado, de uma Prússia vermelha, nacional-marxista? Poder-se-ia pensar que, com a ajuda do muro, a *Ostpolitik* teria consolidado a RDA. Não foi isto que a realidade veio demonstrar. Muito pelo contrário, em Agosto-Setembro de 1989, verificou-se um verdadeiro êxodo dos Alemães de Leste, que aproveitaram a brecha húngara para contornar o muro. Ao êxodo vêm juntar-se as manifestações de rua contra os dirigentes. Finalmente, a 9 de Novembro de 1989, dá-se a abertura do «muro da vergonha» e da fronteira entre as Alemanhas, por uma decisão administrativa do governo da RDA. Na manhã de 10 de Novembro, milhares de Berlinenses de Leste rumam para Ocidente e voltam a casa, pouco tempo depois. É a queda do símbolo mais forte da guerra fria e o fim da divisão da Alemanha. Mas o êxodo continua, ao ritmo de 2000 por dia, porque o nível de vida na RFA é duas a três vezes superior ao da RDA.

Esta abertura e as convulsões políticas internas da RDA levantam o problema da reunificação alemã. Há manifestações para exigir uma reunificação rápida, como aconteceu em Leipzig (Novembro de 1989). A decomposição interna da RDA cria um vazio que o poder da RFA pode vir preencher. O chanceler Helmut Kohl não perde tempo e apanha toda a gente de surpresa, quando torna público um plano com 10 pontos com vista à concretização da unidade alemã no seio das estruturas confederativas (28 de Novembro de 1989) sem referir a inviolabilidade das fronteiras e em particular da linha Oder-Neisse. Entretanto, o precipitar dos acontecimentos e muito particularmente a vitória que os adeptos de uma unificação rápida obtiveram nas eleições da Alemanha de Leste (18 de Março de 1990) vêm alterar todo o calendário político e agitar as chancelarias.

As reacções estrangeiras são prudentes. Na cimeira de Estrasburgo (8-9 de Dezembro de 1989), os Doze aceitam o direito à autodeterminação do povo alemão, mas impõem-lhe várias condições. A França nega querer impedir a reunificação da Alemanha e mostra-se favorável a uma confederação que inclua a CEE alargada e os países de Leste que se tornaram democráticos. A União Soviética reconhece a irreversibilidade da situação e aceita a ideia da unificação dos dois Estados alemães (3 de Janeiro de 1990), mas inicialmente opõe-se à ideia de uma Grande Alemanha, membro da Aliança Atlântica. A Polónia quer um tratado que garanta a inviolabilidade da fronteira germano-polaca. O chanceler Kohl vai adiando a situação e acaba por conseguir tranquilizar os Polacos (6 de Março de 1990).

A questão alemã volta a estar na ordem do dia. A reunificação traz consigo muitas incertezas. A existência de uma grande Alemanha (80 milhões de habitantes), com um enorme peso económico na Comunidade, não será um risco para a Europa? Depois de reunificada, a Alemanha continuará na NATO ou optará por ser neutra? Não iria a RFA aproveitar-se da reunificação para tornar neutral uma Europa Central desnuclearizada? Mais do que qualquer outra coisa, é a dinâmica da reunificação a grande preocupação do governo da RFA, muito embora a Alemanha Federal tenha uma sólida ligação ao Ocidente. Kohl acena ao Leste, aceitando a opção «duplo zero» e mesmo a «triplo zero», abre mão do prolongamento do serviço militar obrigatório (Abril de 1989), recebe Gorbatchev (Junho de 1989) e abraça a ideia da «casa comum europeia». Quando se temia que a RFA, no seu esforço de reunificação, provocasse desequilíbrios no Leste, eis que é exactamente o contrário que se passa.

O desmoronamento do regime comunista da RDA e o resultado das eleições de 18 de Março de 1990 que deram a vitória aos partidos próximos de Kohl tornaram possível a reunificação. A união monetária entre as duas Alemanhas entra em vigor a 1 de Julho de 1990. Os dois Estados alemães estão presentes durante as conversações entre as quatro potências garantes do estatuto da Alemanha (Estados Unidos, Grã-Bretanha, França, URSS). A União Soviética reconhece o carácter inelutável da unificação (Janeiro de 1990) mas numa primeira fase (12 de Fevereiro) rejeita a permanência na NATO de uma Alemanha unida. A 16 de Julho, com a assinatura do «acordo histórico» do Cáucaso, a situação altera-se e Gorbachev aceita que a Alemanha continue na NATO, pondo como condição que o número máximo de efectivos do futuro Exército alemão seja de 370 000 homens e que o financiamento para a retirada dos soldados soviéticos da ex-RDA seja feito antes do final de 1994. O tratado que «estabelece a resolução definitiva da questão alemã» é assinado em Moscovo, a 12 de Setembro. Embora seja um Estado plenamente soberano, a Alemanha aceita o limite imposto aos seus efectivos militares e aceita renunciar às armas nucleares. Está aberto o caminho para a reunificação, que se dá a 3 de Outubro de 1990. Os últimos soldados russos saem de Berlim a 31 de Agosto de 1994 e as tropas ocidentais a 8 de Setembro. Surge uma nova grande potência, a Alemanha, com 80 milhões de habitantes e a sua situação central e o seu poder podem dar azo ao receio de uma «Europa alemã», apesar do custo da unificação ter sido superior ao que estava previsto. A questão alemã não é a única incógnita nesta nova situação europeia.

O desmoronar do Império Soviético

A queda do comunismo soviético leva ao desmembramento da União Soviética que se vê confrontada com uma tripla crise:

- *ideológica,* porque não só o papel dirigente do comunismo e do PCUS é posto em causa (13 de Março de 1990) como o PC russo fica proibido de ter qualquer actividade, depois do golpe falhado (19 de Agosto de 1991);
- *económica,* devido à desorganização da economia soviética (inflação, défice orçamental, endividamento externo);
- *política,* porque a engrenagem das reformas democráticas desestabiliza o poder soviético e atesta a sua incapacidade de se reformar sem mudar radicalmente de sistema: Mikhail Gorbatchev, agora presidente da República, apreciado no es-

trangeiro (Prémio Nobel da Paz, 1990), tem dificuldades em arbitrar o confronto entre conservadores e adeptos das reformas e vê-se obrigado a abandonar o cargo de Secretário-Geral do PCUS (24 de Agosto de 1991).

Causa e consequência do fim do comunismo, o desmembramento da União Soviética acelera-se. Uma a uma, as Repúblicas proclamam a sua soberania.

Nos países bálticos – Lituânia, Letónia, Estónia, disputados desde há séculos pelos Eslavos, pelos Germânicos e pelos Suecos, independentes de 1920 a 1939, anexados pela União Soviética no âmbito do pacto germano-soviético de 23 de Agosto de 1939, ocupados pelos Alemães de 1941 a 1944 e novamente anexados pela URSS – há manifestações, em Agosto de 1989. Os manifestantes reclamam a autonomia e o retorno às repúblicas bálticas. Depois de um ano de tensões, a independência dos três países (Lituânia, Letónia, Estónia) é reconhecida, em Agosto de 1991. Três anos mais tarde já não há tropas russas nestes países.

O golpe (19-21 de Agosto de 1991) levado a cabo pelas forças conservadoras (PCUS, Exército e KGB), na véspera da assinatura do novo tratado da União, fracassou e o Congresso dos deputados outorga largos poderes às Repúblicas, continuando no entanto o «centro» com a tutela da política externa e da política militar. Mas as Repúblicas estão cada vez menos dispostas a aceitar limitações à sua soberania. Isto contribui para precipitar ainda mais o desmembramento da União Soviética. Depois da Geórgia (9 de Abril de 1991) é a vez da Moldávia – antiga Bessarábia, que a União Soviética tirou à Roménia pelos acordos Molotov-Ribbentrop de 1939 e, incorporou no seu território, aproveitando-se da guerra – proclamar a sua independência (Agosto de 1991). Segue-se o Azerbaijão, a Quirguízia e o Usbequistão. A secessão da Ucrânia (1 de Dezembro de 1991) e a sua recusa em assinar o tratado da União ditam a sentença de morte da União Soviética. A 8 de Dezembro de 1991, os presidentes da Rússia, da Ucrânia e da Bielorússia decidem criar uma Comunidade de Estados Independentes (CEI), a que todas as outras Repúblicas aderem a 21 de Dezembro de 1991 à excepção da Geórgia, que só adere em Setembro de 1993. A Rússia herda da União Soviética o lugar de membro permanente do Conselho de Segurança da ONU e a responsabilidade sobre as forças nucleares estratégicas. Como contrapartida, a Ucrânia, a Moldávia e o Azerbaijão obtêm o direito de criar exércitos nacionais próprios. Isolado e destituído de todos os seus poderes, Gorbatchev demite-se a 25 de Dezembro de 1991.

Dadas as deficiências da CEI, que não passa de um organismo de fachada, os Estados da ex-União Soviética organizam-se entre si. Os cinco países da Ásia Central (Cazaquistão, Turquemenistão, Usbequistão, Tajiquistão e Quirguízia) fazem uma tentativa de aproximação regional. A Rússia e a Ucrânia assinam um acordo de cooperação política e económica (Junho de 1992). Por todo o lado, as forças centrífugas estão em acção: na Geórgia, devido aos Abcazes e às clivagens religiosas que opõem os Ossetas, cristãos, aos Inguches, muçulmanos; no Azerbaijão, devido aos Arménios no Alto--Karabakh (enclave arménio cristão numa região muçulmana). A Rússia tem relações difíceis com a Ucrânia (devido à frota do Mar Negro), com a Bielorússia e com o Cazaquistão (por causa das armas nucleares).

A Rússia sofre uma transformação radical. Na verdade, é um país completamente novo. Abandonou toda e qualquer referência ao marxismo-leninismo e qualquer ideia de missão histórica no mundo. As reformas políticas (instauração de um regime semipresidencial forte) e económicas (adopção da economia de mercado) criam um clima de instabilidade, chegando mesmo a haver alguns confrontos (21 de Setembro-4 de Outubro de 1993). A nível externo, a Rússia quer fazer parte do «mundo civilizado» – participa em todas as instâncias internacionais, como o FMI e o Banco Mundial – e faz uma colagem à política americana, tendo no entanto o cuidado de evitar cuidadosamente ficar na situação de «brilhante segundo lugar» e fazendo tudo para se valorizar. Evidentemente que a Rússia segue esta política tão entusiasticamente virada para o Ocidente porque espera retirar disso grandes vantagens. Entretanto, é mesmo convidada a participar nas reuniões do G7 (Nápoles, Julho de 1994). A nível nacional, a Rússia está ameaçada pelo desmembramento interno. É verdade que a sua população é mais homogénea do que a da ex-URSS, mas as Repúblicas autónomas começam a agitar-se. Invocando a protecção às minorias russas e russófonas, a Rússia impõe a sua lei. Em Dezembro de 1994, o Exército russo intervém na Chechénia, (república muçulmana, membro da Federação Russa) que está mergulhada na guerra civil, onde trava uma guerra difícil para impedir o processo de decomposição em curso.

A UNIÃO DAS REPÚBLICAS SOCIALISTAS SOVIÉTICAS

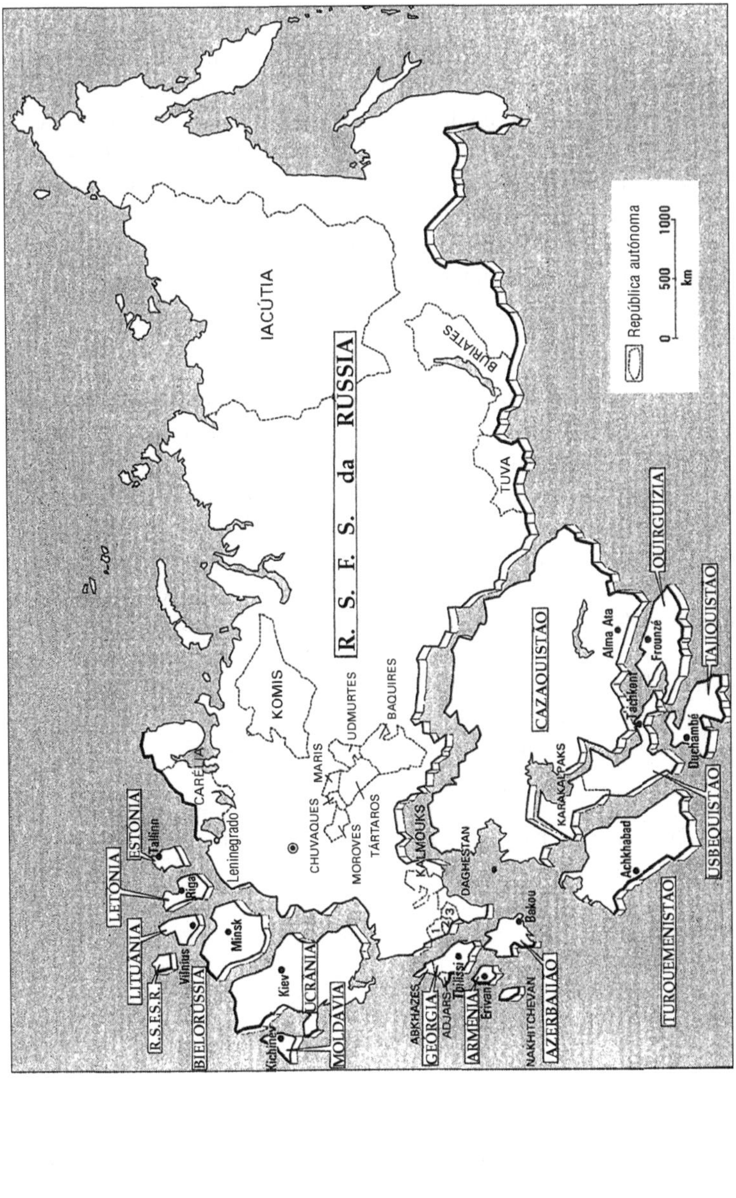

1. KABARDINO-BALKARS 2. OSSETAS DO NORTE 3. CHECHENO-INGUCHES

O despertar dos nacionalismos e a contestação das fronteiras

Com a queda dos regimes da Europa de Leste surgem os nacionalismos e os problemas com as fronteiras. No período da guerra fria, a única fronteira de que se falava era a «cortina de ferro». E a doutrina do internacionalismo proletário tinha abafado todas as reivindicações nacionais ou territoriais. A resolução dos problemas dos nacionalismos fora uma das prioridades dos regimes comunistas. Quando estes regimes desaparecem, regressam os velhos conflitos nacionais que tinham estado ocultos durante algum tempo. Este despertar dos nacionalismos ameaça directamente as fronteiras saídas da Segunda Guerra.

Os problemas das fronteiras voltam a estar em primeiro plano. Brutalmente, a Europa volta a encontrar os seus demónios de 1914 e apercebe-se de que o império dos Habsburgo, que abrangia todos os povos da Europa Central, tinha as suas vantagens. As convulsões na Polónia deveram-se em grande parte ao reaparecimento da nação polaca, ligada à Igreja Católica. Na Hungria, houve manifestações nacionalistas a 14 de Março de 1989, por ocasião da morte da imperatriz Zita, última rainha da Hungria. Na Roménia, a minoria húngara (3 milhões de pessoas) que vive na Transilvânia, antiga província húngara, reivindica a sua autonomia. As minorias romenas agitam-se na Moldávia ex-soviética. Surgem tensões entre Húngaros e Eslovacos. O caso mais dramático é o da Jugoslávia.

Na Jugoslávia, a lenta agonia do sistema comunista começa depois da morte de Tito, em 1980, e é acompanhada pela eclosão dos nacionalismos e das paixões que a firmeza de Tito conseguira refrear criando, logo a seguir à II Guerra Mundial, um Estado federal constituído por seis repúblicas (Eslovénia, Croácia, Bósnia-Herzegovina, Sérvia, Montenegro, Macedónia) e duas províncias autónomas (Voivodina, Kosovo). Na altura do pós-comunismo, a Jugoslávia é, por razões muito antigas, o território mais sensível do velho continente. Desde a morte do imperador romano Teodósio (365 d. C.) que a linha divisória entre Roma e Bizâncio, católicos e ortodoxos, Croatas e Sérvios, divide em dois o território jugoslavo. A conquista eslava não alterou em nada a situação, mas a conquista turca sim, porque a fronteira que separa o Império Otomano do

Império dos Habsburgo passa pelo meio da Jugoslávia. Isto faz com que muitos Sérvios ortodoxos fujam e se instalem nos confins da Croácia católica. Sobre as ruínas dos impérios e no turbilhão das crises balcânicas que desencadearam o primeiro conflito mundial (atentado de Sarajevo, 28 de Junho de 1914), os vencedores inventam um reino de Sérvios, Croatas e Eslovenos, dividido em três grupos linguísticos (esloveno, servo-croata, macedónio) e religiosos (católicos, ortodoxos, muçulmanos), mistura obviamente condenada a explodir. Durante a II Guerra Mundial, os antagonismos exarcebam-se, despedaçam o reino jugoslavo e deixam marcas na memória colectiva (o massacre dos Sérvios pelos Ustachis, nacionalistas croatas). Às rivalidades ancestrais que opõem os Sérvios aos Croatas e aos Eslovenos junta-se a questão das minorias nacionais, porque nenhuma das repúblicas tem uma população homogénea. Isto aplica-se particularmente à Bósnia-Herzegovina, onde o mosaico étnico é composto por 44% de muçulmanos, 31% de Sérvios e 17% de Croatas. A desagregação da Jugoslávia resulta da conjunção da crise do sistema comunista com a crise do Estado multinacional. O drama desencadeia-se em Maio de 1991, por ocasião das eleições para a presidência colegial da Federação. Eslovenos e Croatas exigem a dissolução da Federação e a constituição de vários Estados soberanos. Há confrontos interétnicos. A Eslovénia e a Croácia proclamam a independência (Junho de 1991), em resposta à intervenção do Exército federal (onde predominam os Sérvios) que entende que deve fazer respeitar os direitos dos Sérvios na Croácia. As diligências efectuadas pela Comunidade Europeia para tentar chegar a uma resolução negociada, não obtiveram grandes resultados.

Por último, a Checoslováquia: criada na sequência da Primeira Guerra Mundial sobre as ruínas da Áustria-Hungria, cinde-se numa República Checa e numa Eslováquia que se divorciam pacificamente (1 de Janeiro de 1993), depois de setenta e quatro anos de vida em comum. A balcanização, fruto dos nacionalismos, corrói o espaço europeu. Só a Europa dos Doze promove a estabilidade.

Em direcção à União Europeia

A decisão de liberalizar completamente os movimentos de capitais no seio da Comunidade, a partir de 1 de Julho de 1990, é tomada no

A NOVA EUROPA

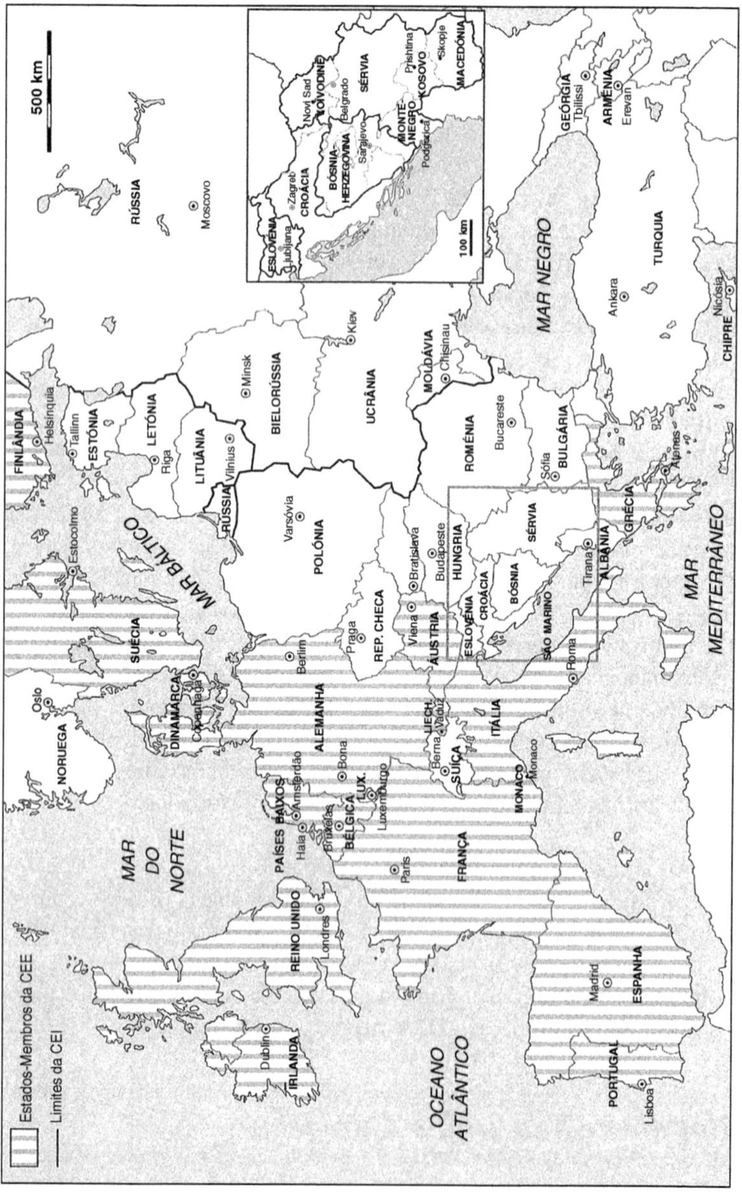

Luxemburgo, a 13 de Junho de 1988, pelos ministros das Finanças e tem consequências notáveis. É um passo decisivo para a constituição de um mercado de 345 milhões de consumidores com um elevado nível de vida. Pouco tempo antes da data prevista para a entrada em vigor desta decisão comunitária, sobem de tom os ataques de Washington e de Tóquio contra a «Europa-fortaleza», que acusam de estar a construir um mercado interno absolutamente impenetrável. Depois do enorme esforço de harmonização e de liberalização que foi feito, o advento do grande mercado sem fronteiras internas é uma data importante na construção europeia.

De facto, as negociações do GATT fizeram baixar substancialmente a tarifa externa comum e provocaram um crescimento notável do comércio mundial. Com as quatro primeiras negociações comerciais (1947, 1949, 1950, 1956), o *Dillon Round* (1960-1962), o *Kennedy Round* (1964-1967) e o *Tokyo Round* (1973-1979) conseguiu-se uma redução considerável das tarifas alfandegárias industriais. A conferência, realizada em Punta del Este em Setembro de 1986 e por isso conhecida como *Uruguay Round,* encalha nos produtos agrícolas, nos serviços e no audiovisual. Os Estados Unidos e o Canadá pedem aos europeus a supressão dos subsídios agrícolas, especialmente às oleaginosas (soja, girassol) e maiores facilidades de acesso ao mercado; os europeus contra-atacam com a agressividade comercial do Japão e o proteccionismo americano em matéria de aeronáutica. Pouco tempo depois da reforma da Política Agrícola Comum (que substitui o regime de preços sustentados por um sistema de ajudas directas à produção e impõe o pousio obrigatório de 15% das terras e uma redução de 29% no preço dos cereais), a Comissão Europeia e os Americanos assinam o acordo de Blair House (redução do montante das exportações subsidiadas e estabelecimento de limites para as superfícies cultivadas com oleaginosas). O acordo é violentamente rejeitado pelos Franceses, principais produtores europeus. O compromisso assumido (14 de Dezembro de 1993) permite a assinatura da acta final do ciclo do Uruguai (15 de Abril de 1994) em Marraquexe, que vai obrigar 121 países a procederem a um derrube sem precedentes das suas barreiras alfandegárias. A ratificação dos acordos do GATT abre caminho à criação da Organização Mundial do Comércio (OMC), a 1 de Janeiro de 1995.

As negociações dos acordos de Maastricht são árduas, especialmente no respeitante à harmonização da fiscalidade e à União

Monetária. Apesar da libra esterlina ter entrado no Sistema Monetário Europeu, a 8 de Setembro de 1990, os Ingleses são contra a moeda única; na Alemanha, o *Bundesbank* e os meios empresariais mostram-se muito cautelosos. Em Estrasburgo (9 de Dezembro de 1989), o Conselho Europeu ultima os preparativos para a aplicação do plano de União Económica e Monetária (UEM) que será feita em três fases (a primeira tem início a 1 de Julho de 1990) e deverá culminar na adopção da moeda única. A concretizar-se, esta UEM implicará as mais importantes transferências de soberania jamais realizadas até então. O Conselho Europeu de Dublin (28 de Abril de 1990) chama a atenção para a necessidade urgente de acelerar a construção política da Europa. A inexistência de uma política comum de defesa fez com que a Europa estivesse ausente durante a crise do Golfo e fosse incapaz de resolver a crise jugoslava. A definição de uma política comum de defesa é pois uma necessidade imperiosa. Para sair do impasse, Franceses e Alemães propõem, a 14 de Outubro de 1991, que sejam reforçadas as responsabilidades das instituições europeias em matéria de defesa e anunciam a criação de um corpo armado franco-alemão, alargado à Bélgica, ao Luxemburgo e à Espanha: o Eurocorps, com 35 000 a 50 000 homens.

Os progressos das negociações permitem ao Conselho Europeu de Maastricht (9-10 de Dezembro de 1991) chegar a acordo sobre as questões económicas e monetárias e sobre as questões políticas. É aceite o princípio de uma política externa e de uma política de segurança comum, e dado o direito de voto aos eurodeputados eleitos nas eleições realizadas nos respectivos países. O plano da União Económica e Monetária, cuja aplicação deverá processar-se em três etapas, prevê – se as políticas económicas forem suficientemente convergentes – a criação de uma moeda única, antes de 1 de Janeiro de 1999, o que implicará a perda de soberania, em matéria monetária, dos países-membros. O tratado da União Europeia, assinado a 7 de Fevereiro de 1992, retoma o essencial das disposições dos tratados de Roma e propõe-se organizar uma vida comunitária na maior parte dos domínios e a criar uma União Europeia a nível supranacional em sectores-chave como a moeda ou a política externa. De acordo com o princípio da subsidariedade, a Comunidade só intervém quando os objectivos da acção proposta não podem ser satisfatoriamente atingidos pelos Estados-Membros. A Grã-Bretanha, no entanto, consegue limitar a sua participação à UEM e às questões sociais. A ratificação do tratado não levanta problemas, salvo algumas excepções: numa primeira fase (2 de Junho de 1992), os Dinamarqueses rejeitam-no, mas aprovam-no posteriormente (18 de Maio de 1993); os Franceses aprovam-no timidamente (Setembro de 1992). Os Ingleses acabam por ratificá-lo (2 de Agosto de 1993).

Apesar destes problemas, a Europa Ocidental tem um grande poder de atracção e é um pólo de influência no mundo. A ajuda da CEE é fortemente solicitada pela Europa de Leste e pelo Terceiro Mundo. A 15 de Dezembro de 1989, celebra um acordo com 68 países ACP, que consagra um aumento da ajuda da Europa ao Terceiro Mundo: é o Lomé IV. É criado o Banco Europeu para a Reconstrução e para o Desenvolvimento (BERD), vocacionado para o auxílio financeiro aos países da Europa de Leste. Em suma, a Europa encontra-se numa situação paradoxal pois é um motor da estabilidade no mundo mas não tem possibilidade de exercer uma influência determinante no equilíbrio das forças mundiais. Hesita entre a vontade de responder ao apelo da mudança e continuar a manter o seu estatuto.

Uma Europa de geografia variável

O desaparecimento do muro de Berlim e da cortina de ferro devolvem à Europa a sua plenitude geográfica. Por outro lado, o desaparecimento da hegemonia soviética contém em si o risco da balcanização, sendo portanto necessário criar uma estrutura sólida. Deverá a Europa dos Doze alargar-se, correndo o risco de se descaracterizar e perder a sua originalidade? A 22 de Outubro, os Doze da CEE e os sete membros da EFTA assinam um acordo que cria um Espaço Económico Europeu (EEE), que é um ensaio antes da adesão à Comunidade. Mas a aproximação entre os países nem sempre é pacífica, como o prova a recusa do povo suíço em ratificar o EEE (6 de Dezembro de 1992). E que resposta dar aos países de Leste que anseiam conhecer a prosperidade e entrar na Comunidade? A Polónia, a Hungria, a República Checa e a Eslováquia, que constituem o grupo de Visegrad, estão a dar os primeiros passos na aprendizagem da cooperação regional, condição prévia para a adesão. Para a regularização dos problemas das fronteiras e das minorias é celebrado, a 22 de Março de 1995, o Pacto de Estabilidade na Europa, que promove a diplomacia preventiva.

Uma Europa de Geografia Variável (Abril de 1996)

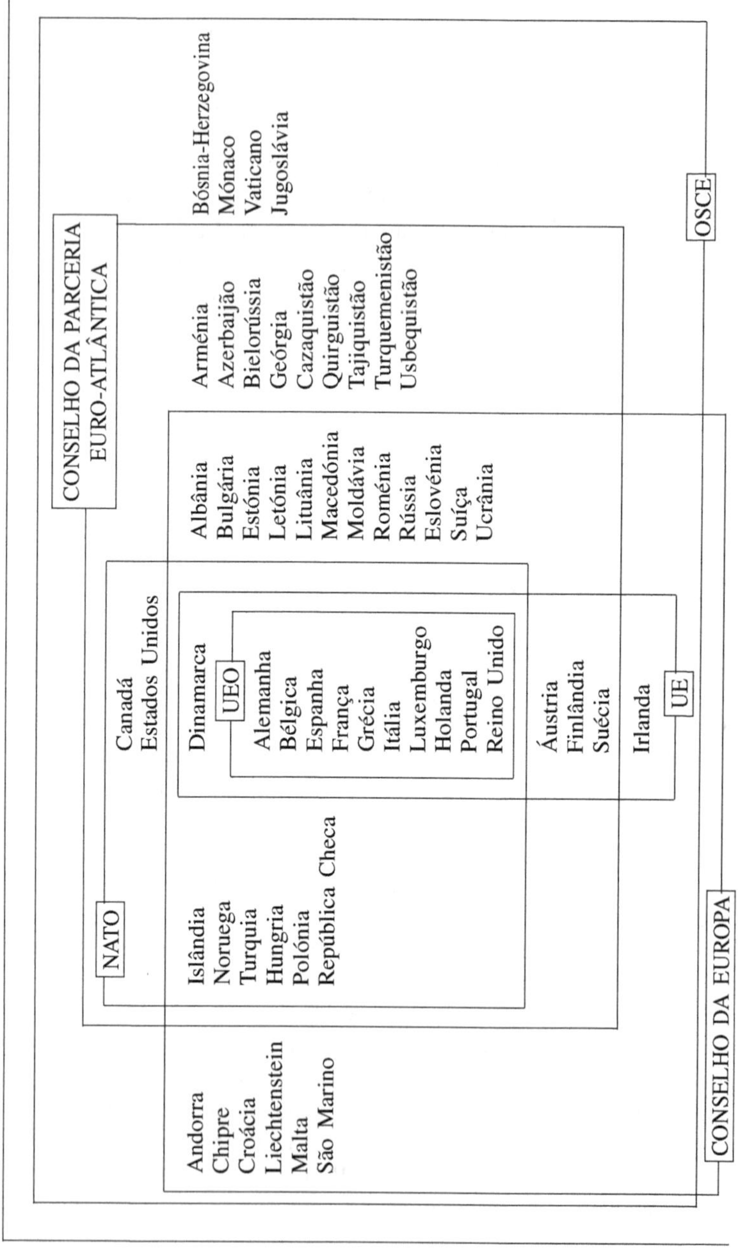

Única organização que inclui todos os Estados europeus, inclusive a Albânia (Junho de 1991) e ainda os Estados Unidos e o Canadá, a *Conferência sobre a Segurança e a Cooperação da Europa* (CSCE) reivindica para si um papel cada vez mais importante. Na sequência da 2.ª conferência de chefes de Estado da CSCE (21 de Novembro de 1991) é assinada a Carta de Paris para uma nova Europa: os 34 países-membros celebram o fim da «era do confronto e da divisão», saúdam a «democracia como único sistema de governo», e decidem institucionalizar a CSCE. Apesar da adopção, em Berlim (19-20 de Junho de 1991), de um mecanismo de consulta, a CSCE parece agora condenada à ineficácia. Na conferência de chefes de Estado em Budapeste (5-6 de Dezembro de 1994), os 52 membros da CSCE, que passa a OSCE (Organização para a Segurança e para a Cooperação na Europa), divergem quanto às formas de organização da segurança europeia.

A Aliança Atlântica sofre uma profunda reconversão. Concebida quase exclusivamente para fazer face ao perigo que representava o Pacto de Varsóvia, tem agora que adaptar as suas estruturas militares a uma situação completamente diferente: o recuo do Exército soviético e a retirada da Europa de grande parte dos GI, que passam de 320 000 (1990) a 133 000 (1994). Tendo obtido a vitória sobre a organização rival, a Aliança Atlântica tem agora de responder às necessidades de segurança dos Estados da Europa Central e da Europa Oriental, preocupados por se encontrarem num «vazio estratégico». Tem também de ter em conta as tentativas da Europa dos Doze para dotar a União Europeia de uma política de segurança (6-7 de Junho de 1991), com os tribunais civis a ficarem na dependência da UEO. As iniciativas multiplicam-se. A NATO reorganiza o seu dispositivo militar, cria uma força de «reacção rápida» (28-29 de Maio de 1991) e empenha-se na criação de corpos de exércitos multinacionais, em especial germano-americanos (Abril de 1993), paralelamente à decisão franco-alemã (Outubro de 1991) de criar um Eurocorpo que reúne todas as condições para ser o embrião de um Exército europeu. Em Novembro de 1991, a Cimeira da NATO reconhece que outras instituições para além dela, especialmente a Comunidade Europeia, a UEO e a CSCE, têm um papel a desempenhar em matéria de defesa e de segurança. A decisão, tomada a 4 de Junho de 1992, de pôr as forças e as infraestruturas da Aliança ao serviço da CSCE para as missões de manutenção de paz dá pela primeira vez a oportunidade à NATO de intervir fora da zona de aplicação do tratado. Mas garantir a segurança da FORPRONU, na ex-Jugoslávia, é pouco. Para alargar a Aliança Atlântica aos países que eram membros do Pacto de Varsóvia e da URSS, é criada a 20 de Dezembro de 1991 (por iniciativa americana) uma superestrutura, o Conselho de Cooperação do Atlântico Norte (CCAN, NACC em inglês). A 10 de Janeiro de 1994, os 16 países-membros da NATO assinam um documento político que propõe aos países ex-comunistas que participem na parceria para a paz. A assinatura deste documento é encarada como a primeira etapa para uma eventual adesão à Aliança, o que Moscovo vê sempre com desconfiança. Com a criação da Força de Intervenção Rápida e da IFOR, a NATO passa a ter um novo tipo de intervenção na Bósnia, cooperando com as forças dos seus ex-adversários ou com os países neutros.

O mundo do pós-guerra fria

O fim da guerra fria não põe termo às situações de conflito. O desanuviamento planetário a que se assiste desde 1985 deve-se em primeiro lugar ao desanuviamento entre as duas superpotências e, em segundo lugar, ao menor empenho da URSS (atitude seguida pelas tropas de Cuba), ou melhor, ao desmoronamento da URSS. As consequências deste desanuviamento manifestam-se sob várias formas: diminuição das tensões, fim de vários conflitos regionais, democratização. Mas, também, no terreno propício do subdesenvolvimento, lutas de influência, tribalismos, nacionalismos e fanatismos religiosos.

Uma Ásia cheia de contrastes

Na Ásia regista-se uma acalmia dos conflitos, excepto no caso de Caxemira. Mas o fosso entre a próspera Ásia Oriental (inclusive a China costeira) e o subcontinente indiano, pobre como sempre, é cada vez maior.

O caso mais espectacular de menor empenho da União Soviética é a retirada do Afeganistão. A URSS conduzia a sua intervenção militar no Afeganistão quase como se de uma guerra colonial se tratasse e isto estava a levá-la para um beco sem saída. Quando Gorbatchev se torna secretário-geral do PCUS, a guerra já dura há cinco anos e está cada vez mais parecida com a guerra do Vietname. Um Exército com um número relativamente reduzido de efectivos, mas com bom armamento e material de guerra poderoso não consegue vencer a resistência de um povo rude que conta com a ajuda do Paquistão, dos Estados Unidos, da China e dos países do Golfo. Os combates endurecem. A resistência afegã dispõe de mísseis antiaéreos Stinger e, em 1987, os Soviéticos perdem o domínio dos céus. As operações levadas a cabo pelo Exército soviético para salvar os centros susceptíveis de cair nas mãos da resistência são suspensas. Tirar a União Soviética da «embrulhada» da guerra do Afeganistão era para Gorbatchev um objectivo prioritário, porque a ofensiva de paz soviética nunca seria credível com as tropas soviéticas a ocupar o Afeganistão. As negociações entabuladas em Genebra não demoraram a ganhar um rumo decisivo. O chefe do governo, Babrak Karmal, que não deixa as negociações avançarem, é substituído a 4 de Maio de 1986 pelo general Najibullah. Depois da cimeira entre Reagan e Gorbatchev de Dezembro de 1987, em Washington, os acontecimentos precipitam-se. A diplomacia soviética faz todos os possíveis para obter um cessar-fogo e implantar um governo de coligação. A 14 de Abril de 1988 chega-se a acordo sobre a retirada das tropas soviéticas. Negoceiam o acordo o governo de Kabul, o Paquistão, a URSS e os Estados Unidos. Apesar de haver dificuldades na aplicação do acordo, a retirada das tropas soviéticas está concluída a 15 de Fevereiro de 1989, dentro dos prazos previstos.

Outros conflitos em que a URSS não está tão implicada como estava no Afeganistão, mas onde está envolvida política e financeiramente, terminam, basicamente pelas mesmas razões. É o caso da intervenção do Vietname no Camboja. Em Novembro de 1987, o Vietname começa a repatriar algumas unidades e a 5 de Abril de 1989 anuncia a retirada total das tropas. Por iniciativa da França, realiza-se em Paris, em Agosto de 1989, uma conferência sobre o futuro do Camboja, onde estão presentes todos os intervenientes, desde o antigo rei – o príncipe Norodom Sihanuk – ao primeiro-ministro em funções, Hun Sen. Mas não conseguem chegar a nenhuma conclusão. Depois da partida dos soldados vietnamitas, a guerra civil ganhou um novo fôlego. Uma tentativa para fazer da ONU o mediador para a resolução do problema cambojano consegue juntar (Setembro de 1990) as quatro facções Khmers sob a presidência do príncipe Sihanuk e deixa antever a hipótese de um cessar-fogo. O acordo de paz, finalmente assinado por todos os participantes a 23 de Outubro de 1991 coloca o país sob a tutela das Nações Unidas, até à realização de eleições livres. Pela Resolução 945 (28 de Fevereiro de 1992), o Conselho de Segurança pronuncia-se a favor do envio de 22 000 homens e cria a Autoridade Provisória da ONU (APRONUC), encarregue de encaminhar o Camboja para a normalidade. Apesar das dificuldades levantadas pelos Khmers Vermelhos, a APRONUC consegue organizar eleições gerais (Maio de 1993) e o balanço global da missão é positivo. A pacificação está em curso, sob a égide de Sihanuk.

É esta diminuição de tensão na península da Indochina que explica o êxito que obtiveram as tentativas de Gorbatchev para reatar o diálogo com a China. Em Vladivostoque (28 de Julho de 1986), M. Gorbatchev declara que está pronto a criar condições para que haja um clima de boa vizinhança, e a sua visita oficial à China (16-18 de Maio de 1989) permite a normalização das relações sino-soviéticas, que são ainda reforçadas pela visita do Secretário-Geral do PC Chinês a Moscovo (Maio de 1991) e pela visita do presidente chinês Jiang Zemin a Moscovo (Setembro de 1994).

A guerra Irão-Iraque acaba a 20 de Agosto de 1988, pondo fim a um conflito que causou a morte a um milhão de pessoas. Apesar dos esforços do Iraque e da superioridade do seu Exército, saiu a perder de praticamente todos os ataques contra as instalações petrolíferas iranianas, contra as cidades, contra as fronteiras e teve ainda de enfrentar algumas bem sucedidas acções do Irão, que até contra-atacou tomando, em Fevereiro de 1986, a cidade de Fao, que o Iraque só conseguiu reconquistar em Abril de 1988. Assistiu-se a uma intensificação dos combates, com utilização de mísseis e recurso a armas químicas. O mundo acomodou-se à situação e foi fornecendo armas aos protagonistas, até que o conflito começou a inquietar a comunidade internacional. Dois factores contribuíram para isso: as acções subversivas e terroristas do Irão, que está por detrás dos sequestros de reféns e dos atentados terroristas de Setembro de 1986, em Paris, que levaram ao corte de relações diplomáticas com a França, e os motins de Meca (31 de Julho de 1987), fomentados pelos xiitas contra a dinastia guardiã dos lugares santos do Islão.

O segundo factor de internacionalização tem a ver com o Golfo Pérsico, que se torna num potencial local de confronto devido aos

O MÉDIO ORIENTE

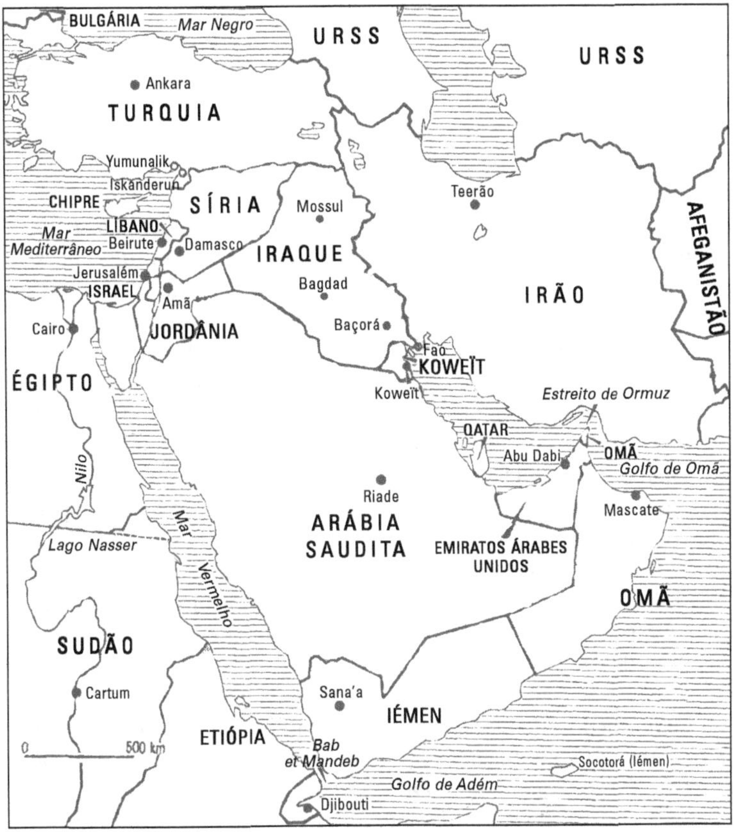

ataques ao tráfego marítimo e às ameaças que pairam sobre o aprovisionamento petrolífero. Em Agosto de 1987, os Estados da Europa Ocidental decidem enviar navios de guerra para o Golfo para tranquilizar os Estados produtores de petróleo do Golfo Pérsico, para impedir que os Soviéticos venham eventualmente a explorar a crise e para garantir o acesso ao petróleo.

Finalmente, em Julho de 1988, o cansaço dos combatentes, os revezes sofridos pelo Exército iraniano e a pressão internacional fazem com que o Irão, cada vez mais isolado no mundo árabe, e depois o Iraque, aceitem o cessar-fogo proposto pela ONU, a 20 de Julho de 1987 e entrem em conversações. O acordo sobre o cessar-

-fogo é anunciado pelo Secretário-Geral das Nações Unidas, Perez de Cuellar, a 8 de Agosto de 1988 e entra em vigor a 20 de Agosto, depois da chegada de 350 observadores das Nações Unidas.

O fim da guerra Irão-Iraque, o restabelecimento das relações diplomáticas entre o Irão e a França, a 16 de Junho de 1988, depois da libertação dos reféns e a morte do imã Khomeiny (3 de Junho de 1989) não põem um ponto final nas tensões internacionais no Golfo Pérsico.

A crise do Golfo, originada pela invasão do Kuwait pelo Iraque, volta a mergulhar o mundo numa atmosfera de guerra, durante sete meses, entre os quais seis semanas de conflito armado. Por detrás do contencioso que opõe o Iraque ao Kuwait escondem-se, por um lado, a vontade de Bagdad conseguir para si a liderança do mundo árabe e, por outro, a necessidade que o Ocidente industrializado tem de proteger o «celeiro de petróleo» que é o Golfo Pérsico. Ambicionando ter um verdadeiro porto, o Iraque cobiçava parte, ou a totalidade deste principado da família al-Sabah, antigo protectorado britânico, independente desde 1961, que possui imensos recursos e reservas petrolíferos. É uma presa tentadora para um Estado endividado. Além disso, Bagdad acusava o Kuwait de contribuir para a estagnação do preço do petróleo e a 27 de Julho de 1990 pressionou a OPEP, aliás com êxito, para que o preço de referência do barril de petróleo passasse de 18 para 21 dólares.

Após várias semanas de tensão e de negociações vãs, o Exército iraquiano, bem treinado depois da guerra contra o Irão e muitíssimo bem equipado com material de origem francesa e soviética, invade o Kuwait, a 2 de Agosto de 1990 e anexa-o, a 8 de Agosto de 1990.

Perante esta violação flagrante do direito internacional, a resposta dos Estados Unidos – seguidos por alguns Estados – não se faz esperar e instalam um importante dispositivo militar na Arábia Saudita que se destina a proteger os Estados do Golfo, ameaçados pelo expansionismo iraquiano, e também a fazer pressão sobre o Iraque, através de um embargo que, a 25 de Agosto, tem o apoio total do Conselho de Segurança da ONU.

Tentando furar um pouco o cerco, o Iraque decide, a 15 de Agosto, renunciar às suas conquistas territoriais no Irão (que foram a causa de uma guerra de oito anos), voltar ao acordo de 1975 e manter prisioneiros no Kuwait e no Irão os estrangeiros que lá se encontravam. A crise do Golfo tem graves repercussões a nível da tensão internacional, do aprovisionamento em petróleo e do aumento do preço do petróleo, que provocou o marasmo dos mercados financeiros.

A comunidade internacional sobressalta-se com esta primeira grave crise do pós-guerra fria. Americanos e Soviéticos estão de acordo na condenação da agressão. O Conselho de Segurança, que já está liberto da inibição do veto de um membro permanente, aprova sucessivas resoluções. E os Americanos colocam na Arábia uma força militar impressionante, tendo para isso retirado da Europa um terço das suas forças, o que nunca teria sido possível antes do fim da guerra fria e sem a passividade do Kremlin, que assim abandona o seu principal protegido no Próximo Oriente.

Enquanto os reforços afluem ao Golfo, as ameaças e as afirmações de intransigência aumentam, tanto em Bagdad como em Washington. A coligação anti-iraquiana à volta dos Americanos (400 000 homens) tanto inclui ocidentais (29 000 Britânicos, 12 000 Franceses) como árabes (Sauditas, Egipcíos, Sírios, Marroquinos). A operação arranca sob o nome de «Tempestade no Deserto» e processa-se em duas fases: bombardeamentos aéreos intensivos, a partir de 17 de Janeiro de 1991 e ofensiva terrestre de 24 a 28 de Fevereiro. Termina com a libertação do Kuwait e com a ocupação de uma parte do Iraque. Mas Saddam Hussein mantém-se no poder e ainda dispõe de meios suficientes para reprimir as revoltas internas (xiitas e curdos) em que, apesar da violência da repressão, os Estados Unidos preferem não interferir. Através da Resolução 687 (Abril de 1991) o Conselho de Segurança estipula as condições para a regularização definitiva do cessar-fogo, obrigando o Iraque a pagar indemnizações e a proceder à eliminação das suas armas de destruição maciça, para que fique sem qualquer capacidade de agressão.

A África ao abandono

Poder-se-ia ser levado a pensar que com o fim da guerra fria se tinham extinguido os principais conflitos em África. Nada disso: os confrontos tribais e a escalada do banditismo apoderaram-se deste continente deixado ao abandono, esmagado sob o peso da dívida externa e do subdesenvolvimento. Com o fim dos blocos, a África deixa de ser o alvo disputado pelos dois blocos e perde a sua importância estratégica e diplomática. Coexistem forças opostas: aumento do fundamentalismo muçulmano, presença activa do catolicismo (viagens de João Paulo II, em 1982, 1985, 1990, 1992, 1993, 1995), avanço da democracia em detrimento dos regimes ditatoriais.

A resolução da questão da Namíbia e a guerra civil em Angola. Desde a sua independência, em 1975, Angola nunca conheceu a paz. O Movimento Popular para a Libertação de Angola (MPLA) é contestado por dois outros movimentos, a FNLA e a UNITA. Esta última é dirigida por Jonas Savimbi e em 1986 controlava, pelo menos, um terço do país. O governo angolano tem a ajuda soviética, cubana e da Alemanha Oriental, enquanto a UNITA conta com o apoio dos Estados Unidos e da África do Sul, que persegue os militantes nacionalistas namibianos.

Efectivamente, a Namíbia é administrada pela República da África do Sul que se aproveita de um mandato concedido pela Sociedade das Nações, em 1920. Mas a Assembleia Geral da ONU revogou-o em 1966 e em 1973 reconheceu como único e legítimo representante do povo namibiano a *South West Africa People's Organization* (SWAPO), que trava uma guerra de guerrilha no território. Em Angola, a UNITA consegue manter uma rebelião antimarxista contra o MPLA, apoiado por Moscovo e Havana, obrigando o Estado angolano a destinar metade do seu orçamento para as despesas militares. O conflito agrava-se em 1985, com o aumento da pressão americana, por um lado, e com o estreitamento dos laços com Moscovo (Maio de 1986), por outro. Em finais de 1987, princípios de 1988, ocorrem violentos combates sem que no entanto nenhum dos lados obtenha a vitória militar. Todas as tentativas para uma resolução negociada do conflito deparam com a oposição de Pretória, que se recusa a retirar as suas tropas da Namíbia e a reconhecer a independência do território enquanto as forças cubanas estiverem estacionadas em Angola e derem apoio armado à SWAPO. Na sequência de conversações entre Angola, Cuba, África do Sul e Estados Unidos é assinado um acordo que prevê o cessar-fogo a 8 de Agosto de 1988 e a retirada das tropas sul-africanas de Angola, a 22 de Novembro de 1989. Dois tratados assinados nas Nações Unidas a 22 de Dezembro de 1988 prevêem a independência da Namíbia, que é proclamada a 21 de Março de 1990, e a retirada progressiva das forças cubanas, até 1 de Julho de 1992. A retirada dos Cubanos, que tinham tornado possível a subida ao poder (em 1975) e a manutenção em Luanda de um governo pró-soviético, assinala o fim das ambições soviéticas em relação a África. Um acordo supervisionado pela ONU (Maio de 1991) traz a paz a Angola. Contestada pelo presidente da UNITA, a vitória do presidente do MPLA, Eduardo dos Santos, nas eleições presidenciais (Setembro de 1992) dá origem a uma nova guerra civil que alastra a todo o país. Em Novembro de 1994, o governo de Luanda e a UNITA assinam um acordo de paz que, ao fim de 20 anos de guerra civil, traz consigo a esperança de paz para Angola. Quanto a Moçambique, realiza as suas primeiras eleições livres em Outubro de 1994.

No Sara Ocidental, apesar dos êxitos diplomáticos e militares da Frente Polisário, a posição de Marrocos é cada vez mais forte. A espectacular reconciliação com a Argélia, em Maio de 1988, após 12 anos de ruptura, dá vantagem a Marrocos, pois priva a Frente Polisário do apoio incondicional do seu aliado argelino. A 30 de Agosto de 1988, a Frente Polisário aceita um cessar-fogo e a realização (adiada para 1996), de um referendo onde a população sarauí deverá escolher entre a independência e a integração em Marrocos. O referendo decorrerá sob o controlo da ONU e de uma força de manutenção da paz, criada em Abril de 1991.

No Chade, o processo de paz iniciado com o cessar-fogo de 11 de Setembro de 1987 parece ser sólido. O Chade e a Líbia restabelecem relações diplomáticas a 3 de Outubro de 1988 e, a 31 de Agosto de 1989, assinam um acordo-quadro para a resolução do diferendo territorial. Em Fevereiro de 1994 é reconhecida a soberania do Chade sobre a faixa fronteiriça de Auzu (114 000 km^2), ocupada pelo Exército líbio desde 1973. Mas o país atravessa um período de instabilidade (Hissé Habré é expulso do poder a 1 de Dezembro de 1990 pelo seu antigo adjunto, Idriss Debi, a quem a Líbia fornece armas).

Um Médio Oriente instável

O Médio Oriente continua a ser uma região instável e em permanente agitação, para o que contribuem vários factores: diminuição dos rendimentos, devido às flutuações do preço do petróleo, crescimento demográfico, fragilidade das estruturas do Estado, excesso de armamento, terrorismo e avanço do fundamentalismo islâmico.

Endémico desde os anos 60, o terrorismo agravou-se nos anos 80. Atinge o Líbano, sobretudo em 1983, e outros países do Próximo Oriente, ataca os meios de transporte (desvio do Boeing da TWA, em Junho de 1985, do *Achille Lauro,* em Outubro de 1985, inúmeros actos de pirataria em 1986) e as capitais da Europa Ocidental: Viena

(Dezembro de 1985), Berlim (Abril de 1986), Roma e Paris (Setembro de 1986). Os autores destes ataques são pequenos grupos teoricamente autónomos que, quando é caso disso, se transformam em trabalhadores por conta de outrem e prestam serviços aos Estados – Líbia, Síria, Irão – que os utilizam como instrumentos políticos.

As grandes potências mostram-se bastante circunspectas em relação a esta nova situação. A União Soviética abandona a sua política de apoio a todos os extremismos e até se esforça por reatar o diálogo com Israel. Os Estados Unidos decidem romper o seu compromisso com o Líbano. Mas para eles é inadmissível não responder aos actos terroristas, como o prova a abordagem que os caças americanos fizeram ao avião que transportava os piratas do *Achille Lauro*, o raide sobre Tripoli e Bengazi, em Abril de 1986 e a destruição dos dois Mig 23 líbios (Janeiro de 1989).

No Líbano, após a partida da força de interposição em Fevereiro de 1984 e da retirada israelita do Sul do país, em Julho de 1986 assiste-se ao regresso em força dos Sírios que tinham sido obrigados a sair de Beirute, em Agosto de 1982. O Líbano enreda-se nas lutas entre facções sunitas e xiitas e transforma-se numa presa tentadora para a Síria e para o Iraque, que o disputam no terreno, infiltrando-se nas milícias. Quando expira o mandato de Amine Gemayel, em Setembro de 1988, e a situação se torna absolutamente inextricável, os Sírios, que querem impedir a reconstrução de um verdadeiro Estado libanês, impõem-se, bombardeando intensamente o Leste de Beirute. Depois de seis meses de combate, há um cessar-fogo (22 de Setembro de 1989). Através do acordo de Taef (22 de Outubro de 1989), a Síria vê reconhecidos pelos países árabes o seu papel e a sua presença no Líbano. Este acordo, sancionado pelas grandes potências, permite a eleição de um novo Presidente da República libanesa (Novembro de 1989), para grande confusão dos cristãos, que se dividem quanto à atitude a tomar. A assinatura de um tratado sírio-libanês (22 de Maio de 1991) consagra o papel preponderante da Síria no Líbano.

Esperança de paz no conflito israelo-árabe. Até 1993, o problema palestiniano vai-se constantemente agravando, devido ao imobilismo da política israelita e à radicalização da oposição palestiniana. Em Dezembro de 1987, nasce uma revolta que se enraíza profundamente nos territórios ocupados: *a Intifada.* Devido à vaga de repressão que desencadeia, *a Intifada* vai causar profundas perturbações na sociedade israelita e contribuir para a internacionalização do problema palestiniano.

A OLP, que estava enfraquecida e a perder terreno, ganha uma nova projecção com a *Intifada* (cimeira da Liga Árabe em Argel, 7-9 de Maio de 1988) como o prova o convite dirigido a Yasser Arafat para ir ao Parlamento Europeu, em Estrasburgo (13-14 de Setembro de 1988). A 15 de Novembro de 1988, o Conselho Nacional Palestiniano anuncia a criação de um Estado palestiniano, que respeita a Resolução 242 (aprovada depois da guerra dos Seis Dias), e reconhece implicitamente a existência de Israel. Registam-se alterações significativas no papel das grandes potências. Desde a chegada de Gorbatchev ao poder a URSS esforça-se por abrir o jogo com Israel. Em Julho de 1988 é recebida em Moscovo uma missão exploratória israelita e os judeus soviéticos são autorizados a emigrar para Israel.

Quanto aos Americanos, anunciam a 14 de Dezembro de 1988 que estão prontos a iniciar um verdadeiro diálogo com a OLP. Decorrem conversações em Tunes. Mas a prolongada crise governamental de Israel e a intransigência do governo de Shamir impedem qualquer progresso, apesar dos esforços egípcios (plano Mubarak) e americanos (plano Baker). A multiplicação de confrontos sangrentos leva à intervenção do Conselho de Segurança, que aprova uma resolução sobre a protecção dos Palestinianos nos territórios ocupados (20 de Dezembro de 1990). Devido à Guerra do Golfo e à coligação anti-iraquiana, o secretário de Estado James Baker consegue que os principais protagonistas concordem com a realização de uma conferência internacional sobre o Médio Oriente. Co-apadrinhada pelos Estados Unidos e pela União Soviética, a Conferência de Paz, que tem início em Madrid a 30 de Outubro de 1991, reúne pela primeira vez Israel, os seus vizinhos árabes e os Palestinianos. Depois da vitória do Partido Trabalhista nas eleições legislativas (23 de Junho de 1993), o novo governo israelita relança o processo de paz no Próximo Oriente, ao mesmo tempo que admite a validade parcial da Resolução 242 e anuncia o congelamento parcial de novos colonatos judaicos nos territórios ocupados, onde as tensões continuam.

Na sequência de conversações secretas entre Israel e a OLP, é oficialmente assinado em Washington, a 13 de Setembro de 1993, um acordo de reconhecimento mútuo. A «declaração de princípio sobre as disposições transitórias de autonomia» prevê a autonomia dos territórios ocupados e a retirada das forças israelitas da «faixa de Gaza e da zona de Jericó, em primeiro lugar». As autoridades palestinianas instalam-se na região, em Maio de 1994. Israel e a Jordânia assinam um tratado de paz (26-27 de Outubro de 1994) e estabelecem relações diplomáticas (Novembro de 1994).

A situação na América Central e na América do Sul

Na América Central, tão marcada pela guerra fria, a situação política está mais calma. Acabou a guerra civil da Nicarágua e em El Salvador festeja-se a reconciliação nacional. Um pouco por todo o lado realizam-se eleições livres, que decorrem dentro da mais absoluta normalidade. Sob o impulso do FMI, as reformas estruturais começam a dar os seus frutos na saúde económica dos países, nomeadamente na Argentina e no Chile. E os esforços para a unificação económica regional (MERCOSUR) são coroados de êxito.

A União Soviética tem agora um papel completamente diferente, nesta região. Ao que tudo indica, no decorrer da visita que faz a Cuba (Abril de 1989) Gorbatchev não consegue que Fidel Castro se renda aos encantos da *Perestroika.* Moscovo distancia-se, evacua tropas (Verão de 1991) e deixa de prestar auxílio económico a Cuba. Quanto aos Estados Unidos, preocupados ao máximo com o seu «quintal das traseiras», oscilam entre o imobilismo (e o multilaterismo por intermédio da OEA) e o intervencionismo, cuja justificação deixou de ser a segurança nacional para passar a ser o combate ao flagelo da droga.

Quanto à Nicarágua, o presidente Reagan quer auxiliar o movimento anti-sandinista, os Contras, e apesar de o Congresso se opor são-lhes enviados fundos, ilegalmente (Irangate). Por fim, a administração decide não prestar mais auxílio militar aos Contras (Março de 1989) mas em contrapartida exige que os Soviéticos deixem de fornecer armas aos sandinistas.

As medidas preconizadas pelos cinco chefes de Estado da América Central (7 de Agosto de 1987) indicam as vias a seguir: democratização, pacificação, cooperação e regionalização. É assinado um acordo de cessar-fogo entre Ortega e os Contras (Março de 1988). Realizam-se eleições livres em Fevereiro de 1990, com a presença dos capacetes azuis. Contra todas as expectativas, as eleições dão a vitória à candidata da União Nacional da Oposição, Violeta Chamorro, que ganha ao candidato sandinista, o presidente cessante Ortega. Os

Americanos levantam o embargo. Os Contras desmobilizam. Terá a guerra civil da Nicarágua chegado ao fim?

No Panamá, depois de dois anos de pressões diplomáticas, a 20 de Dezembro de 1989 os Estados Unidos lançam a operação militar «Justa Causa» que tem como objectivo oficial restabelecer o processo democrático. O que na realidade pretendem é expulsar do poder e prender o general Noriega que tinha falsificado o resultado das eleições, favorável à oposição (Maio de 1989). A recusa de Noriega em colaborar com os Estados Unidos contra os Sandinistas não explica tudo. O contencioso entre os dois países tem a ver com a zona do Canal do Panamá, concedida perpetuamente aos Estados Unidos pelo tratado de 1903 e onde os Estados Unidos mantêm 12 000 homens. Em Setembro de 1977, o presidente Carter e o presidente panamiano Omar Torrijos assinaram acordos que prevêem a restituição da zona à República do Panamá, antes de 31 de Dezembro de 1999.

Em El Salvador, o governo e os rebeldes assinam (31 de Dezembro de 1991) um acordo de cessar-fogo que põe fim a uma guerra civil que matou quase 90 000 pessoas, em 12 anos: é a reconciliação nacional, selada em Dezembro de 1992 e supervisionada por uma missão das Nações Unidas.

No Haiti, o exílio de Jean-Claude Duvalier (1986) não foi o suficiente para que o país reencontrasse a estabilidade e a democracia, devido ao golpe de Estado dos militares, em Setembro de 1991. As sanções decretadas pela ONU e as pressões dos Estados Unidos acabaram por fazer ceder a Junta (Setembro de 1994); a presença de capacetes azuis, sobretudo americanos, permitiu a eleição pacífica do sucessor do presidente Aristide.

Um outro aspecto da recomposição da paisagem mundial é o papel renovado da ONU. Durante muito tempo, esta organização internacional foi de facto impotente para fazer respeitar a paz e evitar conflitos; obteve magros resultados no domínio do desarmamento que, pelo contrário, progrediu graças às negociações bilaterais americano-soviéticas. A coexistência no seio das Nações Unidas de Estados de enorme superfície e população (como a China ou a Índia) e de micro-estados (Seychelles, São Tomé) traduz-se numa dispersão extraordinária, reforçada pelo princípio de igualdade entre Estados nas contribuições financeiras, na realidade desiguais – os Estados Unidos assumem por si só 25% do orçamento da organização.

É um fórum universal de 185 estados-membros que reflecte as tensões de um mundo multipolar e que enquadra múltiplas negociações e iniciativas. As Nações Unidas tornaram-se um local de diálogo e a atribuição do Prémio Nobel da Paz em 1988 às forças da ONU sanciona um prestígio renovado. É significativo que a firmeza manifestada aquando da invasão do Kuwait pelo Iraque resulte, em parte, de um nova vontade de fazer respeitar uma determinada concepção do direito internacional e fazer prevalecer o papel das Nações Unidas. Estas são agora mais solicitadas do que anteriormente para a resolução de conflitos regionais (processo de independência da Namíbia, solução do caso de Angola, guerra do Golfo, administração do Camboja pacificado, organização de um referendo no Sara Ocidental, casos do Curdistão, da Somália e da Jugoslávia). De 1988 a 1992 a ONU efectuou tantas operações de manutenção de paz como nos 40 anos anteriores. Cerca de 80 000 boinas azuis (observadores não armados) e capacetes azuis servem nos cinco continentes. Contudo, a ONU ainda se manifesta resistente em participar na elaboração de uma nova ordem mundial.

A AMÉRICA CENTRAL

6

À procura de uma nova ordem mundial (1992 – 2001)

Na viragem do século, encontramo-nos na alvorada de um mundo novo, instável e imprevisível. Grande parte das fundações da segunda metade do século XX, ou mesmo de todo o século, viram-se abaladas ou desvalorizadas. Favorecida pela baixa das cotações do petróleo, a retoma da economia mundial, de lento despertar entre 1992 e 1993, regista desempenhos notáveis entre 1994 e 2000: crescimento nos países anglo-saxónicos, emergência de novos países industrializados, em particular asiáticos, estendendo-se mesmo à Europa continental, até aí devassada pelo desemprego e pelo marasmo económico.

A globalização encontra-se em curso, com a extensão do livre-comércio aos antigos países de economia colectivista, a adopção generalizada das leis do mercado, a explosão da nova economia e a tendência para a mobilidade de capitais, criando consequentemente uma crescente interdependência do planeta, sem que para isso existam meios de regularização devidamente adaptados. Por exemplo, a crise financeira originária da Tailândia (Julho de 1997), seguida pela crise russa (Agosto de 1998) e pela brasileira, ameaçam a prosperidade mundial. A América Latina, a Ásia e a África são três zonas do planeta afectadas pela queda das cotações das matérias-primas, o mesmo acontecendo com os países produtores de petróleo, afectados pelas cotações do «ouro negro», que não conseguem travar as reduções de produção decididas pelos membros da OPEP, se exceptuarmos a situação ocorrida no decorrer de 2000, quando o preço do barril triplicou no espaço de um ano, fazendo temer um novo choque petrolífero e confirmando a OPEP (40% da produção mundial) no seu papel de interlocutor incontornável dos países consumidores.

Mesmo que, desde 1945, a guerra fria tenha atribuído uma importância considerável às realidades estratégico-militares e à diplomacia dos Estados, a situação é mais complexa: o nuclear encontra-se desvalorizado, a guerra é colocada 'fora de combate' pelas sociedades desenvolvidas. Tudo se transforma e adquire novas tonalidades: com o recurso a mísseis, os Americanos conduzem operações militares à distância.

Actores não estatais ou transnacionais desempenham um papel cada vez mais importante nas relações internacionais. Por outro lado, ao antigo mundo bipolar não se sucede um mundo multipolar, antes um universo caótico, marcado por uma América simultaneamente superpoderosa e limitada na sua eficácia, uma Rússia incerta, uma Ásia gravemente perturbada, uma África constantemente envolta em problemas, um Médio Oriente em impasse. Novos centros de poder surgem em áreas geográficas vitimadas por novas perturbações, aspirando a desempenhar um papel de polícia regional.

O fim do sistema Leste-Ocidente

Já não faz sentido falar de Leste e de Ocidente. A ordem bipolar surgida com o fim da Segunda Guerra Mundial dá lugar a uma «reorganização do espaço político internacional». É certo que os Estados Unidos e a Rússia – herdeira das forças estratégicas soviéticas –, pela sua capacidade militar, permanecem as duas grandes superpotências.

No campo militar, os Estados Unidos e a União Soviética fizeram um esforço notável, não só por terem posto um fim à corrida ao armamento nuclear, mas também por concretizarem um desmantelamento real dos arsenais nucleares estratégicos e uma redução da quantidade de armas nucleares tácticas. O fim da guerra fria dá lugar a uma quebra progressiva das despesas em armamento (um decréscimo de 15% em 1992, quando comparadas com as registadas em 1991) e a uma certa perda de importância do nuclear. Como consequência de uma opinião pública muito sensibilizada pela questão, o *nuclear militar* é desvalorizado e marginalizado. As cinco potências nucleares (Estados Unidos, Grã-Bretanha, França, Rússia, China) conservam ainda um arsenal formidável, mas mostram-se renitentes em reduzi-lo. Confrontados com a modificação da ameaça e com as necessidades orçamentais, os Estados Unidos renunciam à IDE (13 de Maio de 1993), em prol de um programa antimíssil menos ambicioso. Em Moscovo, a 14 de Janeiro de 1994, o presidente Clinton conclui com Boris Ieltsin e com o presidente ucraniano Kravtchouk um acordo prevendo o desmantelamento do arsenal nuclear da Ucrânia. A 27 e 28 de Setembro de 1994, em Washington, os presidentes Ieltsin e Clinton comprometem-se a acelerar o desarmamento nuclear e a fazer progredir a sua nova «parceria». A conferência organizada pelas Nações Unidas (Abril-Maio de 1995) consentiu em prorrogar indefinidamente o Tratado de Não Proliferação nuclear (TNP), concluído em Julho de 1968 e que entrou em vigor em 1970, por um período de vinte e cinco anos, tendo a ele aderido, em 1991, a França e a China. Apesar de existirem algumas excepções, os países não detentores de armamento nuclear comprometem-se a ele renunciar. A 11 de Abril de 1995, as cinco grandes potências detentoras da arma nuclear comprometem-se a não a utilizar contra países não detentores signatários do TNP. Este princípio não é respeitado nem pela China nem pela França, com esta última a encetar, em Junho de 1995, uma última campanha de ensaios nucleares (Junho de 1995-Janeiro de 1996), que tinha interrompido em 1992, o que suscita violentos protestos no Pacífico Sul e mesmo reacções hostis por parte de aliados da França, à excepção da Grã-Bretanha. Em Março de 1996, os Estados Unidos, a Grã-Bretanha e a França tornam-se signatários do tratado de Rarotonga para a desnuclearização do Pacífico Sul, concluído em 1985. Dez países do Sudeste Asiático assinam em Banguecoque (a 15 de Dezembro de 1995) um tratado que transforma a região numa zona livre de armas nucleares. A 11 de Agosto de 1996, os países africanos assinam o tratado de Pelindaba para a desnuclearização da África, ao qual a França também adere. A oposição da Índia projecta uma sombra sobre a assinatura do tratado para a proibição de ensaios nucleares, CTBT (*Comprehensive Test Ban Treaty)*, a 25 de Setembro de 1996. Aliás, em Maio de 1998, a Índia efectua diversos ensaios, a que, por sua vez, os Paquistaneses respondem com seis ensaios. O aparecimento de dois novos Estados munidos de armas nucleares, que não eram nem signatários do TNP de 1968, nem do CTBT de 1996, torna-se num grave factor de instabilidade para o equilíbrio estratégico na Ásia e para a sobrevivência das políticas de não proliferação. Em Outubro de 1999, é o próprio Senado americano que se recusa a ratificar o CTBT. E quando as cinco grandes potências se comprometem a eliminar totalmente os seus arsenais nucleares (Maio de 2000), esse compromisso aparenta ser puramente formal. A ratificação do tratado de desarmamento nuclear START II (redução do número de ogivas nucleares para 3550, para os Estados Unidos, e para 3000, para a Rússia) é adiado pela Duma – o tratado é finalmente ratificado pela Rússia em Abril de 2000 –, que, deste modo, se recusa a promover a cimeira russo-americana de Moscovo (1-3 de Setembro de 1998), sendo a última delas datada de Março de 1997, em Helsínquia.

Tendo em conta uma ameaça balística global proveniente de países possuidores de armas de destruição maciça, os Americanos resolvem opor-se-lhe com uma defesa antimíssil (*National Missile Defense*, ou NMD), que se prolongaria até 2005. Em Moscovo (3 a 4 de Junho de 2000), Bill Clinton apresenta o projecto americano de escudo estratégico a Boris Ieltsin, que o interpreta como uma perigosa ruptura na arquitectura estratégica baseada no tratado ABM de 1972 e, consequentemente, como um recolocar em causa do princípio do *arms control*. Por seu lado, os europeus sentem-se defraudados face ao abismo existente entre a sua segurança e a dos Americanos. Julgando que a doutrina de dissuasão nuclear se encontra desadaptada das realidades do século XXI, o presidente G. W. Bush promove (Maio de 2001) o seu projecto de escudo antimíssil (que é uma das principais questões abordadas no seu encontro com Vladimir Putin, em Ljubliana, na Eslovénia, a 16 de Junho de 2001) e defende a substituição do tratado antimíssil ABM assinado em 1972 com a União Soviética.

Absorvida pelos seus problemas internos, a Rússia deixa de alimentar conflitos e vira-se para si própria. Após Gorbatchev, a sua política externa está nos antípodas da de Brejnev. As concessões são impressionantes e a reaproximação com o Ocidente é notável. Aceita a unificação da Alemanha e a sua permanência na NATO. Abandona o seu combate de influência política na Europa. Não se opõe à acção dos Estados Unidos contra o Iraque e não recorre ao seu direito de veto. Em pouco tempo, a Rússia vê-se reduzida a uma «superpotência confinada à mendicidade»; com efeito, requer a ajuda do Ocidente para assegurar o sucesso das suas reformas. Em Julho de 1991, a cimeira do G7 aprova a transição da URSS para a economia de mercado, sem prometer ajuda imediata. Em Abril de 1992 e Abril de 1993, o G7 enceta um programa de ajuda (donativos, empréstimos, facilidades de crédito) à CEI e a cimeira do G7 (Julho de 1992) aligeira a dívida externa da ex-URSS, mas a passagem para a economia de mercado, que gera uma hiperinflação, revela-se um empreendimento arriscado. A Rússia passa a lidar constantemente com o FMI e com o Banco Mundial, que lhe concedem empréstimos (Fevereiro de 1996), um reescalonamento da sua dívida junto da banca, reunida no seio do Clube de Londres (Outubro de 1997), e uma nova ajuda financeira (Julho de 1998), sob o compromisso de reduzir para metade o seu défice financeiro. Ora, a Rússia sofre simultaneamente uma forte inflação, uma recessão (no período 1997-1998) e uma verdadeira falência (Verão de 1998). Por ocasião das cimeiras do G7 em Halifax (Junho de 1995) e em Lyon (Junho de 1996), a Rússia é admitida nas discussões políticas. Aquando do encontro do G7 em Denver (Junho de 1997), participa em todos os debates, mas os Sete não se conseguem pôr de acordo quanto a um alargamento permanente; também o Japão se opõe a essa ideia, devido ao conflito que envolve as Curilas. A 23.ª cimeira do G7, em Birmingham (16 a 17 de Maio), acolhe pela primeira vez a Rússia como membro de plenos direitos. A sustentação económica está confirmada, apesar de existirem suspeitas de desvio de fundos (Setembro de 1999).

A crise financeira não é o único problema com que a Rússia se confronta. Em Dezembro de 1994, o Exército russo intervém na Chechénia, república muçulmana membro da Federação Russa vitimada pela guerra civil, aí travando uma guerra dura, para interromper o processo de decomposição em curso. O Exército russo atola-se nesta guerra, interrompida por tréguas e acordos de paz rapidamente contestados (1996 e 1997). Favorecida pelos ocidentais, a reeleição de Ieltsin (Julho de 1996) não coloca um fim a esse problema político mas, face aos progressos da NATO, a Rússia procura recriar uma entidade jurídica com os seus antigos parceiros da CEI, que demonstra ser uma instituição ineficaz e meramente formal. Deste modo, diversas uniões regionais começam a ver a luz do dia, como seja a união política e económica entre a Rússia e a Bielorússia, a união aduaneira dos Quatro (Rússia, Bielorússia, Cazaquistão e Quirguistão), a comunidade económica da Ásia Central, a comunidade em redor do mar Cáspio (Geórgia, Ucrânia, Azerbaijão, Moldova). Paralelamente a estes reagrupamentos, assiste-se também à tendência inversa; por exemplo, é o que acontece no Azerbaijão, com a autoproclamada República do Alto Karabakh, de maioria arménia. Nesta fase de transição democrática, a Rússia hesita em optar por um destino concreto e a sua evolução é enigmática. Em Dezembro de 1999, Boris Ieltsin anuncia a sua demissão e designa Vladimir Putin como seu sucessor que, a 26 de Março de 2000, é eleito presidente da Federação Russa.

Com o declínio da potência moscovita e com a Rússia momentaneamente reduzida ao papel de parceiro dos Estados Unidos, ter-se-á instaurado a *pax americana*? O quadro deve ser interpretado no tempo e no espaço. A impressionante mobilização militar dos Estados Unidos quando da guerra do Golfo reforça o seu papel de «polícia do mundo». Mas solicitam que o seu envolvimento fosse financiado por Alemães, Japoneses e Sauditas. A derrota de George Bush nas eleições presidenciais de Novembro de 1992 traduz também a vontade dos Americanos em se preocuparem antes de mais consigo próprios. A chegada do euro em 1999 constitui um desafio à hegemonia do dólar e levanta problemas ao funcionamento do sistema monetário internacional.

Com efeito, os Estados Unidos oscilam entre posições de «não envolvimento» e políticas de intervenção «em nome do direito», e o apagamento do seu adversário-parceiro soviético torna-se de tal modo incómodo que os coloca numa posição impar. Washington hesita entre o activismo económico e a prudência diplomática. As presidências de Clinton (eleito em 1992 e reeleito em Novembro de 1996) são primeiramente marcadas por uma singular atonia da política externa; seguidamente, a Casa Branca toma em mãos o *dossier* da ex-Jugoslávia, intervindo militarmente na Bósnia e decidindo renovar a NATO; envolve-se também cada vez mais no processo de paz no Médio Oriente, desempenhando um papel de liderança mundial, mal consentido pelos seus aliados. As hesitações de Washington traduzem por vezes as exigências da política interna, em particular o papel do Congresso, mais relevante em períodos de acalmia do que em momentos de tensão internacional. A tendência americana para o «unilateralismo» tem por limite os fracassos da sua diplomacia: impasse das negociações israelo-palestinianas, apesar do envolvimento do presidente Clinton (acordo de Wye Plantation, em Novembro de 1998; discursos em Gaza; Camp David II); ameaças reiteradas a Estados rebeldes ou «párias» (*rogue States*) como o Iraque, que suscitam ondas de violência e de antiamericanismo (atentados contra as embaixadas americanas na Tanzânia e no Quénia, em Agosto de 1998) no mundo árabe-muçulmano.

Quanto à Rússia, suporta mal esta hegemonia americana, ainda que Boris Ieltsin tenha por útil manter a aparência de um duopólio, exprimindo o seu desacordo em determinadas ocasiões. Com o objectivo de facilitar o alargamento da Aliança Atlântica aos países que pertenciam ao Pacto de Varsóvia e à URSS, a 20 de Dezembro de 1991 (por iniciativa americana), é criada uma superstrutura: o Conselho de Cooperação do Atlântico Norte (CCAN, em inglês NACC). Lançada em Janeiro de 1994, na cimeira da NATO em Bruxelas, a

Parceria Pela Paz (PPP) visa promover a cooperação militar entre os antigos adversários. Nessa ocasião, a assinatura por parte dos 16 membros da NATO de um documento político proposto aos países ex-comunistas, com vista a que estes participem na PPP, é tida como a primeira etapa para uma eventual adesão à Aliança, à qual Moscovo se opõe com uma desconfiança persistente. Assim, a 10 de Maio de 1995, em Moscovo, Ieltsin manifesta a Clinton o seu repúdio pela ideia da extensão da NATO aos Estados da Europa Central e a sua recusa em parar a cooperação nuclear russa com o Irão. Por ocasião da cimeira russo-americana de Helsínquia (20 a 21 de Março de 1997), ainda se opõe ao alargamento da NATO, finalmente aceite no decorrer do encontro (Maio de 1997) entre o ministro russo dos Negócios Estrangeiros, Evgueni Primakov, e o Secretário-Geral da NATO, Javier Solana. Em contrapartida ao acordo russo ao alargamento, é instituído um conselho conjunto permanente Rússia-NATO (acto fundador assinado a 27 de Maio de 1997, em Paris), uma cómoda situação institucional que permite associar a Rússia a todas as decisões que envolvam a segurança na Europa; é também criado um Conselho da Parceria Euro-Atlântica (CPEA), fórum consultivo e de cooperação em matérias de desarmamento e de segurança, destinando-se a substituir a CCAN. Em Julho de 1997, na cimeira de Madrid, a Aliança Atlântica convida a Polónia, a Hungria e República Checa a juntarem-se a ela, sendo mencionados a Roménia e a Eslovénia como possíveis próximos membros.

A renovação da Aliança adoptada pelo Conselho Atlântico de Berlim (3 e 4 de Junho de 1996) teve por directrizes uma melhor adaptação da NATO às novas missões surgidas após o fim da guerra fria e a vontade europeia de desempenhar um papel autónomo na região, criando para o efeito uma «identidade europeia de defesa»; o acordo permite aos europeus a possibilidade de efectuarem operações com os meios da NATO, mas sem os Americanos, por via de grupos de forças armadas internacionais (GFIN). Mas reconhece que, em matérias de europeização dos comandos regionais, Washington impõe as suas ideias; a França, após ter retomado o seu lugar no comité militar (Dezembro de 1995) e no Conselho de Ministros da Defesa da Aliança (Junho de 1996), constata que os Estados Unidos não têm qualquer consideração pelas suas propostas, mas a sua indignação não é partilhada pelos seus parceiros europeus; assim, os Ingleses refutam (Amsterdão, 1997) a fusão entre a União Europeia e a UEO. Na cimeira atlântica de Julho de 1997, a França considera que as condições para o seu regresso à organização militar integrada da

NATO não se encontram preenchidas. Mesmo se alguns indicadores poderão fazer acreditar na progressão da ideia de uma defesa europeia (vontade americana de «partilhar o fardo» com os europeus, reunião franco-britânica de Saint-Malo em Dezembro de 1998, designação de Javier Solana como Sr. PESC), persistem algumas importantes divergências no que respeita à futura complementaridade entre uma defesa europeia e uma Aliança Atlântica dominada pelos Estados Unidos, que, face a um cenário de uma vitalidade demasiado forte da primeira, se mostram reticentes. A Espanha integra a estrutura militar da NATO (Dezembro de 1997) e, sobretudo, os Estados da Europa de Leste demonstram estar impacientes por integrar a única organização que lhes parece poder garantir a sua segurança. 85% dos eleitores húngaros pronunciam-se a favor da integração (16 de Novembro de 1997). Na perspectiva do alargamento, a fusão dos comandos regionais é aprovada em Dezembro de 1997 e em Março de 1999 a Aliança Atlântica passa de 16 para 19 membros, passando a integrar a Polónia, a Hungria e a República Checa. Quando do 50.º aniversário da Aliança (Abril de 1999), a definição de um novo conceito estratégico divide os aliados, que não estão de acordo no respeitante à natureza e à extensão (fora de zona) das missões da NATO, bem como sobre a necessidade de um mandato explícito da ONU para o desencadeamento de uma acção militar. A guerra do Kosovo manifesta uma preponderância da NATO, chave da segurança na Europa. Apesar da sua vontade em apoiar o regime sérvio, a situação não parece suficientemente importante para que Moscovo coloque um fim aos esforços de cooperação Leste-Ocidente.

Os Secretários-Gerais da Nato

Lorde Ismay	Reino Unido	1952-1957
Paul-Henri Spaak	Bélgica	1957-1961
Dirk Stikker	Holanda	1961-1964
Manlio Brosio	Itália	1964-1971
Joseph Luns	Holanda	1971-1984
Lorde Carrington	Reino Unido	1984-1988
Manfred Worner	Alemanha	1988-1994
Willy Claes	Bélgica	1994-1995
Javier Solana	Espanha	1995-1999
Georges Robertson	Reino Unido	1999-2004
Jaap de Hoop Scheffer	Holanda	desde 2004

A hegemonia dos Estados Unidos manifesta-se em tudo e todos os meios são bons para que estes consigam impor a sua política. Na ONU, Washington veta a renovação do mandato de Butros Butros-Ghali e impõe o ganês Kofi Annan como Secretário-Geral (Dezembro de 1996), mas não toma em consideração as suas observações acerca da crise iraquiana e a sua tendência para defender políticas multilateralistas. É no plano económico que os Americanos sentem maiores dificuldades em fazer aprovar os seus projectos, que suscitam a irritação dos europeus. A lei Helms-Burton (Março de 1996) visa penalizar as empresas estrangeiras que comercializem com Havana, no sentido de reforçar o embargo contra Cuba. A lei Amato-Kennedy (Agosto de 1996) impõe sanções a qualquer empresa estrangeira que invista mais de 40 milhões de dólares anuais em negócios petrolíferos e de gás no Irão e na Líbia. A queixa dos Quinze junto da Organização Mundial de Comércio tem por objectivo a abolição destas leis, que os próprios Americanos se recusam a aplicar (Maio de 1998). A OMC é chamada a arbitrar (Julho de 1999) os cada vez mais frequentes conflitos entre a União Europeia e os Estados Unidos (embargo da UE às importações de carne de vaca com hormonas proveniente da América do Norte, práticas comerciais desleais).

As negociações envolvendo o projecto de acordo multilateral para o investimento (AMI), que, sob o pretexto de favorecer os investimentos, colocava novamente em causa os acordos regionais de integração económica, são suspensas (Abril de 1998). O projecto de novo mercado transatlântico entre a União Europeia e os Estados Unidos é abandonado, em virtude de um apoio europeu às ideias francesas, hostis à instauração de um livre-comércio generalizado, sendo substituído pela ideia de uma parceria económica transatlântica (Maio de 1998). No quadro da OCDE, o ultimato americano ameaça boicotar produtos europeus (Novembro de 1998), caso Bruxelas não reveja as suas quotas de importação de banana proveniente dos países ACP, associados à União Europeia no âmbito da convenção de Lomé, com o objectivo de abrir totalmente o mercado europeu às bananas das multinacionais americanas.

A Europa da união monetária e o barril de pólvora dos Balcãs

Desde a «mudança do mundo» que a Europa se tem vindo a «reintegrar na sua história e geografia». Mas ainda está longe da unidade. Na conferência que teve lugar no âmbito da cimeira de Budapeste (5-6 de Dezembro de 1994), os 52 membros da CSCE, que se transforma na Organização para a Segurança e para a Cooperação na Europa (OSCE), divergem no que respeita às formas de organização da segurança europeia. Por ocasião da cimeira de Istambul (18--19 de Novembro de 1999), os 54 chefes de Estado e de governo assinam um novo tratado relativo à redução das forças convencionais e uma carta sobre a segurança na Europa.

Quanto à União Europeia, as negociações visando o quarto alargamento têm por objectivo fazê-la passar (1 de Janeiro de 1995) de 12 para 15 membros, passando a integrar três novos Estados: a Áustria, a Finlândia e a Suécia. Quanto à Noruega, em virtude de um referendo interno desfavorável, pela segunda vez acabou por não aderir. Em Janeiro de 1995, o luxemburguês Jacques Santer sucede a Jacques Delors na presidência da comissão. Abordada periodicamente, a aplicação da convenção de Schengen relativa à livre circulação de pessoas entre sete países da União Europeia entra em vigor a partir de 26 de Março de 1995. A construção europeia deu azo ao estabelecimento de um poderoso bloco económico, ainda à procura dos caminhos que conduzam à sua unidade política, ou seja, ao aprofundamento das suas relações políticas. Assim, o fracasso da Europa na Bósnia põe a nu a necessidade de uma Política Externa e de Segurança Comum (PESC), um dos objectivos – por via de uma reforma das instituições – da infrutuosa Conferência Intergovernamental (CIG) (Março de 1996-Junho de 1997). Não logrando a reforma das instituições da União Europeia antes do alargamento a Leste, a conferência mergulha numa grande confusão, ao aprovar um texto de alcance limitado (redução do número de comissários, extensão de domínio das decisões aprováveis por maioria qualificada). A 2 de Outubro de 1997, os ministros dos Negócios Estrangeiros dos 15 estados-membros da União Europeia assinam em Amsterdão o tratado adoptado em Junho, que complementa o tratado de Maastricht (1991) e prevê dotar a União de uma personalidade que funcione como porta--voz de uma política externa comum. Exprimindo a vontade dos 15 em ver avançar «a Identidade Europeia de Segurança e Defesa» (IESD), a cimeira de Colónia (10 a 11 de Dezembro de 1999) designa Javier Solana como porta-voz da União em matérias de segurança comum (PESC). Em domínios de defesa, a UEO transfere as suas competências para a União Europeia. A cimeira de Helsínquia (10 a 11 de Dezembro de 1999) determina a criação de uma Força Europeia de acção rápida, a concretizar em 2003. A cimeira de Nice (7 a 8 de Dezembro de 2000) prevê uma estrutura de enquadramento permanente. Trata-se assim da aplicação prática de uma política de defesa que permita aos europeus contribuírem para a sua segurança sem terem de recorrer sistematicamente à NATO.

Na lógica de um grande mercado sem fronteiras, a união monetária parece ser indispensável. Ora, são várias as interrogações que se colocam sobre o sistema monetário europeu, submetido repetidamente a duras provações: saídas da lira e da libra esterlina; restabelecimento do controlo de câmbios em Espanha, em Portugal e na Irlanda; decisão de alargar as margens de flutuação das moedas para 15% (1-2 de Agosto de 1993), relativamente à sua taxa de referência; provável dissolução do SME. Para relançar o mecanismo da união monetária, a cimeira de Madrid (15-16 de Dezembro de 1995) estabelece o calendário para a transição para a moeda única, baptizada de «euro»; o respeito dos critérios de convergência, requerido para a estreia a 1 de Janeiro de 1999, coloca grandes problemas aos estados-membros, que se comprometem a um pacto de estabilidade financeira (Setembro de 1996), devendo transferir para a Europa a sua soberania monetária. O tiro de partida para o euro dá-se a 1 e 2 de Maio de 1998. A sua implementação ocorre na data prevista, com 11 dos 12 membros da União Europeia que manifestaram interesse em participar na união monetária (Grã-Bretanha, Suécia e Dinamarca decidiram esperar) a respeitarem os critérios de convergência (apenas a Grécia não o conseguiu). Um dos objectivos da união monetária europeia é conferir à Europa unida e ao Banco Central Europeu a missão de, no seu seio, velar pela estabilização dos preços, tentando também fazer com que o euro conquiste lugar ao poderoso dólar. Mas o euro não respeita a paridade com o dólar, não se conseguindo impor como moeda de transacção comercial. Em vez de servir de contrapeso ao dólar, a divisa europeia facilita uma americanização da economia do continente. Por outro lado, os Estados da União Europeia sentem dificuldades em harmonizar as suas políticas de luta contra o desemprego, que atinge então os 18 milhões de pessoas (cimeira sobre o emprego em Novembro de 1997, no Luxemburgo).

O aprofundamento não é o único problema com que a União Europeia se confronta: para além das oposições internas (crise das «vacas loucas», crise franco-holandesa a propósito da presidência do Banco Central Europeu), a Europa encontra-se efectivamente atraída pelas perspectivas de alargamento aos países da Europa Central e

Oriental. As negociações têm início em Março de 1998. Por ocasião da cimeira de Helsínquia (10-11 de Dezembro de 1999), os Quinze adoptam um texto respeitante ao alargamento, decidindo aceitar a candidatura de 12 países da Europa Central (Estónia, Letónia, Lituânia, Polónia, República Checa, Eslováquia, Hungria, Roménia, Eslovénia, Bulgária, Malta, Chipre), cujas adesões se poderiam concretizar em 2004. Em Nice (10-11 de Dezembro de 2000), a cimeira dos 15 restringe-se a um compromisso limitado: as questões de maior importância, designadamente a dimensão da futura Comissão Europeia e o abandono do direito de veto no Conselho Europeu, serão abordadas posteriormente. No que respeita ao número de vozes no Conselho de Ministros, é mantida a paridade entre os grandes países, mas a Alemanha reforça a sua representação no Parlamento Europeu. O único resultado claro é o acordo de alargamento de 15 para 28 membros (os 12 atrás indicados mais a Turquia). Mas como acolher os novos Estados sem uma reforma das instituições da União Europeia, que se arrisca a transformar-se numa mera zona de livre-comércio? Um outro debate da agenda 2000 diz respeito ao orçamento comunitário, que os maiores contribuintes (Alemanha, Holanda) gostariam de limitar, em prol de maiores contribuições dos outros Estados-membros. O financiamento da União Europeia (reforma da política agrícola comum, fundos de ajuda às regiões mais pobres) constitui um outro *dossier* essencial, evocado por ocasião da cimeira de Viena (11-12 de Dezembro de 1998). A Europa vê-se igualmente sacudida pela crise que afecta a Comissão de Jacques Santer. A demissão colectiva (Março de 1999) ilustra o reforço dos poderes do Parlamento Europeu, cujas eleições se revelam um sucesso para o Partido Popular Europeu. O eixo franco-alemão permanece sólido, não obstante os desacordos no respeitante à luta pelo emprego e a orientação do novo governo alemão (animado e dirigido pelo SPD de Gerhard Schroeder e pelos Verdes), no seguimento das eleições de Outubro de 1998, em que Helmut Kohl é derrotado. A Europa vê-se então desafiada a assumir identidades contraditórias: atlântica, comunitária, pan-europeia, nacional. Diversos Estados europeus mantêm um papel desproporcional, face à sua superfície e população: o Reino Unido e a França possuem uma ambição que não se limita à Europa. Dispõem de uma força de dissuasão nuclear, de um magistério de influência no mundo (pela *Commonwealth* e pela francofonia, respectivamente) e usufruem da posição de membros permanentes no Conselho de Segurança, privilégio que também a Alemanha reivindica.

Através da unificação, a Alemanha acede pela paz a uma supremacia, ainda que a sua influência diplomática não esteja à altura do seu peso económico. A multiplicação dos conflitos regionais torna possível a participação do *Bundeswehr* em operações militares de manutenção de paz em áreas fora da jurisdição da NATO (decisão do Tribunal de Karlsruhe, de 12 de Julho de 1994), no âmbito das Nações Unidas. A potência alemã afirma-se, tanto na União Europeia como fora dela: com a participação de 4000 soldados do *Bundeswehr* nas IFOR, a Alemanha intervém militarmente fora das fronteiras da NATO. Com efeito, no contexto de uma Europa alargada, o reposicionamento do continente confere um lugar preponderante à Alemanha.

A implosão da Jugoslávia em 1991 dá origem a conflitos em cadeia nos Balcãs, que se transformam novamente num barril de pólvora. Nenhum dos cessar-fogos acordados é respeitado e os estados-membros da CEE (que não se conseguem colocar de acordo acerca do envio de uma força europeia de mediação) apelam ao Conselho de Segurança da ONU (Novembro de 1991), reconhecendo a independência da Eslovénia e da Croácia (15 de Janeiro de 1992) e, seguidamente, da Bósnia-Herzegovina (6 de Abril de 1992). Sobre as ruínas da Federação Jugoslava, a Sérvia e o Montenegro proclamam a República Federal da Jugoslávia (27 de Abril de 1992), à qual os Sérvios desejam acrescentar os enclaves de maioria sérvia na Croácia e na Bósnia-Herzegovina, localizados nas imediações de Sarajevo, cercada e bombardeada pelas forças sérvias. Na medida em que a guerra civil prossegue e provoca – em virtude da «limpeza étnica» – o êxodo de milhares de refugiados, uma força de protecção das Nações Unidas (a FORPRONU) de cerca de 15 000 homens, cujo envio para estas zonas foi decidido a 21 de Fevereiro de 1992, deve permitir a manutenção das fronteiras litigiosas e assegurar o acesso a Sarajevo. Uma FORPRONU II (acrescida de 6000 homens), enviada em Outubro de 1992, sente bastantes dificuldades em fazer respeitar as tréguas e em proteger os comboios humanitários. Recusando-se a impor uma solução militar, a ONU e a CEE cooperam na procura de um enquadramento para a Bósnia. Após a rejeição (Outubro de 1992) do plano Vance-Owen, a aplicação prática de um plano de repartição (Owen-Stoltenberg) constitui uma vitória para os Sérvios da Bósnia, que controlam a maior parte do território e que rejeitam (Julho de 1994) o plano do «grupo de contacto» (Estados Unidos, Rússia,

Alemanha, França, Grã-Bretanha, Itália). A ameaça dos bombardeamentos aéreos pela NATO revela-se ineficaz, e a guerra continua na presença de 40 000 capacetes azuis, cujo mandato permanece ambíguo (Março de 1995).

Sob instigação do presidente Jacques Chirac, a 16 de Junho de 1995 a ONU vota uma resolução pela qual cria a Força de Reacção Rápida (FRR), cuja missão consiste em apoiar os capacetes azuis na Bósnia. Graças a esta nova tomada firme de atitude, em Outubro de 1995 dá-se um cessar-fogo, que abrange o conjunto territorial da Bósnia-Herzegovina. As negociações de paz que têm lugar em Dayton (Estados Unidos), em Novembro de 1995, conduzem a um acordo, ratificado em Paris a 14 de Dezembro. A Bósnia permanece um Estado de fronteiras inalteradas, encontrando-se dividida em duas entidades políticas autónomas: uma federação croata-muçulmana (51% do território) e uma República Sérvia da Bósnia (49%). A FORPRONU cede a sua autoridade à IFOR (*Implementation Force*), força multinacional de 63 000 homens sob o comando da NATO, com a participação de 20 000 soldados americanos.

Os Balcãs permanecem um barril de pólvora sob a vigilância do grupo de contacto. Graças à presença de uma força multilateral de estabilização (a SFOR, que substitui a IFOR) sob comando americano, acordada em Novembro de 1996 e reconduzida em Julho de 1998, a paz instala-se na Bósnia, onde o processo de normalização em curso (com eleições) é marcado por perseguições e processos levantados a criminosos de guerra. Outras províncias da ex-Jugoslávia envolvem-se na guerra civil. Trata-se particularmente do caso do Kosovo, antigo berço histórico sérvio (a 28 de Julho de 1989, um milhão de Sérvios celebraram aí o sexto centenário da batalha de Kosovo Polje, vitória dos Turcos sobre os Sérvios), região povoada com 90% de Albaneses muçulmanos, tentada pela independência ou pela reunificação com a Albânia. Em 1998, multiplicam-se no Kosovo os confrontos entre os separatistas albaneses e as forças sérvias, que se entregam à limpeza étnica. Mas como aceitar a independência do Kosovo, sem afectar a frágil estabilidade dos Balcãs? A comunidade internacional pressiona Belgrado – que afirma tratar-se de um assunto interno – a assumir uma solução política; face ao fracasso da mediação, a União Europeia decide impor sanções e a NATO lança uma operação de represálias contra a Sérvia (Junho de 1998). Para fazer respeitar a trégua, a OSCE disponibiliza uma missão de verificação e a NATO coloca na Macedónia uma força de evacuação dos envolvidos. No seguimento do fracasso das negociações de Rambouillet e de Paris (Fevereiro-Março de 1999), a NATO inicia uma série de bombardeamentos aéreos sobre a Jugoslávia (de 24 de Março a 10 de Junho de 1999) para obrigar Milosevic a ceder, acentuando assim o exílio dos Kosovares ameaçados pela limpeza étnica sérvia. Milosevic acaba por aceitar (28 de Maio de 1999) as condições fixadas pela NATO: evacuação das forças sérvias do Kosovo; implementação no terreno de uma força internacional para a segurança do Kosovo (KFOR) com cerca de 50 000 homens provenientes de 30 países, sincronizada com a retirada das forças sérvias; regresso dos refugiados; estatuto de autonomia para o Kosovo, administrado pela missão das Nações Unidas para o Kosovo (MINUK). As eleições gerais na Sérvia (24 de Setembro de 2000) exprimem a rejeição de Milosevic, expulso do poder a 5 de Outubro. A república Federal da Jugoslávia é reintegrada nas diversas instâncias internacionais, sobretudo na sequência da extradição de Milosevic (Junho de 2001) para ser julgado no Tribunal Internacional de Haia. Com a guerra da NATO contra a Sérvia e o afluxo de refugiados albaneses do Kosovo a suscitarem temores quanto à viabilidade da Macedónia, em Agosto de 2001, a NATO envolve-se na operação *Task Force Harvest*, com o objectivo de desarmar os rebeldes albaneses do UCK na Macedónia. A República do Montenegro permanece assim como o único território, juntamente com a Sérvia, a integrar a República Federal da Jugoslávia.

Na Irlanda, após as manifestações e a violência registadas no Verão de 1996, é estabelecido um acordo de paz para o Ulster, concluído em Belfast em Abril de 1998 entre protestantes e católicos da Irlanda do Norte, sendo aprovado por referendo em Maio de 1998: prevê a manutenção das ligações do Ulster à Grã-Bretanha, favorecendo contudo a reaproximação do território à República da Irlanda, através da criação de um governo autónomo misto (Novembro-Dezembro de 1999).

Persistência da oposição Norte-Sul: mundos violentos

A homogeneidade do Terceiro Mundo já não existe e a fronteira com os países industrializados, atingidos por recorrentes crises económicas e pela exclusão, modifica-se incessantemente. Os mundos extra-europeus encontram-se ensombrados por três ameaças globais: a proliferação de armamento, o endividamento e o desafio demográfico, confirmando a persistência, e até mesmo o agravamento, do conflito Norte-Sul que, da Ásia ex-soviética à África, se vê avivado pelo fundamentalismo islâmico, ainda que a situação económica não seja uniforme. Os Estados Unidos encabeçam uma cruzada que visa diversos países do Médio Oriente, o que deixa entrever um conflito de civilizações.

Paradoxalmente, o desarmamento a Norte conduz a uma atitude inversa no Terceiro Mundo, entregue a uma verdadeira *corrida ao armamento*. Atingidos pela escassez de divisas, os Estados sucessores da ex-União Soviética apregoam os produtos da sua indústria militar. Existe o risco de uma proliferação horizontal. Cresce o número de Estados que adquiriram a capacidade de desenvolver a arma atómica. Para além de Israel, da Índia (1974), da África do Sul (1979) e do Paquistão (1998), surgem Estados que parecem estar prestes a possui-la: o Iraque, o Irão, a Coreia do Norte. Outros, para compensar a sua inferioridade, sentem-se tentados a recorrer à arma química. As armas e tecnologias modernas são susceptíveis de perturbar a estabilidade regional e a segurança internacional. Isso pode ser perfeitamente observado por ocasião da guerra do Golfo, num Médio Oriente que se transformou numa zona de grande intensidade de engenhos balísticos, apesar do protocolo MTCR (*Missile Technology Control Regime*), de 1987. O presidente Bush aproveitou a ocasião para propor um plano que, progressivamente, eliminasse do Médio Oriente as armas de destruição maciça. Esta ideia é partilhada pelos cinco países-membros do Conselho de Segurança da ONU, que, pela primeira vez, se colocam de acordo acerca do comércio de armas (8-9 de Julho de 1991), envolvendo-se na elaboração de um código de boas práticas. O tratado proibindo a produção, a utilização e o armazenamento de armas químicas é assinado em Paris (15 de Janeiro de 1933) por 130 países, que deverão destruir os seus *stocks* num período de dez anos e aceitar um dispositivo de verificação no terreno.

O endividamento do Terceiro Mundo atinge, no início de 1995, os 2000 milhões de dólares, ainda que a ajuda pública ao desenvolvimento atinja o seu nível mais baixo desde 1970. Desde o início dos anos oitenta, são cerca de 50 os países que se encontram em estado de sobreendividamento prolongado: diversos países latino-americanos, africanos – exceptuando a Líbia e a Argélia – as Filipinas, o Vietname e a Europa de Leste. Esta situação dramática leva os governos a tomar medidas excepcionais, como o México e a Venezuela, que logram um reescalonamento das suas dívidas, e a Costa do Marfim, que em 1987 diz aos seus credores que não os poderá reembolsar, devido à queda das cotações do cacau e do café. Surgem greves e manifestações um pouco por toda a parte. O FMI transforma-se no 'bicho papão' dos dirigentes destes países. O aligeiramento da dívida é o grande objectivo dos trabalhos da CNUCED (1987) e o assunto em foco na cimeira de Copenhaga para o desenvolvimento social (1985). Apesar dos progressos registados por determinados Estados latino-americanos e dos esforços dos países ocidentais, que anulam uma parte da dívida de 35 países africanos (Maio e Julho de 1989) e reduzem a dívida pública da Polónia e do Egipto (Janeiro de 1991), o problema persiste. A desvalorização em 50% do franco CFA (12 de Janeiro de 1994) é recebida como um choque pelos países da zona franco. A crise do peso mexicano leva os Estados Unidos e o FMI a intervirem (Janeiro de 1995). E os países ditos «emergentes» membros do G15 (países em vias de desenvolvimento) pedem aos países industrializados que abram os seus mercados. Por ocasião da cimeira de Lyon (Junho de 1996), o G7 decide aliviar a dívida dos países mais pobres. Até ao ano 2000, os países mais ricos prevêem ter eliminado a dívida dos mais pobres.

Por fim, o desafio demográfico consiste numa dupla disparidade: por um lado, entre o crescimento da população e o aumento, menos acentuado, dos recursos do planeta; por outro, entre os países auto-suficientes, com baixas taxas de crescimento populacional, e os países pobres, fragilizados pela explosão demográfica. Com o número de habitantes do planeta a atingir os seis mil milhões de indivíduos em 1999 (três em 1960), a população dos países desenvolvidos não representa mais do que um quarto da população mundial, dispondo em média de três quartos das riquezas produzidas no mundo. Também a conferência do Cairo (Setembro de 1994) insiste na necessidade de abrandar o crescimento demográfico. Em 30 anos, o fosso entre os países ricos e os países pobres duplicou. As desigualdades Norte-Sul estão longe de ser colmatadas pelas insuficientes ajudas públicas. A «bomba demográfica» e as migrações de populações permanecem realidades das relações internacionais. O auxílio torna-se então uma necessidade; mas o problema de resolução mais delicada é o seu desenvolvimento desigual, na medida em que o Terceiro Mundo engloba várias realidades. Alguns países tiram proveito da sua integração na economia mundial, enquanto outros estagnam: a queda dos preços do petróleo, na ordem dos 40% em 1998, afecta as economias dos países produtores, em particular as dos que basearam o seu desenvolvimento económico na exploração de hidrocarbonetos e que são os mais povoados, como a Argélia, a Indonésia, a Nigéria.

No decurso dos anos noventa, diferentes factores ameaçam a estabilidade da Ásia e a África enfrenta graves problemas; no Médio Oriente, que enfrenta um forte crescimento demográfico e uma baixa das receitas petrolíferas investidas em sistemas de defesa, o processo de paz israelo-palestiniano encontra-se num impasse.

Na Ásia, no início dos anos noventa, as rivalidades territoriais e militares parecem apagar-se, em virtude da estabilidade política, do crescimento do comércio inter-regional e da prosperidade económica. No fim desta mesma década, a Ásia é provavelmente a mais perigosa região do planeta, porque as rivalidades persistem, ainda que o confronto ideológico já não exista. Assim, a República Popular da China e a Índia – sem relações diplomáticas desde 1962 – encetam um diálogo (Setembro de 1993), passando por cima do seu conflito territorial. Em Abril de 1996, Pequim e Moscovo tentam a reaproximação. A crise económica extrema que atinge a Ásia em 1997 e 1998 expande-se da Tailândia a toda a região, provocando um empobrecimento considerável da população: a Indonésia é o país mais afectado. No Japão, a recessão recoloca em causa os fundamentos do sistema de emprego, ainda que a taxa de desemprego (Dezembro de 1998) permaneça relativamente baixa (4,4%). Como efeito da crise, as ambições nacionais afirmam-se. Por outro lado, a relativa apatia americana e o colapso soviético colocam a Índia e o Paquistão face a face, ambos dotados de armamento nuclear, permitindo que novos países passem a fazer parte do leque de potências regionais, como sejam a Indonésia, o Irão e a Turquia, para além da China, do Japão e dos países da ASEAN. O Japão já não se pretende limitar a desempenhar um papel nas relações económicas internacionais: reivindica o estatuto de actor político, aspirando a um lugar de membro permanente no Conselho de Segurança da ONU, e não limita a sua acção à Ásia. O Japão faz depender uma normalização das suas relações com Moscovo da restituição das Curilas meridionais (relatório relativo à visita de Boris Ieltsin ao Japão, em 1992).

É também observável um crescimento do poder militar da China. Motivada pela devolução de Hong Kong (1997), manifesta-se muito activa no Mar da China e no Sudeste Asiático, região que assiste a uma corrida às alianças, verificando-se também um reforço dos laços dos Estados mais pequenos com os Estados Unidos. Por duas ocasiões (Primavera de 1996, Outono de 1998), a China manifesta a sua ambição de recuperar Taiwan e o seu descontentamento face a qualquer movimentação que lhe pareça aumentar a capacidade defensiva da ilha, no quadro do sistema de defesa americano-nipónico. A transição entre Deng Xiaoping (falecido em Fevereiro de 1998), o grande promotor da abertura económica da China e responsável pela repressão da «Primavera de Pequim», e Jiang Zemin, foi coroada de sucesso. O intercâmbio de visitas entre Jiang Zemin (visita aos Estados Unidos em Outubro de 1997) e Bill Clinton (visita à China em Junho-Julho de 1998) marca a normalização das relações sino-soviéticas e uma viragem da atitude ocidental relativamente à questão dos direitos humanos na China, que procura reforçar a sua influência no Sudeste Asiático à custa dos Estados Unidos, sobretudo preocupados com a cooperação sino-paquistanesa em matéria nuclear. O contencioso sino-americano agrava-se com a crise do avião espião (Abril de 2001) e da venda de armas a Taiwan. Após a sua anunciada retirada das Filipinas, a manutenção da presença americana na Coreia do Sul e no Japão poderá ter por objectivo proteger a região de qualquer risco de ressurgimento de um imperialismo japonês e de qualquer ameaça da China.

Diversos países da Ásia encontram-se conturbados: o Camboja não se refaz dos seus anos de fogo (1975-1979) e da sedição dos Khmers Vermelhos, não conseguindo reencontrar a estabilidade política, apesar das eleições de Julho de 1998 e da morte de Pol Pot. No Afeganistão, confrontado com uma coligação heteróclita formada pela resistência moderada (que não tinha aceite o cessar-fogo) e pelas milícias islamitas, o regime comunista desaba (Abril de 1992), mas os confrontos entre as facções afegãs permite que Cabul seja tomada pelos Talibans (Setembro de 1996), religiosos de maioria pastun, que não logram impor a sua lei por todo o território afegão; a guerra persiste por iniciativa do comandante Massud, símbolo da oposição assassinado a 9 de Setembro de 2001. Na Indonésia, duramente atingida pela crise económica, o presidente Suharto, no poder desde

1967 e reeleito em Março de 1998, é forçado a demitir-se na sequência dos motins de Maio. De um só golpe, a integridade e a estabilidade da Indonésia parecem ameaçadas, cenário em que a crise que atinge Timor Leste também desempenha o seu papel: com o objectivo de colocar um fim às atrocidades cometidas pelas milícias pró-indonésias decididas a opor-se à independência, forças militares sob a égide da ONU intervêm, em Setembro de 1999. Timor Leste torna-se independente em Maio de 2002.

Após vários meses de tensão, em que os Estados Unidos se inquietam com as ambições nucleares norte-coreanas, a Coreia do Norte compromete-se a congelar o seu programa nuclear (Agosto-Outubro de 1994) e, sob a égide de Pequim e de Washington, são encetadas conversações sobre a paz na península coreana (Dezembro de 1997). Com o encontro dos presidentes das duas Coreias a 14 de Junho de 2000, inaugurando uma «era de reconciliação e de cooperação», o processo de reunificação parece bem encaminhado.

A oposição entre Índia e Paquistão a propósito de Caxemira, a que Nova Deli concedeu a autonomia em 1996, permanece viva: a guerrilha separatista permanece activa e os dois exércitos confrontam-se ao longo da fronteira comum (Agosto de 1997 e Maio-Junho de 1999); a tensão regional é grande, agravada pela posse da arma nuclear por parte dos dois inimigos (Maio de 1998).

A situação em *África* difere entre os países que assumiram o compromisso democrático e aqueles em que a democracia se torna vítima da miséria (golpe de Estado militar na Nigéria, na Guiné-Bissau, no Congo). A guerra civil, acompanhada de pilhagens e de massacres, atinge particularmente a Libéria (1996), o Níger (Julho de 1996), a República Centro-Africana (1996 e 1997), o Congo-Brazaville (Junho de 1997), a Serra Leoa (1997-1998), a Costa do Marfim (1999-2000). Em quase todos os casos, as forças de mediação, frequentemente constituídas por exércitos de Estados africanos, esforçam-se por restabelecer a ordem sob a égide da ONU. As pretensões da África do Sul em se afirmar como potência regional, após o fim do *apartheid*, são fortemente contestadas (Lesoto e Congo, 1998).

Um pouco por toda a parte, movimentos autonomistas armados minam a autoridade do Estado e o dogma da intangibilidade das fronteiras é posto em causa. A Etiópia é devastada pela guerrilha entre os Eritreus e os Tigreanos. Ao cabo de trinta anos de guerra contra a Etiópia, os Eritreus conseguem a independência (24 de Maio de 1993), mas os dois Estados, que disputam uma fronteira comum, assinam um tratado de paz (Junho de 2000). Após a saída (Janeiro de 1991) do general Syaad Barré, expulso do poder (que ocupava desde Outubro de 1969), a Somália, desmembrada entre o Norte e o Sul, mergulha no caos e na fome, situação que suscita a intervenção, em Dezembro de 1992, de uma força militar internacional de urgência (*Reconquistar a Esperança*), sob comando americano. O fracasso destas forças leva a ONU a envolver 28 000 capacetes azuis (4 de Maio de 1993) na operação ONUSOM II, a mais importante, tanto pelo número de homens como pelo custo, que a ONU empreendeu. Devido à insegurança, a ONU decide (Novembro de 1994) colocar um fim ao mandato da ONUSOM, que evacua em Março de 1995.

A situação mais grave é a da África Central. Na sequência do assassinato dos presidentes ruandês e burundi em Abril de 1994, surgem vários confrontos entre Tutsis e Hutus, que ensanguentam o Ruanda (que, de Abril a Junho, assiste ao massacre dos Tutsis pelos Hutus). Este genocídio (onde mais de 500 000 pessoas foram assassinadas) leva a França a intervir (Junho-Agosto de 1994) no âmbito de uma operação humanitária sob mandato da ONU (*Turquesa*). Por seu lado, também o Burundi é palco de violências (Março de 1995 e Primavera de 1996). Uma força multinacional de assistência humanitária, colocada no terreno em Novembro de 1996, retira-se em Dezembro. A guerra civil que se segue e a rebelião que se desenvolve durante a Primavera de 1997, levam à queda do marechal Mobutu (Maio de 1997), após mais de 30 anos de poder. O chefe dos rebeldes, Laurent-Désiré Kabila, proclama-se presidente da República Democrática do Congo. Mas não consegue restabelecer a ordem num país devassado por rivalidades étnicas, pelos confrontos de potentados locais e pelos apetites dos países vizinhos, Ruanda e Uganda. Ele próprio é assassinado em Janeiro de 2001. Todas as condições se encontram reunidas para uma implosão do Centro e do Corno de África. Transformada num palco de confrontos entre exércitos dos países vizinhos e grupos rebeldes locais, a República Democrática do Congo mergulha numa crise sem fim à vista. Quando se podia acreditar que a paz tinha regressado a Angola, os acordos de paz assinados em 1995 em Lusaka não são respeitados, não obstante a constituição de um governo de união nacional: a guerra civil reacende-se em Angola. O Sudão encontra-se dividido entre o Norte muçulmano e o Sul cristão e animista, que conquista o seu direito à autodeterminação. No Zimbabwe, uma crise política e económica (ocupação das propriedades dos fazendeiros brancos) abala o país (2001-2002).

Na Argélia, apesar do estado de emergência instaurado pelo Exército, que tomou o poder, o terrorismo desenvolve-se (assassinato do presidente M. Budiaf, a 29 de Junho de 1992) e a violência que assola o país não impede a eleição do anterior presidente Liamine Zerual (16 de Novembro de 1995). A multiplicação dos atentados cria uma verdadeira atmosfera de guerra civil, que não poupa os estrangeiros (assassinato de religiosos franceses, em Maio e Agosto de 1996). Em 1997, a onda de violência é de tal ordem que suscita o envio de missões de informação por partes dos países europeus, que não alcançam maior sucesso que as tentativas de diálogo encetadas pelo presidente Liamine Zerual, que abandona prematuramente o poder (Abril de 1999). Apesar da esperança que transmite, a eleição de A. Buteflika não põe fim aos actos de violência, em particular na região de Kabília (Agosto de 2001). A questão do Sara Ocidental, cuja soberania foi reivindicada por Marrocos e cuja independência é reclamada pela Frente Polisário, ainda não está resolvida. Previsto inicialmente para Janeiro de 1992, conforme estabelecido no plano de paz de 1991, o referendo para a autodeterminação continua a ser adiado, em virtude do diferendo acerca da composição do corpo eleitoral.

No Médio Oriente, o processo de paz israelo-árabe permanece frágil, devido à violência levada a cabo pelos movimentos islâmicos, que multiplicam os atentados (Fevereiro e Março de 1996, no Egipto), às reticências da Síria face às negociações e, sobretudo, à política intransigente do governo de Netanyahu (Maio de 1996-Maio de 1999). O novo primeiro-ministro israelita, que não reconheceu a legitimidade dos acordos de Oslo, autorizou efectivamente a retoma da colonização na Cisjordânia e na faixa de Gaza, suscitando o descontentamento e a inquietação dos países árabes (cimeira da Liga Árabe, Junho de 1996). As declarações de Benjamin Netanyahu acerca da Cidade Santa em 1996, referentes à construção de um túnel arqueológico na parte velha de Jerusalém, provocam confrontos sangrentos. O ciclo infernal de atentados-repressão atinge o auge (ataques do Hezbollah na Galileia e massacre de Canaã, em Abril de 1996). Apesar dos esforços e das pressões americanas (cimeira em Washington, Outubro de 1996), dos discursos de Jacques Chirac, dos avisos e acções das capitais árabes, dos votos da ONU (Julho de 1997), o processo de paz iniciado em Oslo em 1993 encontra-se num impasse e o governo israelita continua a controlar mais de 90% dos territórios palestinianos ocupados. Mais uma vez, os Americanos envolvem-se, promovendo as negociações de Wye Plantation (Outubro de 1998), que resultam num acordo pelo qual os Israelitas se devem retirar de uma parte da Cisjordânia, como contrapartida do compromisso palestiniano de luta contra o terrorismo. A visita de Bill Clinton a Gaza (Dezembro de 1998) não logra relançar o processo de paz. A esperança nasce sobretudo da eleição do candidato trabalhista Ehud Barak (Maio de 1999) para o cargo de Primeiro-Ministro: consegue fazer com que o *Tsahal* (forças armadas israelitas) retirem do lamaçal do Sul do Líbano, onde a ocupação militar, que dura desde 1978, cessa em 2000, apesar da ausência de acordo com a Síria e com o Líbano.

Contudo, fracassa na solução do problema palestiniano. Após o acordo de Charm-el-Cheik (Setembro de 1999), as negociações israelo-palestinianas acerca da implementação prática dos acordos de Wye Plantation (Outubro de 1998) para o enquadramento do estatuto definitivo dos territórios palestinianos, iniciadas em Abril de 2000, não conseguem progressos. O encontro de Camp David (10-24 de Julho de 2000) entre Ehud Barak e Yasser Arafat, organizado por iniciativa do presidente Bill Clinton – que, até ao final do seu mandato, se dedica profundamente à solução do conflito –, não resulta em nada; ainda que, pela primeira vez, tenham sido abordadas as questões de fundo (Jerusalém Oriental, colonatos, refugiados), o desacordo constatado leva a um apodrecimento da situação, que degenera (Setembro de 2000) em confrontos violentos. Esta nova *Intifada* visa criar uma relação de forças mais favorável por ocasião das negociações, mas o fracasso e a demissão de Ehud Barak (Dezembro de 2000) conduzem directamente à eleição do chefe do partido Likud, Ariel Sharon (Fevereiro de 2001) e a uma verdadeira situação de guerra (intervenção do Exército israelita no Líbano, na Cisjordânia, na faixa de Gaza; intensificação do terrorismo).

O problema espinhoso do Iraque suscita graves crises. Após a guerra do Golfo, o Iraque, que era um dos maiores exportadores de petróleo do mundo, é submetido a um severo embargo, que afecta a população mas que não incomoda a solidez do regime ditatorial de Saddam Hussein. Os obstáculos colocados às missões dos inspectores da ONU, encarregados de vigiar o desmantelamento do poder militar do Iraque, e as atitudes intempestivas de Saddam Hussein, são factores permanentes de crise (bombardeamentos aéreos, em Janeiro de 1993). Em Outubro de 1996, a ONU aceita um levantamento parcial do embargo para permitir a Bagdad vender petróleo, a fim de adquirir víveres e medicamentos (programa «petróleo por alimentos»). A rebelião curda leva à intervenção do Exército iraquiano e à reacção dos Americanos, que velam pelo respeito das zonas de exclusão aérea. Sobretudo, os obstáculos colocados às missões da ONU (em particular à UNSCOM), encarregadas de vigiar o desarmamento do Iraque e de inspeccionar os locais susceptíveis de ocultar centros de produção de armas de destruição maciça, levam a sucessivas crises em 1996, 1997 e, sobretudo, 1998, que são solucionadas na Primavera pelo Secretário-Geral da ONU Kofi Annan, mas que, em Dezembro de 1998, se irão traduzir em bombardeamentos americanos e ingleses (operação *Raposa do Deserto*) e na determinação americana em derrubar Saddam Hussein. Liberto do período revolucionário em termos de política estrangeira após o fim da guerra com o Iraque, em 1998, o Irão sai do seu isolamento, transformando-se novamente num importante actor regional, juntamente com a Rússia, no seio das repúblicas muçulmanas, mostrando-se disponível para dialogar com os Estados Unidos. Em contrapartida, nessa região, a Turquia aparece isolada. Com a recusa da sua candidatura por parte da União Europeia (Dezembro de 1997), conta com o apoio dos Estados Unidos e com a sua aliança tácita com Israel, combatendo a rebelião curda e velando sobre a parte turca de Chipre.

No Chipre, as tentativas de relançamento das conversações intercomunitárias tropeçam no reconhecimento requerido pela República Turca do Chipre do Norte, autoproclamada em 1983 mas recusada pela República do Chipre (parte greco-cipriota). Mas a perspectiva de adesão deste Estado à União Europeia, prevista para finais de 2003, poderia alterar este estado de coisas e favorecer a reunificação da ilha (conversações tiveram início em Janeiro de 2002).

Na *América Latina*, o crescimento económico, em evidência após o início da década de noventa, é posto novamente em causa em virtude da crise monetária que atinge o Brasil em Janeiro de 1999. O balanço positivo está longe de ter reduzido a fractura social: alargou-se o fosso entre uma elite rica e as massas empobrecidas (5% da população concentra 25% da riqueza), a corrupção é o novo desafio a enfrentar. A guerra civil assola a Colômbia, mas o Peru e o Equador colocam um ponto final a um conflito fronteiriço de 56 anos (Outubro de 1998). A eleição de Hugo Chavez para a presidência da Venezuela (Dezembro de 1998), após a crise política no Paraguai e a eleição do antigo ditador Hugo Banzer na Bolívia, traduzem um regresso ao autoritarismo populista. A militarização da luta contra o narcotráfico, por iniciativa dos Estados Unidos, é por vezes vista como uma expressão da hegemonia americana. Fidel castro comemora em 1999 os 40 anos da sua ditadura, continuando a ser alvo da hostilidade dos Estados Unidos, que mantêm o seu embargo, apesar dos protestos de João Paulo II aquando da sua visita a Cuba (Janeiro de 1998).

Um mundo simultaneamente unificado e fragmentado

Na viragem do século, o mundo é regido por tendências contraditórias. Após 1945, a sociedade internacional não se limitou a unificar-se. Ela também se homogeneizou: as relações dominador/dominado, que eram a regra antes de 1939, foram sendo gradualmente substituídas por relações teoricamente igualitárias, fazendo triplicar o número de actores estatais num período de 30 anos. Assistiu-se assim ao nascimento e à crescente diversificação do Terceiro Mundo. Face aos países menos desenvolvidos, que se afundam no subdesenvolvimento e na guerra civil, os novos países industrializados – como os «quatro dragões» – registaram um espantoso progresso económico, interrompido pela crise de 1997, com origem na Tailândia. Outras fracturas, que se tinham introduzido nas relações internacionais na sequência da Revolução de Outubro de 1917 ou da expansão comunista na China e na Europa de Leste, foram saradas. Os Estados resultantes do desmembramento da União Soviética, a China e a Europa de Leste pretendem participar na via internacional. Deste modo, o mundo evolui para um sistema mais homogéneo e, simultaneamente, menos impregnado pela ideologia.

Face à multiplicação dos conflitos, a ONU é cada vez mais solicitada, e para missões sempre mais complexas. Arrisca-se ao fracasso e à impotência, como se constatou no Camboja ou na Somália. Na Jugoslávia, a FORPRONU foi uma força de paz inadaptada a um país em guerra, na medida em que a sua missão consistia em permanecer na «neutralidade». As suas capacidades para a resolução dos conflitos do pós-guerra fria terão de ser reavaliadas por baixo. O direito de veto tinha perturbado o Conselho de Segurança, tornando-o impotente. O fim do confronto Leste-Ocidente limita os casos em que se pode recorrer a esse direito, e a ONU permanece a única organização através da qual a URSS – e depois a Rússia – pode exercer um controlo sobre a política dos Estados Unidos, ainda que estes pretendam possuir a capacidade, através da NATO, de agir por si próprios. Mas, por alturas da celebração do 50.º aniversário das Nações Unidas, em 1995, constata-se a quase falência financeira da organização. E existe um fosso entre a expansão do papel de paz da ONU e a sua capacidade limitada para desenvolver operações cada vez mais onerosas. Contudo, o recurso à ONU é sistemático: no Iraque; no Camboja; na crise dos Grandes Lagos; em África; na ex-Jugoslávia; na Albânia, onde uma resolução da ONU autoriza a intervenção de uma força multinacional (Abril-Agosto de 1997). Em Timor Leste, colónia portuguesa anexada pela Indonésia em 1976 e onde a guerrilha faz mossa no regime de Jacarta, o referendo (Agosto de 1999) confere um resultado grandemente favorável à independência; face à multiplicação dos actos de violência, o Conselho de Segurança da ONU decide enviar para o território uma força multinacional (INTERFET). Ausente de África após os desaires no Ruanda e na Somália, a ONU envia capacetes azuis para a Serra Leoa e observadores militares para a República Democrática do Congo, a pedido expresso desses países africanos. Fora do âmbito da ONU, assiste-se a um florescimento dos reagrupamentos de Estados por afinidades linguísticas (7.ª cimeira francófona em Hanói, em Novembro de 1997; reunião dos Estados ibero-americanos), pela situação fronteiriça com um mesmo mar (fórum Ásia-Pacífico, Novembro de 1998), pela pertença a um mesmo continente (cimeira das Américas, Abril de 1998) ou mesmo por afinidades intercontinentais (cimeira dos Países da Europa e da Ásia). Os antagonismos do mundo reflectem-se no fracasso da conferência de Durban (Setembro de 2001) contra o racismo.

A percepção da Terra como um todo não resulta apenas da esfera político-ideológica. No campo económico, o planeta está mais homogéneo: o mundo encontra-se moldado pelo capitalismo americano. Criada a 1 de Janeiro de 1995 para substituir o GATT, a Organização Mundial do Comércio (OMC) esforça-se por, através da liberalização, favorecer as trocas comerciais, contribuindo assim para a globalização, à qual a República Popular da China empresta o seu peso demográfico (cerca de 1,3 mil milhões de habitantes). As negociações por ocasião da cimeira da OMC de Seattle (1-3 de Dezembro de 1999) revelam-se um fracasso, devido aos desacordos entre Americanos e europeus.

Os Estados-Membros das Nações Unidas (191 Estados-Membros em 1 de Fevereiro de 2003)

País	Ano de admissão	País	Ano de admissão
Afeganistão	1946	Coreia do Sul	1991
África do Sul	1945	Costa Rica	1945
Albânia	1955	Costa do Marfim	1960
Alemanha	1991	Croácia	1992
Andorra	1993	Cuba	1945
Angola	1976	Dinamarca	1945
Antígua e Barbuda	1981	Djibuti	1977
Arábia Saudita	1945	Dominicana (Rep.)	1945
Argélia	1962	Domínica	1978
Argentina	1945	Egipto	1945
Arménia	1992	El Salvador	1945
Austrália	1945	Emirados Árabes Unidos	1971
Áustria	1955	Equador	1945
Azerbaijão	1992	Eritreia	1993
Bahamas	1973	Eslováquia	1993
Bahrein	1971	Eslovénia	1992
Bangladesh	1974	Espanha	1955
Barbados	1966	Estados Unidos da América	1945
Bélgica	1945	Estónia	1991
Belize	1981	Etiópia	1945
Benim	1960	Federação Russa	1945
Bielorrússia	1945	Fiji	1970
Bolívia	1945	Filipinas	1945
Bósnia-Herzegovina	1992	Finlândia	1955
Botswana	1966	França	1945
Brasil	1945	Gabão	1960
Brunei	1984	Gana	1957
Bulgária	1955	Gâmbia	1965
Burquina Faso	1960	Geórgia	1992
Burundi	1962	Granada	1974
Butão	1971	Grécia	1945
Cabo Verde	1975	Guatemala	1945
Camarões	1960	Guiana	1966
Camboja	1955	Guiné	1958
Canadá	1945	Guiné-Bissau	1974
Cazaquistão	1992	Guiné Equatorial	1968
Chade	1960	Haiti	1945
Checa (Rep.)	1993	Honduras	1955
Chile	1945	Hungria	1955
China	1945	Iémen	1947
Chipre	1960	Índia	1945
Colômbia	1945	Indonésia	1950
Comores	1975	Iraque	1945
Congo	1960	Irão	1945
Coreia do Norte	1991	Irlanda	1955

Islândia	1945
Israel	1949
Itália	1955
Jamaica	1962
Japão	1956
Jordânia	1955
Jugoslávia	1945
Kiribati	1999
Kuwait	1963
Laos	1955
Lesoto	1966
Letónia	1991
Líbano	1945
Libéria	1945
Líbia	1955
Liechtenstein	1990
Lituânia	1991
Luxemburgo	1945
Macedónia	1993
Madagáscar	1960
Malásia	1957
Malawi	1964
Maldivas	1965
Mali	1960
Malta	1964
Marrocos	1956
Marshall (ilhas)	1991
Maurícia (ilha)	1968
Mauritânia	1961
México	1945
Mianmar (Birmânia)	1948
Micronésia	1991
Moçambique	1975
Moldávia	1992
Mónaco	1993
Mongólia	1961
Namíbia	1990
Nauru	1999
Nepal	1955
Nicarágua	1945
Níger	1960
Nigéria	1960
Noruega	1945
Nova Zelândia	1945
Omã	1971
Países Baixos	1945
Palau	1994
Panamá	1945
Papuásia-Nova Guiné	1947
Paquistão	1947
Paraguai	1945
Peru	1945
Polónia	1945
Portugal	1955
Qatar	1971
Quénia	1963
Quirguistão	1992
Reino Unido	1945
República Centro-Africana	1960
Roménia	1955
Ruanda	1962
Salomão (ilhas)	1978
Samoa	1976
Santa Lúcia	1979
São Marino	1992
São Tomé e Príncipe	1975
São Vicente e Granadinas	1980
S. Cristóvão e Nevis	1983
Senegal	1960
Serra Leoa	1961
Seychelles	1976
Singapura	1965
Síria	1945
Somália	1960
Sri Lanka	1955
Suazilândia	1968
Sudão	1956
Suécia	1945
Suriname	1975
Tajiquistão	1992
Tailândia	1945
Tanzânia	1961
Timor Leste	2002
Togo	1960
Trindade e Tobago	1962
Tunísia	1956
Turquemenistão	1992
Turquia	1945
Tuvalu	2000
Ucrânia	1945
Uganda	1962
Uruguai	1945
Usbequistão	1992
Vanuatu	1981
Venezuela	1945
Vietname	1977
Zaire	1960
Zâmbia	1964
Zimbabwe	1980

Explosão demográfica, redes mundiais de comunicação, problemas ambientais, esbanjamento de recursos vitais, eliminação de resíduos, catástrofes naturais ou tecnológicas (como a explosão, em 25 de Abril de 1986, do reactor número quatro da central de Chernobil ou o naufrágio do *Erika*, em Dezembro de 1999): todos estes factores influem na vida quotidiana de cada habitante do planeta, ignorando fronteiras e relativizando antagonismos. Na Europa, a crise das «vacas loucas» inquieta os consumidores; adeptos e adversários da energia nuclear confrontam-se. Uma catástrofe ecológica (fogos florestais de grande amplitude) afecta o Sudeste Asiático (Outono de 1997). A comunidade internacional esforça-se por se organizar, com sucessos relativos, particularmente para reduzir as emissões de gás carbónico para a atmosfera, tidas como responsáveis pelo aquecimento global. A cimeira de Nova Iorque (23-27 de Junho de 1997) não deixa grandes razões para optimismo, devido às reticências dos Americanos. Aquando da conferência de Quioto (1-11 de Dezembro de 1997), os países industrializados comprometem-se em reduzir as suas emissões de gás carbónico em 5% até ao ano 2010, comparativamente às de 1990. Mas as promessas não são cumpridas (Bona, Novembro de 1999; Haia, Novembro de 2000) e os Americanos, inicialmente conciliadores, dão a conhecer a sua oposição (Abril de 2001). No domínio espiritual, o triunfo de João Paulo II em algumas das suas viagens, nas Jornadas Mundiais da Juventude em Paris (18-24 de Agosto de 1997), no Jubileu da Igreja Católica (2000), bem como a emoção sentida no mundo inteiro pelo falecimento da princesa Diana (31 de Agosto de 1997), exprimem igualmente a emergência de uma sociedade global.

Por um lado, o mundo está mais unido; por outro, encontra-se mais fragmentado. Para além da desigual repartição de recursos económicos e de poder político, militar e demográfico, nesta reconstituição da paisagem mundial é perceptível uma tendência para a criação de agrupamentos regionais. Tendo em conta a cada vez maior inter-relação das economias do planeta, o multilateralismo, defendido e incentivado pelo GATT, viu-se fortemente combatido pela criação de blocos regionais, criados para se constituírem simultaneamente como refúgio e palco face à globalização da economia: CEE; UMA (União do Magreb Árabe); ASEAN; ALENA (acordo de livre-comércio norte-americano, formado pelos Estados Unidos, pelo Canadá e pelo México, tendo entrado em vigor a 1 de Janeiro de

1994); projecto para a criação de uma zona de livre-comércio nas Américas (lançado em Dezembro de 1994); MERCOSUR, Mercado Comum do cone sul do continente americano, reunindo, em Janeiro de 1995, Argentina, Paraguai, Uruguai e Brasil, a que se juntam, em Junho de 1996, o Chile e a Bolívia; APEC (zona de cooperação Ásia-Pacífico). Os representantes dos 15 países-membros da União Europeia e dos 71 países ACP assinam em Cotonou (23 de Junho de 2000) um acordo destinado a prolongar a convenção de Lomé. O novo acordo faz do desrespeito pelos direitos do homem e da corrupção motivos para suspender os benefícios da convenção e prevê, a prazo, a criação de zonas de livre-comércio entre a União Europeia e os países ACP. Em Lomé (Togo), a 12 de Julho de 2000, a cimeira dos chefes de Estado africanos adopta o acto constituinte da União Africana que deveria, a prazo, substituir a OUA. Declarações de guerra opõem uns blocos aos outros e, face à agressividade comercial dos produtores asiáticos, reaparecem atitudes proteccionistas; no interior da APEC, os países da Ásia fazem prevalecer os seus interesses face aos Estados Unidos, mas a União Europeia alcança um bom entendimento com o MERCOSUR (Dezembro de 1995).

Para além disso, a ordem internacional herdada da Segunda Guerra Mundial é abalada pelo fim da guerra fria. À disciplina e às regras desse período, sucede um sistema desestruturado, instável. Três dos seus pilares encontram-se fragilizados: o modelo estatal, a intangibilidade das fronteiras, a não ingerência.

Posto em causa pelos fenómenos planetários e por todo o tipo de desafios (máfias, tráficos, migrações clandestinas), o *modelo estatal* mostra-se incapaz de funcionar num número de situações cada vez maior, como se pôde observar na ex-URSS ou na ex-Jugoslávia. Como se o desaparecimento da ditadura – e do medo por ela gerado – reavivasse, um pouco por toda a parte, os velhos ódios e as chagas que se tinham por cicatrizadas. O mesmo sucede na Índia, na Turquia, no México e no Canadá, onde as instituições resistem dificilmente, face às diversidades étnicas, linguísticas e religiosas. Os riscos de implosão são evidentes na Indonésia, já ameaçada pela secessão de Timor Leste. Mesmo nas velhas nações da Europa, levantamentos separatistas fazem ouvir a sua voz, como sucede na Bélgica e na Itália (manifestações na Padânia, em Setembro de 1996). Em Espanha, o regionalismo desenvolve-se; na Grã-Bretanha, a Escócia e o País de Gales afirmam-se e, por toda a parte, os fluxos transnacionais (mercadorias e homens, mas também mercados financeiros, sociedade da informação, narcóticos) colocam em causa o papel do Estado-nação. São muitos os países subdesenvolvidos que assistem à ruína das estruturas estatais. Diversos conflitos põem a nu a indefinição de fronteiras entre o inter e o intra-estatal. Por vezes, o acesso à soberania revela-se um logro: é o que acontece com um grande número de micro-Estados, enquanto outros vêem a sua soberania ser colocada sob a tutela de ingerências humanitárias e de mandatos internacionais, como acontece na Somália e no Camboja. E mesmo nos países desenvolvidos assiste-se a uma degradação do princípio da soberania, em virtude da pressão do universalismo e dos compromissos internacionais.

Também *a intangibilidade das fronteiras*, um outro tabu, vacila. Em África, onde a OUA a tinha elevado à condição de dogma, as fronteiras são recolocadas em causa, como acontece na Etiópia, no Sudão ou na Somália. Na Europa, o *statu quo* territorial era uma regra absoluta nas relações internacionais, após os regulamentos que se seguiram à Segunda Guerra Mundial. A conferência de Helsínquia reafirmou-o. E a unificação alemã evitou a derrapagem dos limites territoriais; o tratado germano-polaco (17 de Junho de 1991) confirmou precisamente a fronteira de Oder-Neisse. Mas o despertar das nacionalidades e as exigências da identificação nacional recolocam as fronteiras em causa e convulsionam os Estados. A implosão da União Soviética, o desmembramento da Jugoslávia, a separação «de veludo» da Checoslováquia em dois Estados, são acontecimentos de considerável importância, que redesenham o mapa da Europa e o encaminham para uma balcanização repleta de perigos. Esta fragmentação do espaço é susceptível de suscitar conflitos em cadeia.

Face aos actos de violência e aos riscos de implosão, um outro tabu é posto em causa: o da não ingerência nos assuntos internos dos Estados. Através da Resolução 688 de 5 de Abril de 1991, o Conselho de Segurança admitiu a existência de um direito à ingerência, sempre que a violação dos Direitos do Homem no seio de um Estado constitua uma ameaça à paz e à segurança internacionais. O direito de assistência humanitária legitima as intervenções da ONU no Iraque e na Somália. Com uma frequência cada vez maior, a ajuda ao desenvolvimento vê-se subordinada a compromissos de boa gestão e de democratização. Enfim, assiste-se a uma evolução dos direitos dos indivíduos. Criado pela ONU em 1993, o Tribunal Penal Internacional de Haia (Maio de 1996) julga os crimes de guerra cometidos na ex-Jugoslávia (TPIJ). Vítima de grandes problemas em 1997, a

Albânia é socorrida pela comunidade internacional (operação *Alba*). Em Roma, por ocasião de uma conferência organizada sob a égide da ONU (Junho de 1998), 120 países adoptam (contra a vontade americana) um projecto de Tribunal Penal Internacional permanente, competente para julgar genocídios, crimes contra a humanidade, crimes de guerra e agressões. O ex-ditador do Chile, o general Pinochet, é detido na Grã-Bretanha e ameaçado de ser julgado por um tribunal espanhol. A extradição de Milosevic (Junho de 2001), para ser julgado pelo TPI, representa certamente um grande avanço. E a NATO recorreu à força contra a ex-Jugoslávia por motivos internos a esse Estado (Março de 1999). Neste caso, a justificação humanitária prevalece sobre o princípio da soberania.

Neste novo mundo do pós-guerra fria, a segurança continua a estar na ordem do dia. Ela encontra-se fragilizada: despertar dos nacionalismos; êxodo de massas imigrantes, que fogem da fome e do desespero; eventual recurso incontrolado às armas nucleares. A ameaça não é maior nem menor. Ela é móvel, versátil, fragmentada, inesperada. A utopia de paz perpétua, que parecia alcançável na Primavera de 1991, deu lugar às incertezas de uma ordem internacional instável e aleatória.

7

A ordem imperial (desde 2001...)

A transformação fundamental do sistema internacional, revelada pelo choque do 11 de Setembro, não parou de amplificar os seus efeitos, que se somam aos do fenómeno da globalização. Daí uma paisagem marcada pela revolução dos meios de comunicação, pela emergência económica das potências asiáticas, por uma grande sensibilidade das regiões desenvolvidas aos riscos e, por último, pelos fracassos dos Estados Unidos, que acreditavam que podiam impor a sua ordem.

A diferença de ritmo de crescimento entre as economias desenvolvidas e as emergentes é impressionante: a partir de 2000, o crescimento abranda ou revela-se baixo na zona euro e na América, enquanto os desempenhos das economias emergentes são notáveis: 7% de crescimento na China em 2003, 9% em 2006-2007 na Índia. A China torna-se uma das quatro maiores potências económicas mundiais, atrás dos Estados Unidos, do Japão e da Alemanha (segundo o Banco Mundial, Dezembro de 2007). Com a China e a Índia, a Rússia e o Brasil são agora agentes económicos importantes, que pretendem participar plenamente neste fenómeno de globalização. O grupo indiano Mittal Stell apodera-se do grupo europeu Arcelor e torna-se assim, em Junho de 2006, o primeiro produtor mundial de aço. O grupo japonês Toyota passa a ser o maior construtor de automóveis do mundo. Através destes exemplos revela-se o poder das economias asiáticas. Mas há mais: a procura crescente das matérias-primas dessas economias gera uma explosão do valor dessas mesmas matérias-primas e dos preços, e uma luta pelo acesso aos abastecimentos (2008), provocando uma verdadeira crise alimentar mundial, que dá até lugar a revoltas alimentares em alguns países africanos e asiáticos. Os problemas energéticos adquirem cada vez mais importância, ilustrada pela chantagem russa com o fornecimento de gás à Ucrânia, pela construção do oleoduto Bacu-Tbilissi-Ceyhan, que permite encaminhar o petróleo do mar Cáspio até ao Mediterrâneo (sem passar pela Rússia nem pelo Irão), pela exploração de possíveis jazidas na Gronelândia, pelos múltiplos acordos sobre a utilização da energia nuclear civil (Estados Unidos/Índia; França/China; França/Líbia). A subida em flecha do preço do barril de petróleo é tal que na Primavera de 2008 ultrapassa os 140 dólares. O maná petrolífero é tal que, por um lado, a Rússia e a Argélia saldam as suas dívidas, enquanto, por outro, as economias desenvolvidas da Europa e da América sofrem reestruturações, deslocalizações e, por isso, supressões de emprego e, a partir de 2007-2008, uma pressão inflacionista e uma crise conjuntural devido aos créditos demasiado facilmente atribuídos. A proliferação nuclear e balística, o tráfico de armas e o terrorismo constituem uma ameaça grave à ordem mundial. As sociedades desenvolvidas estão cada vez mais vulneráveis e reagem fortemente aos riscos ligados aos fenómenos naturais – como o *tsunami* que arrasa as costas do Índico (26 de Dezembro de 2004) e provoca a morte de mais de 200 000 pessoas, ou o ciclone *Katrina* (Agosto de 2005) na Luisiana, as inundações na Indonésia (Fevereiro de 2007) –, às catástrofes ecológicas e às epidemias: três milhões de pessoas morrem de sida em 2002 e o vírus H5N1, da gripe das aves, ameaça alastrar (Verão de 2005-Inverno de 2006). Face à crise do sistema internacional, que afeta a credibilidade da ONU, os Estados Unidos têm a ambição de encarnar por si mesmos uma nova ordem, que tentam impor ao resto do mundo. No entanto, a crise económica (em particular, bancária, com a crise dos créditos imobiliários, Agosto de 2007) e os fracassos da ordem imperial (Irão, Iraque, conflito israelo-palestiniano) causam uma grave perda de credibilidade dos Estados Unidos e põem até em causa os valores ocidentais.

Cotação do petróleo desde 1950

Fonte: Departamento Americano do Comércio, AIE, Platts, BP Statistical Review of World Energy, Junho de 2007

A guerra contra o terrorismo

Os atentados de 11 de Setembro de 2001 contra o *World Trade Center* em Nova Iorque, e contra o Pentágono em Washington, representam, em primeiro lugar, o início de uma nova era do terrorismo. Estes atentados exprimem um terrorismo singular nos seus objectivos, nos seus meios e nos seus efeitos. Efectivamente, os objectivos visados não são políticos, antes simbólicos (o símbolo do comércio internacional e o centro do poder militar); os meios utilizados conjugam o recurso a aviões e a armas brancas e o sacrifício dos mártires; os efeitos reflectem-se no número de vítimas (quase 3000 mortos), ou seja, na destruição em massa.

A emoção é imensa no mundo ocidental, para homenagear as vítimas do terrorismo exercido por um punhado de extremistas islâmicos. Como o Islão, que engloba 1,2 mil milhões de indivíduos, se encontra dividido em múltiplas correntes (os sunitas representam entre 85% a 90% do mundo muçulmano; os xiitas são numerosos sobretudo no Iraque: 50% da população, no Irão e no Iémen: 90%), não se poderá dizer que o islamismo seja um fenómeno homogéneo: nascido no Irão revolucionário e xiita, parece estar particularmente activo nos países sunitas, como seja a Arábia Saudita, onde as organizações wahabitas gastam dez mil milhões de dólares por ano na propagação do Islão e no financiamento de movimentos islâmicos. O acontecimento leva à reflexão acerca da vitalidade do islamismo.

Faz antever perspectivas negras acerca da evolução do Islão político? Ou confirma a passagem a um pós-islamismo, que se traduz tanto pela ambição de conquistar o aparelho de Estado, como pela missão de unir todos os crentes, ou mesmo por uma reislamização dos costumes? Seja como for, acima de tudo, o Islão fundamentalista odeia o materialismo e a economia de mercado, que identifica com os Estados Unidos, cuja política é vista como parcial, em virtude do seu apoio ao governo israelita, da presença militar americana na Arábia Saudita, da manutenção do embargo e das acções militares até 2003 contra o Iraque. Este intenso ressentimento contra os Estados Unidos é largamente partilhado pelo mundo muçulmano. Estende-se aos países europeus, em 2006, por ocasião da publicação em alguns jornais, em Janeiro, de algumas caricaturas do profeta Maomé e é reavivado por um discurso do papa Bento XVI em Ratisbona (12 de Setembro de 2006).

Logo após o choque do 11 de Setembro, a Administração americana declara guerra ao terrorismo, contando com uma aprovação quase unânime, destacando-se particularmente o aval do Conselho de Segurança, e com a solidariedade dos membros da Aliança Atlântica, preparados para activar o artigo 5.º. Assim que recomposta da surpresa, a Administração de G. W. Bush designa o primeiro inimigo: o regime taliban, no poder no Afeganistão desde 1996 e protector da organização islâmica Al-Qaeda, dirigida por Osama Bin Laden, um saudita fanático pela luta contra os infiéis. O Afeganistão entra de novo na ordem do dia: país devastado por guerras, por lutas tribais e étnicas, pela ingerência dos países vizinhos, pela miséria dos refugiados; como resultado da sua posição geográfica de Estado-tampão, sempre suscitou cobiças.

Após a sua ascensão ao poder em 1996, o regime taliban já vinha sendo objecto de sanções da ONU (resolução de 19 de Dezembro de 2000). Os Americanos lançam-se então numa guerra contra o Afeganistão. Esta coligação circunstancial parece resultar de uma nova concepção da acção externa. Em vez de recorrer à NATO, a coligação é mais vasta e engloba países muçulmanos. A resposta militar não foi imediata nem cega: os Estados Unidos já não são o polícia do mundo, mas sim «o xerife, o justiceiro que reúne em seu redor um grupo de voluntários para perseguirem os fora-da-lei».

Contrariamente às previsões pessimistas, que anteviam que a acção militar se eternizasse e uma desestabilização do Paquistão, a resposta americana contra a Al-Qaeda e os talibans revela-se um sucesso. A campanha militar («Justiça Infinita», rebaptizada de «Liberdade Duradoura») é conduzida com eficácia. Após os bombardeamentos (que começam a 7 de Outubro de 2001), a batalha terrestre conduzida pelas forças da Aliança do Norte (coligação de minorias étnicas que se opõe aos Taliban) é rápida e leva ao afastamento do poder taliban (13 de Novembro: queda de Cabul; 6 de Dezembro: queda de Kandahar), seguindo-se o acordo para a intervenção, sob mandato da ONU, de uma força internacional encarregada de velar pela segurança (*International Security Assistance Force*, ISAF) em Cabul e nas regiões limítrofes, bem como de instituir, sob a égide da ONU, um governo provisório reunindo todas as facções afegãs.

Nos anos seguintes, sobretudo a partir de 2005, os soldados da NATO (americanos, britânicos e canadianos) são confrontados com uma guerrilha cada vez mais dura e com repetidos atentados suicidas, que obrigam a ISAF, com mais de 40 000 homens (cujos contingentes mais importantes são americanos, britânicos e alemães), a fazer pedidos incessantes de reforços e a alargar o seu campo de acção a todo o Afeganistão (2006): o presidente Sarkozy afirma o empenho da França, aceitando reforçar a sua presença com várias centenas de homens (Março-Abril de 2008).

Os Americanos face à ameaça terrorista

Um outro efeito destes atentados foi o de provocar ou revelar uma mudança profunda nas relações entre Washington e o mundo. Apesar de, nos seus primeiros meses, a administração Bush parecer não se preocupar minimamente com o mundo exterior, excepto para promover um sistema de defesa antimíssil que pudesse proteger a totalidade do território americano contra eventuais mísseis de Estados párias, tudo se altera a 11 de Setembro. Ainda que outros choques do passado (Pearl Harbour, Sputnik) tenham abalado o sentimento de invulnerabilidade dos Estados Unidos, a principal novidade do pós-11 de Setembro é a descoberta da sua vulnerabilidade, relacionada com a sua abertura. As necessidades da luta contra o terrorismo e contra os «Estados párias» supõem uma total liberdade de acção dos Estados Unidos, que fazem um balanço muito crítico da operação do Kosovo (Março-Junho de 1999). Não querem mais ver-se entravados por qualquer constrangimento internacional, designadamente no que respeita ao emprego da força, atitude que, consequentemente, cria tensões na sua política transatlântica e faz com que contornem a ONU. Com efeito, vários atentados nos meses seguintes (Djerba, Carachi, Bali, Mombaça, Aden) atestam a globalização da ameaça terrorista, que se traduz em repetidos alertas, sejam verdadeiros ou falsos.

Os atentados de Madrid (11 de Março de 2004) são os mais mortíferos alguma vez cometidos na Europa. Em Julho de 2005, vários atentados (a 7 e 21) ocorrem no metropolitano e em autocarros de Londres, em Charm el-Cheikh (23), em Bali (1 de Outubro de 2005), em Amã (9 de Dezembro de 2005), em Casablanca (Abril de 2007), no Paquistão (Julho-Agosto de 2007) e na Argélia (Julho-Agosto-Dezembro de 2007)

A constituição de uma coligação antiterrorista leva a reviravoltas diplomáticas, provocando, numa primeira fase, uma reaproximação Washington-Moscovo-Pequim, a marginalização da NATO, um questionar das relações entre os países europeus. Se, para além das discussões acerca de armamentos estratégicos, a Rússia pensa por vezes em retomar o seu papel de contrapeso face à América, o apoio transmitido por Vladimir Putin a G. W. Bush nos seus encontros em Washington (13-15 de Novembro de 2001) manifesta sobretudo a sua vontade em estabelecer uma relação de confiança e de cooperação na luta antiterrorista, esperando com isso fazer com que a Rússia ganhe uma latitude total na guerra da Chechénia, que apresenta como uma frente de luta contra o terrorismo, em compensação da sua solidariedade contra Bin Laden. Pela mesma razão, a China concorda com os princípios da coligação (aliás, o terrorismo é um dos eixos de cooperação do grupo de Xangai, fórum de consulta regional criado em 1996 entre a Rússia, a China, o Tajiquistão, o Cazaquistão e o Quirguistão. Este alinhamento é simbolizado pelo encontro de Xangai (no âmbito da cimeira da APEC, fórum de cooperação económica Ásia-Pacífico), a 20 de Outubro de 2001, e pelas figuras de Jiang Zemin, Vladimir Putin (que, em Julho de 2001, tinham assinado em Moscovo um tratado de amizade e de cooperação e reiterado a sua oposição ao projecto americano de escudo antimíssil) e George W. Bush.

O Iraque, novo objectivo

Na sequência da guerra do Afeganistão, os Estados Unidos desenvolvem novas concepções acerca do emprego da força a título preventivo e expõem toda uma argumentação contra o Iraque de Saddam Hussein, com o objectivo fixo de voltar a baralhar e a dar cartas no Médio Oriente, criando uma nova organização regional baseada na democracia, na defesa das liberdades e dos direitos do homem.

A partir da Guerra do Golfo, o Iraque nunca saiu da linha de tiro da Administração americana, decidida desde 1998 a desembaraçar-se do regime de Saddam Hussein, e que sublinha o perigo das armas de destruição maciça, a ligação entre Bagdad e as organizações terroristas e a vontade de fazer nascer um Iraque democrático. Por seu lado, Bagdad protesta contra o embargo de que é vítima pela ambiguidade da resolução «petróleo por alimentos», instaurada em Maio de 2002. Ao longo de todo o ano de 2002, a tensão cresce em redor do Iraque, com os Estados Unidos a instalarem na zona do Golfo consideráveis meios militares. Acusado de produzir armas de destruição maciça e de procurar produzir uma arma nuclear, o regime de Bagdad desmente, acabando finalmente por aceitar que inspectores da ONU e da AIEA – que tinham sido expulsos em Dezembro de 1998 – viessem controlar a natureza do seu armamento.

Numa primeira fase, Washington aceita procurar obter o acordo dos países-membros do Conselho de Segurança e a continuação das inspecções no Iraque, tentando sempre realçar – através de revelações relativas aos armamentos iraquianos – a ausência de cooperação de Saddam Hussein, preparando já a intervenção. A 8 de Novembro de 1992, a Resolução 1441 (que fixa um calendário para novas inspecções de desarmamento e que exige de Bagdad uma completa cooperação) é adoptada por unanimidade dos 15 membros. Mas, contrariamente aos Estados Unidos, que a interpretam como uma autorização para intervir caso a cooperação não seja total, a França considera que a última palavra deve caber à ONU. Face à oposição da França, da Alemanha e da Rússia a uma acção de força que não tivesse por origem relatórios negativos por partes dos inspectores de desarmamento e que não tivesse por base uma resolução do Conselho de Segurança, os Estados Unidos e a Grã-Bretanha decidem abdicar de uma nova resolução, apesar de uma vaga de protestos em todo o mundo. A guerra é conduzida com determinação (de 20 de Março a 30 de Abril de 2003) e o Exército iraquiano é derrotado.

Na sequência da vitória das forças da «coligação» (a Grã-Bretanha e a Austrália integram-na), em Maio de 2003, Washington cria uma «coligação dos voluntários», força de estabilização internacional em que participam uma quinzena de países (como sejam a Grã-Bretanha, a Polónia, a Dinamarca ou a Espanha), encarregada de, sob a égide dos Estados Unidos, assegurar a reconstrução do Iraque. Deste modo, os Estados Unidos passam por cima da ONU e da NATO, conseguindo mesmo assim obter, a 22 de Maio de 2003, o aval do Conselho de Segurança, que produz uma resolução em que delega à coligação americano-britânica a gestão do país e a exploração do seu petróleo: a 16 de Outubro de 2003, a Resolução 1511 confirma a «coligação» como potência ocupante e consagra o projecto político dos Estados Unidos para o Iraque. Os atentados cada vez mais mortíferos, as tomadas e execuções de reféns, os confrontos perto das cidades santas que ensanguentam o país e as revelações das sevícias impostas por soldados americanos (Abril de 2004) lançam o descrédito sobre a ocupação do Iraque. Devido à insegurança persistente, a transição democrática é adiada, mas a 8 de Junho de 2004 a transferência de poder para um governo iraquiano é aprovada pelo Conselho de Segurança, o que representa um sucesso inegável da diplomacia americana, apesar da retirada dos soldados espanhóis e filipinos das forças de ocupação. E em Novembro de 2004 o Clube de Paris alivia a dívida iraquiana. O projeto americano do «Grande Médio Oriente», vasto plano de reorganização de uma região que vai de Marrocos até ao Paquistão e que consiste em promover aí o desenvolvimento económico e a democratização política, que suscita discussões intensas, é finalmente adoptado numa forma mais relativizada, designada por «Parceria para um Futuro Comum», na cimeira do G8 realizada em Sea Island (8-10 de junho de 2004) e posto em prática em Rabat (Dezembro de 2004). Sobretudo, o processo democrático é estabelecido no Iraque com o êxito das eleições de 30 de Janeiro de 2005 e com a eleição de um curdo para a Presidência da República (6 de Abril de 2005). No entanto, a multiplicação dos atentados suicidas (Verão de 2005 e 2006) e um verdadeiro início de guerra civil entre sunitas e xiitas (Verão de 2006) obrigam os americanos a reforçar a sua presença militar, tanto mais que vários países (Itália, Polónia, Grã-Bretanha em parte) retiram os seus contingentes.

O Império e o mundo

Ciente do seu poder militar, que, porém, se revela limitado para pacificar o Afeganistão e o Iraque, a administração americana pratica um unilateralismo sem complexos por influência ideológica dos neoconservadores, e *pretende* impor as suas ideias ao mundo, tanto mais que o presidente George W. Bush é facilmente reeleito em 2 de Novembro de 2004.

Os presidentes Americanos desde 1945

Franklin D. Roosevelt	1933-Abril de 1945
Harry S. Truman	Abril de 1945-Janeiro de 1953
Dwight D. Heisenhower	Janeiro de 1953-Janeiro de 1961
John F. Kennedy	Janeiro de 1961-Novembro de 1963
Lyndon B. Johnson	Novembro de 1963-Janeiro de 1969
Richard M. Nixon	Janeiro de 1969-Agosto de 1974
Gerald R. Ford	Agosto de 1974-Janeiro de 1977
Jimmy Carter	Janeiro de 1977-Janeiro de 1981
Ronald Reagan	Janeiro de 1981-Janeiro de 1989
George Bush	Janeiro de 1989-Janeiro de 1993
William J. Clinton	Janeiro de 1993-Janeiro de 2001
George W. Bush	Janeiro de 2001-Janeiro de 2009
Barack Obama	a partir de Janeiro de 2009

A administração Bush denuncia (13 de Dezembro de 2001) o tratado ABM de 1972 para construir o seu escudo antimíssil (cuja construção começa em Dezembro de 2002), declina qualquer adesão ao Protocolo de Quioto, recusa ratificar o tratado constituinte do Tribunal Penal Internacional, rejeita qualquer sistema que constranja o controlo das armas biológicas, desenvolve uma nova doutrina visando banalizar a arma nuclear e aumenta o seu orçamento militar, que em 2003 atinge 40% do total das despesas militares mundiais.

Outras medidas da Administração americana suscitam reticências nos seus aliados: a sua implantação no Usbequistão e no Tajiquistão, inicialmente aceite pela Rússia, que vê os Estados Unidos instalarem--se numa zona de tradicional influência russa; as suas ameaças aos Estados (Iraque, Irão, Coreia do Norte) suspeitos de cumplicidade com os terroristas (discurso de G. W. Bush, 29 de Janeiro de 2002), que formam o «eixo do mal» ou os «postos avançados da tirania»: Cuba, Zimbabué, Bielorrúsia, Irão, Birmânia e Coreia do Norte (discurso de Condoleezza Rice, 18 de Janeiro de 2005). A decisão do governo americano de impor pesadas taxas às importações de aço (Março de 2002) provoca a reprovação e ameaças de represálias dos países europeus, provoca a reprovação, antes de ser obrigado a retirá-las (finais de 2003), face às ameaças de represálias dos países europeus e às sanções autorizadas pela OMC.

As relações entre Washington e Moscovo

Durante a sua digressão europeia (Maio de 2002), o presidente G. W. Bush assina com Vladimir Putin um acordo de desarmamento nuclear, planeando reduzir, até 2012, o arsenal dos dois países a um número de ogivas compreendido entre as 1700 e as 2000, face às 6000 existentes no momento do tratado (24 de Maio de 2002), com cada país a permanecer livre de destruir ou de, simplesmente, armazenar as suas armas. Através desta declaração de 24 de Maio, os Estados Unidos e a Rússia comprometem-se a cooperar na luta contra o terrorismo, a agir juntos na Ásia Central e no Cáucaso, onde Washington obtém um direito de vigilância, e no Médio Oriente.

A parceria com a Rússia resulta também na assinatura em Roma, a 28 de Maio, de um acordo destinado a criar um «conselho NATO-Rússia», para melhor associar Moscovo à Aliança Atlântica. A 22 de Novembro de 2002, G. W. Bush encontra-se com Putin em São Petersburgo: o resultado dessa ocasião é uma verdadeira aliança russo-americana relativamente ao terrorismo internacional.

Mas, depois, os desacordos multiplicam-se com Washington, que critica a deriva autoritária do regime russo e denuncia a colaboração da Rússia com a Síria, o Irão e a Coreia do Norte, e Moscovo, que se aproxima de Paris e de Berlim por ocasião da guerra do Iraque e que, sobretudo, acusa os americanos de querem implantar-se duradouramente no espaço ex-soviético. Daí uma reunião entre Bush e Putin num ambiente de desconfiança mútua, a 24 de Fevereiro de 2005, em Bratislava, e o interesse de Moscovo em jogar a carta europeia (Cimeira de Paris, Chirac/Putin/Zapatero/Schröder, 18 de Março de 2005). Na cimeira franco-germânico-russa de Compiègne (23 de Setembro de 2006), Vladimir Putin esforça-se por tranquilizar Jacques Chirac e Angela Merkel sobre a política energética da Rússia. A renacionalização da política externa da Rússia é evidente através das declarações de Vladimir Putin. A 10 de Maio de 2006, apela ao desenvolvimento do potencial militar e económico da Rússia face aos Estados Unidos, «lobo e fortaleza»; em Fevereiro de 2007, denuncia a vontade americana de domínio. A tensão aumenta com a proposta de Washington feita a Praga e a Varsóvia de acolherem instalações do escudo antimíssil americano, destinado a impedir ataques da Coreia do Norte e do Irão. Como represália e no contexto de uma tensão das relações russo-americanas, a Rússia suspende a aplicação do tratado sobre forças convencionais na Europa (30 de Novembro de 2007). Além disso, Vladimir Putin opõe-se à adesão da Ucrânia e da Geórgia à NATO. O seu sucessor, Dimitri Medvedev, lança a ideia de um pacto de segurança europeia destinado a substituir a OSCE (discurso de Berlim, 5 de Junho de 2008).

As relações entre os Estados Unidos e a Europa

A divisão da *Europa* é evidente. A crise do Afeganistão provoca uma marginalização do seu papel e a «renacionalização» das políticas externas. Constituindo um grupo à parte, Londres, Paris e Berlim envolvem-se bilateralmente com os Americanos. O acontecimento revela também os constrangimentos da Europa no domínio político-militar, envolto em procedimentos e burocracias. Apesar de os europeus se reunirem para denunciar o unilateralismo americano, sentem dificuldades em conciliar os seus pontos de vista para a definição de uma estratégia comum. A crise iraquiana acarreta bem mais graves consequências para a Europa. Efectivamente, ela demonstra a desunião europeia e põe a nu a fraqueza militar dos Estados europeus e o domínio da indústria americana de armamento. Consequentemente, divide o Velho Mundo entre uma «velha Europa» hostil à ordem imperial e uma «nova» Europa, pronta a seguir os Estados Unidos. Com Paris e Berlim a oporem-se à guerra, oito outras capitais da União Europeia e dos países candidatos manifestam o seu apoio a Washington (30 de Janeiro de 2003), e o grupo de Vilnius (formado por dez Estados ex-comunistas que aspiram à adesão à NATO) declara-se preparado para integrar uma coligação com o objectivo de desarmar o regime de Saddam Hussein. Washington reage muito mal à ideia apresentada por certos Estados europeus (França, Alemanha, Bélgica), em Setembro de 2003, de colocar no terreno um comando autónomo fora das estruturas da NATO e apto a executar operações militares.

O alargamento da Aliança Atlântica

4 de Abril de 1949	Os Estados Unidos, Canadá, Islândia, França, Grã-Bretanha, Dinamarca, Noruega, Portugal, Itália, Bélgica, Países Baixos e Luxemburgo assinam o Tratado do Atlântico Norte.
1951	A Grécia e a Turquia aderem à Aliança.
1955	A Alemanha Ocidental adere à Aliança.
1966	A França abandona a organização militar integrada da Aliança.
1982	A Espanha entra na Aliança.
1999	A Polónia, República Checa e Hungria aderem à Aliança.
2002	Parceria para a Paz com a Rússia.
2004	A Eslováquia, Eslovénia, Roménia, Bulgária, Lituânia, Letónia e Estónia aderem à Aliança.
2009	A Albânia e a Croácia entram na Aliança.

Decidido em Praga, em Novembro de 2002, o alargamento da Aliança a sete países da ex-Europa de Leste (Bulgária, Roménia, Estónia, Letónia, Lituânia, Eslováquia e Eslovénia) torna-se oficial em 2 de Abril de 2004. Será que a NATO se torna uma verdadeira organização militar europeia? Na verdade, passa a ser o braço armado da política americana, com a criação de uma força de reacção rápida que pode ser posicionada nas zonas de conflito, saindo assim da sua zona tradicional. Assim, em Abril de 2003, a NATO assume o comando da ISAF, força internacional de assistência à segurança no Afeganistão. Em Nice (Fevereiro de 2005), os ministros da Defesa da NATO discutem formas de reforçar as missões da NATO no Afeganistão e no Iraque. A cimeira extraordinária da NATO (22 de Fevereiro de 2005, em Bruxelas) declara que os Estados-membros esperam «reforçar o papel da NATO enquanto fórum essencial entre aliados sobre as questões estratégicas e políticas». Na cimeira de Riga (28-29 de Novembro de 2006), os dirigentes dos países membros da NATO reafirmam o seu compromisso militar no Afeganistão; em Bruxelas (14 de Junho de 2007), aprovam o princípio do escudo antimíssil, que os Americanos querem instalar na Polónia e na República Checa. Na cimeira da NATO em Bucareste (2-4 de Abril de 2008), o alargamento da Aliança Atlântica à Ucrânia e à Geórgia é adiado, por causa da oposição russa e das reticências de Paris e Berlim, que têm de aceitar, por pressão americana, a perspectiva da adesão da Croácia e da Albânia, efetiva em Abril de 2009: a NATO conta agora com 28 membros. A cimeira de Bucareste sela o regresso da França ao seio do comando integrado da organização militar da NATO, que se torna um importante instrumento político-militar.

O alargamento da NATO

Os altos e baixos da Europa

No domínio da construção europeia, os sucessos alternam com os fracassos. Na cimeira de Laeken (Dezembro de 2001), alguns Estados acordam entre si promover o fabrico de um *Airbus* militar A-400^{M}, e os 15 acabam por se decidir a financiar o projecto *Galileo* (sistema de navegação e de posicionamento), que deveria colocar um fim ao monopólio americano. A «estratégia de Lisboa», adoptada em 2000, ambiciona dar à Europa «a economia do conhecimento mais competitiva do mundo», mas não tem quaisquer efeitos.

A entrada em vigor do euro na vida quotidiana de 300 milhões de europeus, a 1 de Janeiro de 2002, representa um sucesso técnico e um momento histórico da construção europeia: dez anos após o tratado de Maastricht, 12 Estados da União Europeia (Alemanha, Áustria, Benelux, Espanha, Finlândia, França, Grécia, Irlanda, Itália, Portugal) partilham a mesma moeda. Mas as concepções acerca do futuro da União são díspares e antagónicas, com o motor franco-alemão a apresentar-se gripado, numa altura em que a Europa se encontra envolvida numa corrida de velocidade entre o alargamento e uma tentativa de aprofundamento: a Convenção Para o Futuro da Europa (presidida por Valéry Gisgard d'Estaing) é encarregada de negociar a refundação da União, tendo em conta o seu alargamento, e de elaborar uma Constituição.

A Europa a 27 (2008)

Após o desacordo franco-alemão, marcado por um confronto relativo ao financiamento da PAC e pelo fracasso da cimeira de Nice (Dezembro de 2000), o motor franco-alemão volta a pegar, graças a um acordo no domínio agrícola entre Jacques Chirac e Gerhard Schroeder – que celebram com grande pompa o tratado do Eliseu (Janeiro de 2003) –, com o risco de suscitarem o temor de um directório franco-alemão ou de criarem problemas pelo não respeito do pacto de estabilidade (do qual desejam a reforma). No que respeita à PAC, para evitar uma corrida à produtividade haverá uma dissociação entre as ajudas directas dadas aos agricultores e o nível de produção, total ou parcial, a partir de 2007 no caso dos cereais e da carne bovina; os subsídios serão associados a critérios de qualidade e o orçamento total da PAC deve ser estabelecido daqui até 2013. Em Dezembro de 2002, a cimeira de Copenhaga oficializa o ingresso na União de oito países da Europa Central e de Leste: Polónia, República Checa, Eslovénia, Estónia, Letónia, Lituânia, Eslováquia e, depois, Malta e Chipre (apesar de o plano de resolução das Nações Unidas, que resultaria na reunificação da ilha, ser rejeitado pelos cipriotas gregos a 24 de Abril de 2004). Este alargamento, oficializado a 1 de Maio de 2004, tem um alcance mais simbólico (porque encerra o processo iniciado com a queda do muro de Berlim e com o desmoronamento da União Soviética) do que económico (as suas receitas representam apenas 1/3 das dos países da Europa Ocidental). Com a integração da Roménia e da Bulgária em 2007, a União a 27 constitui um espaço político e económico de 493 milhões de habitantes. As negociações para a adesão da Turquia, iniciadas em Outubro de 2005, suscitam um amplo debate. Todos se exprimem sobre a questão. Por ocasião da sua viagem à Turquia (28 de Novembro-1 de Dezembro de 2006), o papa exprime o seu *nihil obstat*, tal como o primeiro-ministro Tony Blair, fervoroso defensor da entrada da Turquia, ao contrário de Valéry Giscard d'Estaing, que é contra. Em Novembro de 2006, a Comissão congela as negociações com a Turquia, que recusa reconhecer um dos Estados da União, o Chipre.

Mas o projecto de Constituição elaborado pela Convenção (Junho de 2003), que modifica a estrutura do Conselho de Ministros, atribuindo mais vozes aos quatro países de maior população (Alemanha, França, Grã-Bretanha, Itália) e que prevê a criação de um cargo de presidente do Conselho Europeu com uma duração de dois anos e meio renovável (a fim de acabar com a presidência rotativa de seis em seis meses) e do cargo de ministro dos Negócios Estrangeiros da União (alto representante da PESC e comissário para as Relações Externas), confronta-se com a recusa da Polónia e da Espanha em renunciarem ao estabelecido no tratado de Nice (Dezembro de 2000),

Após o fracasso da cimeira de 12-13 de Dezembro de 2003, os 25, reunidos em Bruxelas (18 de Junho de 2004), adoptam por unanimidade o projecto do tratado constitucional, assinado em Roma em 29 de Outubro de 2004. A nova Comissão Europeia (Novembro de 2004), presidida por Durão Barroso, compreende 25 comissários (em vez de 20) e 27 a partir de 2007, um por cada Estado-membro.

A fim de evitar uma paralisia das instituições por causa da regra da unanimidade, que continua em vigor em vários domínios (defesa, fiscalidade, direitos sociais, direito da família, cooperação penal), decide-se o alargamento do voto por maioria qualificada, definida a partir de uma dupla maioria que reúna 55% dos Estados e 65% da população da União (em 2005, 297 milhões de habitantes, ou seja, o total das populações alemã, francesa, britânica, italiana e uma parte da espanhola). É aqui que assenta a querela da directiva Bokelstein (adoptada pela Comissão a 13 de Janeiro), que pretende liberalizar os serviços fazendo respeitar as regras do país de origem em caso de prestações de serviço temporário: a ameaça do «canalizador polaco» paira sobre a consulta popular destinada a aprovar «a constituição». Um após o outro, a França, a 29 de Maio, com 54,68% de «não», os Países Baixos, a 1 de Junho de 2005, com 61,6% de «não», rejeitam por referendo o projeto de constituição. O duplo «não» francês e holandês mergulha a Europa numa crise de confiança, tanto mais que as querelas franco-britânicas sobre o «desconto» consentido à Sr.ª Thatcher e sobre a política agrícola comum atrasam o acordo sobre o orçamento da União Europeia alargada para o período 2007-2013, finalmente adoptado na cimeira de Bruxelas (15-17 de Dezembro de 2005): a Grã-Bretanha aceita uma redução do seu «desconto»; a França subscreve uma renegociação da PAC em 2008. Por ocasião do 50.º aniversário da assinatura dos tratados de Roma, os 27 chefes de Estado da UE assinam em Berlim (24-25 de Março de 2007) uma declaração comum que reafirma a vontade de união de todos os membros) O projecto de tratado simplificado apresentado pelo novo presidente da República Francesa, Nicolas Sarkozy, permite sair do impasse. Assinado em Lisboa a 13 de Dezembro de 2007, este novo projecto – se aprovado – prevê um presidente do Conselho Europeu eleito por maioria qualificada pelo Conselho Europeu para um mandato de dois anos e meio, renovável por uma vez; um alto representante (e não ministro) encarregado da diplomacia europeia; e, por último, um novo sistema de votação deve entrar em vigor entre 2014 e 2017, e os poderes do Parlamento serão reforçados. A rejeição do tratado pelos Irlandeses (12 de Junho de 2008) dá início a um novo período de incerteza para a União Europeia e adia as negociações que deviam permitir que a presidência francesa aplicasse o tratado em 1 de Janeiro de 2009. Lançado a 13 de Julho de 2008 em Paris, o projecto de União para o Mediterrâneo, que reúne os Estados da União Europeia e os do Sul e Leste do Mediterrâneo, retoma a ideia do processo de Barcelona por meio de projectos concretos.

A Europa de 6 a 27

1951	Seis países (Bélgica, Alemanha Ocidental, Itália, Países Baixos, Luxemburgo, França) criam a CECA.
1957	Os Seis instituem a CEE.
1973	A CEE alarga-se ao Reino Unido, à Irlanda e à Dinamarca.
1981	A Grécia adere à CEE.
1986	A Espanha e Portugal entram na CEE.
1995	Áustria, Finlândia e Suécia entram na União Europeia.
2004	Chipre, Estónia, Hungria, Letónia, Lituânia, Malta, Polónia, República Checa, Eslováquia e Eslovénia entram na União Europeia.
2007	A Bulgária e a Roménia integram a União Europeia.

No exterior da União Europeia, os países da ex--Jugoslávia estão em convalescença. Sete anos após a guerra, a Bósnia está em paz graças aos 12 000 soldados da SFOR, mas ainda não se encontra estabilizada. A Federação Jugoslava formada pela Sérvia e pelo Montenegro (27 de Abril de 1992) desmembra-se após a votação favorável à independência dos Montenegrinos (21 de Maio de 2006). No Kosovo, onde se exerce o protectorado da ONU por intermédio da MINUK, o processo de restabelecimento da paz e de regresso à estabilidade é longo.

As negociações sobre o estatuto final do Kosovo, iniciadas em Novembro de 2005, esbarram na recusa da Sérvia e da Rússia em consentir a independência desta província, solução que fora proposta pelo mediador da ONU (Março de 2007). Sem o aval das Nações Unidas (devido ao veto russo), a independência do Kosovo é proclamada a 17 de Fevereiro de 2008 e não é reconhecida por todos os Estados europeus, alguns dos quais temem o risco de contágio. Por ocasião das eleições presidenciais, uma crise agita a Ucrânia e a «revolução laranja» acaba por levar ao poder o opositor pró-ocidental Viktor Iuchenko (dezembro de 2004), o que constitui um sucesso para os Estados Unidos, cujas forças se instalam também na Roménia e na Bulgária, reavivando a tensão entre Moscovo e Washington. Após o fim da URSS (22,4 milhões de km^2, 293 milhões de habitantes em 1991), o imenso império russo não pára de se reduzir (17 milhões de km^2 e 145 milhões de habitantes na Rússia actual), o que explica as tentativas da Rússia para destabilizar os seus vizinhos (a Transnístria, região separatista pró-russa da Moldávia, vota a favor da sua anexação à Rússia).

Impasse no Próximo e no Médio Oriente

No *Médio Oriente*, a sucessão de actos de violência, atentados e repressão arruinou as esperanças de paz de Camp David (Julho de 2000) e de Taba (Janeiro de 2001). Dois factores estruturam a região: a presença americana mais ou menos intervencionista e o conflito israelo-palestiniano. Após a eleição de Ariel Sharon para o cargo de primeiro-ministro (6 de Fevereiro de 2001) e a sua confortável reeleição (Janeiro de 2003), o Estado de Israel responde à violência palestiniana – em particular aos atentados-suicidas altamente mortíferos – com assassinatos cirúrgicos como, por exemplo, o do xeque Yassine, líder espiritual do Hamas, em Março de 2004) e com operações militares de grande envergadura, reocupando parcialmente os territórios autónomos palestinianos e recolocando em causa a Autoridade Palestiniana, com Yasser Arafat a ser colocado «fora de jogo» ou mesmo totalmente isolado (Março-Abril de 2002). O mundo árabe incendeia-se. Os dirigentes europeus apelam à retirada dos soldados israelitas, mas os Americanos concedem efectivamente um *livre-trânsito* a Ariel Sharon. As repercussões do 11 de Setembro são ambivalentes. Numa primeira fase, a administração de G. W. Bush demarca-se do conflito israelo-palestiniano, adoptando contudo uma atitude tida objectivamente como favorável ao governo israelita. Após o 11 de Setembro, os Estados Unidos tornam a envolver-se com muita prudência, num contexto em que os protagonistas não pretendem a paz, propondo que o Conselho de Segurança (13 de Março de 2002) vote uma resolução que se pronuncie pela coexistência de dois Estados, israelita e palestiniano. O plano de paz proposto pela Liga Árabe em Beirute (Março de 2002) está condenado ao fracasso (pois implica o direito ao regresso dos refugiados palestinianos e a retirada de Israel para as suas fronteiras anteriores a Junho de 1967). No Outono de 2002, é elaborado pelo «Quarteto» um «roteiro» (Estados Unidos, Rússia, Europa, ONU). Apresenta-se como um plano de paz em três etapas, tendo como resultado final a criação de um «Estado palestiniano, independente, democrático e viável» ao lado de Israel. Uma primeira fase é consagrada ao fim do «terror e da violência», à interrupção de todos os colonatos; uma segunda fase (de Junho de 2003 a Dezembro de 2003) concentra-se na criação de um Estado palestiniano independente; a terceira fase, que deveria terminar em 2005, destina-se ao estabelecimento de um «estatuto definitivo» e ao fim do conflito israelo-palestiniano. Mas o projecto, divulgado em Abril de 2003, permanece sem efeito e o «Pacto de Genebra», de Dezembro de 2003, não passa de uma iniciativa privada. A economia da Cisjordânia e da faixa de Gaza encontra-se desorganizada e a construção pelos Israelitas de um muro de segurança em redor das zonas palestinianas é declarada ilegal pelo Tribunal Internacional de Justiça (Julho de 2004).

O nosso roteiro começa em Bagdad é o título-programa dos neoconservadores, que esperam, depois de terem acabado com o regime dos talibãs no Afeganistão e de ter abatido o regime tirânico de Saddam Hussein, converter toda a região à democracia e resolver, ao mesmo tempo, o conflito israelo-palestiniano. Na esteira da guerra do Iraque, as coisas avançam: aprovado por Washington, o primeiro-ministro israelita põe em prática o seu plano de retirada de Gaza, ao mesmo tempo que perpetua os colonatos israelitas na Cisjordânia. A morte de Yasser Arafat (11 de Novembro de 2004) levanta um forte obstáculo ao relançamento do processo de paz. O seu sucessor, Mahmud Abbas, eleito presidente da Autoridade Palestiniana (9 de Janeiro de 2005), e Ariel Sharon proclamam solenemente em Charm el-Cheikh, a 8 de Fevereiro de 2005, o fim de mais de quatro anos de violência, mas o movimento da resistência islâmica (Hamas) contesta o poder do líder da Autoridade Palestiniana e os colonos israelitas opõem-se à sua retirada da faixa de Gaza, finalmente realizada em Setembro de 2005 após 38 anos de ocupação. Em Janeiro de 2006, a vitória do Hamas nas eleições legislativas, que celebrou a retirada israelita como um sucesso, volta a mergulhar a região no caos, pois o movimento islâmico recusa reconhecer o Estado de Israel, que toma medidas de retaliação contra a Autoridade Palestiniana. Face à multiplicação dos disparos de foguetes contra Israel, o Tsahal [Exército israelita] entra na Faixa de Gaza (Junho-Julho de 2006) e, sobretudo, lança a operação *Castigo Adequado* no Líbano (Julho de 2006); segue-se então uma autêntica guerra, pois o Hezbollah opõe uma forte resistência e responde com disparos de mísseis sobre Haifa, provocando o êxodo de populações dos dois lados da fronteira. São necessárias várias semanas para se chegar a um acordo (11 de Agosto de 2006) sobre a resolução 1701, que apela a uma cessação «completa», mas não «imediata» das hostilidades e ao reforço da FINUL por milhares de soldados italianos e franceses. Novamente, na Primavera de 2007, o Exército israelita intervém na Faixa de Gaza, agora sob controlo do Hamas e mantida em estado de bloqueio por Israel. O presidente George W. Bush tenta relançar o processo de paz, reunindo o primeiro-ministro israelita Ehud Olmert e o presidente da Autoridade Palestiniana (Mahmud Abbas) em Anápolis (Novembro de 2007), mas os resultados são decepcionantes: metástase da Al Qaeda um pouco por todo o mundo, desastre iraquiano, cisão da Cisjordânia e da Faixa de Gaza, regresso em força dos talibãs no Afeganistão e do Hezbollah no Líbano, regresso em força do Irão ao palco regional.

No Líbano, o assassinato de várias personalidades, como o antigo primeiro-ministro libanês, Rafik Hariri (14 de Fevereiro de 2005), provoca grandes manifestações populares, que protestam contra a tutela síria sobre o Líbano e exigem uma verdadeira independência pela «revolução dos cedros». A tensão está ao rubro (Dezembro de 2006) e não diminui por causa dos confrontos entre comunidades (2007-2008). Mais do que nunca dividido, confrontado com os radicais islamitas do Fath Al-Islam, com a má vontade da Síria e abandonado às paixões intercomunitárias, o Líbano só consegue proceder à eleição do chefe de Estado após o acordo interlibanês de Doha (21 de Maio de 2008), que permite encontrar um consenso com a eleição do general Slimane.

Ainda que Washington não consiga melhorar a situação no Próximo Oriente, por outro lado, alcança sucessos na sua política de contraproliferação. A Líbia aceita desmantelar, sob controlo internacional, os seus programas de ADM (Dezembro de 2003). A partir de então, começa a normalização das relações da Líbia com os países ocidentais: depois de a Líbia ter admitido a sua responsabilidade nos atentados de Lockerbie (1988) e do voo da UTA (1989), as sanções comerciais são levantadas pelos Estados europeus (outubro de 2004). E os Estados Unidos restabelecem relações diplomáticas completas com Tripoli (Maio de 2006). A libertação das enfermeiras búlgaras (24 de Julho de 2007) e as visitas cruzadas de Nicolas Sarkozy à Líbia e de Kadafi à França selam «o regresso da Líbia ao concerto das nações». Acusado de dissimulação e de repetidas infracções, o Irão aceita o reforço das inspecções às suas instalações nucleares. Mas a eleição de Mahmud Amadinejad (24 de junho de 2005) marca um endurecimento do Irão nas negociações com a AIEA e com o grupo dos três Estados europeus (Alemanha, França e Reino Unido). Com o Irão a retomar o enriquecimento do seu urânio, a AIEA transmite o seu relatório ao Conselho de Segurança, que intima Teerão (resolução 1696, Julho de 2006) a cessar as suas atividades, sem grande resultado, pois o Irão defende o seu «direito» à tecnologia atómica e multiplica as provocações (Abril e Setembro de 2007, Fevereiro de 2008), apesar das sanções que lhe são impostas. Os Israelitas consideram que a sua segurança está ameaçada. Fala-se de guerra.

Os conflitos pós-coloniais em África

A *África* está entregue a si mesma. Não conta para nada na economia mundial. Com 13% da população mundial, representa 3% do PIB. Existem focos de pobreza crónica em África, mas alguns países beneficiam com a globalização e com o aumento dos custos das matérias-primas: a China (que se tornou o terceiro parceiro comercial da África), os países do Golfo que investem no continente africano; e o maná petrolífero faz, por exemplo, da Argélia uma potência regional. Uma nova parceria para o desenvolvimento da África (conferência do NEPAD em Paris, em Fevereiro de 2002) assumir o compromisso da democratização e do desenvolvimento económico do continente africano, que decide transformar a OUA em União Africana (Durban, 8-10 de Julho de 2002). Quatro chefes de Estado africanos imploram ao G8, reunido a 27 de Junho de 2002, que direccione investimentos para África e este, na sua reunião de Évian (Junho de 2003) adopta um plano de acção para África. Mas os problemas estão ligados, sobretudo, aos conflitos pós-coloniais. Apesar da intenção comum (Janeiro de 2002) dos ministros francês e britânico dos Negócios Estrangeiros em relançarem o processo de paz e acelerarem a retirada dos exércitos estrangeiros no Congo, a guerra prossegue na África Central. Na altura da 22.ª Cimeira França-África (20-21 de Fevereiro de 2003), calcula-se que metade do continente africano está envolvida em conflitos de vários tipos. Na República Democrática do Congo (ex-Zaire), a região de Ituri (Nordeste do Congo) é vítima de conflitos étnicos e da cobiça dos vizinhos eleições livres no Congo-Kinshasa em Julho de 2006: será o fim do caos e do terror? Madagáscar sofre uma crise política grave (Fevereiro-Abril de

2002). Em Angola, onde a morte do chefe da UNITA, Jonas Savimbi (Fevereiro de 2002), permite concluir um acordo (Abril de 2002), colocando um fim a 27 anos de guerra civil. A Libéria é agitada por confrontos violentos (Verão de 2003). Face ao fracasso das Nações Unidas em conseguirem levar a estabilidade ao Sara Ocidental, Kofi Annan (Fevereiro de 2002) e depois o mediador James Baker (Julho de 2003) propõem um referendo de autodeterminação: o conflito eterniza-se ante a indiferença geral e continua a ser o pomo de discórdia entre a Argélia e Marrocos. As Nações Unidas (MONUG)

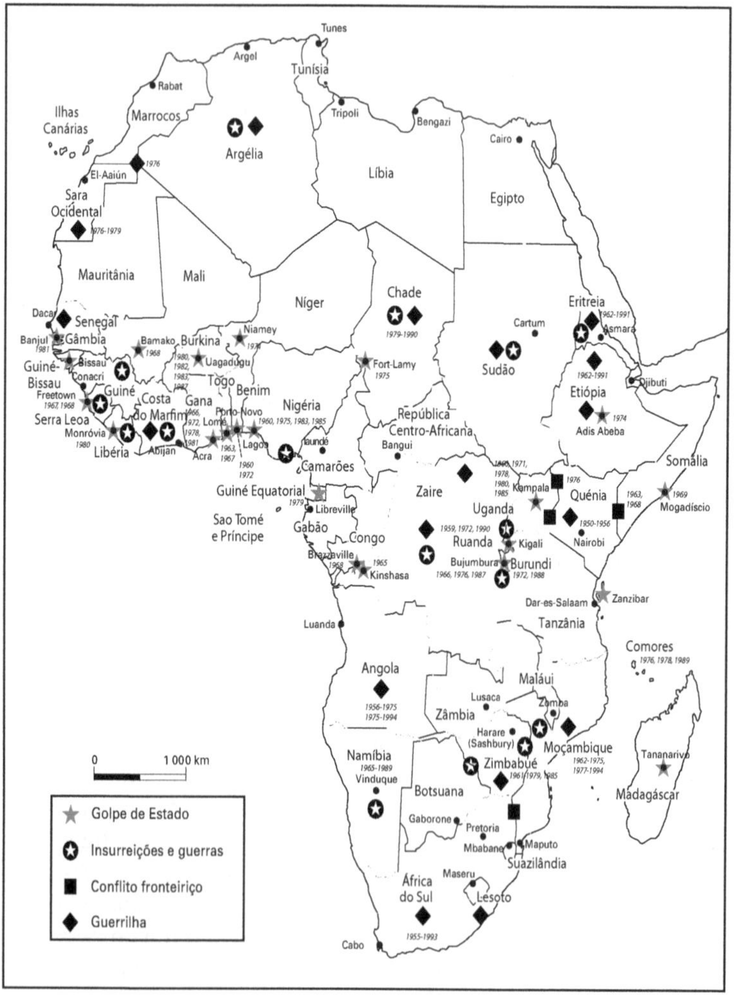

intervêm no Burundi (Junho de 2004). Três conflitos são particularmente graves: os da Costa do Marfim, do Sudão e da Somália. A Costa do Marfim, vítima de uma guerra civil (após o longo reinado de Félix Houphouet-Boigny, de 1960 a 1993) agravada pela venda fraca do cacau e por uma crise de identidade (questão da marfinidade), divide-se ao meio: entre Abijan e a rebelião do Norte (Outono 2002-Primavera 2003). O exército francês tenta preservar as hipóteses de uma solução. Mas a crise é duradoura: os acordos de Marcoussis (24 de Janeiro de 2003) não são respeitados, os confrontos continuam apesar da força enviada pela ONU (ONUG) em Fevereiro de 2004 e a tensão franco-marfinense atinge o auge em novembro. Mandatado pela União Africana, o presidente sul-africano Thabo Mbeki negoceia o fim das hostilidades (6 de Abril de 2005). Mas o regresso à calma não se realiza sem confrontos (Janeiro de 2006). Será preciso esperar pela Primavera de 2007 para se assistir ao relançamento do processo de paz e ao desaparecimento da fronteira entre o Norte e o Sul do país. Esta mediação exprime a vontade do sucessor de Nelson Mandela em dar à África do Sul um estatuto de potência regional.

No Sudão, onde um acordo de paz efémero (Janeiro de 2005) coloca um ponto final numa guerra civil incessante entre o Norte e o Sul, o conflito de Darfur (Oeste do Sudão) provoca a morte de mais de 200 000 pessoas. Por iniciativa da França, a ONU (Setembro de 2007) aprova o envio para o Leste do Chade de uma força europeia (EUFOR), encarregada de proteger os refugiados de Darfur e de estabilizar o Leste do Chade e o Norte da República Central Africana, para apoiar uma força conjunta das Nações Unidas e da União Africana (MINUAD) enviada em Julho de 2007, e da MINURCAT (polícia das Nações Unidas). Na Somália, as milícias dos «Tribunais Islâmicos» tomam o controlo de Mogadíscio (5 de Junho de 2006): a Somália, vista como uma possível base da Al Qaeda, torna-se um Estado islâmico, mas a intervenção da Etiópia (Julho de 2006) permite que as forças leais restabeleçam a situação (Dezembro de 2006). E eclodem revoltas políticas e étnicas no Quénia (Dezembro de 2007-Janeiro de 2008) e no Zimbabué (Primavera de 2008) contra o presidente Mugabe.

Viragem à esquerda na América Latina

No *continente americano*, os problemas são sobretudo de ordem económica, mas a instabilidade política está de regresso à América Latina após a década de 90, caracterizada pelos progressos da democratização.

Na cimeira das Américas, no Quebec (20-22 de Abril de 2001), os Estados Unidos pretendem a concretização para 2005 do pro-jecto de livre-comércio das Américas (ZLEA), grande mercado único entre os 34 países do continente, que, traduzindo-se em 800 milhões de consumidores, reuniria assim todos os mercados regionais americanos.

A cimeira das Américas de Monterrey (Janeiro de 2004) renova esta perspectiva. Este projecto, a par extensão do dólar a moeda das Américas, manifesta a liderança dos Estados Unidos, contra quem se erguem os movimentos antiglobalização e alguns Estados: o México, que se recusa a apoiar a intervenção dos Estados Unidos no Iraque; o Brasil, com a chegada ao poder de Lula da Silva (Janeiro de 2002). E na quarta cimeira das Américas (4-5 de Novembro de 2005) o presidente George Bush não consegue fazer assinar o acordo de comércio livre

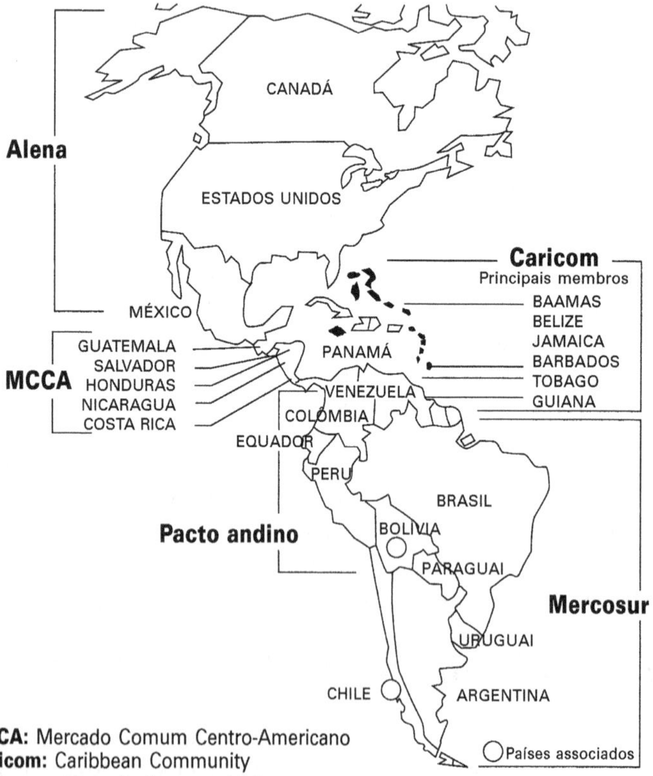

MCCA: Mercado Comum Centro-Americano
Caricom: Caribbean Community
Mercosur: Mercado Comum del Sur

que planeara. De resto, os cinco países membros do Mercosur (Argentina, Brasil, Paraguai, Uruguai e Venezuela) criam (Dezembro de 2007) o Banco do Sul, destinado a substituir o FMI e o Banco Mundial. Confrontada com uma falência económica (o país está em recessão desde há quase quatro anos) e privada do apoio financeiro do FMI desde Dezembro de 2001, a Argentina precipita-se numa crise política e social sem precedentes (Dezembro de 2001-Janeiro de 2002), antes de se reerguer (a partir de junho de 2003) e de pagar a totalidade da sua dívida (janeiro de 2006). Com pequenas diferenças específicas em cada país, a orientação geral é marcada por uma tendência para a tomada do poder pela esquerda: é o que acontece na Bolívia, onde o socialista Evo Morales é eleito presidente (o primeiro índio a ser eleito) em Dezembro de 2005; no Chile, com a eleição da socialista Michelle Bachelet (Janeiro de 2006); na Nicarágua, com o regresso ao poder (Janeiro de 2007) do sandinista Daniel Ortega, que já fora chefe de Estado entre 1979 e 1990. O chefe de fila da esquerda na América Latina, Hugo Chavez – por um momento destabilizado por um golpe de Estado militar (Abril de 2002) –, consegue restabelecer a sua autoridade (Agosto de 2004). Reeleito triunfalmente em Dezembro de 2006, procede à nacionalização da indústria petrolífera, lança uma revolução agrária e esforça-se por desempenhar um papel no plano internacional, intervindo, por exemplo, no braço de ferro, na Colômbia, entre o presidente Álvaro Uribe e as FARC, que detêm reféns, em particular Ingrid Betancourt, finalmente libertada a 2 de Julho de 2008, após seis anos de cativeiro. Em Cuba, a repressão torna-se mais estrita nos últimos anos de Fidel Castro, que renuncia (18 de Fevereiro de 2008) ao cargo de presidente do Conselho de Estado e de comandante supremo. A partir de 2002, o Haiti sofre uma crise política devido à deriva ditatorial do regime de Jean-Bertrand Aristide, afastado do poder por uma revolta armada (Fevereiro de 2004): também aqui as Nações Unidas intervêm (MINUSTAH).

A Ásia, novo foco de crises

A Ásia transforma-se num novo palco de confrontos: do Afeganistão à Coreia, não escasseiam as ocasiões de conflito. A Coreia do Norte cria uma crise nuclear, ao anunciar (em Dezembro de 2002) a retoma do seu programa de produção de plutónio, congelado em 1994, e anunciando a sua intenção de se retirar do TNP, que tinha assinado em 1994, e afirma possuir a bomba atómica (Fevereiro de 2005). Chega até a realizar um ensaio nuclear subterrâneo (9 de Outubro de 2006), suscitando a reprovação geral. Na sequência das negociações conduzidas em Pequim (a partir de fevereiro de 2007), Pionguiangue aceita pôr termo ao seu programa nuclear em troca do fornecimento de energia e de garantias de segurança pelos Estados Unidos, e aceita também (Outubro de 2007) desmantelar os seus reactores nucleares. Além disso, os dirigentes das duas Coreias assinam, em 4 de Outubro de 2007, uma declaração de paz entre os dois países. Em troca da sua declaração sobre os seus programas nucleares (26 de Junho de 2008), Washington compromete-se a levantar as sanções que pesavam sobre a República Democrática Popular da Coreia.

Cada vez mais, a China aparece como o grande intermediário da região, intervindo diplomaticamente na crise norte-coreana, e os Estados Unidos sen-tem dificuldades em fazer prevalecer a sua política. Pequim organiza uma cimeira sino-africana (3-5 de Novembro de 2006) que reúne os dirigentes de 48 Estados africanos e anuncia que a China vai duplicar o seu auxílio à África. Inquieto com as escaladas verbais periódicas entre Taiwan e a China, o Japão exprime as suas preocupações de segurança, em particular em relação à China (problema do embargo às vendas de armas) e não hesita em intervir militarmente no estrangeiro (Iraque, Fevereiro de 2004).

Na cimeira indo-paquistanesa de Agra (16 de Julho de 2001), a questão de Caxemira é a mais debatida; numa altura em que as divergências se pareciam ter apaziguado, por ocasião da guerra do Afeganistão, a situação oscila entre a escalada militar (Maio de 2002) e um desejo de normalização (Primavera de 2004). No Paquistão, o regime do general Musharaf sente-se esmagado entre as pressões dos islamitas e o todo-poderoso Exército. O seu papel na proliferação nuclear (Irão, Líbia, Coreia do Norte) é posto em evidência, o que não impede os Estados Unidos de lhe atribuírem o papel de «aliado importante não pertencente à NATO» (Março de 2004). Num contexto eleitoral de violência muito grave e de crise de vários tipos, a vontade de reconciliação nacional termina em tragédia: algumas semanas após o seu regresso do exílio, Benazir Bhutto (primeiro-ministro de 1988 a 1990 e de 1993 a 1996) é assassinada em Rawalpindi (27 de Dezembro de 2007). A Arábia Saudita, bastião – contestado pelos reformadores – do integrismo muçulmano, continua a ser a aliada dos Estados Unidos na região e o alvo dos atentados da Al Qaeda.

Após a queda do regime taliban (13 de Novembro de 2001), o Afeganistão caminha com dificuldade na procura de instituições estáveis, sob o controlo da comunidade internacional. Dois anos após os acordos de Bona (Dezembro de 2001) a *Loya Jirga* aprova a constituição de um novo Estado construído sob os auspícios das Nações Unidas e proclama a República Islâmica em Cabul (Janeiro de 2004), com Hamid Karzai como primeiro-ministro eleito democraticamente (Outubro de 2004), mas a insegurança continua a fazer-se sentir, não obstante a presença da ISAF, de que a NATO assumiu o comando. Manifestações budistas na Birmânia contra a junta militar (no poder desde 1962) são vítimas de repressão, tal como no Tibete, confrontado com a autoridade centralizadora de Pequim (Primavera de 2008)

A região do Cáucaso e a Ásia Central são dois novos focos de crises, devido às grandes explorações de petróleo e de gás nestas regiões. O Cáucaso está politicamente separado em duas zonas bem distintas: o Norte, constituído por territórios autónomos instáveis no seio da Federação Russa, como a Ossétia do Norte e a Chechénia; o Sul, com os Estados da Geórgia, Arménia e Azerbaijão. A presença de importantes jazidas petrolíferas, a questão do transporte do petróleo e o seu papel de placa giratória entre a Rússia e o Médio Oriente explicam o interesse de Moscovo pela região, que a vê como uma zona de interesse estratégico prioritário. Daí a sua vontade de impedir as aproximações, de afastar os importunos (a Geórgia é o terceiro maior beneficiário da ajuda americana por habitante, depois de Israel e do Egipto) e de acabar com a insurreição chechena. A guerra é aqui marcada pela tomada de reféns mais mortífera da história, na Ossétia do Norte (Setembro de 2004), e os habitantes da Ossétia do Sul e da Abecázia, encorajados pelo exemplo kosovar e apoiados pela Rússia, desejam obter o reconhecimento da sua independência. A tensão entre a Geórgia e a Rússia (Agosto de 2007) é permanente: confrontada com o desejo da Geórgia de se tornar membro da NATO, a Rússia decreta o embargo contra Tbilissi: a Geórgia é privada do fornecimento de gás russo e não pode exportar o seu vinho para a Rússia. Face à vontade de Washington de reforçar a sua presença económica e estratégica na região (obtida na sequência do 11 de Setembro), Moscovo tenta conservar a sua tutela.

O Cáucaso

A globalização em debate

Os acontecimentos de 11 de Setembro relançam o debate sobre a globalização. Ela encontra-se plenamente em curso, com o frenesim da concentração, que contribui para uniformizar a produção e para americanizar a distribuição, com a entrada oficial da China na Organização Mundial do Comércio (11 de Dezembro de 2001): o Império do Meio, com uma economia poderosa, é convidado a participar no comércio mundial e abre um mercado de 1,3 mil milhões de consumidores e inunda o mundo com os seus produtos. O país que representa 20% da população mundial, escolhido em Julho de 2001 para organizar os Jogos Olímpicos de 2008, vê assim consagrado o seu poder económico, político e diplomático, não sem inquietar a Europa por causa da inundação de exportações, particularmente no setor têxtil (6% do comércio mundial).

A liberalização do comércio: o exemplo do têxtil

1974:

O acordo multifibras (AMF) instaura o princípio das quotas de importação atribuídas pelos países ocidentais aos países em vias de desenvolvimento.

1975:

O acordo sobre os têxteis e o vestuário, concluído em Marraquexe, propõe a eliminação das quotas em três etapas (1998, 2002, 2005).

1 de Janeiro de 2005:

É liberalizado todo o comércio mundial de têxteis.

Mas esta globalização suscita uma crescente oposição, que se desenvolve na sequência da discussão em 1998 do Acordo Multilateral para o Investimento no seio da OCDE. Se tivesse sido adoptado, este projecto garantiria às multinacionais investidoras em países estrangeiros os mesmos direitos concedidos às empresas locais. As negociações são suspensas na sequência da campanha de protestos dos movimentos anti-globalização(*), que conseguem fazer fracassar a conferência da OMC em Seattle (Novembro de 2001), que deveria conduzir ao lançamento de um novo ciclo de negociações multilaterais. Este conjunto de associações, de sindicatos, de ONG, tira partido de todas as ocasiões para fazer ouvir a sua voz (cimeira europeia de Nice, Dezembro de 2000; Fórum Económico Mundial de Davos, Janeiro de 2001; cimeira das Américas no Quebec, Abril de 2001; G8 em Génova, em Julho de 2001). As instituições financeiras internacionais (FMI, Banco Mundial) são cada vez mais criticadas: a crise que atinge a Argentina é imputada ao FMI, que suspendeu a sua ajuda financeira. O Fórum Social de Porto Alegre (Fevereiro de 2002) constitui a réplica ao Fórum Económico de Davos (reunido na mesma altura em Nova Iorque). Ao contrário das concepções liberais, as propostas dos alter-globalistas visam taxar o fluxo de capitais (como desejado pela Associação pela Taxação das Transacções para a Ajuda aos Cidadãos, ATTAC), suprimir os paraísos fiscais, anular a dívida dos países em desenvolvimento, definir um novo sistema de governo mundial, proteger o ambiente, reorganizar a produção agrícola (renunciando aos OGM) e promover uma democracia participativa. A ideia de um imposto internacional sobre os bilhetes de avião, para relançar a ajuda ao desenvolvimento, é retomada por Jacques Chirac e pelo presidente do Brasil, Luís Inácio Lula da Silva (Setembro de

2004), para lançar o Unitaid (junho de 2006), destinado a financiar a luta contra a SIDA, o paludismo e a tuberculose. Na Cimeira da Terra, realizada em Joanesburgo (Setembro de 2004), as questões do ambiente e do desenvolvimento mundial estiveram no primeiro plano.

Na sequência das violentas manifestações por ocasião da cimeira de Génova (20-22 de Julho de 2001), os dirigentes do G8 acordam em, futuramente, organizar reuniões menos ostensivas, bem como em renovar o diálogo com a sociedade civil; criam um fundo mundial de luta contra as pandemias (SIDA, paludismo, tuberculose), adoptam um plano para desenvolver o investimento e o comércio em África e comprometem-se em melhorar a saúde pública e a educação, bem como em lutar contra a fome e a corrupção, mas permanecem em desacordo no respeitante às emissões de gás carbónico. A ratificação do protocolo de Quioto pela Rússia, em Outubro de 2004, permite a sua entrada em vigor (Fevereiro de 2005). Em Gleneagles (7-8 de Julho de 2006), os dirigentes do G8 evocam as alterações climáticas sem chegar a um acordo sobre o protocolo de Quioto. Face às perspectivas alarmistas, multiplicam-se projectos para atenuar as alterações climáticas e para uma governação ecológica mundial (Paris, Fevereiro de 2007). Os dirigentes europeus chegam a acordo (Março de 2007) para fixar em 20% a quota das energias renováveis no consumo energético da União em 2020. Em Heiligendamm (6-8 de Junho de 2007), os membros do G8 chegam a um compromisso: os Norte-Americanos aceitam levar em consideração os objectivos de redução de CO_2 (-50% daqui até 2050) propostos pelos europeus, e concordam numa ajuda excecional à África para a luta contra as doenças.

Protocolo de Quioto

1992
Assinatura, no Rio de Janeiro, de uma convenção sobre as alterações climáticas.

Dezembro de 1997
Assinatura, em Quioto, de um protocolo segundo o qual os participantes se comprometem a limitar as emissões de gases com efeito de estufa em 5%, em 2012, relativamente ao nível de 1990.

Março de 2001
Oposição americana ao protocolo de Quioto

Outubro de 2004
Ratificação pela Rússia do protocolo, que permite a aplicação do acordo internacional.

Fevereiro de 2005
Entrada em vigor do protocolo de Quioto.

Dezembro de 2005
A conferência de Montreal prolonga o protocolo de Quioto para além de 2012.

Julho de 2008
O G8 exprime o desejo de reduzir em 50% as emissões de carbono até 2050.

Dezembro de 2009
Conferência de Copenhaga: fracasso.
Dezembro de 2010
Conferência de Cancun.

No quadro da OMC, é a conferência de Doha (Qatar) que, em Novembro de 2001, lança um novo ciclo de negociações multilaterais para a liberalização do comércio. Em Setembro de 2003, em Cancun, a reunião da OMC é posta em causa pelos países do Sul, em particular por um grupo de países liderado pelo Brasil, Índia e África do Sul, que lutam contra os subsídios às exportações agrícolas dos países ricos. Contudo, a 1 de Agosto de 2004, os 147 membros da OMC concluem um acordo provisório de liberalização do comércio internacional. As negociações esbarram nos subsídios às exportações agrícolas dos países ricos. Em Hong-Kong (Dezembro de 2005), a conferência da OMC decide que os subsídios serão progressivamente eliminados até 2013 e que os países do Sul terão garantida a livre circulação de 97% das suas exportações a partir de 2008. Em Julho de 2006, os Estados Unidos e a Europa renunciam ao ciclo de Doha, que a OMC tenta relançar em Julho de 2007, concluindo um acordo apenas sobre a agricultura, que não é do agrado dos europeus e, em especial, dos Franceses. Uma nova ronda de negociações falha no

Verão de 2008, uma vez que os países do Norte consideram que as suas concessões em relação à agricultura (eliminação de todos os subsídios à exportação em 2013) não são compensadas pelos avanços nos sectores da indústria e dos serviços. As questões sobre o comércio internacional tornam-se ainda mais litigiosas: por exemplo, em 2004, a União Europeia obtém da OMC a autorização para aplicar sanções comerciais aos Estados Unidos, que favorecem os seus exportadores.

As negociações comerciais

Julho de 1944	Projecto de uma Organização Internacional do Comércio.
30 de Outubro de 1947	Assinatura, em Genebra, dos acordos do GATT.
1947-1956	O GATT dá início a uma ronda de negociações multilaterais.
1960-1962	Ronda Dillon.
1964-1967	Ronda Kennedy.
1973-1976	Ronda Nixon e, depois, Ronda de Tóquio.
1986-1994	Ronda do Uruguai.
15 de Abril de 1994	Acordos de Marraquexe: criação da OMC.
Novembro--Dezembro de 1999	Fracasso do ciclo do Milénio em Seattle.
Novembro de 2001	Ciclo de Doha.
Setembro de 2003	Fracasso em Cancun.
Agosto de 2004	Acordo sobre a eliminação progressiva dos subsídios às exportações agrícolas dos países ricos.
Julho de 2008	Fracasso em Genebra.

Pobreza e subdesenvolvimento

O choque do 11 de Setembro alerta oportunamente para o problema da pobreza no mundo e para a fractura Norte-Sul. Se bem que a liberalização do comércio se tenha revelado um factor de descolagem para certos países que beneficiaram da abertura dos mercados ocidentais, o número de pessoas que vivem com menos de dois dólares por dia não decresceu. A Europa enfrenta um afluxo de imigrantes (por exemplo, em todos os países banhados pelo Mediterrâneo ou nas Canárias) e protege-se como pode do afluxo de emigrantes na Espanha e em Malta, apesar dos dramas humanos: testes de língua na Dinamarca, no Reino Unido e na Alemanha, *charters* aqui e ali, operações conjuntas das polícias europeias (patrulhas de barcos e de aviões), transferência de dados pessoais, tensões raciais, regularização de meio milhão de imigrados clandestinos na Itália (Julho de 2006) e em Espanha (2005), endurecimento da política de asilo da Suíça (2006). O pano de fundo é, na realidade, o de uma rejeição da ordem económica mundial e do domínio dos países desenvolvidos. São tomadas medidas, em particular pela União Europeia, que decide abrir – sob condições a acordar – as fronteiras europeias às importações provenientes dos 49 países menos desenvolvidos do planeta. Face a um Ocidente fornecedor de subsídios mas tido por arrogante, os países em vias de desenvolvimento reclamam uma ajuda mais consequente, que tenha como referência uma percentagem de 0,7% do PIB e a redução, até 2015, de metade da pobreza no mundo; de resto, um pedido que surge na sequência da adopção deste projecto pela Cimeira do Milénio (Nova Iorque, 2000). Mas está-se longe de atingir essa meta, na medida em que os países europeus lhe concedem 0,33% do seu PIB, enquanto os Estados Unidos lhe consagram 0,10%. A década 1991-2001 foi simultaneamente palco de uma expansão económica sem precedentes e de um recentrar do mundo desenvolvido sobre si próprio, a ponto do antiliberalismo se ter identificado com o antiamericanismo.

Rendimento anual médio por habitante (em dólares)

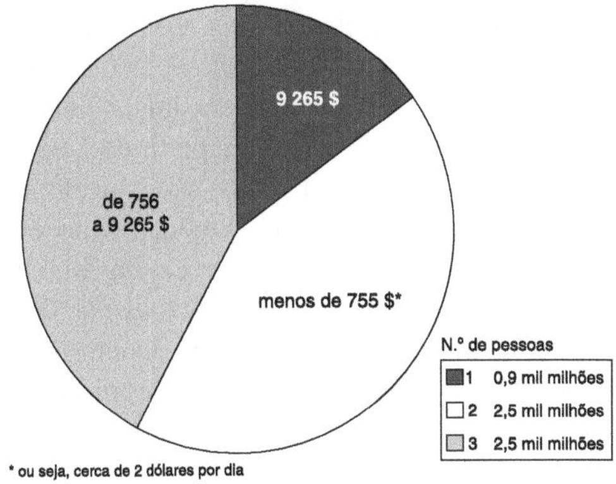

Fonte: Banco Mundial, OCDE. Estatísticas de 1999.

Para além disso, a onda de choque do 11 de Setembro relança a luta contra a pobreza no mundo e leva Washington, nas vésperas da conferência de Monterrey (Março de 2002), a anunciar um aumento do seu auxílio. Em Junho de 2005, o G7 chega a um acordo sobre o perdão da dívida multilateral de 18 Estados pobres, 14 dos quais africanos. E, em 7-8 de julho de 2005, em Gleneagles, os dirigentes do G8 anulam oficialmente essas dívidas e comprometem-se a aumentar o auxílio público ao desenvolvimento para 50 mil milhões de dólares até 2010. Em Outubro de 2005, o Clube de Paris (que reúne vários países credores) perdoa 60% da dívida da Nigéria. Em Junho de 2006, anula quase toda a dívida dos Camarões. A Associação Internacional para o Desenvolvimento (AID, órgão do Banco Mundial) prevê despender cerca de 30 mil milhões de euros em proveito dos países mais pobres durante os anos 2008-2011. Apesar de o número de pessoas que vivem com menos de dois dólares por dia (cf. gráfico na página anterior) continuar próximo dos 2,5 mil milhões, a percentagem de pobres está a decair desde há dez anos, com exceção do caso da África subsariana (relatório do Banco Mundial, 2008).

O fracasso da governação mundial

O verdadeiro problema da globalização reflecte-se na distância crescente entre a integração humana, económica, social e a ausência de instâncias legítimas de governação mundial. Estaremos a assistir a um regresso à primazia do Estado, ou ao advento de um governo mundial? De modo embrionário, aparecem algumas formas de regulação, através da ONU, do G8, da OMC, do Tribunal Penal Internacional, que entra em vigor em Julho de 2002 e começa a actuar efectivamente em 2003. Competente para julgar genocídios, crimes contra a humanidade e crimes de guerra, a partir de 1 de Julho de 2002, o Tribunal só intervém quando os Estados são considerados incapazes de instaurar esses processos. Detido, Slobodan Milosevic é presente ao Tribunal Internacional de Haia para a ex-Jugoslávia, mas morre (Março de 2006) antes do fim do processo, e os Estados Unidos, que exercem pressões para que os seus cidadãos fiquem fora da alçada do TPI, ameaçam deixar de participar nas operações militares mandatadas pela ONU se os seus cidadãos que integram essas operações não estiverem protegidos. Obtêm, de mais de 80 países, a assinatura de um acordo bilateral que exclui a transferência de um cidadão americano para o TPI. O papel das Nações Unidas como fundamento da ordem mundial é gravemente posto em causa por ocasião das guerras na ex--Jugoslávia e depois da crise iraquiana, e alguns chegam a evocar o fim da experiência internacionalista do século XX. No 60.º aniversário da ONU (14-16 de Setembro de 2005), celebrado com grande pompa, o projeto de reforma e de alargamento do Conselho de Segurança é reduzido a uma simples declaração de princípio e de intenção. Permanece tudo no *status quo*. O sul-coreano Ban Ki-moon sucede ao ganês Kofi Annan como secretário-geral. As reuniões do G8 são incapazes de elaborar um plano de acção contra a crise económica e o facto de os grandes países emergentes (China e Índia) não fazerem parte do clube limita-lhe a autoridade. A OMC é fortemente contestada pelos fracassos sucessivos do ciclo de Doha e pela tentação do proteccionismo.

Se há dois mundos em conflito, eles transcendem as fronteiras dos países e das religiões: o fundamentalismo religioso e o capitalismo ocidental são dois aspectos de um mundo sem fronteiras. Na verdade, em alguns países existe um medo profundo da modernidade, que, combinada com a desigualdade e a pobreza, dá a sensação de ser vítima do mercado mundial, e ao tentar disseminar os seus valores por todo o mundo o Ocidente provoca reações de rejeição. Num contexto de conflitos em que as religiões são postas em causa (o 11 de Setembro, o conflito indo-paquistanês, os confrontos religiosos na Nigéria, a guerra israelo-palestiniana), o encontro inter-religioso de Assis (24 de Janeiro de 2002) pretende desmentir a tese do conflito das civilizações e do regresso às guerras religiosas. A homenagem universal prestada a João Paulo II (falecido em 2 de Abril de 2005) por ocasião das suas exéquias ilustra bem o papel que o papa desempenhou na luta pelos direitos humanos e pela solidariedade internacional, na queda do comunismo e na sua oposição a qualquer guerra (Bósnia, Golfo, Iraque), em suma, a acção planetária de um papa missionário (104 viagens oficiais), que, à sua maneira, exprime a globalização.

Para encorajar o diálogo entre o Ocidente e o mundo muçul-mano, o primeiro fórum da Aliança das Civilizações, criada pela ONU em 14 de Julho de 2005, reúne-se em Madrid nos dias 15 e 16 de Janeiro de 2008. Ainda há um longo caminho a percorrer e a globalização não é sinónimo de uma extensão dos valores ocidentais ou de uma coexistência pacífica das grandes religiões: o choque de civilizações existe realmente. Por exemplo, o chefe de Estado

Os Estados-membros das Nações Unidas

(192 Estados-membros em 1 de Fevereiro de 2008)

País	Ano de admissão	País	Ano de admissão
Afeganistão	1946	Dinamarca	1945
África do Sul	1945	Djibuti	1977
Albânia	1955	Rep. Dominicana	1945
Argélia	1962	Domínica	1978
Alemanha	1991	Egipto	1945
Andorra	1993	El Salvador	1945
Angola	1976	Emirados Árabes Unidos	1971
Antígua e Barbuda	1981	Equador	1945
Arábia Saudita	1945	Eritreia	1993
Argentina	1945	Espanha	1955
Arménia	1992	Estónia	1991
Austrália	1945	Estados Unidos	
Áustria	1955	da América	1945
Azerbaijão	1992	Etiópia	1945
Baamas	1973	Federação Russa	1945
Bahrein	1971	Fiji	1970
Bangladesh	1974	Finlândia	1955
Barbados	1966	França	1945
Bielorrússia	1945	Gabão	1960
Bélgica	1945	Gâmbia	1965
Belize	1981	Geórgia	1992
Benim	1960	Gana	1957
Butão	1971	Grécia	1945
Bolívia	1945	Granada	1974
Bósnia-Herzegovina	1992	Guatemala	1945
Botsuana	1966	Guiné	1958
Brasil	1945	Guiné Bissau	1974
Brunei Darussalam	1984	Guiné Equatorial	1968
Bulgária	1955	Guiana	1966
Burkina Faso	1960	Haiti	1945
Burundi	1962	Honduras	1945
Camboja	1955	Hungria	1955
Camarões	1960	Índia	1945
Canadá	1945	Indonésia	1950
Cabo Verde	1975	Iraque	1945
Rep- Centro Africana	1960	Irão	1945
Chile	1945	Irlanda	1955
Chipre	1960	Islândia	1945
Colômbia	1945	Israel	1949
Comores	1975	Itália	1955
Conf. Helvética	2002	Jamaica	1955
Congo	1960	Japão	1956
Coreia do Norte	1991	Jordânia	1955
Coreia do Sul	1991	Cazaquistão	1992
Costa Rica	1945	Quénia	1963
Costa do Marfim	1960	Quirguistão	1992
Croácia	1992	Quiribati	1999
Cuba	1945	Koweit	1963

8

A redistribuição do poder (desde 2008...)

Vários fenómenos internacionais, que tiveram origem muito antes da crise financeira de 2008, mas que foram por esta acentuados, estruturam o novo estado do mundo e contribuem para a redistribuição do poder: estes fenómenos são a ascensão das potências emergentes, a importância dos fenómenos migratórios e dos choques religiosos e o questionamento da validade da construção europeia. Mais do que nunca «potência por defeito», os Estados Unidos não conseguem resolver os problemas do arco de crise; a África Negra e a América Latina estão à procura da estabilidade; o mundo árabe é arrastado por uma espiral democrática. E tudo isto sobre um fundo de catástrofes naturais de grande envergadura: entre outras, em Janeiro de 2010 vários terramotos provocam dezenas de milhares de vítimas no Haiti; em Março de 2011, na sequência de um sismo, um *tsunami* abate-se sobre a costa do Japão e danifica gravemente a central nuclear de Fukushima, o que leva a que em vários países se questione o recurso à energia nuclear.

A crise financeira

Enquanto desde há 20 anos que o processo de crescimento fora contínuo e se confiava nos mercados, a crise financeira que rebenta no Verão de 2007 provoca confusão e pânico; trata-se de uma crise provocada pelo crédito atribuído demasiado facilmente (em particular, nos Estados Unidos, os *subprimes*: créditos hipotecários concedidos pelos bancos às famílias de rendimentos modestos, sem terem em conta a sua capacidade para pagar esses empréstimos). A queda do mercado imobiliário provoca uma crise de confiança generalizada e a falência da firma de serviços financeiros Lehman Brothers.

Com origem nos Estados Unidos, a crise financeira provoca devastações numa economia globalizada e põe em causa a validade da «globalização». Apesar da intervenção dos bancos centrais e dos Estados, que organizam a redução das taxas de juro e o resgate dos bancos, apesar, também, dos planos de reforma da supervisão e da regulação dos mercados financeiros, a crise intensifica-se. A retracção da actividade económica é visível em todo o mundo, o crescimento diminui durante o ano de 2008 e, em inícios de 2009, sucedem-se as falências. A antiga número 1 mundial da indústria automóvel, a General Motors, é obrigada a declarar falência (Junho de 2009), antes de renascer das cinzas. Até a China e as petromonarquias do golfo Pérsico são afectadas (o Dubai entra quase em falência). Para sair da crise, a Grécia é obrigada a pedir emprestados milhares de milhões de euros e a submeter-se a medidas draconianas em troca de um plano de austeridade (Janeiro de 2010). A Espanha, por seu lado, tem de adoptar também um plano de austeridade, tal como Portugal. Os países da zona euro criam um mecanismo de estabilização (Maio de 2010). Nos Estados Unidos, na Europa e na Ásia sucedem-se os planos de apoio maciço ao sector bancário e tenta-se relançar o consumo através de diversas ajudas e investimentos. A crise atenua-se em 2010 e há uma retoma do crescimento, de que alguns países, como a Alemanha, beneficiam mais do que outros.

Face à crise, a coordenação económica dos países é insuficiente, quando a interdependência devia reforçá-la: daí o problema de governação mundial patente desde o fracasso do alargamento do Conselho de Segurança em 2005. Para fazer frente à crise, um G20 reunido em Washington (15 de Novembro de 2008), ao nível de chefes de Estado e de governo, anuncia um plano de acção de luta contra a crise financeira e o Fundo Monetário Internacional é encarregado de supervisionar a aplicação das normas de estabilidade financeira. Mais representativo do que o G8, menos ingovernável do que a ONU, o G20 impôs-se como a instância decisiva na luta contra a crise. Um novo G20, reunido a 1 e 2 de Abril de 2009 em Londres, estabelece um programa global para restaurar o crescimento, o comércio e o emprego.

Reuniões do G20

(originalmente, reunião dos ministros das Finanças e dos governadores dos bancos centrais, criado à margem do G8 de Washington em 1999)

G20 – (G8 + Austrália, Coreia do Sul, África do Sul, México, Argentina, Brasil, China, Índia, Indonésia, Arábia Saudita, Turquia + 1 representante da UE); a Espanha e os Países Baixos não são membros, mas estão representados.

15 de Novembro de 2008	Washington
1-2 de Abril de 2009	Londres
24-25 de Setembro de 2009	Pittsburgh
26-27 de Junho de 2010	Toronto
11-12 de Novembro de 2010	Seul
3-4 de Novembro de 2011	Cannes

Reunido em Pittsburgh em 24-25 de Setembro de 2009, o G20 chega a acordo sobre uma reforma do FMI e do Banco Mundial para transferir, antes de 2011, os direitos de voto dos países ricos mais representados (Bélgica, Países Baixos, Reino Unido e França) para os países emergentes menos representados (China, Turquia e Coreia do Sul). Em Seul (11-12 de Novembro de 2010), o G20 obtém um acordo mínimo sobre as taxas de câmbio e os desequilíbrios económicos num contexto de guerra de divisas. O G20 aprova também a reforma do FMI, que transfere 6% dos direitos de voto para os países emergentes, aumentando assim a influência da China, da Índia, do Brasil e da Rússia, e reforçando a legitimidade do FMI.

Distribuição das acções e dos direitos de voto entre os 10 membros mais importantes do FMI:

Estados Unidos (17,43); Japão (6,47); China (6,39); Alemanha (5,59); França (4,23); Reino Unido (4,23); Itália (3,16); Índia (2,75); Rússia (2,71); Brasil (2,32).

Para além da crise financeira, há outros aspectos preocupantes: o regresso da inflação, com o aumento dos preços dos hidrocarbonetos (8 de Junho de 2011, a OPEP decide não aumentar as quotas de produção) e dos produtos básicos, e o regresso às práticas proteccionistas.

O recurso ao multilateralismo

Outros fenómenos, por não serem novos, suscitam um recurso acrescido ao multilateralismo. Em primeiro lugar, o terrorismo, que não poupa nenhuma área geográfica (atentado falhado contra o voo Amesterdão-Detroit em 25 de Dezembro de 2009, atentados em Moscovo em Março de 2010, Dezembro de 2010 e Janeiro de 2011, atentado em Marraquexe em 28 de Abril de 2011) e que se abate particularmente sobre a Ásia (Paquistão, Afeganistão, Índia).

Entre estes fenómenos está também a corrupção, com escândalos que envolvem o Peru (Outubro de 2008) e a África Negra (desvio de fundos públicos por chefes de Estado africanos); a pirataria marítima, a ponto de a União Europeia lançar uma operação naval em Novembro de 2008, ao largo da Somália, e de a ONU autorizar uma operação (Janeiro de 2009); o cibercrime ou a ciber-espionagem; e as migrações de populações, que, em todo o mundo, alteram os equilíbrios demográficos e atormentam as consciências. Na Europa, onde a pressão migratória provoca dramas (Lampedusa, costas espanholas), a União Europeia adopta um pacto sobre a imigração e o asilo (15 de Outubro de 2008) a fim de regular os fluxos migratórios em função das necessidades de mão-de-obra e das capacidades de acolhimento. Prevê-se também o restabelecimento dos controlos nas fronteiras internas do espaço Schengen.

Daí o papel mais importante das organizações multilaterais: por todo o mundo, registam-se associações de poder. É assim que, na cimeira da organização de Xangai (OSC ou OCS), reunida em Ecaterineburgo (15-16 de Junho de 2009), a China propõe o reforço da cooperação e anuncia a concessão de um empréstimo de 10 mil milhões de dólares aos membros da OSC para fazer frente à crise financeira. Criada em Junho de 2001 com o objetivo de facilitar a solução dos problemas fronteiriços provocados pelo desmantelamento da União Soviética, a OSC (Rússia, China, Cazaquistão, Tajiquistão, Uzbequistão) preocupa-se cada vez mais com o terrorismo.

As reuniões (16 de Junho e 15 de Abril de 2010) dos BRIC (Brasil-Rússia-Índia-China), que associam a África do Sul à sua cimeira de Abril de 2011 (tornando-se assim os BRICS), reivindicam uma ordem mundial mais justa, uma reforma do sistema das Nações Unidas, um papel mais importante nas instituições financeiras internacionais e uma maior «diversificação» do sistema monetário internacional dominado pelo dólar. A 15.ª Cimeira dos Países Não

Alinhados (15-16 de Janeiro de 2009) reivindica também a reforma do sistema monetário internacional.

Algumas potências unem-se para formar comunidades segundo o modelo da União Europeia: por exemplo, os seis Estados-membros do Conselho de Cooperação do Golfo (2008); a ASEAN faz o mesmo (Fevereiro de 2009) e cria, com a China, uma zona de comércio livre (Janeiro de 2010), a mais povoada do planeta. A 2.ª Cimeira América do Sul-África (26-27 de Setembro de 2009) apela ao encorajamento da cooperação energética entre as duas regiões e ao reforço do investimento e do comércio no Sul. A orientação anti-americana e até anti-ocidental é clara. Em 1 de Julho de 2010, cinco países da Comunidade da África Oriental (Burundi, Quénia, Uganda, Ruanda e Tanzânia) instituem um mercado comum.

O multiculturalismo generalizado não significa, porém, a solução de todos os problemas existentes, uma vez que os países emergentes não desejam que se lhes imponham as normas ocidentais. Assim, a OMC tenta orientar as negociações para a redução dos direitos alfandegários e dos subsídios à exportação, mas fracassa no capítulo agrícola. Pelo menos, a «guerra da banana» travada pelos Estados Unidos e pelos países latino-americanos contra a União Europeia, culpada, segundo eles, de favorecer a importação de bananas oriundas dos países ACP (África, Caraíbas, Pacífico), parece resolvida graças a uma diminuição progressiva dos direitos alfandegários sobre os produtos provenientes dos países não-ACP (Dezembro de 2009). O mesmo acontece em relação às negociações sobre as medidas a tomar para fazer frente às alterações climáticas.

Por último, os problemas energéticos constituem mais do que nunca a base conflitual das relações internacionais. Desde logo, o preço do barril de petróleo, que, após a queda de 2008, voltou a subir ainda antes das crises no Médio Oriente. Além da escassez previsível dos recursos em petróleo, a dependência energética da Europa e a questão dos transportes dominam a actualidade. Rica em hidrocarbonetos, a Rússia aproveita esta situação para afirmar o seu poder: corta os abastecimentos de gás ao mercado ucraniano (Janeiro de 2009); estabelece relações privilegiadas com a Índia, a Venezuela e a Turquia – Ancara aceita (agosto de 2009) que o gasoduto *South Stream* passe pelas suas águas territoriais no mar Negro, evitando assim a sua passagem pela Ucrânia. Trata-se de uma reacção característica ao acordo (Julho de 2009) para a construção do gasoduto *Nabucco* entre a Turquia, a Bulgária, a Roménia, a Hungria e a

Áustria, a fim de encaminhar o gás natural do mar Cáspio para a Europa Ocidental contornando a Rússia.

A ascensão das potências emergentes

A ascensão das potências emergentes desencadeia-se neste período. A partir de 1979 e, sobretudo, desde a sua admissão como membro da OMC em 2001, a China torna-se a fábrica do mundo e goza de um crescimento económico desenfreado, à custa de um grande laxismo em termos de práticas ambientais. Em 2010/2012, torna-se a segunda economia do planeta e o maior exportador mundial. A sua expansão não se limita à Ásia. A China torna-se um importante parceiro comercial da América Latina e de África (visita de Hu Jin Tao a África, Fevereiro de 2009). O seu orçamento militar está a aumentar e a sua diplomacia é a de uma grande potência, que está no centro de várias organizações importantes: APEC, OSC, BRIC. E é na China que ocorrem os grandes acontecimentos mundiais: Jogos Olímpicos em 2008, Exposição Universal em Xangai em 2010. Rejeita as acusações ocidentais relativas à falta de respeito pelos direitos humanos e à repressão no Tibete (Março de 2008) e em Xingjiang (Julho de 2009). Desencadeiam-se também tensões entre a China e os seus vizinhos, que refletem a tendência desta para um comportamento imperialista.

Em contrapartida, assiste-se a uma aproximação política entre a China e a Índia (Agosto de 2009) graças à solução de um conflito fronteiriço nos Himalaias (fronteira conhecida como linha Mac-Mahon, delimitada em Abril de 1914 na convenção de Simla).

Apesar de um recrudescimento do terrorismo, mais ou menos ligado aos problemas da fronteira indo-paquistanesa (Julho e Novembro de 2008), a Índia afirma o seu poder graças à sua parceria com a Rússia e a África Negra. Num jogo americano que consiste em equilibrar o peso da China reforçando a Índia, esta obtém dos Estados Unidos o fim do embargo à energia nuclear a que estava sujeita desde os seus ensaios nucleares em violação do Tratado de Não Proliferação (TNP) e pode assim adquirir combustíveis e reactores, bem como a transferência de tecnologia nuclear. No pódio mundial da economia, o Brasil ultrapassa agora a Itália. Cada vez mais as potências emergentes elaboram posições comuns sobre questões de importância mundial: reivindicam avanços na via do desarmamento nuclear e fazem pressão nas negociações comerciais, exigindo que os países ricos eliminem os seus subsídios às exportações agrícolas – daí os fracassos sucessivos do ciclo de Doha e a tentação do proteccionismo, ou pelo menos de um patriotismo económico.

No domínio do ambiente, o protocolo de Quioto (Dezembro de 1997) – segundo o qual os países signatários se comprometem a limitar, em 2012, as emissões de gases com efeito de estufa a 5% relativamente a 1990 – só foi aplicado a partir de Fevereiro de 2005. Com vista à renovação do protocolo, várias instâncias internacionais tomam posição: as propostas dos países europeus são rejeitadas pelos países emergentes. Em Dezembro de 2009, a conferência de Copenhaga salda-se num fracasso, em parte por causa da recusa da China em aceitar a imposição de limitações à sua economia. Em contrapartida, a conferência realizada em Cancun (México, de 29 de Novembro a 10 de Dezembro de 2010) logra adotar uma «convenção sobre o clima».

Renovação americana, nacionalismo russo

Após a era Bush filho, caracterizada pela guerra contra o terrorismo e pela afirmação da superpotência americana, a eleição de Barack Obama para a presidência dos Estados Unidos (4 de Novembro de 2008) parece conferir um novo rosto à primeira potência do mundo. Prova disto é o anúncio do encerramento da prisão de Guantánamo, a moderação na guerra contra o terrorismo e a decisão de abandonar o projecto de construção de um escudo antimíssil, anunciada em Setembro de 2009.

As declarações de Barack Obama na cimeira das Américas (17-19 de Abril de 2009) prometem uma cooperação de igual para igual entre os Estados Unidos e o resto do continente; o discurso de Obama no Cairo (4 de Junho de 2009), com o objetivo de reconciliar a América e o islão, bem como as muitas viagens da secretária de Estado Hillary Clinton são testemunhos desta nova política. Nesta perspectiva, a atribuição do prémio Nobel da Paz ao presidente americano (9 de Outubro de 2009) surge mais como um encorajamento à continuação do que como a recompensa de uma acção iniciada.

A multiplicação dos encontros sino-americanos instaura um verdadeiro diálogo entre Washington e Pequim (um G2?) e ilustra o tropismo asiático da nova administração americana e o seu relativo desinteresse pela Europa. Entre os Estados Unidos, que insistem para que a China revalorize a sua moeda nacional (yuan) fortemente subvalorizada em relação ao dólar, e a China, que financia parte da dívida dos Estados Unidos (uma vez que já adquiriu 800 mil milhões de dólares em obrigações do tesouro norte-americano), instaura-se uma relação de parceiros-adversários. Obama recebe o Dalai Lama e autoriza uma venda de armas a Taiwan, enquanto Pequim manifesta um comportamento essencialmente imperialista nos mares da Ásia Oriental.

Com 28 países-membros (a Albânia e a Croácia aderem em Abril de 2009), a NATO transforma-se: embora o comandante supremo (SACEUR) continue a ser um americano, alguns comandos são atribuídos a europeus, em particular a franceses; e com a luta contra a pirataria marítima as intervenções da NATO estendem-se a África.

Após a guerra russo-georgiana do Verão de 2008, as relações entre os Estados Unidos e a Rússia também melhoram (reunião de Moscovo, Julho de 2009) e permitem a conclusão de novos acordos de desarmamento, que haviam sido adiados pela denúncia do tratado ABM. O problema do desarmamento nuclear coloca-se desde o TNP (Tratado de Não Proliferação) de 1968, que prevê que as cinco potências legalmente nucleares assumam o objectivo de desarmamento total. Após o discurso de Barack Obama em Praga (5 de Abril de 2009) a apelar a um mundo sem armas nucleares, a tendência para o desarmamento nuclear confirma-se: a 24 de Setembro de 2009, o Conselho de Segurança da ONU adota, por iniciativa americana, a resolução 1887, que convida os Estados nucleares à redução dos arsenais e apela a todos os Estados que respeitem as obrigações do TNP e àqueles que o não assinaram a fazê-lo o mais breve possível a fim de o tornarem mais universal. Com o tratado NEW START, assinado a 8 de Abril de 2010 em Praga e em vigor de Fevereiro de 2011 até 2021, que limita o número de ogivas nucleares a cerca de 1500 e os vectores a 700, Washington espera criar uma dinâmica favorável à luta contra a proliferação nuclear.

> MEMÓRIA
> O START 1, assinado em 1991, que entrou em vigor em 1994, expirou em Dezembro de 2009.
> Os START 2 e 3 nunca entraram em vigor.
> O SORT (tratado sobre a redução dos armamentos estratégicos ofensivos) foi assinado em Moscovo em Junho de 2002.

Por agora, o balanço da administração Obama é discreto: aos discursos magníficos e, sobretudo, às expectativas muito altas das populações não se seguiram efeitos concretos, nem no Afeganistão nem no conflito israelo-palestiniano (veto americano, a 18 de Fevereiro de 2011, de um projeto do Conselho de Segurança que condenava os colonatos israelitas).

A Rússia, um grande país com uma riqueza baseada no petróleo e no gás, com uma economia frágil e uma demografia em queda, reposiciona-se como potência regional e, ao mesmo tempo, como potência emergente.

MEMÓRIA

- em 1989, a União Soviética cobre 22 milhões de km^2 e conta com 300 milhões de habitantes.
- em 2009, a Rússia cobre 17 milhões de km^2 e conta com 142 milhões de habitantes.

A Rússia manifesta uma política externa mais firme, particularmente em relação à NATO, por temer o seu alargamento. Em 2008, a substituição de Vladimir Putin (2000-2008) por Dimitri Medvedev na chefia do Estado não altera esta orientação. Temos um exemplo disto no Cáucaso, onde a Federação Russa, que possui aí oito Repúblicas, é confrontada com um desafio étnico e geopolítico. Face à Geórgia, que quer tornar-se membro da NATO e joga a cartada da aproximação ao Ocidente, a Rússia encontra uma oportunidade para afirmar a sua proeminência. Em 7 de Agosto, quando o presidente georgiano Saakachvili lança uma operação para assegurar a sua soberania na Ossétia do Norte, a resposta russa é fulminante. As suas forças armadas penetram profundamente no território georgiano. Por instigação do presidente Sarkozy, que preside então à União Europeia, é assinado um cessar-fogo por Mikhail Saakachvili e Dimitri Medvedev; apesar do plano de paz de 16 de Agosto, as forças russas demoram a abandonar o território georgiano. E a Rússia reconhece a independência das duas regiões separatistas: a Ossétia do Sul e a Abecázia (26-28 de Agosto de 2008), o que suscita receios por parte dos europeus face a uma Rússia militarmente intervencionista.

Uma Europa desorientada

A Europa está desorientada em relação à construção da sua unidade e aos seus Estados-membros.

> MEMÓRIA
> Em 1989, a CEE contava com 12 membros, o dobro dos que havia no seu início, em 1959.
> Em 2011, a União Europeia conta com 27 Estados, o dobro dos que a compunham em 1989.

Aos alargamentos não se seguiu um aprofundamento institucional suficiente. O projecto de constituição, adoptado em Outubro de 2004 e posto em causa pelos referendos francês e holandês de 2005, é relançado num tratado simplificado, assinado em 14 de Dezembro de 2007 em Lisboa, graças à diplomacia francesa, mas cuja entrada em vigor é adiada para 1 de Dezembro de 2009 por causa do voto negativo da Irlanda, em Junho de 2008. Este tratado reforça os poderes do Parlamento Europeu (que se pronuncia sobre a escolha do presidente e dos membros da Comissão pelo Conselho Europeu), reconhece os direitos e os princípios enunciados na Carta dos Direitos Fundamentais e dota a União Europeia de uma personalidade de parte inteira (sem, porém, os símbolos inerentes). A fim de reforçarem o papel da União Europeia no plano internacional, os 27 chefes de Estado e de governo da União Europeia nomeiam, com efeito a partir de 1 de Dezembro de 2009, o belga Hermann Van Rompuy para a presidência do Conselho Europeu, com um mandato de dois anos e meio e renovável por uma vez, e a britânica Catherine Ashton como Alta Representante da União Europeia para os Negócios Estrangeiros e Política de Segurança; em 1 de Dezembro de 2010, é instituído um serviço europeu para a acção externa.

Mais rica, mas também mais dependente, a Europa sofre mais do que outras regiões a crise económica, que provoca uma redução da taxa de produtividade e uma elevada taxa de desemprego. É mais dependente do que as outras regiões no plano energético. E a zona euro, à qual a Estónia adere em 1 de Janeiro de 2011, sofre fortemente os efeitos da crise e põe a descoberto as contradições de uma União de Estados com modelos divergentes. Vários Estados encontram-se numa situação difícil: a Irlanda, a Grécia e Portugal. É verdade que a UE continua a beneficiar de um nível de vida muito superior ao dos seus vizinhos e a representar um modelo atractivo. De iniciativa francesa, a União para o Mediterrâneo, lançada em Paris a 13 de Julho de 2008, está num impasse: a cimeira prevista para Barcelona em Novembro de 2009 é adiada por causa do bloqueio do processo de paz israelo-palestiniano; e as revoluções árabes (Dezembro de 2010--Primavera de 1012) provocam a queda de dois dos dirigentes nos quais se apoiava a diplomacia francesa: o tunisino Ben Ali e o egípcio Mubarak. No Leste, a União Europeia lança em 2009 a Parceria Oriental com os países da ex-União Soviética (Arménia, Azerbaijão, Bielorrússia, Geórgia, Moldávia, Ucrânia), que junta acordos de associação, de segurança energética e de proteção das fronteiras). No entanto, o alargamento aos Estados balcânicos é adiado para melhores dias, em particular no que respeita à Sérvia, hostil à declaração de independência do Kosovo (17 de Fevereiro de 2008), apoiada pelos Estados Unidos e por alguns Estados europeus, que enviam para o país uma missão de policiamento e de justiça (Eulex).

Contudo, os Estados europeus estão também desorientados no plano interno: instabilidade dos governos, como em Itália, onde a Romano Prodi (que se demite em Janeiro de 2008) sucede Sílvio Berlusconi, cada vez mais contestado; na Grécia, onde a crise económica e política provoca a queda de Karamanlis em Janeiro de 2009; na Bélgica, onde a reforma do Estado federal chega a um verdadeiro impasse entre Flamengos e Valões, privando o país de governo desde Abril de 2010. O eurocepticismo e o populismo aumentam em todos os países e as divergências com os Estados Unidos afectam todos os domínios, particularmente em relação às exigências intrusivas dos Americanos (cf. acordo SWIFT: Society for Worldwide Interbank Financial Telecommunication, que prevê o acesso dos Estados Unidos aos dados bancários europeus).

O arco de crise (Próximo e Médio Oriente)

A zona crítica no sistema internacional multipolar situa-se no arco de crise que se estende de Marrocos ao Paquistão. A sua importância não é apenas regional e global por causa de fenómenos como o terrorismo, o islamismo, a riqueza em hidrocarbonetos e, mais recentemente, o contágio democrático. Raros são os países, por muito distantes que estejam deste arco de crise, que não são afectados por aquilo que se passa nesta região do mundo.

No Médio Oriente, a retoma das relações diplomáticas entre a Síria e o Líbano, pensada desde Julho de 2008, vai rapidamente esbarrar no problema do tribunal especial encarregado de julgar o assassínio do antigo primeiro-ministro Rafik Hariri. A experiência levada a cabo pelo seu filho, o líder sunita Saad Hariri, dura apenas um ano, devido à obstrução do Hezbollah.

No conflito israelo-palestiniano, vive-se o impasse: o roteiro para a paz, que data de 2003, previa a constituição de um Estado palestiniano para Dezembro de 2005. Tornou-se letra morta: os colonatos israelitas continuaram na Cisjordânia. A Autoridade Palestiniana está dividida e é contestada. Em Gaza, a situação piora quando o Hamas, que controla a zona desde 2007, considera inútil (20 de Dezembro de 2008) a renovação das tréguas de seis meses se o bloqueio imposto por Israel não for levantado. Em resposta a vários disparos de foguetes e morteiros contra os colonatos judaicos, o Tsahal [Exército israelita] lança a operação «Chumbo Fundido» (27 de Dezembro de 2008-17 de Janeiro de 2009) contra a faixa de Gaza; levada a cabo com brutalidade, a operação provoca a consternação no mundo e a degradação da imagem de Israel e das relações entre Ancara e Telavive. A esperança no sucesso de uma mediação americana no conflito não se confirma: apesar dos contactos estreitos entre Washington e Jerusalém, os apelos da administração Obama à criação de dois Estados, ao fim dos colonatos nos territórios ocupados e ao reinício das negociações com os Palestinianos não resultam em nada, pois Israel recusa prolongar a moratória sobre a construção de colonatos judaicos na Cisjordânia; as conversações directas entre Israel e os Palestinianos, sob a égide americana, resultam num impasse. Devido à falta de pressão americana sobre Israel, as esperanças na resolução do conflito são muito poucas.

No Médio Oriente, os conflitos estão longe de ser resolvidos. No Iraque, o balanço da guerra de 2003 e da ocupação anglo-americana é catastrófico: enquanto as forças da coligação se retiram progressivamente do país para concluírem a retirada no fim de 2011 e transferirem a missão de segurança para os Iraquianos, os atentados suicidas e os raptos prosseguem, e a reconciliação nacional está longe de ser efectiva, apesar das eleições realizadas em Março de 2010. Para o Iraque, onde se restabeleceram os investimentos estrangeiros, o verdadeiro desafio é a manutenção da unidade entre xiitas, sunitas e curdos.

A influência do Irão xiita – onde a eleição de Mahmoud Ahmadinejad na primeira volta, em 12 de Junho de 2009, suscita protestos e manifestações significativas (Dezembro de 2009) – é aí cada vez mais forte, tal como na península Arábica, onde a Arábia Saudita acusa Teerão de armar os revoltosos e de destabilizar o Iémen. O principal perigo vem das ameaças iranianas em relação a Israel, que «deve ser riscado do mapa», e da sua intenção de enriquecer urânio. Este programa iraniano preocupa os governos europeus e americanos, mas também as petromonarquias. Em Março de 2009, o conselho de governadores da Agência Internacional de Energia Atómica considera que o Irão esconde as suas intenções e prossegue o seu programa nuclear clandestino. Realizam-se negociações entre o Irão e os Seis (os cinco membros do Conselho de Segurança mais a Alemanha) sobre vários temas, mas o Irão rejeita pôr em causa o seu programa nuclear. Apesar da declaração ocidental de Setembro de 2009, que apela ao regime de Teerão para que respeite o direito internacional, e de novas sanções decididas pela ONU em Junho de 2010, o Irão anuncia a construção de um segundo centro de enriquecimento de urânio e procede a ensaios de mísseis; em Maio de 2010, o Irão assina com o Brasil um acordo sobre o enriquecimento de urânio.

Contudo, outros países da região ocupam uma posição importante: a Arábia Saudita, o Qatar, os Emirados Árabes Unidos (onde está instalada uma base militar francesa, em Abu Dhabi) e a Turquia, que em Outubro de 2009 estabelece relações diplomáticas com a Arménia.

O principal foco de crises é a região do Afeganistão e do Paquistão. No Paquistão, (com 170 milhões de habitantes), reina a instabilidade: após o assassínio da antiga primeiro-ministro Benazir Bhutto (27 de Dezembro de 2007), os atentados multiplicam-se em 2008, provocando a demissão do general Pervez Musharaff (18 de Agosto de 2008) e levando à eleição (Setembro de 2008) de Asif Ali Zerdari (viúvo de Benazir Bhutto). A fragilidade deste país em estado de guerra permanente aumenta os riscos por causa da sua capacidade nuclear, da sua possível desagregação e da contaminação da situação afegã. De resto, é no Paquistão que, em 2 de Maio de 2011, Bin Laden é executado por um grupo de comandos americanos. No Afeganistão (abalado por 30 anos de violências ininterruptas – 1979-1989: ocupação soviética; 1996: tomada de Cabul pelos talibãs; 2001: queda do regime talibã), a paz continua longe, apesar da presença da força internacional de assistência à segurança (ISAF). Neste país, onde Hamid Karzai sai vencedor de umas eleições presidenciais contestadas (2 de Novembro de 2009), os ataques homicidas contra as forças internacionais multiplicam-se, apesar do aumento das forças da coligação (no total, 130 000 homens), particularmente das americanas, e a violência redobra no lamaçal afegão. Ouvem-se críticas em relação à estratégia militar americana. Vários membros da coligação anunciam a retirada próxima dos seus soldados: poderá a guerra do Afeganistão ser ganha?

Áreas geográficas instáveis: África, América Latina, Extremo Oriente

Raros são os países da África Negra que beneficiam da paz: movimento separatista e violências inter-religiosas na Nigéria (Dezembro de 2010, Abril de 2011), motins no Quénia (Dezembro de 2007 – Janeiro de 2008), golpe de Estado na Guiné (Dezembro de 2008), seguido de uma repressão sangrenta da oposição (Setembro de 2009); a República Democrática do Congo perpetuamente a ferro e fogo, com pilhagens e exacções; crise política no Zimbabué (Março-Julho de 2008), contra o qual os europeus e os Americanos votam sanções. No Sudão, as guerras perpétuas e tensões recorrentes com o Chade imputadas ao ditador Omar Al Bashir (contra quem são emitidos mandados de captura pelo Tribunal Penal Internacional em Março de 2009 e Julho de 2010) provocam numerosas vítimas e resultam no referendo sobre a secessão do Sudão do Sul, em Janeiro de 2011. No entanto, a União Africana recusa qualquer cooperação para entregar o presidente sudanês à justiça internacional e, apesar do reforço das suas instâncias de coordenação (Julho de 2009), é incapaz de pôr ordem em África.

Na Somália, os acordos de cessar-fogo são rejeitados (Outubro de 2008) pelos «Shebab», combatentes islamitas pertencentes à Al Qaeda responsáveis pela insurreição, que conseguem instaurar a lei islâmica (Março 2009) e, apesar da União Africana, semeiam o terror no país (Agosto de 2010). A República Democrática do Congo é destabilizada pelos rebeldes Hutu. Desde 1999 que a Costa do Marfim se encontra em estado de revolta: dilacerada por uma revolta no Norte do país e pela recusa de Laurent Gbagbo, presidente eleito desde Outubro de 2000, em respeitar as regras democráticas, adiando indefinidamente a realização de eleições e recusando admitir a derrota nas eleições de Dezembro de 2010, o que, apesar das sanções da ONU, leva o país a uma situação de guerra civil. Será necessário esperar por Abril de

2011 para que o presidente eleito, Alassane Quattara, consiga, com o auxílio das forças francesas e da ONUCI, aceder ao poder após a detenção de Laurent Gbagbo (11 de Abril de 2011).

O Magrebe sofre as repercussões conjugadas da vaga islâmica e da crise económica. Além da falta de soluções e do fracasso das conversações sobre o futuro do Sara Ocidental, a ameaça islâmica ganha força no Sahel, na forma da Al Qaeda do Magrebe Islâmico (AQMI), que apela à instauração da guerra santa (Setembro de 2010) na Mauritânia e multiplica a tomada de reféns.

Na América do Sul, as relações internacionais são dominadas pelo confronto de forças com o vizinho norte-americano e por conflitos fronteiriços sobre o pano de fundo do narcotráfico e do crime organizado. Com a retirada progressiva de Fidel Castro da vida política (Fevereiro de 2008) e a chegada de Obama à presidência, as relações entre Washington (que alivia o embargo imposto desde 1962) e Havana tornam-se menos tensas. Em contrapartida, as relações são piores entre os Estados Unidos e vários Estados da América Latina, que formam um bloco económico antiliberal: a Alternativa Boliviana para as Américas, organizada por iniciativa do presidente venezuelano Hugo Chavez, que pretende promover trocas comerciais entre os seus Estados-membros e criar uma unidade de conta comum: o açúcar. As relações são particularmente más entre os Estados Unidos e a Venezuela, que se aproxima do Irão. Na Bolívia, o presidente Evo Morales (reeleito em Dezembro de 2009) procede a nacionalizações. No entanto, a América Latina está longe de ser homogénea e unida na sua oposição ao «grande Irmão». Um golpe militar nas Honduras (junho de 2009) constitui um revés para as forças de esquerda e, na sequência do acordo americano-colombiano de 14 de Agosto de 2008, pelo qual os Estados Unidos podem utilizar sete bases militares colombianas, 12 Estados da América do Sul lançam um aviso contra a presença de forças militares estrangeiras, o que suscita tensões entre a Colômbia de Álvaro Uribe, visto como a ovelha negra da América Latina, e a Venezuela. A chegada ao poder de um novo presidente colombiano, Juan Manuel Santos, permite aliviar a tensão (Agosto de 2010). Com o Brasil, reconhecido como potência emergente, a Argentina e o Chile tomam assento no G20.

Para além das crises já assinaladas na Ásia, o Extremo Oriente sofre diferentes tensões. No Sri Lanka, a rebelião separatista tamil (minoria étnica e religiosa) é esmagada pelo Exército (Janeiro-Maio de 2009), sem qualquer intervenção internacional. As tensões são recorrentes entre o Norte e o Sul da península coreana, devido ao sobre-armamento e à ruína económica da Coreia do Norte, que prossegue com as suas provocações (retirada do TNP, testes nucleares em 2006 e 2009) e teima numa lógica de afrontamento.

A «primavera árabe»

A partir de Dezembro de 2010, alguns movimentos de contestação aos regimes instalados abalam o mundo árabe: tendo como pano de fundo o confronto entre a frente sunita e o islamismo xiita, a revolta contra os dirigentes há muito instalados no poder, a corrupção e os regimes autoritários, torna-se mais intensa por causa da crise económica e do desemprego de muitos jovens. Acima de tudo, a palavra de ordem dominante é a vontade de assumir o controlo sobre o próprio destino. Na Tunísia, o regime do presidente Ben Ali, no poder desde 1987, é varrido por uma revolta popular tão súbita quanto imprevisível, que, iniciada a 17 de Dezembro, resulta na fuga do presidente Ben Ali em 14 de Janeiro de 2011. Inspirada pelo exemplo tunisino, a esperança numa mudança democrática alastra a outros países árabes. No Egipto, o regime autoritário de Hosni Mubarak, onde perdura o estado de sítio instaurado desde 1981 após o assassínio do presidente Anuar El Sadat, é derrubado a 11 de Fevereiro de 2011 e o país entra numa nova era dominada pelo Exército e pela Irmandade Muçulmana. O contágio democrático alastra também ao Bahrein, ao Iémen, à Síria e até a Marrocos e à Argélia, onde Abdelaziz Bouteflika fora eleito para um terceiro mandato (10 de Abril de 2009) e levantara o estado de sítio em vigor desde 1992. Mas a repressão é forte no Bahrein (onde é instaurada a lei marcial), no Iémen (onde o presidente Ali Abdallah Saleh, no poder desde 1978, opta pela escalada da repressão) e sobretudo na Síria, onde Bachar al-Assad alterna a repressão feroz com anúncios de reformas. Na Líbia, a revolta contra o regime do coronel Kadafi, no poder desde 1969, deixa o ditador em dificuldades. Desde há alguns anos que se assistia a uma normalização das relações entre a Líbia (que renegara o terrorismo e decidira indemnizar as vítimas dos atentados de Lockerbie e de Berlim) e os Estados ocidentais e a uma retoma das relações comerciais. No entanto, a atitude do coronel Kadafi, que recorria a ameaças e a promessas e se apoiava na sua riqueza petrolífera, era sempre provocadora (libertação do terrorista condenado pelo atentado de Lockerbie, chantagem com a emigração africana pelo território líbio). Inicialmente perplexa face à repressão que se abate na Líbia contra a população e contra os revoltosos, a comunidade internacional aprova sanções na ONU e, depois, autoriza *in extremis* uma intervenção militar, iniciada pela França e Grã-Bretanha e apoiada pela NATO para criar uma zona de exclusão aérea (17-18 de Março de 2011). O Conselho de Segurança adota a resolução 1973, que exige um cessar-fogo imediato e autoriza o recurso à força para proteger os civis – é a primeira intervenção baseada no princípio da responsabilidade de proteger, enunciado em 2005 pela ONU. Na verdade, a «coligação», que inclui o Qatar e os Emirados Árabes Unidos, pretende aproveitar a revolta para se desembaraçar do coronel Kadafi. Mas o balanço é incerto e a situação pode chegar a um impasse.

No entanto, a revolta espetacular contra os regimes árabes que fossilizavam o mundo árabe-muçulmano não faz desaparecerem os graves problemas económicos e sociais, e deixa em aberto as perspetivas de democratização política.

Em 2011, o mundo é multipolar, heterogéneo e global. É um mundo dominado pelos Estados Unidos e pela China, onde a globalização, que nem sempre é sinónimo da extensão dos valores ocidentais, vê emergirem novas potências.

Bibliografia

• Atlas

BARRAGLOUGH Geoffrey, *Atlas of world history*, Londres, Harper Collins, 1993.

CHALIAND Gérard e RAGEAU Jean-Paul, *Atlas stratégique,* Complexe

PREVOT Victor, *Géopolitique transparente,* Magnard, 1987.

• Dicionários

EVANS Graham, NEWNHAM Jeffrey, *Dictionnary of international relations*, Londres, Penguin, 1999.

KLEIN Jean, MONTBRIAL, Thierry de (sob a direcção de), *Dictionnaire de stratégie*, PUF, 2000.

LACOSTE Yves, *Dictionnaire de Géopolitique,* Flammarion, 1993.

VAÏSSE Maurice (direcção de), *Dictionnaire des relations internationales au XXe siécle*, Armand Colin, 2000

• Anuários

L' État du Monde, La Découverte.

Ramsés, Dunod

Universalia, Encyclopaedia Universalis.

• Revistas

Politique étrangère.

Politique internationale.

Relations internationales.

La revue internationale et stratégique

• Cronologias

L'Histoire au jour le jour (1944-1991), le Monde, 1992 e, a partir de 1992, *L'Année dans le Monde.*

ZORGBIBE Charles, *Chronologie des relations internationales depuis 1945,* PUF, 1990.

• Obras de reflexão

ARON Raymond, *Paix et guerre entre les nations,* Calmann-Lévy, 1984.

DUROSELLE Jean-Baptiste, *Tout empire périra,* «Une vision théorique des relations internationales», Armand Colin, 1991.

DUROSELLE Jean-Baptiste e RENOUVIN Pierre, *Introduction à l'Histoire des relations internationales,* Armand Collin, 1991.

MONTBRIAL Thierry de, *Mémoire de notre temps,* Flammarion, 1996.

SMOUTS Marie-Claude (sob a direcção de), *As novas relações internacionais, práticas e teorias*, Presses de Sciences-Po, 1998.

Obras genéricas

BERG Eugène, *La Politique internationale de 1955 à 1988,* Economica, 1990.

BONIFACE Pascal, *Manuel des relations Internationales,* Dunod, 1994.

CALVOCORESSI Peter, *World politics since 1945*, Pearson, 2000.

COLARD Daniel, *Les relations internationales de 1945 à nos jours*, Armand Colin, 1999.

DI NOLFO Ennio, *Storia delle relazioni internacionali, 1918-1999*, Milão, Laterza, 2000.

DUFOUR Jean-Louis, *Les Vraies Guerres,* La Manufacture, 1990. DUFOUR Jean-Louis, *Les Crises internationales de Pékin (1900) à Sarajevo (1995),* Complexe, 1996.

DUROSELLE Jean-Baptiste, *Histoire des relations internationales: de 1919 à 1945* (vol. I); *de 1945 à nos jours* (vol. II, com KASPI André), Dalloz, 12ª edição, 2001.

FONTAINE André, *Histoire de la guerre froide,* Seuil, «Points-Histoire», 2 vols. (1917-1953 e 1953-1962), 1983.

KEYLOR William, *A world of nations*, Oxford University Press, 2003.

LEFEVRE Maxime, *Le jeu du droit et de la puissance, précis de relations internationales*, PUF, 1997.

MILZA Pierre, *Les relations internationales de 1945 à 1973, et de 1973 à nos jours*, Hachette, 1996.

MOREAU-DEFARGES Philippe, *Les Relations internationales,* 2 vols., Seuil, 1992.

SOULET Jean-François, GUINLE-LORNET Sylvaine, *Précis d'histoire immédiate, Le monde depuis la fin des armés 1960,* Armand Colin, 1989.

ROBBINS Keith, *The world since 1945*, Oxford University Press, 1998.

ROCHE Jean-Jacques, *Relations internationales*, LGDJ, 2001.

Obras temáticas

• Sobre a Ásia

BERGERE Marie-Claire, *La République populaire de Chine de 1949 à nos jours,* Armand Colin, 1987.

DOMENACH Jean-Luc, *L'Asie en danger*, Fayard, 1998.

DOMENACH Jean-Luc, RICHE Philippe, *La Chine de 1949 à nos jours,* Seuil, 1995.

GRAVEREAU Jacques, *Le Japon, l'ère de Hiro-Hito,* Seuil, 1993.

JOYAUX François, *La Nouvelle Question d'Extrême-Orient,* Payot, 2 vols., 1985 e 1989.

JOYAUX François, *Géopolitique de l'Extrême-Orient,* 2 vols., Complexe, 1993.

JOYAUX François, *La politique extérieur du Japon,* PUF, 1994.

JOYAUX François, *La tentation impériale. Politique extérieur de la Chine depuis 1949,* Impr. Nationale, 1994.

• Sobre o Médio Oriente

BARNAVI Elie, *Une histoire moderne d'Israël,* Flammarion, 1988.

GRESH Alain e VIDAL Dominique, *Les Cent Portes du Proche--Orient,* Autrement, 1989.

LAURENS Henry, *Le Grand Jeu. Orient arabe et rivalités internationales depuis 1945,* Armand Colin, 1991.

ZORGBIBE Charles, *Terres trop promises,* La Manufacture, 1990.

• Sobre o mundo comunista

BETTATI, Mario, *Le conflit sino-soviétique*, Armand Colin, 2 volumes, 1971.

CARRÈRE D'ENCAUSSE Hélène, *La Politique Soviétique au Moyen-Orient 1955-1975,* Presses de la FNSP, 1975.

CARRÈRE D'ENCAUSSE Hélène, *Le Grand Frère,* Flammarion, 1983.

CARRÈRE D'ENCAUSSE Hélène, *Ni paix ni guerre, le nouvel Empire Soviétique,* 1986.

FEJTÖ François, *Histoire des démocraties populaires,* Seuil, 2 volumes, 1972.

FETJÖ François, *Requiem pour un empire défunt,* Lieu Commun, 1988.

LEVESQUE Jacques, *L'URSS et sa politique internationale de Lénine à Gorbatchev,* Armand Colin, 1988.

• Sobre o bloco ocidental

ARTAUD Denise, *La Fin de l'innocence, les États-Unis de Wilson à Reagan,* Armand Colin, 1985.

BARIÉTY Jacques e POIDEVIN Raymond, *Les Relations franco--allemandes 1815-1975,* Armand Colin, 1977.

FRITSCH-BOURNAZEL Renata, *L'Union soviétique et les Allemagnes,* Presses de la FNSP, 1979.

FRITSCH-BOURNAZEL Renata, *L'Allemagne unie dans la nouvelle Europe,* Complexe, 1991.

GARDE Paul, *Vie et mort de la Yougoslavie,* Fayard, 1992.

GERBET Pierre, *La Construction de l'Europe,* Imprimerie Nationale, 1994.

GROSSER Alfred, *Les Occidentaux,* Seuil, «Points-Histoire», 1982.

GROSSER Alfred, *L'Allemagne de notre temps, 1945-1970,* Fayard, 1970.

GUILLEN Pierre, *La Question allemande de 1945 à nos jours,* Imprimerie Nationale, 1996.

KASPI André, *Les Américains, les États-Unis de 1945 à nos Jours,* Seuil, 1986.

MARX Roland, *La Grande-Bretagne et le monde au xxe siècle,* Masson, 1987.

MELANDRI Pierre, *L'Alliance atlantique,* Gallimard, 1979.

MELANDRI Pierre, *La politique extérieure des Etats-Unis de 1945 à nos jours,* PUF, 1995.

NOUAILHAT, Yves-Henri, *Les États-Unis et le monde au XXe siècle*, Armand Colin, 2.ª ed., 2000.

POIDEVIN Raymond, *L'Allemagne et le Monde,* Masson, 1983.

ROLLET Henri, *La Pologne au xxe siècle,* Pedone, 1985.

WAHL Alfred, *Histoire de la République fédérale d'Allemagne,* Armand Colin, 1995.

• Sobre a descolonização, o Terceiro Mundo e a ONU

AGERON Charles-Robert, *La Décolonisation française,* Armand Colin, 1994.

BRAILLARD Philippe e REZA djalili Mohammad, *Les Tiers Monde dans les relations internationales,* Masson, 1984.

JOUVE Edmond, *Les Tiers Monde dans la vie internationale;* Berger-Levraut, 1983.

GERBET Pierre, GHEBALI Victor-Yves e MOUTON Marie-Renée, *Le Rêve d'un ordre mondial de la SDN à l'ONU,* Imprimerie Nationale, 1996.

MICHEL Marc, *Décolonisations et émergence du Tiers Monde,* Hachette, 1993.

Por períodos

• Sobre a guerra fria

FUNK Arthur, *1945, de Yalta à Potsdam,* Complexe, 1982.

GADDIS John, *We now Know. Rethinking cold war history*, Oxford, 1997.

GIRAULT René, FRANK Robert, THOBIE Jacques, *La Loi des géants 1941-1964,* Masson, 1993.

GROSSER Pierre, *Le Temps de la guerre froide,* Complexe, 1995.

MARCOU Lily, *1947, La guerre froide,* Complexe, 1987.

SOUTOU Georges-Henri, *La guerre de cinquante ans*, Fayard, 2001.

TINGUY Anne de, *Les relations soviéto-américaines*, PUF, «Que sais-je?», n.º 2348, 1987.

YERGIN Daniel, *La Paix saccagée, les Origines de la guerre froide et la division de l'Europe,* Ballant, France Adel, 1980.

ZORGBIBE Charles, *Histoire des relations internationales,* Hachette, t. 3, 1945-1962.

• Sobre as crises

LOUIS Roger, OWEN Roger, *Suez 1956*, Oxford University Press, 1991.

FURSENKO A., NAFTALI T., *One hell of a gamble*, Norton, 1997.

• Sobre os anos 90

BADIE Bertrand, *Um monde sans souveraineté*, Fayard, 1999.

MÉLANDRI Pierre, VAÏSSE Justin, *L'empire du millieu; les États-Unis et le monde depuis la fin de la guerre froide*, Odile Jacob, 2001.

• Sobre os anos 2000

HASSENER Pierre, VAÏSSE Justin, *Washington et le monde*, Autrement, 2003.

LAURENS Heny, *L'Orient arabe à l'heure américaine*, Armand Colin, 2004

Índice das siglas utilizadas

ADM – Armas de Destruição Maciça
AIE – Agência Internacional de Energia
AIEA – Agência Internacional de Energia Atómica
ALCA – Área de Livre-Comércio das Américas (a concretizar até 2005)
ALENA – Acordo de Livre Comércio Norte-Americano (México, EUA e Canadá)
AMI – Acordo Multilateral para o Investimento
ANZUS – Pacto de segurança colectiva entre a Austrália, a Nova Zelândia e os Estados Unidos
ASEAN – Associação das Nações do Sudeste Asiático
ATTAC – Associação para a Taxação das Transacções financeiras para a Ajuda aos Cidadãos
BIRD – Banco Internacional para a Reconstrução e Desenvolvimento
CARICOM – *Caribbean Community* (Comunidade das Caraíbas)
CECA – Comunidade Europeia do Carvão e do Aço
CED – Comunidade Europeia da Defesa
CEE – Comunidade Económica Europeia
CENTO – *Central Treaty Organization*
COMECON – Conselho de Assistência Económica Mútua
CPEA – Conselho da Parceria Euro-Atlântica
CSCE – Conferência sobre a segurança e a cooperação na Europa
EFTA – Associação Europeia de Comércio Livre
FMI – Fundo Monetário Internacional
G8 – O G7 mais a Rússia (incorporada em 1997, em Denver)
G15 – Grupo de países em vias de desenvolvimento (ou «emergentes»), constituído como contrapoder ao G7/G8
G20 – Alargamento do G15
GATT – General Agreement on Tariffs and Trade
GFIN – Grupos de Forças armadas Internacionais
IESD – Identidade Europeia de Segurança e Defesa
INTERFET – *International Forces for East Timor* (forças internacionais para garantir a segurança de Timor Leste)
ISAF – Força internacional para a segurança do Afeganistão
KFOR – Força internacional para a segurança do Kosovo
MCCA – Mercado Comum Centro-Americano
MERCOSUR – Mercado Comum do cone Sul das Américas
MINUK – Missão das Nações Unidas para o Kosovo
MINURSO – Forças da ONU para a manutenção da segurança no Sahara Ocidental
NATO (OTAN – Organização do Tratado do Atlântico Norte)
NEPAD – *New Partnership for Africa's Development* (Nova Parceria para o Desenvolvimento de África)
NMD – *National Missile Defense* (sistema americano de defesa antimíssil)

OCAM – Organização Comum Africana e Malgaxe
OCDE – Organização para a Cooperação e para o Desenvolvimento Económico
OEA – Organização dos Estados Americanos
OESE – Organizaçãp Europeia para a Cooperação Económica
OGM – Organismos Geneticamente Modificados
OLP – Organização para a Libertação da Palestina
OMC – Organização Mundial do Comércio
ONG – Organização Não Governamental
ONU – Organização das Nações Unidas
OPEP – Organização dos Países Exportadores de Petróleo
OSCE – Organização para a Segurança e para a Cooperação na Europa
OTASE – Organização do Tratado do Sudeste Asiático
OUA – Organização da Unidade Africana
PESC – Política Externa e de Segurança Comum
PPP – Parceria Pela Paz (acordo entre Rússia e EUA, em 1994, visando promover a cooperação militar)
SDN – Sociedade das Nações
SFOR – *Security Forces* (Forças de Segurança das Nações Unidas, para a Bósnia)
SPD – Partido Social Democrata alemão
TPI – Tribunal Penal Internacional
TPIJ – Tribunal Penal Internacional para a ex-Jugoslávia
UA – União Africana (substitui a OUA, a partir de Julho de 2000, na sequência da conferência de Lomé)
UAM – União Africana e Malgaxe
UCK – Exército de libertação kosovar
UE – União Europeia
UEO – União da Europa Ocidental
UNSCOM – Missão da ONU encarregada de vigiar o desarmamento do Iraque
ZLEA – *Zone de Libre Échange des Amériques* (ver ALCA)

Índice remissivo

Índice